언리얼 엔진 5 블루프린트 비주얼 스크립팅 3/e

언리얼 엔진 5 블루프린트 비주얼 스크립팅 3/e

블루프린트의 막강한 힘

김제룡 · 김승기 옮김   마르코스 로메로 · 브렌든 스웰 지음

에이콘

에이콘출판의 기틀을 마련하신 故 정완재 선생님 (1935-2004)

| 추천사 |

나는 2015년 초에 에픽게임즈와 언리얼 엔진을 위해 일한 최초의 사람들 중 한 명이 될 수 있는 특권을 가졌고, 교육자와 학생, 게임 개발자 지망생 그리고 (결국)영화 제작자들을 위한 놀라운 UE4의 가치와 힘을 학계가 이해할 수 있도록 돕는 데 초점을 맞췄다. 세계를 여행하며 언리얼 엔진 4에 대한 소식을 퍼뜨릴 수 있는 놀라운 시간이었다. 그러나 당시 많은/대부분의 대학이 유니티나 다른 게임 엔진을 가르치고 있었고, 언리얼 엔진 4와 블루프린트가 아직 초기 단계였기 때문에 엄선된 소수의 얼리어답터들만이 블루프린트로 게임플레이를 디자인하고 프로토타입화하는 개념과 워크플로우를 받아들였다.

하지만 2015년 봄, 나는 운 좋게도 마르코스 로메로의 블루프린트 블로그를 접하게 됐다. 개발자들이 블루프린트를 학습할 수 있을 뿐만 아니라 심지어 그것들을 가르칠 수 있는 방식으로 블루프린트의 대규모 핵심 노드 세트를 맥락화하는 데 도움을 주는 온라인 리소스가 생긴 것이다. 에픽게임즈와 내부 UE4 팀에서도 블루프린트를 위한 다양한 학습 리소스를 구축하고 있었지만, 마르코스가 만든 것은 매우 분명해 새로운 사용자를 교육하는 데 도움이 됐다. 그의 블루프린트 블로그는 이해하기 쉬운 방식으로 UE4의 블루프린트 개념을 구축하는 데 도움을 주었다고 생각한다.

나는 주저 없이 마르코스에게 손을 내밀어 인사를 하고 그를 격려했다. 또한 에픽 경영진에게 그의 작업을 홍보하는 이메일을 보내고 2015년 8월 그 당시 최초의 교육 데브 그랜트(개발 보조금) 중 하나를 마르코스 로메로에게 수여하도록 권유했다. 2016년 초, 여전히 그가 로메로 블루프린트로 만들고 있는 것에 감명을 받은 나는, 내가 주최한 GDC 교육 서밋 중 한 곳에서 배포할 블루프린트 개요의 인쇄본을 만들 수 있도록 허락을 구했다.

이 블루프린트 개요서는 에픽과 언리얼 엔진 교육 및 교육 팀이 주최한 많은 행사에서 매년 매우 인기가 있었고 수요가 높았으며, 여전히 인기 있는 품목이다.

전 세계 많은 대학이 언리얼 엔진 4를 채택하고 블루프린트를 활용한 게임개발을 가르치려 하자 2018년 다시 한번 그에게 정식 블루프린트 강사 가이드를 요청했다. 나는 마르코스에게 교실에서 블루프린트 개발의 핵심 원칙을 가르칠 수 있는 공식적인 교육 가이드와 전문 용어집, 연습문제, 강의를 개발할 것인지 물었다. 그는 놀라운 리소스를 제공했다. 이는 unrealengine.com에서 다운로드할 수 있고 여전히 사용중이다.

지난 6~7년 동안 마르코스와의 협업은 매우 즐거웠다. 2020년 여름 언리얼 엔진 트위치 채널에서 진행하던 교육 라이브 스트림에 마르코스를 초대했다. 언리얼과 블루프린트에 대한 그의 지식과 이를 기꺼이 공유하려는 그의 의지는 항상 큰 선물이었다.

그가 언리얼 엔진 5의 블루프린트에 대한 새 책을 쓰고 있다고 말했을 때, 도움을 줄 수 있어서 감격스럽고 영광스러웠다. 마르코스와 함께 일하게 돼 기쁘고 그가 기꺼이 자신의 지식을 언리얼 엔진 커뮤니티 및 전 세계와 공유해준 것에 감사한다.

나는 모두가 이 책을 즐겁게 읽기를 진심으로 바란다.

루이스 카탈디 Luis Cataldi
Quixel, 에픽게임즈의 수석 에반젤리스트

| 옮긴이 소개 |

김제룡(nicecapj@gmail.com)

인터넷과 텍스트게임이 유행이던 98년 대학생시절, 나이스캡짱이라는 텍스트 머드 게임을 개발해서 서비스한 것을 시작으로 게임 개발에 입문했다. 2005년부터 지금까지 NCSoft, NHN, EstSoft, VK Mobile등에서 PC MMORPG 카발 온라인1, 카발 온라인2와 같은 상업적인 게임 개발에 참여했다. 그리고 모바일 게임에 관심을 가지면서, 아이돌 드림: 걸즈, ProjectD, 앵그리버드 블래스트 아일랜드Angrybirds Island, 리니지1/2, 아이온 IP를 사용한 프로젝트 등에 참가했다. 현실에 안주하기보다는 새롭고 도전전인 것을 즐기는 성격으로, 현재는 NCSOFT에서 리니지W를 개발 중이다.

김승기(mhesiierktu@gmail.com)

어릴 적 거울전쟁이라는 RTS게임에서 커스텀 맵을 만들다가 게임 개발에 재미를 느껴 컴퓨터 공학을 전공하게 됐다. 2013년부터 게임 업계에 종사했으며 ESTSoft에서 카발 온라인2, NCSOFT에서 리니지W 개발에 참여했다. 현재 10년 차 게임 클라이언트 프로그래머로서 기술 영역의 확장에 관심을 가지고 있다.

현시대는 저작도구를 만들기보다는, 만들어진 도구를 활용해서, 컨텐츠를 만드는 시대입니다. 결과물을 더 고품질로, 빠르게 만드는 것이 중요한 시대가 됐습니다. 게임분야역시 게임엔진을 만드는 것이 아니라, 게임엔진을 사용해서 유저의 니즈를 만족할 수있는 고품질의 게임을 빠르게 만드는 것이 중요해졌습니다. 고품질 게임을 제작할 수있는, 가장 기능이 많고, 강력한 엔진이 에픽게임즈의 언리얼 엔진입니다. 이 강력한 언리얼 엔진을 제대로 사용하는 것은 쉬운 일이 아닙니다. 프로그래밍이라는 거대한 장벽이 있기 때문입니다. 이 장벽에 대한 해결책으로 에픽게임즈가 제공하는 것이 블루프린트 비주얼 스크립팅입니다. 프로그래머가 아니더라도, 시각적으로 동작을 구현해서 쉽고 빠르게, 원하는 결과물을 만들어 볼 수 있습니다.

끝으로, 이 책이 언리얼 엔진 5를 공부하는 분들에게 많은 도움이 됐으면 합니다.

– 김제롱, 김승기

| 지은이 소개 |

마르코스 로메로^{Marcos Romero}

인터넷에서 블루프린트에 대해 배우려고 찾아볼 때 중요한 레퍼런스가 있는 블루프린트 블로그의 저자다. 에픽게임즈는 언리얼 엔진 4 클로즈드 베타 프로그램에 그를 초대해서 도구의 발전을 실험하고 협력했다. 그는 또한 교육을 위한 언리얼 데브 그랜트(개발보조금)를 최초로 받은 사람 중 한 명이다. 마르코스는 언리얼 커뮤니티에서 잘 알려진 인물이며, 에픽게임즈를 위해 공식 블루프린트 개요 및 블루프린트 강사 안내서를 작성했다.

> 나의 블루프린트 자료를 전 세계의 개발자에게 공유 및 추천해주는 에픽게임즈의 루이스 카탈디와 톰 섀넌에게 감사하고 싶다.

> 또한 내가 브라질 북부의 Belém시에 설립한 지역 게임 개발 그룹인 Beljogos에 헌신해준 Elinaldo Azevedo, Filipe Mendes, Ingrid Mendes에게 감사드린다.

브렌든 스웰^{Brenden Sewell}

10년 동안 팀을 이끌며 즐겁게 하고, 가르치고, 영감을 주는 매력적인 대화형 경험을 개발한 크리에이티브 디렉터다. E-Line에 합류하기 전에 그는 교육 실습과 산업 게임 개발의 교차점을 탐구해서 Center for Games and Impact에서 수석 게임 디자이너로 일했다. 그곳에서 STEM 교육과 교사의 전문성 개발을 위한 몰입형 게임 개발을 전문으로 했다. E-Line 팀에 합류한 이후 컨셉, 시제품 제작, 제작에서부터 두뇌 트레이닝 일인칭 슈팅 게임, 디지털 제작의 미래를 탐구하는 건설 샌드박스에 이르기까지 다양한 프로젝트의 개발을 주도해 왔다.

아그네 스크립카이트^{Agne Skripkaite}

언리얼 엔진 소프트웨어 엔지니어다. 에든버러 대학^{University of Edinburgh}에서 물리학 학사 학위를 받은 아그네는 게임의 코드 구조와 사물의 원인에 초점을 맞추는 것을 좋아한 다. 과거에 룸스케일[1]과 좌석 VR 게임을 개발해서, 이러한 상황에 대한 숙련된 사용자 편의성 및 멀미 완화 전문가가 됐다.

이 책은 아그네가 검토한 언리얼 엔진에 관한 다섯 번째 팩트 출판사의 책이다.

1 　룸스케일: VR을 플레이하기 위해서는 일정 공간이 필요하고, 이 공간 안에서의 움직임은 게임 안에서도 동일하게 느끼 도록 적용해줘야 한다. 구현 자체는 센서의 의지해서, 이동을 게임 공간에 적용하게 된다.

| 차례 |

추천사 005

옮긴이 소개 007

옮긴이의 말 008

지은이 소개 009

기술 감수자 소개 010

들어가며 022

1부 — 블루프린트 기초

1장   블루프린트 에디터 탐색   031

언리얼 엔진 설치 032

템플릿을 사용한 새 프로젝트 생성 033

블루프린트 비주얼 스크립팅 037

레벨 블루프린트 에디터 열기 037

블루프린트 클래스 생성하기 039

블루프린트 클래스 에디터 인터페이스 040

툴바 패널 042

컴포넌트 패널 043

내 블루프린트 패널 044

디테일 패널 044

뷰포트 패널 045

이벤트그래프 패널 046

블루프린트에 컴포넌트 추가 048

요약 050

퀴즈 051

2장 블루프린트 프로그래밍 053

변수에 값을 저장 054
이벤트 및 액션으로 블루프린트 동작 정의 058
이벤트 058
액션 060
실행 경로 061
연산자를 사용해서 식 만들기 062
산술 연산자 062
관계 연산자 063
논리 연산자 064
매크로 및 함수를 사용해서 스크립트 구성 065
매크로 만들기 066
함수 만들기 068
단계별 예제 071
매크로 대 함수 대 이벤트 074
요약 074
퀴즈 074

3장 객체지향 프로그래밍과 게임플레이 프레임워크 077

OOP 개념에 익숙해지기 078
클래스 078
인스턴스 079
상속 079
액터 관리 081
액터 참조 081
액터의 스폰과 파괴 087
컨스트럭션 스크립트 089
게임플레이 프레임워크 클래스 탐색 095
폰 096

캐릭터 098

플레이어 컨트롤러 100

게임모드 베이스 101

게임 인스턴스 102

요약 103

퀴즈 103

4장   블루프린트 통신의 이해   105

직접 블루프린트 통신 106

블루프린트의 형변환 112

레벨 블루프린트 커뮤니케이션 119

이벤트 디스패처 123

이벤트 바인딩 127

요약 131

퀴즈 131

2부 — 게임 개발

5장   블루프린트를 사용한 오브젝트 인터렉션   135

새 프로젝트와 레벨 생성 136

레벨에 오브젝트 추가 138

머티리얼 탐색 140

머티리얼 생성 140

머티리얼 프로퍼티와 노드 141

머티리얼에 서브스턴스 추가 145

타깃 블루프린트 생성 147

히트 감지 148

머티리얼 교체 150

블루프린트 개선 152

이동 추가 154

액터의 모빌리티와 콜리전 세팅 변경 154

목표 나누기 156

계산을 위해 준비된 방향 158

델타 시간을 이용한 상대 속력 획득 159

위치 갱신하기 160

방향 전환 163

이동 타깃 테스트 165

요약 166

퀴즈 167

6장   플레이어 어빌리티 강화   169

실행 기능 추가 170

캐릭터 무브먼트 분석 170

컨트롤 입력의 커스터마이징 174

질주 어빌리티 추가 176

확대된 뷰에 애니메이션 적용 179

타임라인을 사용한 부드러운 전환 180

발사체 속도 증가 184

사운드 및 파티클 이펙트 추가 186

분기를 통한 대상의 상태 변경 186

사운드 효과, 폭발 그리고 파괴의 트리거 189

요약 193

퀴즈 193

7장   화면 UI 요소 생성   195

UMG를 사용해 간단한 UI 미터 만들기 196

위젯 블루프린트로 형태 그리기 198

미터의 외관 커스터마이징 201

탄약과 타깃 제거 카운트 만들기 206

HUD 출력 210

UI 값을 플레이어 변수에 연결 212

체력과 스테미너에 대한 바인딩 만들기 213

탄약 및 타깃 제거 카운터에 대한 텍스트 바인딩 만들기 215

탄약 및 타깃 제거 추적 217

탄약 카운터 감소 217

타깃 제거 카운터 증가 219

요약 221

퀴즈 221

8장   제약 조건 및 게임플레이 목표 생성   223

플레이어 액션 제한 224

스테미너 소모 및 재생 225

탄약이 없을 때 발사 액션 방지 240

수집 가능한 개체 만들기 242

게임플레이 승리 조건 세팅 247

HUD에 목표 타깃 표시하기 248

승리 메뉴 화면 만들기 251

WinMenu 표시 256

승리 트리거 258

요약 261

퀴즈 261

3부 ─ 게임의 향상

9장   인공지능으로 똑똑한 적 만들기   265

적 액터가 탐색하도록 세팅 266

마켓플레이스에서 가져오기 266

플레이 영역 확장 267

NavMesh 에셋으로 이동가능한 레벨 만들기 274

AI 에셋 생성 276

BP_EnemyCharacter 블루프린트 세팅 279

내비게이션(탐색) 행동 만들기 281

    패트롤(순찰) 지점 세팅 281

    블랙보드 키 만들기 282

    BP_EnemyCharacter에서 변수 만들기 284

    현재 순찰 지점 키 업데이트 286

    순찰 지점 겹침 288

    AI 컨트롤러에서의 비헤이비어 트리 실행 290

    비헤이비어 트리로 인공지능이 걷도록 가르치기 291

    BP_EnemyCharacter 인스턴스의 순찰 지점 선택 296

AI가 플레이어를 추적하게 하기 297

    폰 감지로 적에게 시야를 주기 297

    비헤이비어 트리 태스크 만들기 299

    비헤이비어 트리에 조건 추가 302

    추적 비헤이비어 생성 304

요약 305

퀴즈 306

10장   AI 적 업그레이드   309

적 공격 만들기 310

    공격 태스크 만들기 310

    비헤이비어 트리에서 Attack 태스크 사용 313

    체력 미터 업데이트 315

적들이 소리를 듣고 조사하게 만들기 316

    비헤이비어 트리에 청력 추가 316

    블랙보드를 업데이트하기 위한 변수 및 매크로 만들기 320

    노이즈 이벤트 데이터 해석 및 저장 322

    플레이어의 행동에 노이즈 추가 324

적을 파괴할 수 있게 하기 327

게임플레이 중에 더 많은 적을 스폰하기 331

    BP_EnemySpawner 블루프린트 만들기 331

적의 배회(Wandering) 행동 만들기 336

    커스텀 태스크로 배회 지점 식별 336

    비헤이비어 트리에 배회 추가 339

마지막 조정 및 테스트 340

요약 342

퀴즈 343

11장 게임 스테이트와 마무리 손질 적용   345

플레이어 사망으로 위험 현실화 346

    패배 화면 세팅 346

    패배 화면 표시 348

저장된 게임으로 라운드 기반 스케일링 생성 349

    SaveGame 클래스를 사용해 게임 정보 저장 350

    게임 정보 저장 352

    게임 정보 불러오기 355

    타깃 목표의 증가 357

    라운드 간에 표시할 전환 화면 만들기 359

    현재 라운드를 이긴 경우 새 라운드로 전환 362

게임 일시 중지 및 저장 파일 재세팅 364

    일시 중지 메뉴 만들기 364

    게임 재개 366

    저장 파일 재세팅 367

    일시 중지 트리거 369

요약 371

퀴즈 371

12장 빌드 및 배포   373

그래픽 세팅 최적화 374

다른 사람이 플레이할 수 있도록 게임 세팅 378

게임을 빌드로 패키지화 380

빌드 구성과 패키징 세팅 382

요약 384

퀴즈 384

13장   데이터 구조 및 흐름 제어 389

　다양한 컨테이너 타입 살펴보기 390

　　배열 390

　　세트 400

　　맵 403

　다른 데이터 구조 살펴보기 406

　　열거형 407

　　구조체 409

　　데이터 테이블 413

　흐름 제어 노드 417

　　스위치 노드 418

　　Flip Flop 419

　　시퀀스 419

　　For Each Loop 420

　　Do Once 421

　　Do N 421

　　Gate 422

　　MultiGate 423

　요약 425

　퀴즈 425

14장   수학 및 트레이스 노드 427

　월드 변환과 상대 변환 428

　포인트와 벡터 432

　　벡터의 표현 434

　　벡터의 연산 434

　트레이스 및 트레이스 기능 소개 439

　　오브젝트에 대한 추적 442

　　채널을 통한 추적 443

셰이프 트레이스 444

디버그 라인 445

벡터와 트레이스 노드들에 대한 예 446

요약 450

퀴즈 451

15장   블루프린트 팁   453

블루프린트 에디터 단축키 454

블루프린트 모범 사례 460

블루프린트 책임 460

블루프린트 복잡성 관리 463

기타 블루프린트 노드 사용 469

선택 469

텔레포트 470

포맷 텍스트 471

Math 표현식 472

Set View Target with Blend 473

AttachActorToComponent 473

Enable Input 과 Disable Input 474

Set Input Mode 노드 475

요약 476

퀴즈 477

16장   VR 개발 소개   479

가상 현실 템플릿 살펴보기 480

VRPawn 블루프린트 482

순간 이동 485

오브젝트 잡기 489

인터페이스를 사용하는 블루프린트 통신 492

메뉴와 상호 작용 495

요약 498

퀴즈 498

5부 — 추가 도구

17장   애니메이션 블루프린트   503

애니메이션 개요 504

애니메이션 에디터 505

스켈레톤 및 스켈레탈 메시 506

애니메이션 시퀀스 507

블렌드 스페이스 508

애니메이션 블루프린트 만들기 509

이벤트그래프 512

애님그래프 514

스테이트 머신 살펴보기 517

애니메이션 스타터 팩 가져오기 522

애니메이션 스테이트 추가 524

캐릭터 블루프린트 수정 525

애니메이션 블루프린트 수정 528

요약 536

퀴즈 536

18장   블루프린트 라이브러리 및 컴포넌트 생성   539

블루프린트 매크로 및 함수 라이브러리 540

블루프린트 함수 라이브러리 예제 541

세 번째 함수 생성 및 테스트 545

액터 컴포넌트 생성 550

액터 컴포넌트 테스트 556

씬 컴포넌트 생성 559

요약 564

퀴즈 564

19장   절차적 생성   567

컨스트럭션 스크립트를 사용한 절차적 생성 568
　　레벨에 인스턴스를 추가하는 스크립트 생성 571
블루프린트 스플라인 생성 576
　　스플라인 메시 컴포넌트 582
에디터 유틸리티 블루프린트 584
　　액터 액션 유틸리티 생성 585
요약 590
퀴즈 590

20장   베리언트 매니저를 사용한 제품 컨피규레이터 생성   593

제품 컨피규레이터 템플릿 594
베리언트 매니저 패널 및 베리언트 세트 596
BP_Configurator 블루프린트 598
UMG 위젯 블루프린트 604
요약 609
끝맺으며 610
퀴즈 611

찾아보기 612
부록 619

언리얼 엔진의 블루프린트 비주얼 스크립팅 시스템은 디자이너가 게임을 스크립팅 할 수 있도록 할 뿐만 아니라 프로그래머도 디자이너가 확장할 수 있는 기본 요소를 만들 수 있게 한다. 이 책에서는 전문가의 팁, 단축키 및 모범 사례와 함께 블루프린트 에디터의 모든 기능을 살펴본다.

이 책은 변수, 매크로 및 함수를 사용하는 방법을 안내하고 OOP^{객체 지향 프로그래밍} 대해 학습하는 데 도움이 된다. 게임플레이 프레임워크에 대해 알아보고 블루프린트 통신을 통해 다른 블루프린트의 정보에 접근할 수 있는 방법에 대해 알아본다. 이후 챕터에서는 완전하게 기능하는 게임을 단계별로 구축하는 데 초점을 맞출 것이다. 기본적인 FPS^{First-Person-Shooter} 템플릿부터 시작해서 각 장은 점점 더 복잡하고 견고한 게임 경험을 만들기 위해 프로토타입을 기반으로 한다. 그런 다음 기본적인 메카닉 사격 제작에서 사용자 인터페이스 요소 및 지능형 적 행동과 같은 보다 복잡한 시스템으로 진행된다. 이 책에서는 배열, 맵, 열거형 및 벡터 연산 사용법을 소개하고 VR 게임 개발에 필요한 요소를 소개한다. 첫 번째 장에서는 프로시저 생성의 구현 방법과 프로덕트 컨피규레이터의 작성 방법에 대해 설명한다. 이 책의 끝부분에서 완전히 기능하는 게임을 만드는 방법과 플레이어들을 위한 재미있는 경험을 개발하는 데 필요한 기술을 습득하게 될 것이다.

⠶ 대상 독자

이 책은 언리얼 엔진 5로 게임이나 애플리케이션을 개발하는 데 관심이 있는 사람을 위한 책이다. 게임 개발의 초보자 또는 언리얼 엔진 5의 블루프린트 비주얼 스크립팅 시스템을 경험하지 못했다고 할지라도, 텍스트 코드를 작성하지 않고도 복잡한 게임 메커니즘을 빠르고 쉽게 구축하는 방법을 배울 수 있는 좋은 기회다. 프로그래밍 경험이 필요하지 않다!

⫸ 이 책의 구성

1장, 블루프린트 에디터 살펴보기　블루프린트 에디터와 블루프린트 에디터에 통합된 모든 패널에 대해 다룬다. 컴포넌트 탭, 내 블루프린트 탭, 디테일 탭 및 뷰포트 및 이벤트 그래프 탭을 살펴본다. 여기서는 컴포넌트란 무엇이며, 어떻게 컴포넌트를 블루프린트에 추가하는지에 대해 설명한다.

2장, 블루프린트 프로그래밍　블루프린트에 사용되는 프로그래밍 개념을 설명한다. 변수, 연산자, 이벤트, 액션, 매크로 및 함수 사용 방법에 대해 알아본다.

3장, 객체 지향 프로그래밍과 게임플레이 프레임워크　OOP 개념을 가르치고 게임플레이 프레임워크를 살펴본다.

4장, 블루프린트 통신 이해　한 블루프린트에서 다른 블루프린트의 정보에 접근할 수 있는 다양한 타입의 블루프린트 통신에 대해 알아본다.

5장, 블루프린트를 사용한 오브젝트 인터렉션　게임이 세팅되는 월드를 구축하는 데 도움이 되는 새로운 객체를 만드는 방법을 살펴본다. 오브젝트상의 머티리얼 조작에 대해서는, 처음에는 오브젝트 에디터를 통해서, 그 뒤에, 실행시에 블루프린트를 통해서 트리거 하는 것으로 진행된다.

6장, 플레이어 어빌리티 강화　게임 중에 블루프린트를 사용해서 새로운 객체를 생성하는 방법과 블루프린트의 액션을 플레이어 컨트롤 입력과 연결하는 방법을 알아본다. 또한 생성된 발사체와 충돌할 때 객체를 반응시킬 수 있는 블루프린트를 만드는 방법에 대해서도 배울 수 있다.

7장, UI 요소 생성　플레이어의 상태, 체력, 탄약 및 현재 목표를 추적하는 그래픽 사용자 인터페이스(GUI) 세팅을 시연한다. 여기서는 언리얼 엔진의 GUI 에디터를 사용해서 기본 사용자 인터페이스를 세팅하는 방법과 블루프린트를 사용해서 인터페이스를 게임플레이 값에 연결하는 방법에 대해 배울 것이다.

8장, 제약 조건 및 게임플레이 목표 생성 플레이어의 능력을 제한하고, 게임플레이 목표를 레벨로 정의하며, 이러한 목표를 추적하는 방법에 대해 설명한다. 플레이어 총의 탄약을 보충할 수 있는 수집 가능한 탄약 팩을 세팅하는 방법과 게임의 승리 조건을 정의하기 위한 레벨 블루프린트를 활용하는 방법에 대해 설명한다.

9장, 인공지능으로 똑똑한 적 만들기 플레이어를 따라가는 적 좀비 AI를 만드는 방법을 다루는 중요한 장이다. 레벨에 내비게이션 메쉬를 설치하고 블루프린트를 사용해서 적이 순찰 지점 사이를 이동하도록 만드는 방법을 알아본다.

10장, AI 적 업그레이드 좀비에게 조금 더 지능을 부여하기 위해 좀비 AI가 상태를 갖도록 수정함으로써 매력적인 경험을 만드는 방법을 알려준다. 이 챕터에서는 시각과 청각의 검출을 사용해서 좀비의 순찰, 수색, 공격 상태를 세팅해 본다. 또한 게임이 진행되는 동안 새로운 적이 점차적으로 나타나도록 하는 방법에 대해서도 살펴본다.

11장, 게임 스테이트와 마무리 손질하기 게임을 출시하기 전에 게임을 완성하기 위해 필요한 마무리 손질을 추가한다. 이 장에서는 게임을 점점 더 어렵게 만드는 라운드, 플레이어가 진행 상황을 저장하고 복귀할 수 있는 게임 저장, 그리고 게임의 도전을 의미 있게 만드는 플레이어 사망을 만든다.

12장, 빌드 및 배포 게임을 최상의 상태로 만들기 위해 그래픽 세팅을 최적화하는 방법 및 배포를 위한 프로젝트 정보를 세팅하는 방법에 대해 설명한다. 여기서는 다양한 플랫폼에서 공유 가능한 게임 빌드를 만드는 방법에 대해 알아본다.

13장, 데이터 구조 및 흐름 제어 데이터 구조가 무엇이며 블루프린트에서 데이터를 구성하는 데 사용할 수 있는 방법에 대해 설명한다. 컨테이너의 개념과 배열, 세트 및 맵을 사용해서 여러 요소를 그룹화하는 방법에 대해 알아본다. 이 장은 열거, 구조체 및 데이터 테이블을 사용해서 데이터를 구성하는 다른 방법을 보여준다. 이 장에서는 또한 다양한 타입의 흐름 제어 노드를 사용해서 블루프린트 실행의 흐름을 제어하는 방법에 대해서도 설명한다.

14장, 수학 및 트레이스 노드 3D 게임에 필요한 몇 가지 수학 개념을 다룬다. 월드 좌표와 로컬 좌표의 차이와 컴포넌트 작업 시 사용하는 방법에 대해 알아본다. 이 장은 위치, 방향, 속도, 거리를 나타내기 위해 벡터를 사용하는 방법을 보여준다. 트레이스의 개념에 대해 설명하고 다양한 타입의 트레이스를 제시한다. 또한 게임 내 충돌을 테스트하기 위해 트레이스를 사용하는 방법도 알아본다.

15장, 블루프린트 팁 블루프린트의 품질을 높이기 위한 몇 가지 팁이 포함돼 있다. 작업 속도를 높이기 위해 다양한 에디터 단축키를 사용하는 방법에 대해 알아본다. 이 장에서는 구현 장소와 타입을 결정하는 데 도움이 되는 블루프린트의 모범사례를 몇 가지 소개한다. 마지막으로 유용한 블루프린트 기타 노드에 대해 알아본다.

16장, VR 개발 소개 VR 개념에 대해 설명하고 VR 템플릿에 대해 살펴본다. 이 장에서는 VR 템플릿의 VRPawn 블루프린트의 기능을 살펴보고 모션 컨트롤러를 사용해서 플레이어가 잡을 수 있는 객체를 만드는 방법을 설명한다. 텔레포트를 구현하기 위해 사용되는 블루프린트 기능과 블루프린트 통신을 위한 인터페이스 사용 방법에 대해 알아본다. VR 템플릿에서 메뉴가 어떻게 작동하는지도 확인할 수 있다.

17장, 애니메이션 블루프린트 스켈레톤, 스켈레탈 메쉬, 애니메이션 시퀀스, 블렌드 스페이스 등 언리얼 엔진 애니메이션 시스템의 주요 요소를 설명한다. 이벤트그래프와 애니메이션 그래프를 사용해서 애니메이션 블루프린트를 스크립팅하는 방법을 보여준다. 애니메이션에서 스테이트 머신이 사용되는 방법과 애니메이션의 새 스테이트를 만드는 방법에 대해 설명한다.

18장, 블루프린트 라이브러리 및 컴포넌트 생성 프로젝트 전체에서 사용할 수 있는 공통 기능을 사용해서 블루프린트 매크로 및 기능 라이브러리를 생성하는 방법을 보여준다. 컴포넌트의 개념에 대해 자세히 설명한다. 또한 캡슐화된 동작을 사용하는 액터 컴포넌트와 위치 기반 동작을 사용하는 씬 컴포넌트를 작성하는 방법에 대해서도 설명한다.

19장, 절차적 생성 레벨 콘텐츠를 자동으로 생성하는 몇 가지 방법을 보여준다. 블루프린트의 컨스트럭션 스크립트를 사용해서 절차적 생성을 스크립팅하고 스플라인 도구를 사용해서 인스턴스 배치에 레퍼런스로 사용할 경로를 정의할 수 있다. 또한 편집 모드에서 에셋 및 액터를 조작하기 위해 에디터 유틸리티 블루프린트를 생성할 수도 있다.

20장, 베리언트 매니저 베리언트 매니저를 사용한 제품 컨피규레이터 생성에서는 소비자를 특정 제품에 끌어들이기 위해 업계에서 사용하는 애플리케이션인 제품 컨피규레이터 작성 방법에 대해 설명한다. 베리언트 매니저 패널 및 베리언트 세트를 사용해서 제품 컨피규레이터를 정의하는 방법에 대해 설명한다. 제품 컨피규레이터 템플릿은 실제로 다양한 블루프린트 개념을 연구하기 위한 훌륭한 리소스다. 베리언트 세트가 있는 UMG 위젯 블루프린트를 사용해서 사용자 인터페이스를 동적으로 작성하는 BP_Configurator 블루프린트를 분석한다.

부록, 퀴즈 정답은 장 단위로 모든 퀴즈 문제의 정답을 포함한다.

▶ 이 책을 최대한 활용하려면

Windows OS 또는 MacOS에 대한 기본적인 지식이 필요하지만 프로그래밍 또는 언리얼 엔진 5에 대한 경험은 필요하지 않다.

이 책은 언리얼 엔진 5에 초점을 맞추고 있다. 즉, 언리얼 엔진만 있으면 시작할 수 있다. 언리얼 엔진 5는 https://www.unrealengine.com에서 무료로 다운로드할 수 있고, 이 책과 함께 필요한 모든 것이 포함돼 있다.

번역서는 5.0.3 버전을 기준으로 업데이트했다.

▶ 샘플 코드 파일 다운로드

이 책의 코드는 원서출판사의 깃허브 저장소(https://github.com/PacktPublishing/-Blueprints-Visual-Scripting-for-Unreal-Engine-5)에서 다운로드받을 수 있다. 코드가 업데이트되면 위 깃허브 저장소에서 업데이트된다.

또한 에이콘출판사 깃허브 저장소(https://github.com/AcornPublishing/blueprintsue5)에서 한국어판 소스 코드를 다운로드할 수 있다.

≫ 컬러 이미지 다운로드

이 책에 사용된 스크린샷과 다이어그램의 컬러 이미지를 담은 PDF 파일도 제공하고 있다. https://static.packt-cdn.com/downloads/9781801811583_ColorImages.pdf에서 다운로드 할 수 있다. 또한 에이콘출판사 도서정보 페이지 http://www.acornpub. co.kr/book/blueprints-ue5에서도 찾아볼 수 있다.

≫ 사용된 표기법

이 책 전체에서 사용되는 다양한 텍스트 표기법이다.

텍스트 코드: 텍스트, 데이터베이스 테이블 이름, 폴더 이름, 파일 이름, 확장자, 경로 이름, 더미 URL, 사용자 입력 및 트위터 핸들의 코드 단어를 나타낸다.

예를 들면 다음과 같다. Level 에디터에서 BP_EnemyCharacter 인스턴스를 선택한다.

굵은 글씨: 화면에 표시되는 새로운 용어, 중요한 단어 또는 단어를 나타낸다. 예를 들어 메뉴 또는 대화상자의 단어는 굵은 글씨로 표시된다.

예: 파라미터 이름을 Metallic으로 변경한 다음 Metallic 노드의 출력 핀을 클릭하고 끌어 Material definition 노드의 Merallic 입력 핀에 놓는다.

> NOTE
>
> 경고와 중요한 노트는 이와 같이 나타낸다.

연락하기

독자의 의견은 언제나 환영한다.

문의: 이 책의 내용에 관해 궁금한 점이 있으면 메일 제목에 책 제목을 적고 customer care@packtpub.com으로 이메일을 보내 주길 바란다. 한국어판에 관한 질문은 에이콘출판사 편집 팀(editor@acornpub.co.kr)이나 옮긴이의 이메일로 문의해 주길 바란다.

정오표: 책 내용의 정확성을 보장하고자 모든 주의를 기울였지만, 실수는 일어나게 돼 있다. 이 책에서 실수를 발견했을 때 우리에게 알려 준다면 감사할 것이다. www.packt.com/submit-errata를 방문해책을 선택하고, 정오표 제출 양식 Errata Submission Form 링크를 클릭한 다음 세부 정보를 입력하기 바란다. 한국어판의 정오표는 에이콘출판사 도서정보 페이지 http://www.acornpub.co.kr/book/blueprints-ue5 에서 볼 수 있다.

저작권 침해: 인터넷에서 어떤 형식이든 불법 복제물을 발견한 경우 URL 주소나 웹사이트 이름을 알려 주길 바란다. 자료에 대한 링크를 copyright@packt.com으로 보내 주길 바란다.

1부

블루프린트 기초

1부에서는 블루프린트의 기본 구성 요소를 살펴본다. 블루프린트의 구동 원리를 확실하게 이해하고 자신만의 게임을 만들 수 있다.

1부는 다음 장으로 구성된다.

- 1장, 블루프린트 에디터 탐색

- 2장, 블루프린트 프로그래밍

- 3장, 객체지향 프로그래밍과 게임플레이 프레임워크

- 4장, 블루프린트 통신의 이해

01

블루프린트 에디터 탐색

언리얼 엔진 5와 함께하는 놀라운 게임 개발의 세계에 온 것을 환영한다. 이 책에서는 에픽게임즈가 만든 블루프린트 비주얼 스크립팅 언어를 사용해서 언리얼 엔진에서 게임을 개발하는 방법을 배운다.

블루프린트에 대해 배우기 전에, 먼저 개발 환경을 준비해야 한다. 언리얼 엔진은 무료로 다운로드할 수 있다. 언리얼 엔진 5를 설치하고 새 프로젝트를 만드는 방법을 배울 것이다. 그런 다음 블루프린트의 몇 가지 기본 개념에 대해 알아보고 블루프린트 에디터의 각 패널에 대해 알아보자.

이 장에서는 다음의 주제들을 다룬다.

- 언리얼 엔진 설치
- 템플릿을 사용한 새 프로젝트 생성
- 블루프린트 비주얼 스크립팅
- 블루프린트 클래스 에디터의 인터페이스

- 블루프린트에 컴포넌트 추가

언리얼 엔진 설치

언리얼 엔진을 사용하려면 먼저 에픽게임즈 런처를 설치해야 한다.

1. https://www.unrealengine.com에 접속한다.

2. 에픽게임즈 런처를 다운로드한다.

3. 설치하고 런처를 실행한다.

4. 왼쪽의 **언리얼 엔진** 탭을 클릭한다.

5. 화면 상단에 나타나는 **라이브러리** 탭을 클릭한다.

6. **엔진 버전** 옆에 있는 🞤 버튼을 클릭해서 언리얼 엔진 버전을 런처에 추가한다. 최 신 버전을 사용할 수 있다.

7. **설치** 버튼을 클릭한다. 런처가 설치에 필요한 파일을 다운로드하며 완료하는 데 시간이 오래 걸릴 수 있다.

8. 이미 설치된 버전을 실행하려면 **실행** 버튼을 클릭한다. 여러 버전의 언리얼 엔진 을 설치할 수 있다. 이 중 하나를 기본으로 세팅하면 된다. 런처 오른쪽 상단에 있 는 **실행** 버튼을 누르면 기본으로 세팅된 버전이 실행된다.

그림 1.1 언리얼 엔진 실행

블루프린트 비주얼 스크립팅 시스템은 이미 잘 구축된 안정적인 기술이다. 이 책은 버전 5.1.0을 사용하지만, 예제들은 이후 버전에서도 문제없이 작동할 것이다.

▶ 템플릿을 사용한 새 프로젝트 생성

언리얼 엔진 에디터를 실행하면 **언리얼 프로젝트 브라우저**가 나타난다. 왼쪽 위의 **최근 프로젝트** 상자는 기존 프로젝트를 여는 데 사용되며, 왼쪽의 다른 상자들은 새 프로젝트를 생성하는 데 사용하는 템플릿들의 카테고리다. 다음 스크린샷은 **게임** 카테고리의 템플릿들을 보여준다.

그림 1.2 게임 카테고리의 템플릿들

템플릿은 몇몇 주요 파일과 다양한 타입의 프로젝트들에 대한 기초 출발점을 제공하는 레벨을 가진 기본 컨테이너다. 템플릿은 빠른 프로토타이핑이나 특정 타입의 프로젝트에 대한 기초 역학을 학습하는데 유용하다. 템플릿을 사용하는 것은 선택 사항이다. 모든 템플릿은 빈 템플릿에서 쉽게 다시 생성할 수 있다. 다음은 **게임** 카테고리의 각 템플릿에 대한 설명이다.

- **일인칭:** 일인칭 시점의 게임용. 일인칭 템플릿은 간단한 구체 발사체를 쏘는 총을 장비한 한 쌍의 팔로 대표되는 플레이어 캐릭터를 특징으로 한다. 캐릭터는 키보드, 컨트롤러 또는 터치 디바이스의 가상 조이스틱을 사용해서 레벨에서 돌아다닐 수 있다.

- **휴대형 증강 현실:** Android 및 iOS 디바이스의 증강 현실 애플리케이션용. 휴대형 증강 현실 템플릿은 AR모드를 켜고 끌 수 있는 런타임 로직과 히트 감지 및 라이트 추정을 다루는 몇 가지 예제 코드를 특징으로 한다.

- **삼인칭:** 카메라가 따라오는 플레이 가능 캐릭터를 포함한다. 카메라는 캐릭터의 뒤쪽 약간 위에 위치한다. 캐릭터는 걷기, 뛰기, 점프 애니메이션을 가지며 키보드, 컨트롤러 또는 터치 디바이스의 가상 조이스틱을 사용해서 레벨에서 돌아다닐 수 있다.

- **내려보기:** 마우스로 조종하는 캐릭터와 캐릭터 위쪽으로 멀리 있는 카메라를 포함한다. 플레이어의 캐릭터는 마우스 또는 터치스크린으로 원하는 목적지를 클릭해서 조종되며 목적지로 이동할 때 장애물을 피하기 위해 내비게이션 시스템을 사용한다. 내려보는 시점은 액션 롤플레잉 게임에 자주 사용된다.

- **가상 현실:** 가상 현실 게임의 필수 기능들을 포함한다. 가상 현실 템플릿은 순간 이동, 잡을 수 있는 물체, 상호 작용할 수 있는 물체 및 VR 관람자^{VR Spectator} 카메라를 특징으로 한다. 가상 현실 템플릿에는 플레이어가 돌아다닐 수 있는 레벨과 잡고 상호 작용할 수 있는 물체들이 포함돼 있다.

- **비히클 고급:** 일반적인 차량 및 서스펜션을 가진 복잡한 차량을 포함한다. 비히클 고급 템플릿의 레벨은 단순한 트랙과 장애물을 포함한다.

언리얼 프로젝트 브라우저의 오른쪽 아래에는 선택한 템플릿에 사용 가능한 프로젝트 구성 옵션을 가진 **프로젝트 디폴트**가 있다. 이 책의 예제에서는 스크린샷에 선택된 값을 사용한다. 이러한 옵션은 나중에 프로젝트에서 수정할 수 있으며 다음과 같다.

- **블루프린트/C++**: 블루프린트 또는 C++ 프로그래밍 언어로 만든 템플릿이 있다. 이 책에서는 블루프린트 템플릿만 사용한다. 언리얼 엔진 5의 프로젝트는 블루프린트, C++ 또는 둘을 조합해서 개발할 수 있다.

- **타깃 플랫폼**: Desktop 또는 Mobile. 컴퓨터 또는 게임 콘솔에서 사용하도록 프로젝트를 개발하는 경우 Desktop을 사용한다. 모바일 디바이스에서 프로젝트를 보려면 Mobile을 선택한다. 이 책에서는 Desktop 옵션을 사용한다.

- **퀄리티 프리셋**: Scalable 또는 Maximum. 퀄리티 프리셋은 프로젝트의 성능에 영향을 준다. Scalable 옵션은 일부 복잡한 기능을 비활성화하고 Maximum 옵션은 타깃 플랫폼에서 사용 가능한 모든 옵션을 활성화한다. 이 책에서는 Scalable 옵션을 사용한다.

- **시작용 콘텐츠**: 체크박스를 선택하면 프로젝트에 시작용 콘텐츠를 포함한다. 시작용 콘텐츠는 간단한 메시, 머티리얼 그리고 파티클 이펙트가 포함된 콘텐츠 팩이다. 이 책의 예제에서는 시작용 콘텐츠를 사용 중이라고 가정한다.

- **레이 트레이싱**: 체크박스를 선택하면 프로젝트는 고성능 기능인 실시간 레이 트레이싱을 사용한다. 이 책의 예제에서는 레이 트레이싱을 사용하지 않는다.

삼인칭 템플릿을 선택하고 폴더의 **위치**를 지정한 뒤 **프로젝트 이름** 란을 채운다. 이전 항목에서 언급된 **프로젝트 디폴트**들을 선택한 다음 **생성** 버튼을 클릭한다. 프로젝트가 로드되면 언리얼 엔진 레벨 에디터가 다음 스크린샷처럼 보인다.

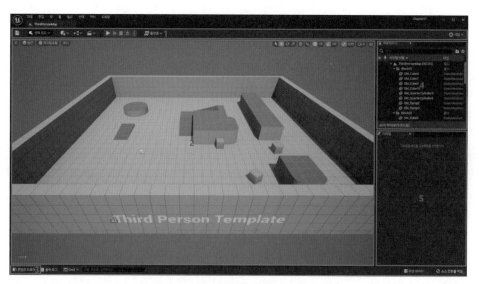

그림 1.3 언리얼 엔진 레벨 에디터

다음은 레벨 에디터의 주요 패널들이다.

1. **툴바**: 레벨 에디터의 맨 위에 있다. 툴바에는 자주 사용하는 기능을 하는 버튼들이 있다. 툴바의 버튼들은 여섯 가지 그룹으로 구분된다. 왼쪽에서 첫 번째 그룹은 작업 저장 기능에 빠른 접근을 제공한다. 두 번째 버튼 그룹은 레벨 에디터의 편집 모드를 변경하는 데 사용된다. 세 번째 그룹은 프로젝트에 다양한 오브젝트와 코드를 추가하는데 빠른 접근을 제공한다. 네 번째 그룹에서는 현재 레벨을 플레이하는 기능을 제공하며, 다섯 번째 그룹에서는 다양한 플랫폼별 옵션을 제공한다. 오른쪽 끝에 있는 마지막 **세팅** 버튼은 프로젝트 세팅을 여는 기능을 제공한다.

2. **뷰포트**: 레벨 에디터의 중앙에 위치한다. 뷰포트는 만들어진 레벨을 보여준다. **뷰포트** 패널을 이용해 레벨을 돌아다니고 오브젝트를 레벨에 추가할 수 있다. 마우스 오른쪽 버튼을 누른 채로 마우스를 움직여 카메라를 회전하고 WASD키를 사용해서 이동한다.

3. **콘텐츠 브라우저**: 레벨 에디터의 왼쪽 하단 모서리에 있는 **콘텐츠 드로어** 버튼을 클릭해서 콘텐츠 브라우저에 접근할 수 있다. 콘텐츠 브라우저는 프로젝트의 에셋들

을 관리하는 데 사용한다. 에셋은 언리얼 엔진 프로젝트의 콘텐츠를 말한다. 예를 들어 머티리얼, 스태틱 메시, 블루프린트 모두 에셋이다. **콘텐츠 브라우저**에서 에셋을 레벨에 끌어 놓으면 에디터는 에셋의 복사본을 만들어 레벨에 배치한다.

4. **아웃라이너**: 레벨 에디터의 오른쪽에 있는 아웃라이너는 레벨에 있는 오브젝트들을 나열한다.

5. **디테일**: 레벨 에디터 오른쪽 **아웃라이너** 아래에 있다. 디테일 패널은 **뷰포트**에서 선택한 오브젝트의 수정 가능한 프로퍼티들을 보여준다.

이제 언리얼 엔진 레벨 에디터에 대한 개요를 살펴보았으므로 블루프린트 비주얼 스크립팅에 대해 살펴보자.

⬖ 블루프린트 비주얼 스크립팅

가장 먼저 해야 할 질문은 블루프린트란 무엇인가이다.

블루프린트라는 단어는 언리얼 엔진에서 하나 이상의 의미를 갖는다. 첫째로 블루프린트는 에픽게임즈가 언리얼 엔진을 위해 만든 비주얼 스크립팅 언어다. 둘째로 블루프린트는 블루프린트 언어로 생성된 새로운 타입의 게임 오브젝트이다.

블루프린트에는 두 가지 기본 타입이 있다. **레벨 블루프린트**와 **블루프린트 클래스**가 그것이다. 게임의 각 레벨에는 고유한 **레벨 블루프린트**가 있으며 레벨과 분리된 **레벨 블루프린트**를 만들 수는 없다. 반면에 **블루프린트 클래스**는 게임을 위한 인터랙티브 오브젝트를 만드는 데 사용되고 모든 레벨에서 재사용할 수 있다.

레벨 블루프린트 에디터 열기

레벨 블루프린트 에디터를 열려면 언리얼 에디터의 툴바 왼쪽에서 세 번째 버튼 그룹에 있는 **블루프린트** 버튼을 클릭한다. 그런 다음 스크린샷과 같이 드롭다운에서 **레벨 블루프린트 열기** 옵션을 선택한다.

그림 1.4 레벨 블루프린트 열기

현재 레벨의 **레벨 블루프린트**가 열린다. **레벨 블루프린트** 에디터는 **내 블루프린트** 패널, **디테일** 패널, **이벤트그래프** 에디터만 있으므로 **블루프린트 클래스** 에디터보다 간단하다. 다음 스크린샷은 **레벨 블루프린트** 에디터를 보여준다.

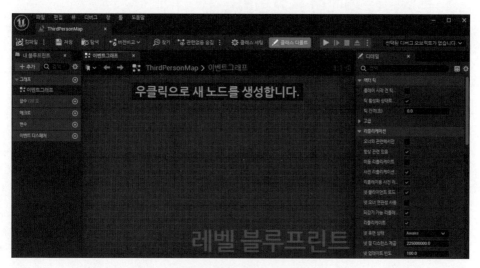

그림 1.5 레벨 블루프린트 에디터

지금은 **레벨 블루프린트**에서 아무것도 하지 않는다. 인터페이스를 처음으로 훑어보기 위해서 레벨 블루프린트를 열었다. **레벨 블루프린트** 에디터를 닫고 **레벨 에디터** 창으로 돌아간다. 이제 **블루프린트 클래스**를 생성해서 **블루프린트 클래스** 에디터를 열고 사용 가능한 모든 패널을 확인할 것이다.

블루프린트 클래스 생성하기

블루프린트 클래스를 만드는 세 가지 방법이 있다.

1. 툴바에서 **레벨 블루프린트**를 여는데 사용한 것과 동일한 **블루프린트** 버튼을 클릭한
   다. 그런 다음 드롭다운에서 **새 빈 블루프린트 클래스** 버튼을 클릭한다.

2. **콘텐츠 드로어** 버튼을 클릭해서 **콘텐츠 브라우저**를 연 다음 **추가** 버튼을 클릭하고 **기
   본 에셋 생성** 카테고리 아래의 **블루프린트 클래스**를 선택한다.

3. **콘텐츠 브라우저**의 빈 공간에 있는 아무 곳이나 우클릭하고 나타난 메뉴에서 **블루프
   린트 클래스**를 선택한다.

그림 1.6 블루프린트 클래스 생성

다음 창에서 새 블루프린트의 부모 클래스를 선택해야 한다. 지금은 부모 클래스를 블루프린트 타입으로 생각하라. 부모 클래스 선택 창에는 가장 **일반**적인 클래스가 표시되지만 다른 부모 클래스를 선택해야 하는 경우 **모든 클래스** 옵션을 확장하면 된다. 부모 클래스를 선택하면 이 창은 닫히고 이름을 바꿀 새 블루프린트 에셋이 **콘텐츠 브라우저**에 나타난다. 절차를 익힐 뿐이므로 **취소** 버튼을 눌러도 된다.

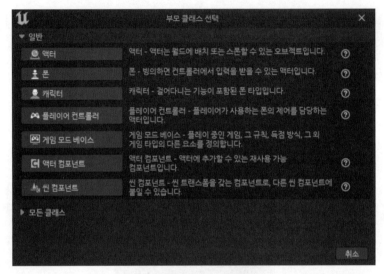

그림 1.7 블루프린트 부모 클래스

지금까지 현재 레벨의 레벨 블루프린트를 여는 방법과 블루프린트 클래스를 만드는 방법에 대해 알아보았으므로, 블루프린트 클래스 에디터의 패널에 대해 살펴보자. 블루프린트 클래스 에디터는 **콘텐츠 브라우저**에서 블루프린트 에셋을 우클릭하고 편집을 선택하거나, 블루프린트 에셋을 더블클릭해서 열 수 있다.

⠿ 블루프린트 클래스 에디터 인터페이스

블루프린트 클래스 에디터는 여러 패널을 가지고 있다. 각 패널은 블루프린트의 요소를 수정하는 데 사용된다. 블루프린트 클래스 에디터는 일반적으로 간단하게 블루프린트 에디터라고 불린다. 블루프린트 에디터의 주요 패널은 다음과 같다.

1. 툴바

2. 컴포넌트

3. 내 블루프린트

4. 디테일

5. 뷰포트

6. 이벤트그래프

이러한 패널은 다음 스크린샷에서 확인할 수 있다. **삼인칭** 템플릿의 **BP_ThirdPerson Character** 블루프린트를 예로 들겠다. 이 블루프린트는 ThirdPerson/Blueprints 폴더에 있다. **BP_ThirdPersonCharacter** 블루프린트를 더블클릭해서 블루프린트 클래스 에디터를 연다.

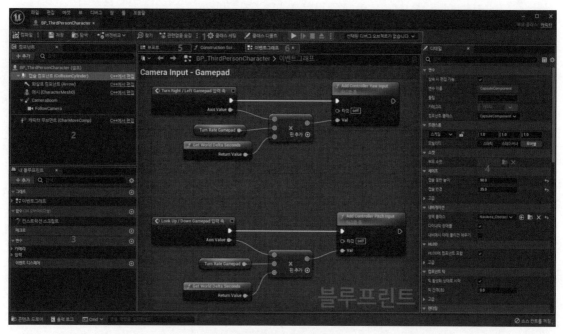

그림 1.8 블루프린트 에디터 패널

툴바 패널

툴바 패널은 블루프린트 클래스 에디터의 맨 위에 있으며 블루프린트 편집에 필수적인 버튼들을 포함한다.

그림 1.9 툴바 패널

버튼에 대한 설명은 다음과 같다.

- **컴파일**: 블루프린트 스크립트를 실행할 수 있는 하위 수준 형식으로 변환한다. 즉, 게임을 실행하기 전에 블루프린트는 반드시 컴파일돼야 한다. 그렇지 않으면 변경 사항이 반영되지 않는다. 컴파일 버튼을 클릭하면 현재 블루프린트를 컴파일한다. 오류가 없다면 녹색 체크 버튼이 나타날 것이다.

- **저장**: 현재 블루프린트의 모든 변경사항을 저장한다.

- **탐색**: 콘텐츠 브라우저에 현재 **블루프린트 클래스**를 표시한다.

- **찾기**: 블루프린트 내에서 검색한다.

- **관련없음 숨김**: 활성화되면 선택된 노드와 관련 없는 노드들을 숨긴다.

- **클래스 세팅**: 디테일 패널에서 **클래스 세팅**을 편집할 수 있다. 클래스 세팅 옵션에는 설명, 카테고리 및 부모 클래스와 같은 속성이 포함된다.

- **클래스 디폴트**: 디테일 패널에서 **클래스의 기본값**을 편집할 수 있다. **클래스 기본값**은 블루프린트 변수의 초기 값이다.

- **시뮬레이션**: 블루프린트 에디터 내에서 블루프린트를 실행할 수 있다.

- **플레이**: 현재 레벨을 실행한다.

- **디버그 오브젝트**: 드롭다운을 사용해서 디버그 할 오브젝트를 선택할 수 있다. 아무 것도 선택하지 않으면 현재 블루프린트 클래스로 생성된 모든 오브젝트를 디버그 한다.

- **버전비교**[1]: 기존 버전과 비교한다. 소스컨트롤 활성화가 필요하다.

컴포넌트 패널

컴포넌트 패널은 현재 블루프린트에 속한 모든 컴포넌트를 표시한다.

그림 1.10 컴포넌트 패널

컴포넌트는 블루프린트에 추가할 수 있는 바로 사용 가능한 오브젝트다. 컴포넌트를 추가하려면 **컴포넌트** 패널의 **추가** 버튼을 누른다. 컴포넌트를 사용하는 것만으로도 다양한 기능을 가진 블루프린트를 만들 수 있다.

선택한 컴포넌트의 속성은 **디테일** 패널에서 편집할 수 있으며 일부 컴포넌트의 시각적 표현은 **뷰포트** 패널에서 볼 수 있다.

스태틱 메시, 라이트, 사운드, 박스 콜리전, 파티클 시스템 및 카메라는 **컴포넌트** 패널에 있는 컴포넌트의 예시다.

---

1   이 버튼은 최신 버전에 추가된 버튼이다.

내 블루프린트 패널

내 블루프린트는 변수, 매크로, 함수 및 그래프를 생성할 수 있는 패널이다.

그림 1.11 내 블루프린트 패널

패널 상단의 **추가** 버튼 또는 각 카테고리 옆에 있는 ⊕ 버튼을 클릭해서 새 엘리먼트를 추가할 수 있다.

선택한 엘리먼트의 속성은 **디테일** 패널에서 편집할 수 있다.

디테일 패널

디테일 패널은 블루프린트에서 선택한 엘리먼트의 속성을 편집할 수 있다. 선택된 엘리먼트는 **컴포넌트, 변수, 매크로** 또는 **함수** 엘리먼트일 수 있다. **디테일** 패널에서 속성은 카테고리로 구성돼 있다.

다음 스크린샷은 **캡슐 컴포넌트**의 속성을 보여준다. 패널 상단에 속성을 필터링할 수 있는 **검색** 상자가 있다.

그림 1.12 디테일 패널

뷰포트 패널

뷰포트 패널은 블루프린트와 블루프린트 컴포넌트의 시각적 표현을 보여준다. **뷰포트** 패널은 레벨 에디터와 유사한 조작 방식을 가지며, 이를 사용해서 컴포넌트의 위치, 회전 및 스케일을 다룰 수 있다.

다음 스크린샷은 **뷰포트** 패널을 보여준다. 스크린샷에는 플레이어를 나타내는 **스켈레탈 메시** 컴포넌트, 플레이어의 뷰를 정의하는 **카메라** 컴포넌트, 충돌 감지에 사용하는 **캡슐** 컴포넌트가 있다.

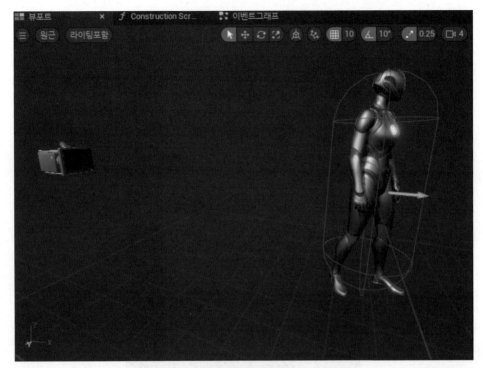

그림 1.13 뷰포트 패널

이벤트그래프 패널

이벤트그래프 패널에서는 블루프린트의 동작을 프로그래밍한다. **이벤트그래프**는 노드와 연결된 와이어로 표시되는 **이벤트**와 **액션**을 포함한다.

이벤트는 빨간색 노드로 표시되며 게임플레이 이벤트에 의해 트리거 된다. 블루프린트는 이벤트에 대한 응답을 수행하는 여러 액션을 가질 수 있다. 다음 스크린샷은 **TurnRight**와 **LookUp** 두 이벤트를 보여준다.

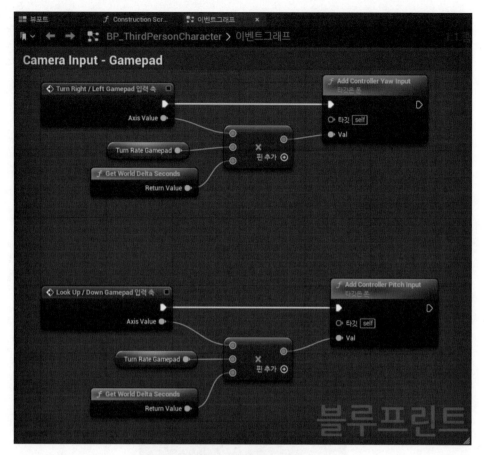

그림 1.14 이벤트그래프 패널

이벤트그래프를 우클릭하고 끌어서 다른 이벤트들을 보기 위해 움직일 수 있다.

다른 노드들은 함수, 연산자, 변수를 나타내는 액션이다. 우리는 2장 블루프린트 프로그래밍에서 이런 요소에 대해 배울 것이다.

블루프린트 에디터 패널에 대한 개요를 마쳤으므로 이제 첫 번째 블루프린트를 만들 수 있다. 블루프린트 클래스 에디터를 닫고 레벨 에디터로 돌아간다.

⫸ 블루프린트에 컴포넌트 추가

이제 첫 번째 블루프린트를 만들자. **컴포넌트**만 포함하는 매우 간단한 블루프린트가 될 것이다. 지금은 이벤트나 액션을 사용하지 않는다.

1. **콘텐츠 드로어** 버튼을 클릭해서 **콘텐츠 브라우저**를 연 다음 **추가** 버튼을 클릭하고 **블루프린트 클래스**를 선택한다.

2. 다음 화면에서 부모 클래스로 **액터**를 선택한다.

3. 방금 만든 블루프린트의 이름을 BP_RotatingChair로 변경한다. 블루프린트 이름에는 공백을 사용할 수 없으며 블루프린트 이름을 BP_로 시작하는 관습이 있다.

4. 블루프린트를 더블클릭해서 블루프린트 에디터를 연다.

5. 다음 스크린샷과 같이 **컴포넌트** 패널에서 **추가** 버튼을 클릭하고 **스태틱 메시**를 선택한다. **스태틱 메시**는 블루프린트를 시각적으로 나타낸다.

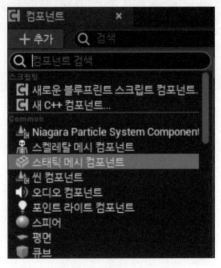

그림 1.15 스태틱 메시 추가하기

6. **디테일** 패널에 드롭다운 입력이 있는 **스태틱 메시**라는 속성이 있다. 드롭다운을 클릭하고 **SM_Chair**라는 이름의 **스태틱 메시** 속성을 선택한다. 이 **스태틱 메시**는 시작용 콘텐츠의 일부다. 다음 스크린샷은 선택된 **SM_Chair**를 보여준다.

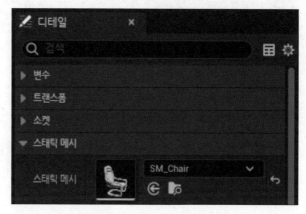

그림 1.16 스태틱 메시 에셋 선택하기

7. 다른 컴포넌트를 추가하자. **컴포넌트** 패널의 **추가** 버튼을 클릭하고 **검색** 상자에서 회전 이동을 입력한다.

8. **회전 이동 컴포넌트**를 클릭해 추가한다. 기본적으로 이 컴포넌트는 z축을 중심으로 회전하므로 속성을 변경할 필요가 없다.

9. **컴파일** 버튼을 클릭하고 블루프린트를 저장한다.

10. 레벨 에디터의 **콘텐츠 브라우저**에서 **BP_RotatingChair** 블루프린트를 끌어 레벨에 놓는다.

11. 레벨 에디터의 **플레이** 버튼을 눌러 회전하는 의자를 보자. WASD키를 사용해서 캐릭터를 이동하고 마우스를 사용해서 카메라를 회전할 수 있다. Esc키를 눌러 실행 중인 레벨을 종료할 수 있다. 다음 스크린샷은 실행 중인 예제를 보여준다.

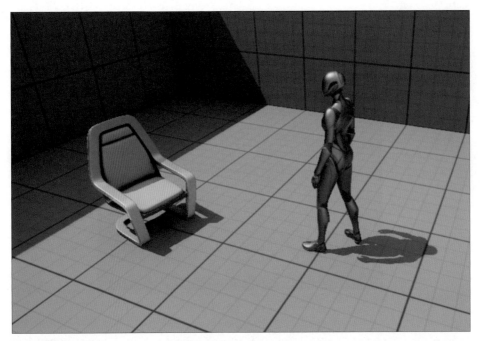

그림 1.17 회전하는 의자

⁞⁞▸ 요약

이번 장에서는 언리얼 엔진을 설치하고 템플릿을 사용해서 새 프로젝트를 생성하는 방법을 알아봤다. 블루프린트에는 **레벨 블루프린트**와 **블루프린트 클래스**라는 두 가지 주요 타입이 있다는 것도 배웠다.

그런 다음 블루프린트 에디터의 일부인 다양한 타입의 패널들을 살펴봤다. 이러한 패널들을 숙지하면 블루프린트로 개발하는데 도움이 된다. 마지막으로 오직 **컴포넌트**만 사용해서 간단한 블루프린트도 만들었다.

다음 장에서는 **이벤트** 및 **액션**을 사용해서 블루프린트의 동작을 프로그래밍하는 방법에 대해서 알아보겠다.

1. 컴퓨터에 여러 버전의 언리얼 엔진을 설치할 수 있는가?

    a. True

    b. False

2. 레벨 블루프린트 에디터는 블루프린트 클래스 에디터보다 많은 패널을 가지는가?

    a. True

    b. False

3. 모든 레벨에서 재사용할 수 있는 오브젝트를 만드는데 적합한 블루프린트 타입은 무엇인가?

    a. 레벨 블루프린트

    b. 블루프린트 클래스

4. 블루프린트 에디터에서 이벤트 및 액션을 추가할 수 있는 패널은 무엇인가?

    a. 컴포넌트 패널

    b. 이벤트그래프 패널

    c. 내 블루프린트 패널

    d. 디테일 패널

5. 블루프린트 에디터에서 현재 블루프린트의 변수와 함수를 보여주는 패널은 무엇인가?

    a. 디테일 패널

    b. 컴포넌트 패널

    c. 내 블루프린트 패널

    d. 이벤트그래프 패널

02

블루프린트 프로그래밍

이번 장에서는 블루프린트에서 사용되는 기본 프로그래밍 개념을 설명한다. 프로그램은 본질적으로 컴퓨터가 이해하고 실행하는 명령어를 작성하는 방법이다. 대부분의 프로그램 언어는 텍스트 기반이지만 블루프린트는 노드 기반 인터페이스를 사용해서 시각적인 프로그래밍을 제공한다.

일부 프로그래밍 언어는 특수한 환경에 존재하거나 목적이 잘 정의된 경우 스크립팅 언어라고 부른다. 예를 들면 블루프린트는 언리얼 엔진의 비주얼 스크립팅 언어다.

이번 장에서는 다음 주제를 다룰 것이다.

- 변수에 값을 저장
- 이벤트와 액션으로 블루프린트의 동작 정의
- 연산자를 사용해서 수식 만들기
- 매크로와 함수를 스크립트로 구성

변수에 값을 저장

변수는 프로그래밍 개념이다. 값이 저장될 수 있는 메모리 위치를 가리키는 식별자로 구성된다. 예를 들어, 게임의 캐릭터는 체력, 속도, 탄약의 양을 저장하는 변수를 가질 수 있다.

블루프린트에는 다양한 타입의 변수가 포함될 수 있다. 블루프린트의 변수는 **내 블루프 린트** 패널에 나열된다. **변수** 카테고리에서 ⊕ 버튼을 클릭하면 변수가 생성된다.

그림 2.1 변수 생성

변수 **타입**은 변수가 저장할 수 있는 내용을 정의한다. 블루프린트는 강한 형식의 언어다. 즉, 변수를 만들 때 변수 타입을 정의해야 하며 프로그램 실행 중에는 이 타입을 수정할 수 없다.

변수를 생성하면 해당 속성이 **디테일** 패널에 표시된다. 변수의 첫 번째 속성은 변수 이름이고 두 번째 속성은 변수 타입이다. 다음과 같이 다양한 타입이 있다.

그림 2.2 변수 타입

각 타입은 색상으로 표시된다. 변수 타입은 다음과 같다.

- **부울**: true 또는 false 값만 가질 수 있다.

- **바이트**: 8비트 숫자. 0에서 255 사이의 인티저 값을 저장할 수 있다.

- **인티저**: 32비트 숫자 −2,147,483,648과 2,147,483,647 사이의 인티저 값을 저장할 수 있다.

- **인티저64**: 64비트 숫자 −9,223,372,036,854,775,808과 9,223,372,036,854,775,807 사이의 인티저 값을 저장할 수 있다

- **플로트**: 32비트 부동소수점 숫자. 소수점 부분과 함께 숫자 값을 저장할 수 있으며, 소수점 이하 7자리 정도의 정밀도를 가지고 있다.

- **더블**: 64비트 부동소수점 숫자. 소수점 부분과 함께 숫자 값을 저장할 수 있으며, 정밀도는 16자리이다.

- **네임**: 개체 식별자로 사용되는 텍스트 조각이다.

- **스트링**: 문자와 숫자로 구성된 글자의 그룹을 저장할 수 있다.

- **텍스트**: 지역화된 텍스트에 사용된다. 즉, 다른 언어로 번역을 더 쉽게 구현할 수 있다.

- **벡터**: 3D 벡터를 나타내는 X, Y 및 Z 플로트 값을 포함한다.

- **로테이터**: 3D 공간에서 회전을 나타내는 X(롤), Y(피치) 및 Z(요) 부동소수점 값을 포함한다.

- **트랜스폼**: 위치, 회전, 크기를 저장할 수 있다.

구조체, 인터페이스, 오브젝트 타입 및 **열거형**과 관련된 다른 타입의 변수도 있다. 우리는 다음 장에서 이러한 타입에 대해 배울 것이다.

다음 스크린샷은 **변수**에서 수정할 수 있는 속성이 있는 **디테일** 패널을 보여준다.

그림 2.3 변수의 속성

속성은 다음과 같이 개별적으로 설명할 수 있다.

- **변수 이름**: 변수의 식별자이다.

- **변수 타입**: 이 변수에 저장할 수 있는 값의 타입을 지정한다.

- **인스턴스 편집가능**: 이 상자를 선택하면 레벨에 배치된 블루프린트의 각 복사본이 이 변수에 서로 다른 값을 저장할 수 있다 그렇지 않으면 인스턴스라고 하는 모든 복사본에서 동일한 초기 값이 공유된다.

- **블루프린트 읽기 전용**: 이 옵션을 선택하면 블루프린트 노드에서 변수를 변경할 수 없다.

- **설명**: 여기에는 커서가 변수 위로 이동할 때 표시되는 정보가 포함한다.

- **스폰시 노출**: 이 옵션을 선택하면 블루프린트를 생성할 때 변수를 세팅할 수 있다.

- **프라이빗**: 이 옵션을 선택하면 하위 블루프린트에서 수정할 수 없다.

- **시네마틱에 노출**: 이 옵션을 선택하면 이 변수가 **시퀀서**에 노출된다.

- **카테고리**: 블루프린트의 모든 변수를 구성하는 데 사용할 수 있다.

- **슬라이더 범위**: 사용자 인터페이스^{UI} 슬라이더가 이 변수를 수정하는 데 사용할 최소값과 최대값을 세팅한다.

- **값 범위**: 이 변수에 허용되는 최소값과 최대값을 세팅한다.

- **리플리케이션과 리플리케이션 조건**: 네트워크 게임에 사용된다.

- **기본값**: 변수의 초기 값을 포함한다. 블루프린트를 컴파일해야 기본값을 세팅할 수 있다.

변수는 블루프린트의 현재 상태를 나타내는 데 사용되지만 동작은 이벤트 및 액션에 의해 정의된다. 이 액션은 다음 절에서 설명한다.

⫸ 이벤트 및 액션으로 블루프린트 동작 정의

대부분의 경우, 블루프린트를 사용해서 새로운 액터들을 생성할 것이다. 언리얼 엔진에서 액터는 레벨에 추가할 수 있는 게임 객체다.

언리얼 엔진은 이벤트를 사용해서 액터의 게임 상태를 알려준다. 액터가 액션을 사용해서 이벤트에 대응하는 방법을 정의한다. 이벤트와 액션은 모두 **이벤트그래프** 패널의 노드로 표시된다.

이벤트

블루프린트에 이벤트를 추가하려면 **이벤트그래프** 패널을 사용한다. **이벤트그래프** 패널을 우클릭해서 사용 가능한 이벤트 및 액션 목록이 있는 **컨텍스트 메뉴**를 연다. **이벤트그래프** 패널에 공간이 더 필요한 경우 우클릭하고 끌어서 **이벤트그래프**의 빈 영역으로 이동할 수 있다. **컨텍스트 메뉴**에는 노드 목록을 필터링하는 데 사용할 수 있는 **검색** 표시줄이 있다. 또한 선택한 노드를 기반으로 가능한 액션들을 필터링하는 컨텍스트에 따라 체크박스도 있다. 다음 스크린샷은 컨텍스트 메뉴와 사용가능한 일부 이벤트를 보여준다.

그림 2.4 컨텍스트 메뉴의 이벤트

이벤트그래프 패널에서 여러 이벤트를 추가할 수 있지만 각 이벤트는 한 번만 추가할 수 있다. 언리얼 엔진에서 제공하는 이벤트 외에도 **커스텀 이벤트 추가...**를 클릭해서 직접 이벤트를 생성할 수 있다. 다음 스크린샷은 **커스텀 이벤트** 노드와 해당 **디테일 패널**을 보여주며, 여기서 커스텀 이벤트의 이름을 변경하고 입력 파라미터를 추가할 수 있다.

이 장 뒷부분의 매크로 만들기 항목에서 파라미터에 대해 알아본다.

그림 2.5 커스텀 이벤트 생성

사용할 수 있는 이벤트는 다음과 같다.

- **충돌 이벤트**: 두 개의 액터가 충돌하거나 겹칠 때 실행된다.

- **입력 이벤트**: 키보드, 마우스, 터치 스크린 및 게임 패드와 같은 입력 장치에 의해 트리거된다.

- **BeginPlay 이벤트**: 레벨 에디터에 이미 있는 액터에 대해 게임이 시작될 때 또는 런타임 중에 액터가 생성될 때 바로 실행된다.

- **이벤트 플레이 종료**: 런타임 중에 액터가 제거되려고 할 때 실행된다.

- **이벤트 틱**: 게임의 모든 프레임마다 호출된다. 예를 들어, 게임이 초당 60프레임으로 실행되면 이 이벤트는 1초에 60번 호출된다.

이제 이벤트에 연결하는 액션을 만드는 방법에 대해 알아보겠다.

액션

이벤트가 트리거되면 액션을 사용해서 블루프린트가 이 이벤트에 어떻게 반응할지 정의한다. 액션을 사용해서 블루프린트 변수 또는 블루프린트 상태를 수정하는 호출 함수의 값을 가져오거나 세팅할 수 있다.

다음 스크린샷은 블루프린트의 **BeginPlay 이벤트**를 보여준다. 이 예제에서 블루프린트는 **Bot Name**이라는 문자열 변수가 있다.

1. SET 액션은 **Archon** 문자열을 **Bot Name** 변수에 할당한다.

2. 다음 액션인 **Print String**은 화면에 In String 핀에 입력된 값을 표시한다. 함수에 전달되는 이러한 값을 파라미터라고 한다.

3. **In String** 핀은 **Bot Name** 변수의 GET 노드에 연결되며, 이 노드는 **Bot Name** 변수의 값을 반환하고 **Print String** 함수에 전달한다.

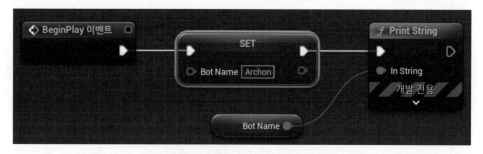

그림 2.6 BeginPlay 이벤트와 몇 가지 액션

4. 변수의 GET 및 SET 액션을 이벤트그래프에 추가하기 위해 **내 블루프린트** 패널에서 변수를 끌어 **이벤트그래프**에 놓으면 GET 및 SET 옵션이 표시된다.

이벤트그래프 패널에서 우클릭을 하면 나타나는 **컨텍스트 메뉴**에서 Print String과 같은 다른 기능을 추가한다. **GET** 및 **SET** 액션은 **컨텍스트 메뉴**에서도 검색할 수 있다.

액션을 연결하는 흰색 선은 실행 경로라고 한다.

실행 경로

노드의 흰색 핀을 **실행 핀**이라고 한다. 다른 색상의 핀은 **데이터 핀**이다. 블루프린트의 노드 실행은 빨간색 이벤트 노드로 시작한 다음 마지막 노드에 도달할 때까지 왼쪽에서 오른쪽으로 흰색 와이어를 따른다

블루프린트 실행 흐름을 제어하는 일부 노드가 있다. 이러한 노드는 조건에 따라 실행 경로를 결정한다. 예를 들어 Branch 노드에는 **True** 및 **False**라는 두 개의 출력 실행 핀이 있다. 트리거될 실행 핀은 **Condition** 입력 파라미터의 부울 값에 따라 달라진다. 다음 스크린샷은 Branch 노드의 예를 보여준다

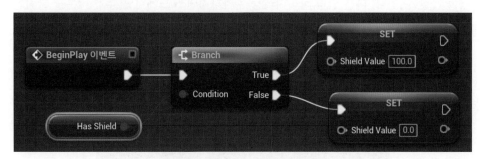

그림 2.7 Branch 노드와 2실행 경로

이 예에서 **BeginPlay 이벤트**가 발생할 때 **Branch** 노드는 **Has Shield** 불리안 변수의 값을 평가한다. 값이 **True**이면 **True** 핀이 실행되고 **Shield Value** 변수의 값이 100.0으로 세팅된다. 값이 **False**이면 **Shield Value** 변수에 0.0이 세팅된다.

액션을 사용해서 변수 값을 수정하는 방법을 확인했다. 다음 단계는 변수를 사용해서 표현식을 만드는 방법을 배우는 것이다.

⫶ 연산자를 사용해서 식 만들기

연산자는 변수와 값을 사용해서 식을 만드는 데 사용된다. 이러한 연산자는 **유틸리티 ➤ 연산자** 카테고리의 **컨텍스트** 메뉴에 있다.

연산자의 주요 타입은 산술, 관계형, 논리형이다.

산술 연산자

산술 연산자(+, -, x와 /)를 사용해서 블루프린트에 수학 식을 생성할 수 있다. 다음 스크린샷은 블루프린트에 해당하는 노드를 보여 준다. 이러한 연산자는 왼쪽에서 두 개의 입력값을 받고 오른쪽에서 연산 결과를 제공한다. 산술 연산자는 두 개 이상의 입력 파라미터를 가질 수 있다. 다른 입력 파라미터를 추가하려면 노드에서 **핀 추가** 버튼을 클릭한다. 입력 값은 데이터 와이어에서 얻거나 노드에 직접 입력할 수 있다.

그림 2.8 산술 연산자 노드

NOTE

* 기호는 프로그래밍 언어에서 곱셈 연산자다. 블루프린트는 또한 *를 곱셈 연산자로 인식하지만 문자 X를 곱셈 노드의 이름으로 사용한다. **컨텍스트 메뉴**에서 곱셈 노드를 검색할 때는 * 기호를 사용하거나 곱셈이라는 단어를 써야 한다.

다음 스크린샷은 간단한 산술식을 보여준다. 스크린샷의 숫자는 노드의 완료 순서를 나타낸다. 실행은 **BeginPlay 이벤트**로 시작한다. **SET** 노드는 **Magic Points** 변수에 새 값을 할당하지만, 이 값은 곱셈 노드의 출력에 연결된 데이터 와이어를 사용해서 얻어야 하며, 다른 데이터 와이어를 사용해서 **Willpower** 변수의 값을 20.0으로 곱해야 한다.

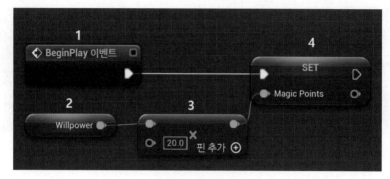

그림 2.9 곱하기 연산

관계 연산자

관계 연산자는 두 값을 비교해서 부울 값(True 또는 False)을 반환한다. 다음 스크린샷은 블루프린트의 관계 연산자를 보여 준다.

그림 2.10 관계연산자 노드

다음 스크린샷은 게임 개체가 데미지를 받았을 때 이러한 액션이 수행된다고 가정한 관계 연산자의 예를 보여준다. **Branch** 노드는 Health 변수 값이 0.0보다 작거나 같은지 테스트하는 데 사용된다. **True**를 반환하면 이 게임 개체가 파괴된다. **False**를 반환할 경우 실행의 **False** Branch에 연결된 액션이 없으므로 아무 일도 일어나지 않는다.

그림 2.11 관계 연산자 조건 테스트

논리 연산자

논리 연산자는 부울 값 사이의 연산을 수행하고 연산의 결과로 부울 값(True 또는 False)을 반환한다. 다음 스크린샷은 블루프린트의 논리 연산자를 보여 준다.

그림 2.12 논리 연산 노드는 다음 연산자에 대한 설명이다.

- OR: 입력 값이 **True**면 **True** 값을 반환한다.

- AND: 모든 입력 값이 **True**인 경우에만 **True** 값을 반환한다.

- NOT: 하나의 입력 값만 수신하며, 결과는 반대 값이 된다.

- NOR: 이것은 **NOT** 연산자와 **OR** 연산자의 조합이다. 두 입력이 모두 **False**이면 **True** 값을 반환하고, 그렇지 않으면 반환 값이 **False**이다.

- **NAND: NOT** 연산자와 **AND** 연산자의 조합이다. 두 입력이 모두 **True**이면 **False** 값을 반환하고, 그렇지 않으면 반환 값이 **True**이다.

- **XOR**: 이 연산자를 **배타적 OR**이라고 한다. 두 입력이 다르면 **True** 값을 반환한다(하나는 True이고 다른 하나는 False). 두 입력이 같으면 반환 값은 **False**이다.

다음 스크린샷은 **AND** 연산자를 사용하는 예를 보여 준다. **Print String** 노드는 Health 값이 70.0보다 크고 Shield Value이 50.0보다 큰 경우에만 실행된다.

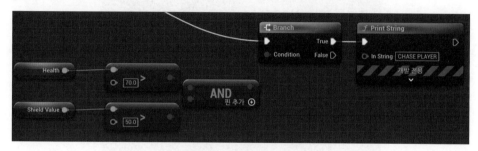

그림 2.13 AND 연산자로 조건 테스트

우리는 이미 동작과 연산자를 사용하는 방법을 알고 있다. 다음 단계는 매크로와 함수로 그것들을 구성하는 방법을 배우는 것이다.

⁞⁞ 매크로 및 함수를 사용해서 스크립트 구성

블루프린트 스크립트를 생성할 때 블루프린트의 여러 곳에서 액션 그룹이 사용되는 경우가 있다. 이 액션 그룹은 하나의 노드로만 대체되므로 이러한 액션을 매크로나 함수로 변환할 수 있으므로 초기 스크립트가 간소화된다. 또한 이 액션 그룹에서 무언가를 변경해야 하는 경우 이 액션 그룹이 사용된 모든 위치를 검색하지 않고 매크로나 함수에서만 이 변경을 구현하면 된다. 코드와 디버깅을 단순화하기 때문에 사용하기 좋은 프로그래밍 관행이다.

매크로 만들기

매크로를 생성하려면 **내 블루프린트** 패널을 사용하고 **매크로** 카테고리에서 ⊕ 버튼을 클릭한다. 다음 스크린샷은 SetupNewWave로 이름 지은 매크로가 있는 **내 블루프린트** 패널을 보여 준다.

그림 2.14 매크로 생성

매크로가 생성되면 **이벤트그래프**와 동일한 위치에 새 탭이 열린다.

이 탭은 **이벤트그래프**와 비슷하지만 매크로와 관련된 노드만 포함한다. 이 탭에서 매크로 액션을 추가한다. **매크로** 탭을 닫고 다시 열려면 **내 블루프린트** 패널에서 매크로 이름을 두 번 클릭한다. **이벤트그래프** 탭을 클릭해서 **이벤트그래프**로 돌아갈 수 있다

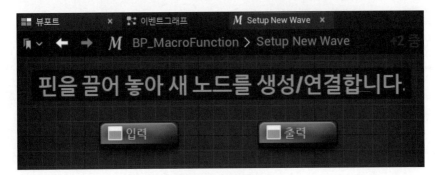

그림 2.15 매크로 탭

매크로의 속성이 **디테일** 패널에 표시된다. 이 패널에서는 입력 및 출력 파라미터를 정의할 수 있다 입력 파라미터는 매크로/함수에 전달되는 값이다. 출력 파라미터는 매크로/함수에서 반환되는 값이다. 다음 스크린샷은 SetupNewWave 매크로의 **디테일** 패널에 두 개의 입력 파라미터와 하나의 출력 파라미터가 표시된다. 매크로에서 흰색 실행 핀은 **실행** 타입의 입력/출력 파라미터로 정의되므로 원하는 만큼 추가할 수 있다. 다음 예제에서는 **In**이라는 입력 실행 핀과 **Out**이라는 출력 실행 핀을 생성한다.

그림 2.16 매크로의 속성

다음 스크린샷은 SetupNewWave 매크로의 내용을 보여 준다. 이 매크로의 아이디어는 게임에서 다음 웨이브의 적에 대한 몇 가지 변수를 세팅하는 것이다. 입력 파라미터로 현재 **Wave Number**를 받고 이 값을 **Current Wave** 변수에 저장하고 현재 **Wave Number**에 5를 곱해서 적의 수를 결정한다.

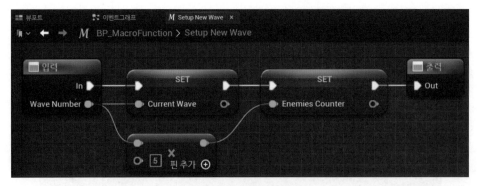

그림 2.17 매크로 예제

매크로를 **이벤트그래프**에 추가하려면 **내 블루프린트** 패널에서 매크로 이름을 드래그 해 **이벤트그래프**에 놓거나 **컨텍스트 메뉴**에서 찾는다. 매크로가 실행되면 매크로에 포함된 액션이 실행된다. 다음 스크린샷은 **BeginPlay 이벤트**에서 **Wave Number** 입력 파라미터 의 값이 1인 SetupNewWave 매크로가 호출되는 것을 보여준다.

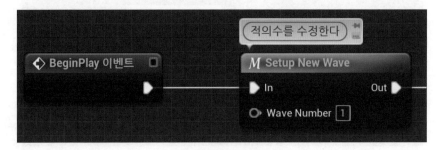

그림 2.18 매크로 호출

함수 만들기

함수의 장점 중 하나는 한 블루프린트에서 생성된 함수를 다른 블루프린트에서 호출할 수 있다는 것이다. 함수를 생성하려면 **내 블루프린트** 패널을 사용하고 **함수** 카테고리에서 ⊕ 버튼을 클릭한다. 다음 스크린샷은 CalculateWaveBonus라는 함수가 있는 **내 블루 프린트** 패널을 보여 준다.

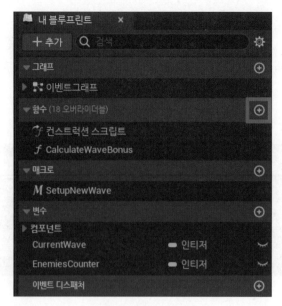

그림 2.19 함수 만들기

매크로와 마찬가지로, 함수의 속성은 **디테일** 패널에 표시되며, 여기서 입력 및 출력 파라미터를 정의할 수 있다. 다음 스크린샷은 CalculateWaveBonus 함수의 **디테일** 패널에 두 개의 입력 파라미터와 하나의 출력 파라미터로 보여준다.

그림 2.20 함수의 속성

함수를 만들 때 **퓨어**인지 여부를 정의할 수 있다 이렇게 하려면 이전 스크린샷에 표시된 **퓨어** 속성을 확인한다. **퓨어** 함수에는 실행 핀이 없다. 따라서, 그것은 표현식에 사용될 수 있다. **퓨어** 함수는 블루프린트의 변수를 수정하지 않아야 하므로 값을 반환하는 함수인 **Get-형식** 함수로 주로 사용된다. 다음 스크린샷은 표준 함수와 **퓨어** 함수 간의 시각적 차이를 보여 준다.[1]

그림 2.21 일반함수와 가상함수

다음 스크린샷은 CalculateWaveBonus 함수의 내용을 보여 준다. 이 함수는 **Wave Number**와 **Time Left**를 기준으로 웨이브의 Bonus Points를 계산한다. 계산된 값은 Bonus Points 출력 파라미터를 통해 반환된다.

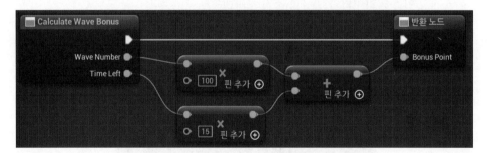

그림 2.22 함수 예제

---

1   언리얼에서는 퓨어라고 돼있지만, 현업에서는 가상함수라고 부른다 – 옮긴이

다음 스크린샷은 CalculateWaveBonus 기능을 나타내는 노드의 화면이다. **이벤트그래프**를 우클릭하거나 **내 블루프린트** 패널에서 함수 이름을 드래그해 **이벤트그래프**에 놓으면 **컨텍스트 메뉴**에서 **이벤트그래프** 패널에 추가할 수 있다

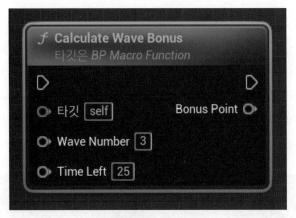

그림 2.23 함수 노드

단계별 예제

함수를 차근차근 만들고 실행해서 실제로 확인해 보자. 함수 이름은 Calculate Power 이다. 플레이어의 레벨을 입력 파라미터로 받고 다음 식을 사용해서 파워 값을 반환한다.

```
PowerValue = (PlayerLevel x 7) + 25
```

1. **콘텐츠 드로어** 버튼을 클릭해서 **콘텐츠 브라우저**를 연 다음 **추가** 버튼을 클릭하고 **블루프린트 클래스**를 선택한다.

2. 다음 화면에서 부모 클래스로 **액터**를 선택한다.

3. 생성된 블루프린트의 이름을 FunctionExample로 변경한다.

4. 이 블루프린트를 두 번 클릭해서 **블루프린트 에디터**를 연다.

5. **내 블루프린트** 패널에서 함수 카테고리에서 ⊕ 버튼을 클릭해서 함수을 생성한다. **함수** 이름을 CalculatePower로 변경한다.

6. 이 함수의 **디테일** 패널에서 인티저 타입의 PlayerLevel이라는 입력 파라미터와 인티저 타입의 PowerValue라는 출력 파라미터를 만든다.

7. **CalculatePower** 함수를 위해 만든 탭에서 다음 스크린샷에 표시된 식을 만든다. 그래프를 우클릭해서 **컨텍스트 메뉴**를 열고 추가 및 곱하기를 검색해서 연산자의 노드를 추가할 수 있다 노드를 연결하려면 핀 중 하나를 클릭하고 마우스를 끌어 다른 핀에 놓는다. 연산자 노드에 값 7과 25를 삽입하는 것을 잊지 말자. 블루프린트를 컴파일한다.

그림 2.24 CalculatePower 함수

8. 이벤트그래프에는 연결된 액션이 없으므로 이벤트 BeginPlay 노드가 회색으로 표시된다. 이벤트 BeginPlay 노드는 노드를 연결하면 켜진다. 다음 스크린샷에 표시된 노드를 생성한다. **CalculatePower** 함수의 Player Level 파라미터에 값 3을 삽입한다. 이 노드는 플레이어 레벨에 대한 값 3을 사용해서 PowerValue를 계산한다.

9. 더 많은 입력 파라미터를 보려면 **Print String** 노드의 화살표를 클릭한다.

10. **Text Color** 파라미터의 오른쪽에 있는 색상 사각형을 클릭한다. **색상 선택툴** 패널이 열린다. 컬러 휠에서 빨간색 색상을 클릭하고 OK 버튼을 클릭해서 **색상 선택툴** 패널을 닫는다.

11. **Duration** 파라미터를 10.0으로 변경한다.

12. **PowerValue** 핀을 **덧붙이기**^{Append} 노드의 **B** 핀에 연결해서 인티저에서 문자열로 변환 노드를 자동으로 생성한다. **A** 파라미터에 POWER: 뒤에 공백을 사용해서 POWER:를 입력한다.

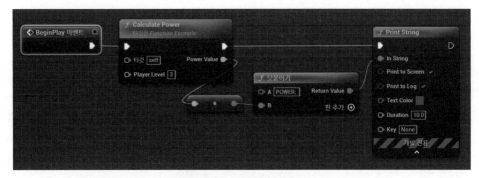

그림 2.25 BeginPlay 이벤트

13. 블루프린트를 컴파일하고 저장한다. 레벨 에디터에서 레벨로 **FunctionExample 블루프린트**를 끌어 놓는다.

14. 레벨을 플레이해서 화면에 출력된 PowerValue를 확인한다.

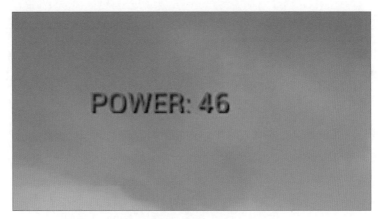

그림 2.26 CalculatePower함수의 결과

매크로 대 함수 대 이벤트

때때로 매크로, 함수 또는 커스텀 이벤트를 언제 생성해야 할지 명확하지 않은데, 이는 두 가지 공통적인 특성이 있기 때문이다. 다음 표에서는 요구 사항에 가장 적합한 항목을 선택하는 데 도움이 되는 두 가지 항목을 비교한다.

	매크로	함수	이벤트
입력 파라미터	Yes	Yes	Yes
출력 파라미터	Yes	Yes	No
여러 개의 실행 경로(입력/출력)	Yes	No	No
다른 블루프린트에서 호출가능	No	Yes	Yes
지연된 액션(예: delay)	Yes	No	Yes
타임라인 노드	No	No	Yes

⁖ 요약

이 장에서는 블루프린트 변수에 값을 저장하는 방법과 이벤트에 대한 블루프린트의 응답을 정의하는 액션을 사용하는 방법에 대해 배웠다. 그 후 연산자로 식을 만들고 매크로와 함수로 스크립트를 구성하는 방법을 살펴봤다. 이는 블루프린트가 게임 내에서 어떻게 동작해야 하는지를 정의하는 데 필요한 주요 요소다.

다음 장에서는 게임 개발에 사용되는 공통 기능을 가진 클래스 그룹인 게임플레이 프레임워크에 대해 알아본다.

⁖ 퀴즈

1. true 또는 false 값만 유지할 수 있는 변수 타입은 무엇인가?

    a. 더블

    b. 텍스트

   c. 부울

   d. 바이트

2. 다음 중 충돌 이벤트가 아닌 이벤트는 무엇인가?

   a. 히트

   b. 틱

   c. ActorBeginOverlap

   d. ActorEndOverlap

3. Branch 노드를 사용해서 다른 실행 경로를 생성할 수 있다.

   a. True

   b. False

4. 다음 논리 연산자 중 모든 입력 값이 true인 경우에만 true 값을 반환하는 것은 무엇인가?

   a. NOT

   b. OR

   c. AND

5. 다음 중 다른 블루프린트에서 호출할 수 없는 항목은 무엇인가?

   a. 매크로

   b. 함수

   c. 커스텀 이벤트

03

객체지향 프로그래밍과
게임플레이 프레임워크

블루프린트는 **객체 지향 프로그래밍**^{OOP}의 원리를 기반으로 한다. OOP의 목표 중 하나는 프로그래밍 개념을 실제 세계에 더 가깝게 만드는 것이다.

언리얼 엔진은 게임 개발에 사용되는 몇 가지 필수 클래스를 가지고 있다. 이 클래스들은 게임플레이 프레임워크의 일부다. 게임플레이 프레임워크의 메인 클래스는 액터라고 불린다.

이 챕터에서는 다음 항목에 대해 알아본다.

- OOP 개념에 익숙해지기

- 액터 관리

- 게임플레이 프레임워크 클래스 탐색

⁑ OOP 개념에 익숙해지기

클래스, 인스턴스 및 상속과 같은 OOP의 몇 가지 기본 개념에 대해 알아본다. 이러한 개념은 블루프린트 비주얼 스크립팅의 다양한 요소에 대해 학습하는데 도움이 된다.

클래스

OOP에서 클래스는 객체를 생성하고 상태(변수 또는 속성) 및 동작 구현(이벤트 또는 함수)에 대한 초기 값을 제공하기 위한 템플릿이다.

많은 실제 객체는 고유하더라도 동일한 타입으로 분류할 수 있다. 아주 간단한 예로, 우리는 사람 클래스를 생각할 수 있다. 이 클래스에서는 이름, 키와 같은 속성, 이동과 먹기와 같은 행동을 할 수 있다. 사람 클래스를 사용해서 이 클래스의 여러 객체를 만들 수 있다. 각 객체는 이름과 높이 속성에 다른 값을 가진 사용자를 나타낸다.

블루프린트를 생성할 때 언리얼 엔진에서 객체를 생성하는 데 사용할 수 있는 새 클래스를 만들고 있다. 다음 스크린샷과 같이 새 블루프린트 에셋을 생성할 때 나타나는 옵션은 **블루프린트 클래스**다.

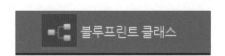

그림 3.1 블루프린트 클래스 생성

클래스의 복잡성을 숨기는 것으로 구성된 **캡슐화**라는 또 다른 개념이 있다. 블루프린트 클래스의 변수와 함수는 **프라이빗**으로 할 수 있으므로 변수가 생성된 블루프린트 클래스에서만 접근하고 수정할 수 있다. **퍼블릭** 변수와 함수는 다른 블루프린트 클래스에서 접근할 수 있는 변수다.

인스턴스

클래스에서 생성된 객체를 해당 클래스의 **인스턴스**라고도 한다. **컨텐츠 브라우저**에서 블루프린트 클래스를 끌어 해당 레벨로 끌어 놓을 때마다 이 블루프린트 클래스의 새 인스턴스를 생성한다.

예를 들어 블루프린트가 게임의 캐릭터 타입을 나타내기 위해 생성됐다고 가정해 보자. 다음 스크린샷은 이 블루프린트 클래스의 인스턴스 세 개가 레벨에 추가됐음을 보여준다.

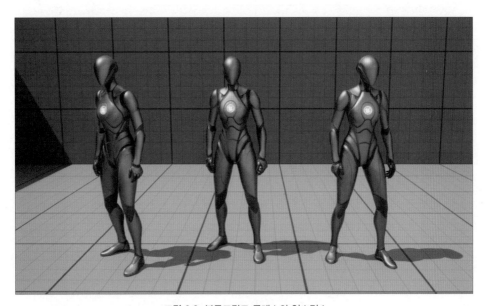

그림 3.2 블루프린트 클래스의 인스턴스

상속

OOP에서 클래스는 다른 클래스에서 변수와 함수를 상속할 수 있다. 블루프린트를 생성할 때 먼저 이 블루프린트의 부모 클래스를 선택해야 한다. 블루프린트 클래스에는 부모 클래스가 하나만 있을 수 있지만 자식 클래스는 여러 개일 수 있다. 부모 클래스는 **슈퍼 클래스**라고도 하며, 자식 클래스는 **서브 클래스**라고도 한다.

상속을 사용하는 예로서, 게임에서 여러 종류의 무기를 나타내는 블루프린트를 만들고 있다고 상상해 보자. 우리는 게임의 모든 무기에 공통되는 모든 것을 가지고 Weapon 이라는 기본 블루프린트 클래스를 만들 수 있다. 그런 다음 Weapon 클래스를 부모 클래스로 사용해서 각 무기를 나타내는 블루프린트를 만들 수 있다. 다음 다이어그램은 이러한 클래스 간의 계층을 보여 준다.

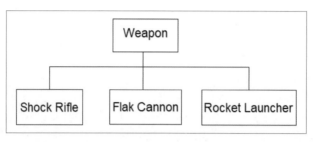

그림 3.3 클래스 계층도

상속의 한 가지 장점은 부모 클래스에서 함수를 만들고 다른 구현이 있는 자식 클래스에서 함수를 재정의할 수 있다는 것이다. 예를 들어 Weapon 부모 클래스에는 Fire라는 함수가 있을 수 있다. 자식 클래스는 Fire 함수를 상속하므로 Shock Rifle 클래스는 에너지 빔을 발사하는 버전으로 파이어 함수를 재정의하고 Rocket Launcher는 파이어 함수를 재정의해서 로켓을 발사한다. 런타임에 Weapon 클래스에 대한 참조가 있고 Fire 함수를 호출된다면 인스턴스 클래스 버전의 Fire 함수를 실행하도록 식별된다.

상속은 부모 클래스와 관련된 모든 타입을 누적하기 때문에 클래스의 클래스 타입을 정의하는 데도 사용된다. 예를 들어, Shock Rifle 클래스의 인스턴스는 Shock Rifle 타입이며 또한 Weapon 타입이라고 말할 수 있다. 이 때문에 Weapon 입력 파라미터가 있는 함수가 있으면 Weapon 클래스의 인스턴스나 자식 클래스의 인스턴스를 받을 수 있다.

OOP의 이러한 기본적인 개념은 우리가 게임플레이 프레임워크를 이해하는 데 도움이 될 것이다. 언리얼 엔진은 게임 개발에 사용되는 몇 가지 필수 클래스를 가지고 있다. 이 클래스는 게임플레이 프레임워크의 일부다. 게임플레이 프레임워크의 주요 클래스는 **액터**다.

⁖ 액터 관리

액터 클래스는 객체에 사용되는 기본 클래스이며 레벨에 배치하거나 생성할 수 있다. 만들 블루프린트의 대부분은 액터 클래스 또는 액터의 자식 클래스를 기반으로 한다. 따라서 이 장에서 살펴볼 기능은 이러한 블루프린트에 유용한다.

액터 참조

인티저, 플로트 및 부울과 같은 변수 타입은 지정된 타입의 단순 값만 저장하기 때문에 원시 타입이라고 한다. 객체 또는 액터로 작업할 때 변수는 복잡한 타입이기 때문에 액터의 모든 데이터를 저장할 수 없다. 대신 변수는 액터의 데이터가 저장된 메모리 위치를 가리킨다. 이러한 타입의 변수를 **오브젝트 레퍼런스**라고 한다.

예를 들어 다음 다이어그램은 메모리에 있는 두 개의 블루프린트 클래스의 인스턴스를 나타낸다. BP Barrel 블루프린트 클래스의 인스턴스에는 Hit Counter라는 인티저 변수가 있으며 현재 값은 2다. BPFire라는 다른 변수는 **Blueprint Effect Fire**의 인스턴스를 참조하는 오브젝트 레퍼런스다. 오브젝트 레퍼런스 변수를 사용해서 블루프린트의 퍼블릭 변수 및 함수에 접근할 수 있다.

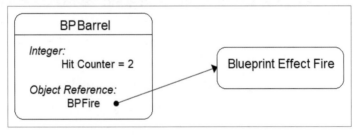

그림 3.4 객체 레퍼런스

블루프린트에서 객체/액터를 참조하는 변수를 생성할 수 있다. 이 개념을 실제로 사용할 수 있도록 단계별 기능 예를 만들어 본다.

1. 일인칭 템플릿을 기반으로 시작용 콘텐츠가 있는 프로젝트를 만든다.

2. **콘텐츠 드로어** 버튼을 클릭해 **콘텐츠 브라우저**를 연 다음 **추가** 버튼을 클릭하고 **블루 프린트 클래스**를 선택한다.

3. 다음 화면에서 부모 클래스로 **액터**를 선택한다.

4. 블루프린트 BP_Barrel의 이름을 지정하고 두 번 클릭해 블루프린트 에디터를 연다.

5. **컴포넌트** 패널에서 **추가** 버튼을 클릭하고 **스태틱 메시** 컴포넌트를 선택한다. **디테일** 패널에서 Shape_Cylinder 스태틱 메시를 선택한다.

그림 3.5 스태틱 메시 세팅

6. **내 블루프린트** 패널에서 BP_Fire라는 변수를 생성한다. **디테일** 패널에서 **변수 타입** 드롭다운 메뉴를 누른다. **오브젝트 타입** 카테고리에는 언리얼 엔진에서 사용할 수 있는 클래스와 프로젝트에서 만든 블루프린트 클래스가 나열된다. Fire를 검색하고 **Blueprint Effect Fire** 위에 마우스를 올려 하위 메뉴를 표시한 다음 **오브젝트 레 퍼런스**를 선택한다.

그림 3.6 오브젝트 레퍼런스 생성

7. **오브젝트 레퍼런스** 변수의 기본값은 **없음**(null이라고도 함)이며, 이는 변수가 어떤 인스턴스도 참조하지 않음을 의미한다. 레벨 에디터에서 이 변수에 인스턴스를 할당할수 있다. 이렇게 하려면 변수의 **인스턴스 편집가능** 속성을 확인해서 레벨 에디터에서 변수에 접근할 수 있도록 한다.

그림 3.7 레벨에 배치된 인스턴스에서 변수 편집 가능

8. **내 블루프린트** 패널에서 BP_Fire 변수를 끌어서 **이벤트그래프**에 놓는다. **Get BP_Fire** 옵션을 선택해서 노드를 생성한다. **BP_Fire** 노드의 파란색 핀에서 끌어서 그래프에 놓으면 **컨텍스트 메뉴**가 열린다. hidden 검색 후 **Set Hidden in Game(P_Fire)** 함수 선택

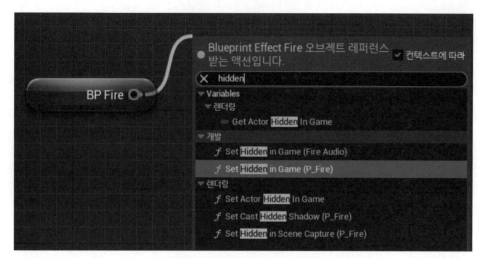

그림 3.8 컨텍스트 메뉴에서 함수 검색

9. **이벤트그래프**를 우클릭하고 **히트 이벤트**를 추가한다. **히트 이벤트** 노드를 **Set Hidden in Game(P_Fire)** 노드에 연결한다. **New Hidden** 파라미터를 선택 취소한다. 이 액션은 BP_Barrel 블루프린트의 인스턴스에 도달하면 BP_Fire에서 참조하는 인스턴스의 파티클 시스템 컴포넌트를 숨긴다.

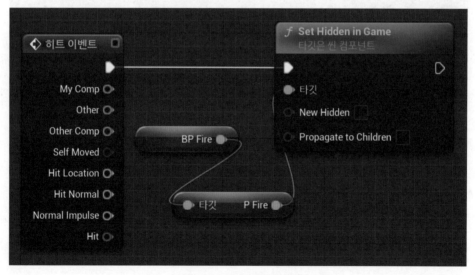

그림 3.9 히트 이벤트의 액션

10. 블루프린트를 컴파일하고 레벨 에디터로 돌아간다. **콘텐츠 브라우저**에서 BP_Barrel 블루프린트를 끌어서 레벨에 놓는다.

11. **콘텐츠 브라우저**에서 콘텐츠 〉 StarterContent 〉 Blueprints 폴더로 이동해서 Blueprint_Effect_Fire를 끌어서 레벨에 추가된 BP_Barrel 블루프린트 위에 놓는다.

그림 3.10 BP_Barrel 및 Blueprint_Effect_Fire

12. Blueprint_Effect_Fire 인스턴스의 **디테일** 패널에서 **P_Fire** 컴포넌트를 선택하고 hidden 항목을 검색한 후 **게임에서 숨김** 속성을 확인한다.

그림 3.11 Blueprint_Effect_Fire의 파티클 시스템 숨기기

13. BP_Barrel 인스턴스의 **디테일** 패널에서 BP_Fire 변수의 드롭다운 메뉴를 클릭해
    Blueprint_Effect_Fire의 인스턴스인 레벨의 액터들을 나열한다. BP_Barrel 위에
    놓았던 인스턴스를 선택해서 해당 인스턴스를 BP_Fire 변수에 할당한다.

그림 3.12 레벨 에디터에서 인스턴스 할당

14. 레벨 에디터의 **플레이** 버튼을 클릭해 레벨을 테스트한다. 레벨에 배치한 BP_ Barrel 인스턴스 방향을 확인한다. Blueprint_Effect_Fire 인스턴스가 숨겨져 있 다. 마우스 왼쪽 버튼을 사용해서 BP_Barrel 인스턴스로 발사한다. BP_Barrel 인 스턴스가 히트되면 Blueprint_Effect_Fire 인스턴스가 나타난다.

액터의 스폰과 파괴

액터의 인스턴스를 만드는 **Spawn Actor from Class**라는 함수가 있다. 이 함수를 **이벤트 그래프**에 추가하려면 **이벤트그래프** 패널을 우클릭해 **컨텍스트 메뉴**를 열고 검색 상자에 spawn을 입력해서 결과를 필터링한 다음 함수 이름을 클릭한다.

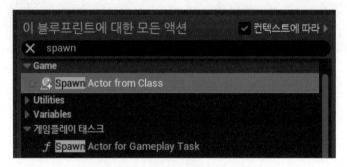

그림 3.13 컨텍스트 메뉴의 클래스 액터 생성 함수

이 함수는 적용되는 액터의 클래스 및 트랜스폼을 입력 파라미터로 받는다. 트랜스폼은 새 액터가 사용할 위치, 회전 및 스케일을 정의한다. **Collision Handling Override**라는 또 다른 입력 파라미터는 생성 시 충돌을 처리하는 방법을 정의한다. 새 인스턴스에 대 한 참조는 **Return Value** 출력 파라미터에서 사용할 수 있으며 변수에 저장할 수 있다.

액터 인스턴스를 레벨에서 제거하려면 **DestroyActor** 함수를 사용한다. 타깃 입력 파라 미터는 제거할 인스턴스를 나타낸다. 다음 스크린샷은 **클래스에서 액터 생성** 및 **액터 파괴** 함수를 사용하는 예를 보여 준다.

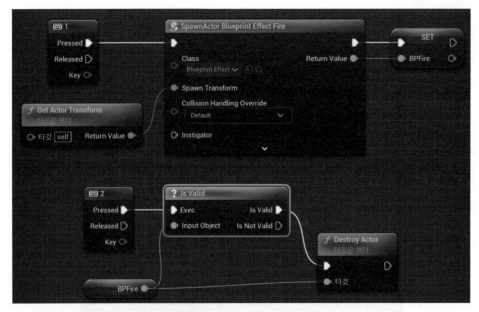

그림 3.14 인스턴스 생성 및 삭제

- 1키 입력 이벤트를 추가하려면 이벤트그래프에서 우클릭하고 검색 상자에 1을 입력한다. 1키 입력 이벤트는 **입력 > 키보드이벤트**에서 확인할 수 있다.

- 1키를 누르면 이 스크립트가 포함된 블루프린트 인스턴스와 동일한 트랜스폼을 사용해서 **Blueprint Effect Fire** 인스턴스가 생성된다. 예를 들어, 이전 코드가 삼인 칭 캐릭터의 이벤트그래프에 추가된 경우(콘텐츠 > ThirdtPerson > Blueprints의 Third Person Template에서 찾을 수 있다), 게임이 시작되면 키보드에서 1을 누르면 플레이어 캐릭터의 현재 위치에 불 이펙트가 생성된다.

- 새 **Blueprint Effect Fire** 인스턴스에 대한 참조는 BPFire 변수에 저장된다. 인스턴스를 저장할 변수가 없는 경우 **SpawnActor** 함수의 Return Value를 변수로 쉽게 승격할 수 있고 자동으로 올바른 변수 타입이 제공된다. 이렇게 하려면 **Return Value** 핀에서 끌어서 이벤트그래프에 놓아서 **컨텍스트 메뉴**를 열고 **변수로 승격**을 선택한다.

그림 3.15 변수로 승격

- 2키를 누르면 **Is Valid** 매크로를 사용해서 BPFire 변수가 유효한 인스턴스를 참조하는지 여부를 확인하는 테스트가 수행된다. 이 검사는 Null 참조를 사용해서 함수를 호출하지 않도록 하기 위해 필요하다. BPFire의 값이 **None**이면 유효하지 않다. 유효한 경우 BPFire 변수를 **타깃** 입력 파라미터로 수신하는 **DestroyActor** 함수를 호출하고 이전에 생성된 **Blueprint Effect Fire** 인스턴스를 삭제한다.

- 참고로 2키를 누르면 마지막으로 생성된 **Blueprint Effect Fire** 인스턴스만 삭제된다. 삭제하기 전에 두 개 이상의 Fire 인스턴스를 생성하는 경우 **Blueprint Effect Fire** 인스턴스가 생성될 때 BPFire 변수가 재세팅되므로 나머지 인스턴스는 레벨에 유지된다.

컨스트럭션 스크립트

블루프린트 에디터의 패널 중 하나는 **컨스트럭션 스크립트**라고 하며 다음 스크린샷에 표시된다. **컨스트럭션 스크립트**는 블루프린트가 처음 레벨에 추가됐을 때, 레벨 에디터에서 해당 속성이 변경됐을 때 또는 런타임에 인스턴스가 생성됐을 때 모든 액터의 블루프린트가 수행하는 특별한 함수다.

그림 3.16 컨스트럭션 스크립트 패널

컨스트럭션 스크립트는 레벨 디자이너가 레벨 에디터 내에서 이러한 블루프린트 인스턴스의 일부 기능을 구성할 수 있는 유연한 블루프린트를 만드는 데 매우 유용하다.

예를 들어, 레벨별로 블루프린트의 각 인스턴스에 대해 서로 다른 스태틱 메시를 선택할 수 있도록 **인스턴스 편집 가능한 스태틱 메시**를 사용해서 블루프린트를 생성해 보겠다.

1. 시작용 콘텐츠가 있는 기존 프로젝트를 만들거나 사용한다.

2. **콘텐츠 브라우저**에서 **추가** 버튼을 클릭하고 **블루프린트 클래스** 옵션을 선택한다.

3. 다음 화면에서 부모 클래스로 **액터**를 선택한다.

4. 블루프린트 ConstructionBP로 이름을 짓고, 더블클릭해 블루프린트 에디터를 연다.

5. **컴포넌트** 패널에서 **추가** 버튼을 클릭하고 **스태틱 메시** 컴포넌트를 선택한다. 다음 스크린샷에 표시된 대로 StaticMeshComp로 컴포넌트의 이름을 바꾼다.

그림 3.17 – 스태틱 메시 컴포넌트 추가

6. **내 블루프린트** 패널에서 **SM_Mesh**라는 새 변수를 생성한다. **디테일** 패널에서 **변수 타입** 드롭다운 메뉴를 클릭하고 스태틱 메시를 검색한다. **스태틱 메시** 위에 마우스를 올려 하위 메뉴를 표시한 다음 **오브젝트 레퍼런스**를 선택한다. 다음 스크린샷에 표시된 것처럼 **인스턴스 편집가능** 속성을 확인한다.

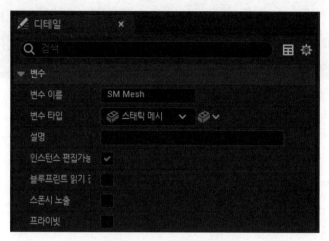

그림 3.18 SM_Mesh 변수의 디테일

NOTE

중요 참고 **오브젝트 레퍼런스** 변수는 런타임에 생성된 인스턴스를 참조할 수도 있다.

7. 툴 바에서 **컴파일** 버튼을 누른다. **디테일** 패널의 맨 아래에서 **SM_Mesh** 변수에 대한 초기 스태틱 메시를 정의한다. **기본값** 속성의 드롭다운 메뉴를 클릭하고 **SM_TableRound** 스태틱 메시를 선택한다.

8. **컨스트럭션 스크립트** 패널을 클릭한다. **컴포넌트** 패널에서 StaticMeshComp 컴포넌트를 끌어 **컨스트럭션 스크립트** 그래프에 놓아서 노드를 생성한다.

9. StaticMeshComp 노드의 파란색 핀을 클릭한 다음 그래프에서 끌어서 놓아서 **컨텍스트 메뉴**를 연다. 다음 스크린샷에 표시된 것처럼 set static mesh를 검색하고 이 이름의 함수를 선택한다.

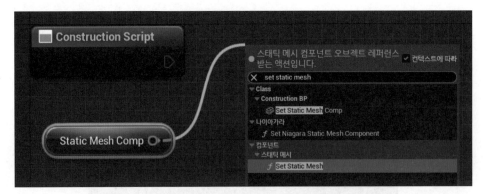

그림 3.19 컨텍스트 메뉴에서 함수 선택

10. **내 블루프린트** 패널에서 **SM_Mesh** 변수를 끌어 **컨스트럭션 스크립트** 그래프에 놓은 다음 표시되는 메뉴에서 **Get SM_Mesh** 옵션을 선택한다. **SM_Mesh** 노드 핀을 **Set Static Mesh** 함수의 **New Mesh** 핀에 연결한다. **컨스트럭션 스크립트**는 다음 스크린 샷과 유사해야 한다. **컨스트럭션 스크립트**는 **Set Static Mech** 함수를 실행할 때 **SM_Mesh** 변수에서 **Static Mesh**를 가져와 **Static Mesh Comp** 컴포넌트에 세팅한다.

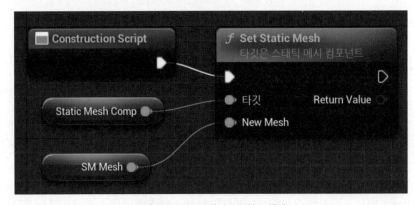

그림 3.20 컨스트럭션 스크립트 액션

11. 블루프린트를 컴파일한다. 레벨 에디터의 **콘텐츠 브라우저**에서 ConstructionBP 끌어서 레벨에 놓아 인스턴스를 만든다. ConstructionBP을 다시 끌어 놓아 인스턴스를 하나 더 만든다. 레벨에서 인스턴스 중 하나를 선택하고 레벨 에디터의 **디테일** 패널에서 다음 스크린샷에 표시된 것처럼 **SM_Mesh** 변수가 표시 및 편집 가능한지 확인한다.

그림 3.21 ConstructionBP 인스턴스

12. **SM_Mesh** 변수의 드롭다운 메뉴를 클릭하고 **SM_Couch**와 같은 다른 스태틱 메시를 선택한다. 컨스트럭션 스크립트는 선택한 인스턴스의 스태틱 메시를 즉시 실행하고 변경한다. 다음 스크린샷은 ConstructionBP의 두 가지 예를 보여 준다. 스크린샷의 왼쪽 인스턴스는 기본 스태틱 메시를 사용하지만 오른쪽 인스턴스는 스태틱 메시를 **SM_Couch**로 수정했다.

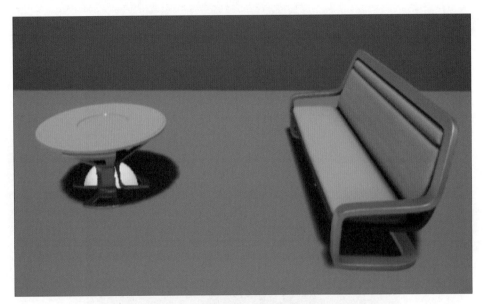

그림 3.22 ConstructionBP의 두 개의 인스턴스

⫸ 게임플레이 프레임워크 클래스 탐색

새 블루프린트를 생성하는 첫 번째 단계 중 하나는 템플릿으로 사용할 부모 클래스를
선택하는 것이다. 다음 스크린샷은 부모 클래스를 선택하기 위해 표시되는 패널을 보여
준다. 버튼에 표시되는 클래스를 **기본 클래스**라고 하며 게임플레이 프레임워크의 일부
다. 다른 클래스를 부모 클래스로 사용하려면 **모든 클래스** 카테고리를 확장하고 원하는
클래스를 검색한다.

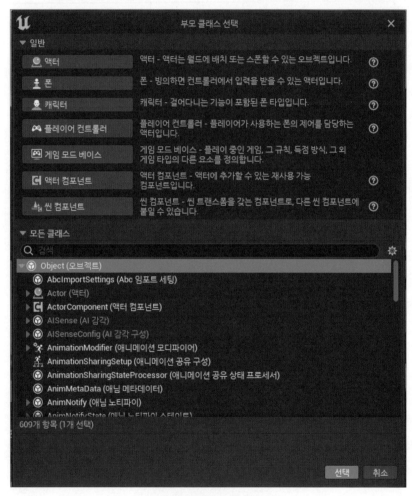

그림 3.23 부모 클래스 선택

다음 다이어그램은 **기본 클래스**의 계층을 보여 준다. 언리얼 엔진에는 **Object**라는 기본 클래스가 있다. 클래스는 부모 클래스 위에 있는 클래스의 특성을 상속한다. OOP의 상속 개념에 기초해서 우리는 **캐릭터** 클래스의 인스턴스가 **폰** 클래스이며 또한 **액터** 클래스라고 말할 수 있다.

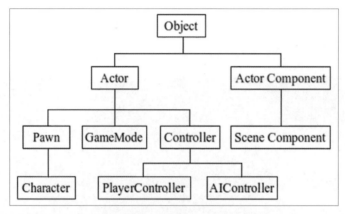

그림 3.24 기본클래스의 계층도

이 계층을 분석하면 **Actor Component** 및 **Scene Component** 클래스가 액터가 아님을 알 수 있다. 이 클래스는 액터에 추가할 수 있는 컴포넌트를 만드는 데 사용된다. 컴포넌트의 두 가지 예는 이전 예제에서 사용했던 스태틱 메시 컴포넌트와 회전 이동 컴포넌트다. 컴포넌트의 생성은 18장에서 다룰 것이다.

몇 가지 **기본 클래스**에 대해 자세히 살펴본다.

폰

Pawn은 **Actor**의 자식 클래스다. **폰** 클래스는 **컨트롤러**가 소유할 수 있는 **액터** 클래스다. **컨트롤러** 클래스는 플레이어 또는 **인공지능**[AI]을 나타낸다. **Pawn** 클래스의 각 인스턴스에는 **컨트롤러** 클래스의 인스턴스가 있다. 개념적으로, 폰 클래스는 물리적 신체인 반면 컨트롤러 클래스는 뇌이다.

Pawn 클래스를 기반으로 블루프린트를 생성하고 **클래스 디폴트** 버튼을 클릭해 **디테일** 패널에 표시한다. Pawn 클래스에서 상속된 파라미터는 다음 스크린샷에 표시된다. 다음 파라미터는 Pawn 클래스가 **Pawn** 클래스를 소유하는 컨트롤러 클래스의 회전 값을 사용할 수 있음을 보여 준다.

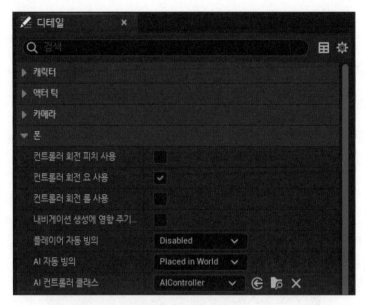

그림 3.25 폰 클래스 기본

일부 파라미터는 **Pawn** 클래스가 해당 파라미터를 보유하고 있는 빙의^{possess}한 **컨트롤러** 클래스를 회전 값을 사용할 수 있음을 나타낸다. 다른 파라미터는 **컨트롤러** 클래스가 **Pawn** 클래스를 빙의하는 하는 방법을 나타낸다.

Pawn의 두 가지 주요 자식 클래스는 **Character**와 **WheeledVehicle**이다.

캐릭터

Character 클래스는 Pawn 클래스의 자식 클래스이므로 컨트롤러 클래스가 소유할 수도 있다. 이 클래스는 걷고, 뛰고, 점프하고, 수영하고, 날 수 있는 캐릭터를 표현하기 위해 만들어졌다.

Character 클래스를 기반으로 하는 블루프린트는 다음 컴포넌트를 상속한다.

- **캡슐 컴포넌트(CollisionCylinder)**: 충돌 테스트에 사용된다.
- **화살표 컴포넌트(Arrow)**: 캐릭터의 현재 방향을 나타낸다.
- **메시(CharacterMesh0)**: 이 컴포넌트는 캐릭터를 시각적으로 나타내는 스켈레탈 메시다. **메시** 컴포넌트의 애니메이션은 애니메이션 블루프린트에 의해 제어된다.
- **캐릭터 무브먼트(CharMoveComp)**: 이 컴포넌트는 걷기, 달리기, 점프, 수영 및 비행과 같은 다양한 타입의 캐릭터 이동을 정의하는 데 사용된다.

이러한 컴포넌트는 다음 스크린샷에 표시된다.

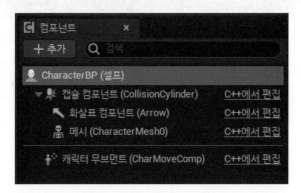

그림 3.26 캐릭터 클래스 컴포넌트

캐릭터 무브먼트 컴포넌트는 멀티플레이어 게임에서의 복제 및 예측뿐만 아니라 움직임도 처리한다. 여기에는 캐릭터에 대한 다양한 타입의 움직임을 정의하는 많은 파라미터가 포함돼 있다.

그림 3.27 캐릭터 이동 변수

플레이어 컨트롤러

컨트롤러 클래스에는 두 가지 주요 자식 클래스가 있다. PlayerController와 AIController
다. PlayerController 클래스는 인간 플레이어가 사용하는 반면, AIController 클래스는
AI를 사용해서 폰을 제어한다.

Pawn 및 Character 클래스는 플레이어 컨트롤러가 이벤트를 소유하고 있는 경우에만 입
력 이벤트를 수신한다. 입력 이벤트는 플레이어 컨트롤러 또는 폰에 배치할 수 있다. 입력
이벤트를 플레이어 컨트롤러에 넣는 장점은 이러한 이벤트가 폰과 독립적이어서 컨트롤러
클래스가 소유하고 있는 폰 클래스를 쉽게 변경할 수 있다는 것이다.

다음 스크린샷은 게임 내에서 플레이어 컨트롤러가 소유한 폰을 변경하는 방법과
Possess 함수의 사용을 보여준다. 이 예에서는 레벨에 1 또는 2키를 눌러 플레이어가
제어할 수 있는 레벨에 두 캐릭터가 있다. 현재 빙의 중인 캐릭터 클래스만 플레이어 컨트
롤러의 명령을 받는다.

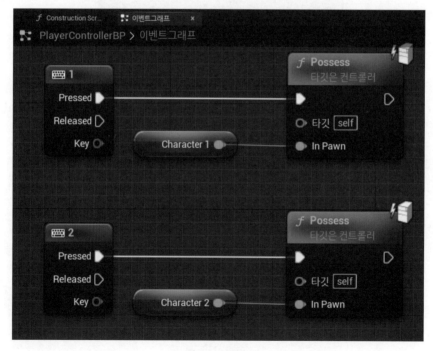

그림 3.28 폰 빙의

게임모드 베이스

게임모드 베이스는 게임모드를 만들기 위한 부모 클래스다. 게임모드 클래스는 게임의 규칙을 정의하는 데 사용되며, **폰, 플레이어 컨트롤러, 게임 스테이트, HUD** 및 기타 클래스를 만드는 데 사용되는 기본 클래스를 지정한다. **게임모드**에서 이러한 클래스를 변경하려면 다음 스크린샷과 같이 **클래스 디폴트 버튼**을 클릭해 **디테일** 패널에 표시한다.

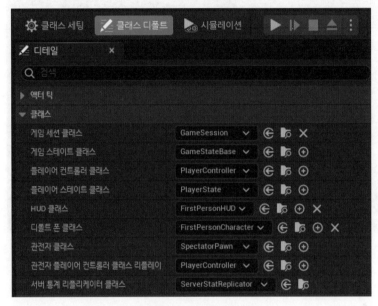

그림 3.29 게임모드 클래스 기본

레벨 에디터에서 프로젝트의 기본 **게임모드** 클래스를 지정하려면 **편집 ➤ 프로젝트 세팅...**을 클릭한다. 그런 다음 **프로젝트** 카테고리에서 **맵 & 모드** 옵션을 선택한다. 다음 스크린샷과 같이 기본 게임모드 속성의 드롭다운에서 **게임모드**를 선택한다. **선택된 게임모드** 카테고리에서 **기본 게임모드**에서 사용되는 일부 클래스를 재정의할 수 있다.

그림 3.30 프로젝트의 게임모드 지정

각 레벨은 서로 다른 **게임모드**를 가질 수 있다. 레벨의 **게임모드**는 프로젝트의 **기본 게임모드**보다 우선한다. 레벨에 **게임모드**를 지정하려면 레벨 에디터에서 **세팅** 버튼을 클릭하고 **월드 세팅** 옵션을 선택한다. 다음 스크린샷과 같이 **게임모드 오버라이드** 속성의 드롭다운에서 GameModeBP를 선택한다.

그림 3.31 레벨의 게임모드 지정

게임 인스턴스

게임 인스턴스는 **기본 클래스**는 아니지만 이 클래스의 존재에 대해 알아야 한다. **게임 인스턴스 클래스**는 게임 시작 시 생성되며 게임이 종료될 때만 제거되므로 레벨 간에 게임 인스턴스 클래스와 데이터가 유지된다.

레벨이 로드될 때마다 레벨의 모든 액터 및 기타 객체가 파괴되고 부활된다. 따라서 **게임 인스턴스 클래스**는 레벨 전환에서 일부 변수 값을 보존해야 하는 경우에 사용할 수 있는 옵션이다.

게임에서 사용할 **게임 인스턴스 클래스**를 할당하려면 다음 스크린샷과 같이 레벨 에디터에서 **편집 ▶ 프로젝트 세팅 ▶ 맵 & 모드**로 이동해서 프로젝트 세팅을 수정한다.

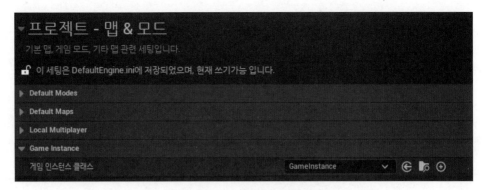

그림 3_32 게임 인스턴스 클래스 지정

∷ 요약

이번 챕터에서는 블루프린트의 작동 방식을 이해하는 데 도움이 되는 OOP의 몇 가지 원리에 대해 알아봤다. 왜 액터 클래스가 레벨에 배치되거나 생성될 수 있는 객체에 사용되는 기본 클래스인지에 대해 배웠다.

또한 게임플레이 프레임워크에는 일부 게임 요소를 나타내는 데 사용되는 클래스가 포함돼 있으며 일부 **기본 클래스**를 기반으로 블루프린트를 만드는 방법에 대해 배웠다.

다음 단계에서는 블루프린트가 서로 통신할 수 있는 방법에 대해 알아본다. 다음 장에서 설명하겠다

∷ 퀴즈

1. 액터 인스턴스를 만드는 데 사용되는 함수의 이름은 무엇인가?

    a. Create Actor

    b. Spawn Actor from Class

    c. Generate Actor instance

2. 컨스트럭션 스크립트는 레벨이 플레이 시작될 때 실행된다.

    a. True

    b. False

3. 캐릭터 클래스는 액터클래스의 서브클래스다

    a. True

    b. False

4. 폰 클래스의 인스턴스는 두뇌를 나타내고, 컨트롤러 클래스의 인스턴스는 물리적인 몸을 나타낸다.

    a. True

    b. False

5. 다음 게임의 규칙을 정의하는데 사용하는 클래스는?

    a. 게임 인스턴스

    b. 게임 세션

    c. 게임모드

    d. 게임 스테이트

04

블루프린트 통신의 이해

이 장에서는 한 블루프린트에서 다른 블루프린트의 함수와 이벤트를 호출하고 정보에 접근할 수 있는 **블루프린트 통신**을 소개한다. 또한 **직접 블루프린트 통신**에 대해 설명하고 레벨 블루프린트의 액터를 참조하는 방법을 보여준다. 형변환의 개념은 블루프린트 통신에서 필수적인 부분이기 때문에 깊이 있게 설명된다. 블루프린트 클래스와 레벨 블루프린트 사이의 통신을 가능하게 하는 **이벤트 디스패처**와 이벤트를 바인딩하는 방법에 대해서도 알아본다.

이러한 각 주제에 대해 개념을 쉽게 이해하고 블루프린트 스크립트를 만드는 연습을 할 수 있도록 단계별 예제를 수행한다.

이 장에서는 다음 주제를 다룬다.

- 직접 블루프린트 통신
- 블루프린트의 형변환
- 레벨 블루프린트 통신

- 이벤트 디스패처

- 이벤트 바인딩

⫸ 직접 블루프린트 통신

직접 블루프린트 통신은 블루프린트/액터 사이의 간단한 통신 방법이다. 다른 액터/블루프린트에 대한 참조를 저장하는 오브젝트 레퍼런스 변수를 만드는 데 사용된다. 그런 다음 오브젝트 레퍼런스 변수를 액션의 **타깃** 입력 파라미터로 사용해 액션을 호출할 수 있다.

예를 들어 BP_LightSwitch라는 블루프린트를 생성해보자. BP_LightSwitch 블루프린트에는 레벨에 배치된 **포인트 라이트**를 참조하는 **포인트 라이트** 타입의 오브젝트 레퍼런스 변수가 있다. 플레이어가 레벨에 있는 BP_LightSwitch 블루프린트에 겹치면 **포인트 라이트**의 가시성을 토글한다.

블루프린트를 생성하기 위해 다음 단계를 따른다.

1. **시작용 콘텐츠**가 포함된 기존 프로젝트를 열거나 원하는 경우 프로젝트를 생성한다.

2. **콘텐츠 드로어** 버튼을 클릭해서 **콘텐츠 브라우저**를 연 다음 **추가** 버튼을 누르고 **블루프린트 클래스**를 선택한다.

3. 다음 화면에서 **액터**를 부모 클래스로 선택한다.

4. 블루프린트의 이름을 BP_LightSwitch로 하고 더블클릭해서 블루프린트 에디터를 연다.

5. **컴포넌트** 패널에서 **추가** 버튼을 클릭하고 **스태틱 메시** 컴포넌트를 선택한다. 다음 스크린샷과 같이 **디테일** 패널에서 **SM_CornerFrame** 스태틱 메시를 선택한다. 이 스태틱 메시는 조명 스위치를 시각적으로 간단하게 표현한다. 또한 스태틱 메시가 플레이어의 이동을 차단하지 않도록 **콜리전 프리셋**을 OverlapAllDynamic으로 변경한다.

그림 4.1 스태틱 메시 선택

6. **내 블루프린트** 패널에서 Light라는 새 변수를 생성한다.

그림 4.2 변수 생성

7. **디테일** 패널에서 **변수 타입** 드롭다운 메뉴를 클릭하고 포인트 라이트를 검색한다. **포인트 라이트** 위에 마우스를 올려 하위 메뉴를 표시한 다음 **오브젝트 레퍼런스**를 선택한다. 다음 스크린샷에 표시된 것처럼 **인스턴스 편집가능** 속성을 체크한다.

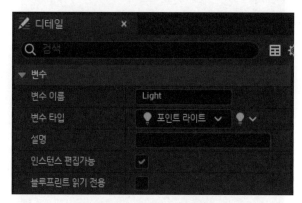

그림 4.3 포인트 라이트 타입의 변수 생성

8. **내 블루프린트** 패널에서 Light 변수를 끌어 **이벤트그래프**에 놓는다.

9. **GetLight** 옵션을 선택해서 노드를 생성한다. **Light** 노드의 파란색 핀을 끌어 그래프에 놓으면 **컨텍스트 메뉴**가 열린다. **컨텍스트에 따라**를 체크해서 **포인트 라이트** 오브젝트 레퍼런스와 함께 사용할 수 있는 **액션**을 표시한다.

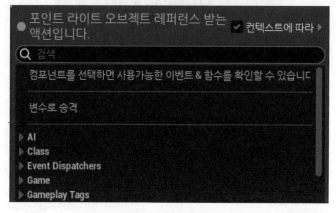

그림 4.4 컨텍스트 메뉴

10. toggle을 검색하고 다음 스크린샷에 표시된 것처럼 **Toggle Visibility(PointLight Component)**라는 함수를 선택한다.

그림 4.5 Toggle Visibility 함수 추가

11. **이벤트그래프**를 우클릭하고 **ActorBeginOverlap 이벤트**를 추가한다. Light 노드의 파란색 핀을 끌어 그래프에 놓은 다음 **컨텍스트 메뉴**를 열고 흰색 물음표가 있는 **Is Valid** 매크로를 추가한다. 이 매크로는 Light 변수가 인스턴스를 참조하는지 여부를 테스트하는 데 사용된다. 다음 스크린샷과 같이 노드를 연결한다. 블루프린트를 **컴파일**한다.

그림 4.6 ActorBeginOverlap 이벤트의 액션들

NOTE

오브젝트 레퍼런스 변수를 사용하는 함수를 실행하기 전에 항상 Is Valid 매크로를 사용한다. 변수는 여러 가지 이유로 유효하지 않을 수 있다. 유효하지 않은 변수를 사용해서 함수를 실행하면 런타임에 오류가 발생한다.

12. 레벨 에디터의 툴바에 있는 **생성** 버튼을 클릭한다. **라이트** 위로 마우스를 가져가면 하위 메뉴가 표시되고 **포인트 라이트**를 끌어 레벨의 어딘 가에 놓으면 인스턴스가 생성된다.

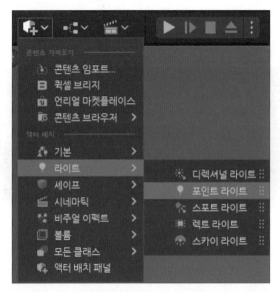

그림 4.7 포인트 라이트 생성

13. **디테일** 패널에서 **포인트 라이트** 인스턴스의 이름을 클릭하고 이름을 Lamp로 변경한다. 런타임에 조명 속성을 변경할 수 있도록 **모빌리티** 속성을 **무버블**로 변경한다.

그림 4.8 포인트 라이트 인스턴스의 디테일 패널

14. **콘텐츠 브라우저**에서 BP_LightSwitch 블루프린트 클래스를 끌어 레벨에 추가한 **포인트 라이트** 인스턴스 근처에 놓는다. 다음 스크린샷은 BP_LightSwitch의 **디테일** 패널이다. **인스턴스 편집가능**을 체크했기 때문에 Light 변수가 **디테일** 패널에 나타난다. Light 변수의 드롭다운 메뉴를 클릭해서 레벨에 있는 모든 **포인트 라이트** 인스턴스를 표시하고, 이전 단계에서 Lamp로 이름을 변경한 **포인트 라이트** 인스턴스를 선택한다. 본질적으로 이것이 직접 블루프린트 통신이다. BP_LightSwitch에는 다른 액터/블루프린트에 대한 오브젝트 레퍼런스가 있으며 이들의 액션을 호출할 수 있다.

그림 4.9 레벨의 인스턴스 참조

15. **플레이** 버튼을 눌러 실행 중인 BP_LightSwitch 블루프린트를 본다. 캐릭터가 BP_LightSwitch에 겹칠 때마다 선택한 **포인트 라이트**의 가시성이 토글된다. 다음 스크린샷은 **삼인칭** 템플릿을 사용한 예를 보여 준다. **포인트 라이트** 변수는 벽에 있고 BP_LightSwitch는 바닥에 있다.

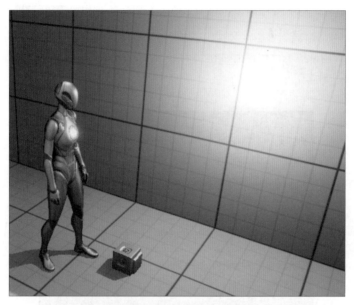

그림 4.10 BP_LightSwitch에 접촉해서 불을 키다

이번 절에서 다른 블루프린트의 인스턴스를 참조해서 변수를 생성하는 방법에 대해서 배웠다. 그러나 때때로 참조되는 인스턴스의 자식 클래스 속성에 접근해야 한다. 이 경우 우리는 레퍼런스를 **형변환**해야 한다.

⟫ 블루프린트의 형변환

레퍼런스 변수 타입을 새로 지정한 타입으로 변환하는 **형변환**이라는 노드가 있다. 형변환을 이해하려면 3장에서 다룬 클래스 간의 상속 개념을 기억해야 한다.

다음 다이어그램은 BP_GameModeWithScore라는 블루프린트를 나타낸다. **게임모드 베이스**는 이 블루프린트의 부모 클래스다. 상속 개념에 기초해서, BP_GameMode

WithScore의 인스턴스를 참조하기 위해 **게임모드 베이스** 오브젝트 레퍼런스 타입의 변수를 사용할 수 있다. 하지만 이 변수는 BP_GameModeWithScore 블루프린트에 정의된 것과 같은 **서브 클래스**의 변수와 함수에 접근할 수 없다. 왜냐하면 **게임모드 베이스**의 레퍼런스는 오직 **게임모드 베이스** 클래스에 정의된 변수와 함수만 알고 있기 때문이다.

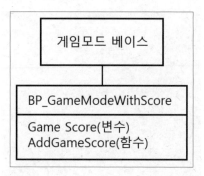

그림 4.11 게임모드 베이스를 상속한 BP_GameModeWithScore

따라서 **게임모드 베이스**의 오브젝트 레퍼런스가 있으면 BP_GameModeWithScore에 형변환 함수를 사용해서 레퍼런스를 **형변환**할 수 있다. 인스턴스가 BP_GameModeWithScore 타입이면 형변환은 성공하고 BP_GameModeWithScore의 변수와 함수에 접근하는 데 사용할 수 있는 BP_GameModeWithScore 오브젝트 레퍼런스를 반환한다.

형변환 노드의 또 다른 용도는 오브젝트 레퍼런스가 원하는 타입인지 안전하게 테스트하는 것이며 이 단계별 예제에서는 두 가지 사용 사례를 모두 보여준다.

1. 시작용 콘텐츠가 포함된 삼인칭 템플릿을 기반으로 새로 만들거나 기존 프로젝트를 사용한다.

2. **콘텐츠 브라우저**에서 **추가** 버튼을 클릭하고 **블루프린트 클래스** 옵션을 선택한다.

3. 다음 화면에서 부모 클래스로 **게임모드 베이스**를 선택한다.

4. 블루프린트의 이름을 BP_GameModeWithScore로 하고 더블클릭해서 블루프린트 에디터를 연다.

5. **내 블루프린트** 패널에서 인티저 타입의 GameScore변수와 AddGameScore 함수를 생성한다.

그림 4.12 변수와 함수 생성

6. AddGameScore 함수의 **디테일** 패널에서 Score라는 인티저 타입의 **입력 파라미터**를 추가한다. 이 함수는 GameScore변수에 포인트를 추가하는 데 사용된다.

그림 4.13 입력 파라미터 추가

7. 함수의 그래프에서 다음 스크린샷에 표시된 **액션**을 추가한다. **Game Score**변수의 **GET** 및 **SET** 노드를 추가하려면 변수를 끌어 그래프에 놓은 다음 **GET** 또는 **SET**을 선택한다. **Print String** 함수는 화면에 **Game Score** 변수의 현재 값을 출력하는 데 사용된다.

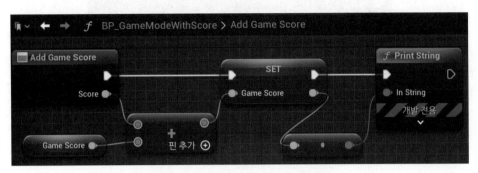

그림 4.14 Add Game Score 함수의 액션들

NOTE

> SET과 **Print String** 사이의 노드는 변환기다. 변환기를 생성하려면 **SET**의 출력 파라미터를 **Print String**의 **In String** 입력 파라미터에 연결하기만 하면 된다. 파라미터의 타입이 다르기 때문에 변환기가 자동으로 생성된다.

8. BP_GameModeWithScore를 컴파일하고 저장한다. 다음 단계는 BP_Game ModeWithScore를 **게임모드**로 사용하도록 레벨을 세팅하는 것이다.

9. 레벨 에디터의 툴바 오른쪽에 있는 **세팅** 버튼을 클릭하고 **월드 세팅**을 선택한다.

그림 4.15 월드 세팅에 접근

10. **게임모드 오버라이드** 속성에서 드롭다운 메뉴를 클릭하고 다음 스크린샷과 같이 BP_GameModeWithScore를 선택한다. 다음으로 선택된 게임모드 카테고리의 디폴트 폰 클래스 드롭다운을 클릭해서 BP_ThirdPersonCharacter를 선택한다.

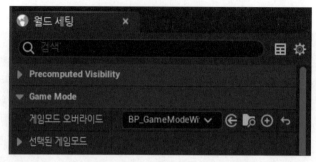

그림 4.16 레벨에서 사용하는 게임모드 변경

11. 블루프린트를 만들고 부모 클래스로 **액터**를 사용한다. 이름을 BP_Collectable로 변경하고 블루프린트 에디터를 연다.

12. **컴포넌트** 패널의 **추가** 버튼을 누르고 **스태틱 메시** 컴포넌트를 선택한다. **디테일** 패널에서 **SM_Statue** 스태틱 메시를 선택하고 **머티리얼**의 **엘리먼트 0**으로 가서 **M_Metal_Gold**를 선택한다. 또한 다음 스크린샷 표시된 것처럼 **콜리전 프리셋**을 **OverlapAllDynamic**으로 변경한다.

그림 4.17 스태틱 메시 세팅

13. **이벤트그래프**를 우클릭하고 **ActorBeginOverlap 이벤트**를 추가한다. **Other Actor**는 BP_Collectable 블루프린트와 겹쳐진 인스턴스다. **Other Actor**의 파란 핀을 끌어 그래프에 놓아 **컨텍스트 메뉴**를 연다.

14. 다음 스크린샷과 같이 **BP_ThirdPersonCharacter**에 **형변환**을 선택한다. **BP_ThirdPersonCharacter**는 삼인칭 템플릿의 플레이어를 나타내는 블루프린트다. **Other Actor**가 참조하는 인스턴스가 플레이어인지 테스트하기 위해 **형변환** 액션을 사용한다.

그림 4.18 Other Actor 레퍼런스의 형변환

15. **이벤트그래프**를 우클릭해서 **Get Game Mode** 함수를 추가한다. **Return Value**의 파란 핀을 끌어 그래프에 놓아 **컨텍스트 메뉴**를 연다. **BP_GameModeWithScore**로 형변환 액션을 선택한다.

16. **As BP Game Mode With Score**의 파란 핀을 끌어 그래프에 놓아 **컨텍스트 메뉴**에서 **Add Game Score** 액션을 선택한다. **Score** 입력 파라미터에 50을 입력한다.

17. **이벤트그래프**를 우클릭해서 **DestroyActor** 함수를 추가한다. 노드의 흰색 핀을 연결한다. **ActorBeginOverlap**이벤트의 내용은 다음 스크린샷에 표시된다.

그림 4.19 ActorBeginOverlap 이벤트의 액션들

NOTE

Get Game Mode 함수는 현재 레벨에서 사용하는 **게임모드**에 대한 참조를 반환한다. 그러나 반환값의 타입은 **게임모드 베이스**다. 이 타입의 변수를 사용해서 **Add Game Score** 함수에 접근할 수 없다. 따라서 **BP_GameModeWithScore에 형변환**을 사용할 필요가 있었다.

18. BP_Collectable을 컴파일한다. 레벨 에디터에서 BP_Collectable의 인스턴스를 몇개를 끌어 레벨에 놓는다. **플레이** 버튼을 눌러 레벨을 테스트한다. 캐릭터를 사용해 조각상을 수집하고 화면에 출력되는 현재 점수를 확인한다.

NOTE

이전 스크린샷에서 나타나는 두 개의 흰색 연결 핀은 **경유 노드**라고 한다. **컨텍스트 메뉴**에서 추가할 수 있으며 블루프린트의 구성을 돕는 데 사용된다.

이 실용적인 예는 **형변환** 노드를 사용하는 두 가지 일반적인 방법을 보여준다. 한 방법은 인스턴스가 특정 타입인지 테스트하는 것이다. 다른 방법은 자식 클래스의 변수와 함수에 접근하는 것이다. 이제 **형변환**을 사용하는 방법을 알았으므로 레벨 블루프린트에 액터의 레퍼런스와 이벤트를 추가하는 방법을 알아보자.

⁝⁝ 레벨 블루프린트 커뮤니케이션

언리얼 엔진에는 **레벨 블루프린트**라는 특별한 타입의 블루프린트가 있다. 게임의 각 레벨에는 기본 레벨 블루프린트가 있다. 현재 레벨에서만 발생하는 이벤트 및 액션을 만드는데 유용하다. 레벨 블루프린트에 접근하려면 레벨 에디터의 툴바에서 **블루프린트** 버튼을 클릭하고 다음 스크린샷에 표시된 대로 **레벨 블루프린트 열기** 옵션을 선택한다.

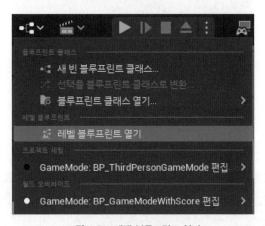

그림 4.20 레벨 블루프린트 열기

레벨 블루프린트에서 레벨에 있는 액터에 대한 레퍼런스를 쉽게 만들 수 있다. 이를 실제로 보기 위해 **트리거 박스**가 레벨에 추가되는 예제를 만들어보자. 액터와 트리거가 겹치면 **Blueprint_Effect_Sparks**가 활성화돼 스파크 이펙트를 생성한다.

1. 시작용 콘텐츠가 포함된 삼인칭 템플릿을 기반으로 기존 프로젝트를 사용하거나 만든다.

2. 레벨 에디터에서 툴바에 있는 **생성** 버튼을 클릭한다. **기본** 카테고리에는 다음 스크린샷과 같이 **트리거 박스**가 있다. **트리거 박스**를 끌어 레벨의 어딘 가에 놓는다.

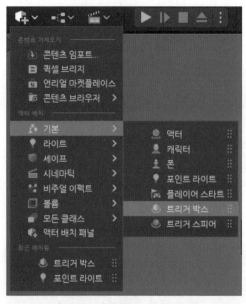

그림 4.21 트리거 박스 생성

3. 레벨에서 플레이어가 통과해야 하는 위치에 **트리거 박스**의 크기를 조절하고 배치한다. 다음 스크린샷은 예를 보여준다. **트리거 박스**는 게임에서 숨겨진다.

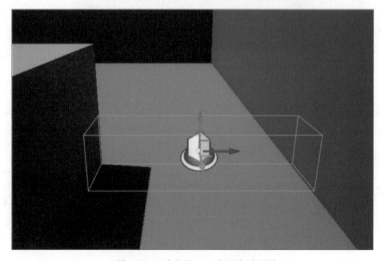

그림 4.22 트리거 박스 크기 조절 및 배치

4. **트리거 박스**가 선택됐는지 확인 후 레벨 에디터의 툴바에서 **블루프린트** 버튼을 클릭하고 **레벨 블루프린트 열기**를 선택해서 레벨 블루프린트를 연다.

5. **이벤트그래프**를 우클릭하고 다음 스크린샷과 같이 **Trigger Box UAID**에 대한 이벤트 추가 카테고리에 속한 **이벤트 On Actor Begin Overlap**을 추가한다.

그림 4.23 트리거 박스를 위한 이벤트 추가

6. 레벨 에디터로 돌아간다. **콘텐츠 브라우저**에서 콘텐츠 | StarterContent | Blueprints로 이동하고 **Blueprint_Effect_Sparks**를 연다.

7. 다음 스크린샷과 같이 **컴포넌트** 탭에서 Sparks 컴포넌트를 선택하고 **디테일** 탭에서 자동 활성화 속성을 검색한 후 체크를 해제한다. **Sparks**가 시작 시 비활성화돼 런타임에 활성화할 수 있도록 이 작업을 수행했다. **Blueprint_Effect_Sparks**를 컴파일한다.

그림 4.24 Sparks 컴포넌트의 자동 활성화 속성의 비활성화

8. 레벨 에디터의 **콘텐츠 브라우저**에서 **Blueprint_Effect_Sparks**를 끌어 레벨의 **트리거 박스** 근처에 놓아 인스턴스를 생성한다.

9. **Blueprint_Effect_Sparks**가 선택됐는지 확인하고 레벨 블루프린트를 연다. 다음 스크린샷과 같이 **이벤트그래프**에서 우클릭해서 **Blueprint_Effect_Sparks에 대한 레 퍼런스 생성**을 선택한다.

그림 4.25 Blueprint_Effect_Sparks에 대한 레퍼런스 생성

10. **Blueprint_Effect_sparks** 노드의 파란 핀을 끌어 그래프에 놓아 **컨텍스트 메뉴**를 연 다. 활성화를 검색하고 **활성화**^{Sparks}를 선택한다. 다음 스크린샷과 같이 **OnActor BeginOverlap (TriggerBox)** 이벤트의 흰색 핀을 **활성화** 함수의 흰색 핀에 연결한다

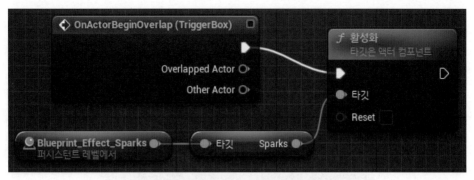

그림 4.26 트리거 박스에 겹칠 때 Sparks 활성화

11. 레벨 블루프린트를 컴파일하고 레벨 에디터의 **플레이** 버튼을 눌러 레벨을 테스트
    한다. 캐릭터를 **트리거 박스** 위치로 이동해 트리거를 활성화한다.

이번 예제에서는 레벨 블루프린트에 액터의 레퍼런스와 이벤트를 추가하는 방법을 확
인했다. 이것이 **레벨 블루프린트 통신**의 본질이다. 블루프린트와 레벨 블루프린트 사이에
는 **이벤트 디스패처**라는 또 다른 형태의 통신이 있다.

⠿ 이벤트 디스패처

이벤트 디스패처는 이벤트가 발생할 때 블루프린트가 다른 블루프린트에 알릴 수 있게
한다. 레벨 블루프린트 및 다른 블루프린트 클래스는 이 이벤트를 수신할 수 있으며 이
벤트가 트리거 될 때 서로 다른 액션을 실행할 것이다.

내 블루프린트 패널에서 이벤트 디스패처를 생성한다. 예를 들어 BP_Platform 블루프린
트를 생성해보자. 액터가 BP_Platform 블루프린트와 겹칠 때 PlatformPressed라는 이
벤트 디스패처를 호출한다. 레벨 블루프린트에서 PlatformPressed 이벤트를 수신하고
있으며 이 이벤트가 트리거되면 폭발이 발생한다.

1. 시작용 콘텐츠가 포함된 삼인칭 템플릿 기반으로 새로 만들거나 기존 프로젝트
   를 사용한다.

2. 블루프린트를 생성하고 **액터**를 부모 클래스로 사용한다. 이름을 BP_Platform으로 하고 블루프린트 에디터를 연다.

3. **컴포넌트** 패널에서 **추가** 버튼을 클릭하고 **스태틱 메시** 컴포넌트를 선택한다. **디테일** 패널에서 Shape_Cylinder 스태틱 메시를 선택하고 **스케일** 속성의 **Z** 값을 0.1로 변경한다. 또한 다음 스크린샷과 같이 **콜리전 프리셋**을 OverlapAllDynamic으로 변경한다.

그림 4.27 스태틱 메시 세팅

4. 블루프린트를 컴파일한다. **내 블루프린트** 패널에서 **이벤트 디스패처**를 생성하고 이름을 PlatformPressed로 한다. 이벤트 디스패처는 입력 파라미터를 가질 수 있다. 겹쳐진 BP_Platform 인스턴스의 레퍼런스를 전달하기 위해 입력 파라미터를 하나 만든다. **디테일** 패널에서 **입력** 카테고리에 새 파라미터를 추가하고 이름을 BP_

Platform이라고 한 뒤 다음 스크린샷과 같이 BP Platform 오브젝트 레퍼런스 타입으로 세팅한다.

그림 4.28 입력 파라미터 생성

5. **이벤트그래프**를 우클릭하고 **ActorBeginOverlap 이벤트**를 추가한다. Platform Pressed 이벤트 디스패처를 끌어 **이벤트그래프**에 놓는다. 하위 메뉴에서 **호출**을 선택한다. **이벤트그래프**를 우클릭해서 self를 검색한 뒤, **셀프 레퍼런스 가져오기 액션**을 선택한다. **Self** 액션은 현재 인스턴스의 레퍼런스를 반환한다. 다음 스크린샷과 같이 액션들을 연결한다.

그림 4.29 Platform Pressed 이벤트 디스패처 호출

6. 블루프린트를 컴파일한다. 레벨 에디터에서 **콘텐츠 브라우저**의 BP_Platform을 끌어 레벨에 놓아 인스턴스를 생성한다.

7. BP_Platform 인스턴스가 선택돼 있는지 확인하고 레벨 에디터의 툴바에서 **블루프린트** 버튼을 클릭해 **레벨 블루프린트 열기**를 선택한다. 다음 스크린샷과 같이 **이벤트그래프**를 우클릭하고 **Platform Pressed 추가**를 선택한다.

그림 4.30 레벨 블루프린트에 Platform Pressed 추가

8. **이벤트그래프**를 우클릭하고 spawn actor를 검색한 다음 **Spawn Actor from Class**를 선택한다. **Class** 파라미터의 드롭다운 메뉴를 클릭하고 **Blueprint Effect Explosion**을 선택한다. **PlatformPressed (BP_Platform)** 이벤트의 파란색 핀을 끌어 그래프에 놓아 **컨텍스트 메뉴**를 열고 **GetActorTransform** 액션을 선택한다. 다음 스크린샷과 같이 노드들을 연결한다.

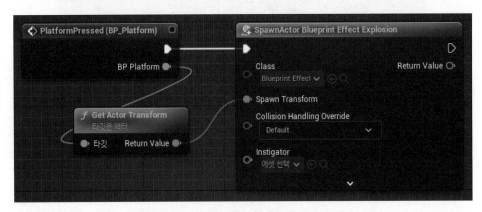

그림 4.31 Blueprint Effect Explosion의 인스턴스 생성

9. 레벨 블루프린트를 컴파일하고 레벨 에디터의 **플레이** 버튼을 눌러 레벨을 테스트한다. BP_Platform이 있는 위치로 캐릭터를 이동한다. 캐릭터가 BP_Platform에 겹치면 레벨 블루프린트가 같은 위치에 폭발을 생성한다.

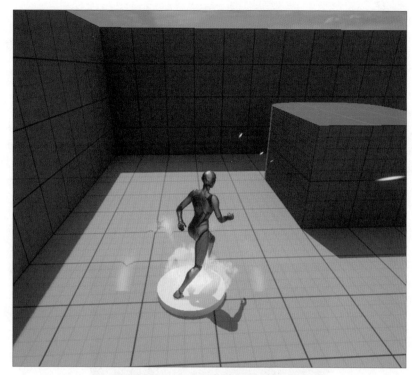

그림 4.32 BP_Platform을 터치해서 폭발을 생성

레벨 블루프린트에서 이벤트 디스패처를 수신하는 방법을 확인했지만 이벤트를 바인딩해서 블루프린트에서 다른 블루프린트의 이벤트 디스패처를 수신하도록 할 수도 있다.

이벤트 바인딩

한 이벤트를 다른 블루프린트에 있을 수 있는 다른 이벤트 또는 이벤트 디스패처에 바인딩하는 **이벤트 바인드** 노드가 있다. 이벤트가 호출되면 여기에 바인딩된 다른 모든 이벤트도 호출된다.

예를 들어 **Blueprint_Effect_Sparks**의 자식 블루프린트 클래스를 만든다. 이 새 블루프린트는 이전 예에서 생성한 BP_Platform 블루프린트의 PlatformPressed 이벤트 디스패처에 이벤트를 바인드한다.

1. 이벤트 디스패처 예제에 사용된 프로젝트를 연다.

2. 블루프린트를 생성하고 **모든 클래스** 메뉴를 확장한 다음 부모 클래스로 사용할 **Blueprint_Effect_Sparks**를 검색한다. 이름을 BP_Platform_Sparks로 하고 블루프린트 에디터를 연다.

3. **컴포넌트** 탭에서 **Sparks** 컴포넌트를 선택하고 **디테일** 탭에서 자동 활성화 속성을 검색해 체크돼있다면 체크 해제한다. **Blueprint_Effect_Sparks**에서 변경했으므로 이 옵션은 선택 해제돼 있어야 한다.

4. **내 블루프린트** 패널에서 BP_Platform 타입의 오브젝트 레퍼런스인 BP_Platform 변수를 생성한다. **디테일** 패널에서 **인스턴스 편집가능** 속성을 체크한다.

그림 4.33 BP_Platform 타입의 변수 생성

5. **이벤트그래프**를 우클릭하고 **BeginPlay** 이벤트를 추가한다. **내 블루프린트** 패널에서 BP_Platform 변수를 끌어 **이벤트그래프**에 놓는다. **GET** 옵션을 선택해 노드를 생성한다.

6. **BP Platform** 노드에서 파란 핀을 끌어 그래프에 놓으면 **컨텍스트 메뉴**가 열린다. **Is Valid** 매크로를 추가해서 **BP Platform** 변수가 인스턴스를 참조하는지 테스트한다. BeginPlay 이벤트의 흰색 핀을 Is Valid 매크로의 Exec 핀에 연결한다.

7. **BP Platform** 노드에서 파란 핀을 다시 끌어 **PlatformPressed**에 **이벤트 바인딩** 액션을 추가한다. **이벤트 바인딩** 노드의 흰색 핀에 **Is Valid** 핀을 연결한다.

그림 4.34 Platform Pressed에 이벤트를 바인딩하는 액션

8. **이벤트 바인딩** 노드의 빨간색 핀에서 끌어 그래프에 놓은 다음 **커스텀 이벤트 추가**를 선택한다.

9. **컴포넌트** 패널에서 **Sparks** 컴포넌트를 끌어 그래프에 놓는다. **Sparks** 노드의 파란 핀에서 끌어 그래프에 놓은 뒤 **활성화**를 선택한다.

10. 다음 스크린샷과 같이 노드를 연결하고 BP_Platform_Sparks를 컴파일한다.

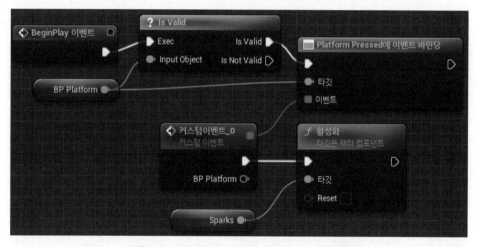

그림 4.35 Platform Pressed에 바인딩된 커스텀 이벤트

11. 이미 레벨에 있는 BP_Platform 인스턴스 근처에 BP_Platform_Spark 인스턴스를 추가한다. 레벨 에디터의 **디테일** 패널에서 BP_Platform 변수의 드롭다운 메뉴를 클릭하고 인스턴스를 하나 선택한다.

그림 4.36 레벨에 있는 인스턴스 참조

12. 레벨 에디터의 **플레이** 버튼을 클릭해 레벨을 테스트한다. 캐릭터를 BP_Platform
의 위치로 이동시킨다. 캐릭터가 겹치면 PlatformPressed 이벤트 디스패처가 트
리거되고 커스텀 이벤트 BP_Platform_Sparks가 실행돼 스파크가 활성화된다.

그림 4.37 BP_Platform을 터치해 스파크 활성화

⠿ 요약

4장은 실용적인 내용을 다룬 장이다. 우리는 각 타입의 블루프린트 통신에 대한 단계별 예를 만들었다. 블루프린트에서 직접 블루프린트 통신을 사용해서 다른 블루프린트를 참조하는 방법과 레벨 블루프린트에서 액터를 참조하는 방법에 대해서 배웠다. 형변환을 사용해 자식 클래스의 변수와 함수에 접근하는 방법과 인스턴스 레퍼런스가 특정 클래스의 것인지 테스트하는 방법을 확인했다.

이벤트 디스패처를 사용해 이벤트가 언제 발생하는지 알려주는 방법과 레벨 블루프린트에서 이벤트 디스패처에 응답하는 방법을 배웠다. 또한 다른 블루프린트의 이벤트를 이벤트 디스패처에 바인딩할 수 있음을 확인했다.

이 장에서 1부를 마친다. 이제 언리얼 엔진 5에서 게임과 애플리케이션을 스크립팅하는 데 필요한 블루프린트 기초에 대해 배웠다.

2부에서는 단계별 튜토리얼을 통해 일인칭 슈팅 게임을 처음부터 만들 것이다. 다음 장에서는 프로젝트를 생성하고 레벨에 객체를 추가하고 객체의 머티리얼을 조작하고 이동을 추가할 것이다.

⠿ 퀴즈

1. 오브젝트 레퍼런스 변수를 사용해 다른 블루프린트의 함수를 호출할 수 있다.

    a. True

    b. False

2. 형변환 노드는 오브젝트 레퍼런스를 다른 블루프린트 클래스의 레퍼런스로 변환하는데 사용된다.

    a. True

    b. False

3. 레벨 블루프린트에서 레벨에 있는 액터의 레퍼런스를 만들 수 있다.

    a. True

    b. False

4. 레벨 블루프린트는 블루프린트 클래스의 이벤트 디스패처를 수신할 수 없다.

    a. True

    b. False

5. 이벤트 바인딩 노드를 사용해 블루프린트의 이벤트를 다른 블루프린트의 이벤트 디스패처에 바인딩할 수 있다.

    a. True

    b. False

2부

게임 개발

2부에서는 단계별 튜토리얼의 도움을 받아 일인칭 슈팅 게임을 처음부터 만들 것이다. 블루프린트는 게임플레이 메커니즘과 사용자 인터페이스를 개발하는 데 사용될 것이다.

2부는 다음 장으로 구성된다.

- 5장, 블루프린트를 사용한 오브젝트 인터렉션

- 6장, 플레이어 어빌리티 강화

- 7장, 화면 UI 요소 생성

- 8장, 제약 조건 및 게임플레이 목표 생성

05

블루프린트를 사용한
오브젝트 인터렉션

게임 개발을 시작할 때 아이디어 탐색을 위한 첫 번째 단계는 프로토타입을 만드는 것이다. 다행히 언리얼 엔진 5와 블루프린트를 사용하면 핵심 게임플레이 기능을 그 어느 때보다 쉽고 빠르게 작동시켜 아이디어 테스트를 더 빨리 시작할 수 있다. 먼저 기본 에셋과 몇 가지 블루프린트를 사용해서 간단한 게임플레이 메커니즘을 프로토타이핑하는 것으로 시작한다.

이 장에서는 다음 주제를 다룬다.

- 새 프로젝트와 레벨 생성

- 레벨에 오브젝트 배치

- 블루프린트를 통한 오브젝트 머티리얼 변경

- 블루프린트를 사용해 월드 내 오브젝트 이동

이 장에서는 타깃이 맞았을 때 타깃의 머티리얼을 변경하고, 타깃이 두 지점 사이를 규칙적으로 왔다 갔다 하게 하는 블루프린트를 만드는 방법에 대해 배운다. 레벨에 있는 블루프린트 타깃의 각 인스턴스는 서로 다른 속도, 방향 및 방향 전환 시간을 갖도록 세팅할 수 있다.

새 프로젝트와 레벨 생성

이 절에서는 언리얼 엔진 템플릿 중 하나를 사용해 프로젝트를 생성하는 것으로 시작한다. 그런 다음 템플릿을 탐색해서 어떤 게임플레이 요소를 제공하는지 확인한다.

우리 게임은 일인칭 슈팅 게임이다. 그래서 **게임** 카테고리에 있는 **일인칭** 템플릿을 사용해 프로젝트를 만든다.

그림 5.1 일인칭 템플릿 선택

게임 템플릿 아래에 프로젝트를 저장할 위치를 지정하는 데 사용되는 폴더 경로 필드를 볼 수 있다. 기본 폴더를 사용하거나 원하는 폴더를 선택할 수 있다. 다음 스크린샷은 이 프로젝트에서 사용해야 하는 프로젝트 디폴트를 보여준다. 이러한 **프로젝트 디폴트** 옵션은 1장 블루프린트 에디터 살펴보기에서 설명했다. 여기에는 또한 알려질 프로젝트 이름을 입력하는 **프로젝트 이름** 필드도 있다. 이 스크린샷에 표시된 대로 프로젝트 이름을 UE5BpBook으로 지정했다.

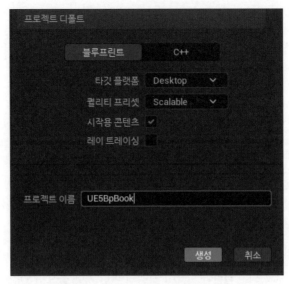

그림 5.2 게임에 사용된 프로젝트 디폴트

이제 템플릿을 선택하고 프로젝트를 원하는 방식으로 세팅했으므로 프로젝트를 만들수 있다. 다음 단계를 수행한다.

1. 파란색 **생성** 버튼을 클릭한다. 엔진이 에셋 초기화와 프로젝트 세팅을 마친 후, 언리얼 에디터가 레벨 에디터를 연다.

2. **일인칭** 템플릿에 내장된 기본 게임플레이를 시도하려면 **플레이** 버튼을 누른다. 게임이 입력에 반응하기 시작하려면 뷰포트를 클릭해야 한다.

   W, A, S, D키를 사용해서 플레이어 캐릭터를 이동하고 마우스를 움직여 둘러볼수 있다. 마우스 왼쪽 버튼을 사용해서 발사체를 발사할 수 있다. 발사체는 레벨의 일부 물리 오브젝트에 영향을 미친다. 레벨에 흩어져 있는 파란 상자를 쏘고 움직이는 모습을 관찰하라.

3. 플레이 모드에서 **플레이** 버튼은 **일시정지** 버튼, **중지** 버튼, **빠져나오기** 버튼으로 대체된다. Shift + F1을 눌러 마우스 커서에 접근하고 **일시정지** 버튼을 눌러 플레이세션을 일시적으로 중지할 수 있으며, 이는 게임플레이 중에 맞닥뜨린 인터랙션 또는 액터의 속성을 탐색하려는 경우에 유용할 수 있다.

중지 버튼을 클릭하면 플레이 세션이 종료되고 편집 모드로 돌아간다.

빠져나오기 버튼을 클릭하면 카메라가 플레이어에서 분리돼 레벨을 자유롭게 이동할 수 있다. 계속하기 전에 먼저 게임을 해보자.

⠿ 레벨에 오브젝트 추가

이제 레벨에 오브젝트를 추가하자. 목표는 포함된 총과 발사체로 쏘면 색이 변하는 간단한 타깃 액터를 만드는 것이다. 다음 단계를 수행해서 간단한 액터를 만들 수 있다.

1. 레벨 에디터의 툴바에 있는 **생성** 버튼을 누른다. **셰이프** 위에 마우스를 가져가면 하위 메뉴가 출력되고 **실린더**를 끌어 레벨의 어딘 가에 놓으면 인스턴스가 생성된다.

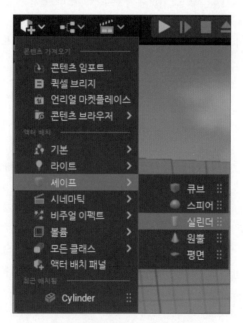

그림 5.3 레벨에 실린더 셰이프 추가

새 **실린더** 액터가 생성돼 레벨에 배치된다. 실린더를 끌어다 놓아 원하는 대로 위치를 변경할 수 있다. 뷰포트 뿐만 아니라 **월드 아웃라이너** 패널에서도 액터를 볼수 있다. 아웃라이너 패널에서 실린더의 이름은 기본적으로 **Cylinder**다.

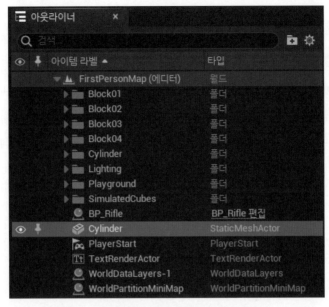

그림 5.4 추가된 Cylinder를 보여주는 월드 아웃라이너

2. 여기에 표시된 대로 **디테일** 패널에서 **실린더** 인스턴스의 이름을 다음과 같이 CylinderTarget으로 변경한다.

그림 5.5 실린더 셰이프의 디테일 패널

타깃으로 사용할 액터를 레벨에 추가했다. 이제 액터에 적용할 머티리얼을 만드는 방법에 대해 알아본다.

ꓹꓺ 머티리얼 탐색

이전에 발사체에 맞았을 때 실린더의 색상을 변경하는 목표를 세팅했다. 그렇게 하려면 액터의 **머티리얼**을 변경해야 한다. 머티리얼은 액터의 메시에 추가해서 액터의 겉모습을 만들 수 있는 에셋이다. 머티리얼은 액터의 메시 또는 셰이프 위에 칠해진 페인트 코팅이라고 생각할 수 있다. 액터의 머티리얼이 색상을 결정하므로 액터의 색상을 변경하는 한 가지 방법은 머티리얼을 다른 색상으로 교체하는 것이다. 이를 위해 먼저 머티리얼을 만들어 보겠다. 머티리얼은 액터를 빨간색으로 표시할 것이다.

머티리얼 생성

다음 단계를 따라 머티리얼을 만든다.

1. **콘텐츠 드로어** 버튼을 클릭해 콘텐츠 브라우저를 연 다음 FirstPersonBP 폴더를 클릭해 접근한다. **추가** 버튼을 눌러 **새 폴더**를 선택한 다음 이름을 Materials로 지정한다. 이 단계는 필수적이지 않지만 프로젝트 파일 계층을 깔끔하게 유지하는 것이 좋다.

2. 새로 생성된 폴더로 이동해서 콘텐츠 브라우저의 빈 공간을 우클릭한 뒤 **머티리얼**
   을 선택해서 머티리얼 에셋을 생성한다. 이름을 M_TargetRed로 지정한다.

그림 5.6 머티리얼 에셋 생성

머티리얼 프로퍼티와 노드

이제 머티리얼 에디터를 열고 머티리얼을 수정하는 노드의 사용 방법을 알아본다.

간단한 머티리얼의 모양을 정의하는 단계는 다음과 같다.

1. M_TargetRed를 더블클릭해서 다음과 같이 머티리얼을 편집하기 위한 새 에디터
   창을 연다.

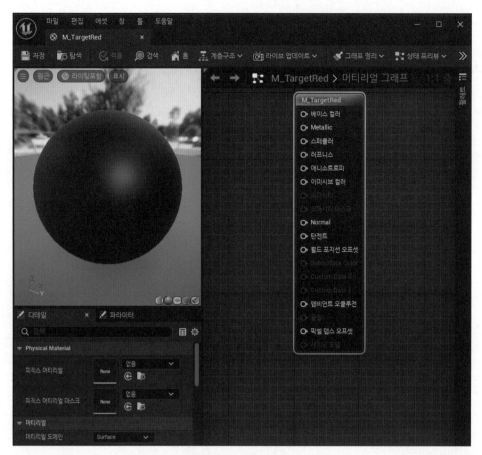

그림 5.7 머티리얼 에디터

이제 블루프린트와 많은 기능과 규칙을 공유하는 머티리얼 에디터를 보고 있다. 화면의 중앙은 **그래프**라 부르며 여기에서 머티리얼의 로직을 정의하는 모든 노드를 배치한다. 머티리얼의 이름이 붙은 그래프 중앙에 보이는 노드는 머티리얼의 **결과 노드**다. 이전 스크린샷에서 볼 수 있듯이 이 노드에는 머티리얼의 속성을 정의하기 위해 다른 머티리얼 노드를 연결할 수 있는 일련의 입력 핀이 있다.

2. 머티리얼에 색상을 지정하려면 M_TargetRed 노드의 **베이스 컬러** 입력에 색상 정보를 제공하는 노드를 만들어야 한다. 이를 위해 노드 근처의 빈 공간을 우클릭한다. 검색 상자와 확장 가능한 옵션의 긴 목록이 있는 팝업이 나타난다.

그림 5.8 머티리얼 노드 메뉴

머티리얼에 추가할 수 있는 모든 가능한 머티리얼 노드 옵션을 보여준다. 검색 상자는 맥락에 민감하므로 유효한 노드 이름의 처음 몇 글자를 입력하면 검색 영역 아래 목록이 검색한 문자가 이름에 포함된 노드들로 한정된다. 우리가 찾고 있는 노드의 이름은 **VectorParameter**이므로 검색 상자에 이름을 입력하고 **Vector Parameter** 결과를 클릭해 노드를 그래프에 추가한다.

그림 5.9 VectorParameter 노드 추가

3. 추가한 노드의 이름을 Color로 변경한다. 머티리얼 에디터의 VectorParameter를 사용하면 색상을 정의할 수 있으며, 머티리얼 정의 노드의 **베이스 컬러** 입력에 부착할 수 있다.

4. 먼저 노드의 색상을 선택해야 한다. 노드 중앙에 있는 검은색 사각형을 더블클릭해 **색상 선택 툴**을 연다. 타깃이 맞았을 때 타깃이 밝은 빨간색이 되길 원하므로 색상환의 중앙점을 빨간색 부분으로 끌거나 RGB 또는 16진 값을 수동으로 채운다. 사용할 빨간색 색상을 선택했으면 **확인**을 클릭한다. VectorParameter 노드의 검은색 상자가 이제 빨간색으로 변한 것을 확인할 수 있다.

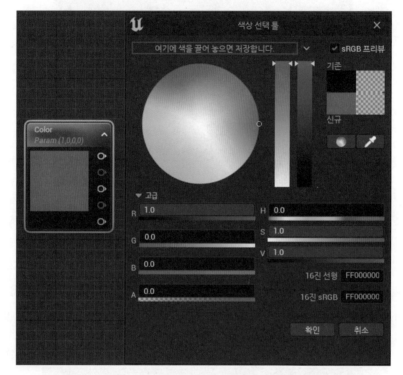

그림 5.10 색상 선택 툴

마지막 단계는 Color VectorParameter 노드를 기본 머티리얼 노드에 연결하는 것이다. 블루프린트와 동일한 방법으로 한 노드의 출력 핀을 클릭하고 다른 노드로 끌어서 두 노드를 연결할 수 있다. 입력 핀은 노드의 왼쪽에 있고 출력 핀은 항상 오른쪽에 있다. 머티리얼의 경우 다음 스크린샷과 같이 **Color** 노드의 상단 출력 핀에서 머티리얼 노드의 **베이스 컬러** 입력 핀으로 와이어를 클릭하고 끌어야 한다.

그림 5.11 머티리얼의 기본 색상 세팅

베이스 컬러 입력 핀을 사용해 간단한 머티리얼을 정의할 수 있다. 이제 머티리얼 노드의 다른 입력 핀을 사용하는 방법에 대해 알아보겠다.

머티리얼에 서브스턴스 추가

머티리얼 정의 노드의 다른 입력 핀을 활용해서 머티리얼에 광택을 추가할 수 있다. 3D 개체는 평평한 단일 색상 머티리얼을 적용하면 비현실적으로 보이지만, 머티리얼의 **메탈릭**과 **러프니스** 입력 값을 세팅해 반사율과 깊이를 추가할 수 있다. 이렇게 하기 위해 다음 단계를 수행한다.

1. 빈 그리드 공간을 우클릭해 검색 상자에 scalarpa를 입력한다. 찾고 있는 노드는 **ScalarParameter**다.

그림 5.12 ScalarParameter 노드 추가

2. **ScalarParameter** 노드가 있으면 선택하고 **디테일** 패널로 이동한다. **Scalar Parameter**는 하나의 플로트 값을 가진다. 머티리얼에 추가적인 효과를 미묘하게 나타나게 하기 위해 **디폴트 값**을 0.1로 세팅한다.

3. **파라미터 이름**을 Metallic으로 변경한 다음 **Metallic** 노드에의 출력 핀을 머티리얼 정의 노드의 **Metallic** 입력 핀으로 클릭하고 드래그한다.

4. **러프니스** 파라미터에 추가로 연결하기 위해 방금 만든 **Metallic** 노드를 우클릭하고 **복제**를 선택한다. 그러면 와이어 연결 없이 노드의 복사본이 생성된다.

5. 복제된 **Metallic** 노드를 선택하고 **디테일** 패널의 **파라미터 이름** 필드를 Roughness 로 변경한다. 이 노드에 동일한 기본값 0.1을 유지한다.

6. **Roughness** 노드에서 머티리얼 정의 노드의 **러프니스** 입력 핀으로 출력 핀을 클릭 하고 드래그한다.

머티리얼의 결과는 다음과 같아야 한다.

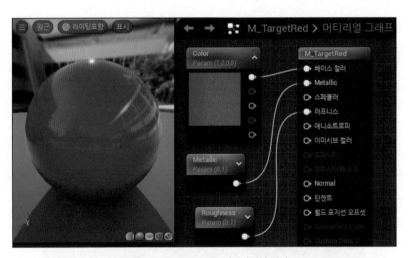

그림 5.13 M_TargetRed 머티리얼의 결과

이제 타깃이 명중했을 때 눈에 잘 띄도록 빛나는 빨간색 머티리얼을 만들었다. 에디터 의 왼쪽 상단 모서리에 있는 **저장** 버튼을 눌러 에셋을 저장한다. 머티리얼 에디터를 닫 고 레벨 에디터로 돌아간다.

머티리얼 에디터에서 **베이스 컬러, 메탈릭** 및 **러프니스** 입력핀을 사용해 간단한 머티리얼을 만드는 방법을 배웠다. 다음 절에서는 실행 중에 액터의 머티리얼을 변경하는 방법에 대해 알아보겠다.

⫶ 타깃 블루프린트 생성

이제 월드에 있는 실린더뿐만 아니라 실린더가 맞았을 때 실린더에 적용하고자 하는 머티리얼이 있다. 상호작용의 마지막 부분은 실린더가 적중했음을 평가하고 실린더의 머티리얼을 새로운 빨간 머티리얼로 변경하는 게임 로직이다. 이 동작을 만들려면 실린더를 블루프린트로 변환해야 한다. 이를 위해 다음 단계를 수행한다.

1. 레벨에서 CylinderTarget 객체를 선택한다. **디테일** 패널에서 **추가** 버튼의 오른쪽에 있는 아이콘을 클릭한다.

그림 5.14 레벨의 액터에서 블루프린트 생성

2. 그러면 **선택에서 블루프린트 생성**이라는 제목의 창이 나타난다. 블루프린트의 이름을 BP_CylinderTarget으로 한다. **경로** 필드에서 /All/Game/FirstPerson/Blueprints 폴더를 선택한다. **생성 메소드**에서 **새 서브 클래스** 옵션을 선택한다. **StaticMeshActor** 부모 클래스가 **실린더** 액터의 부모 클래스이기 때문에 이미 선택돼 있다. **선택** 버튼을 눌러 블루프린트를 생성한다.

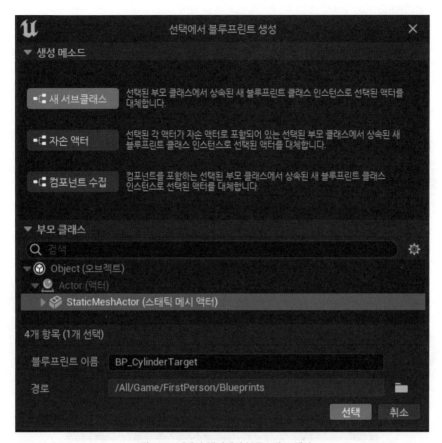

그림 5.15 레벨의 액터에서 블루프린트 생성

블루프린트 에디터가 **뷰포트** 탭에 있는 BP_CylinderTarget과 함께 열린다. 블루프린트에 실린더 메시가 할당된 스태틱 메시 컴포넌트가 이미 있는 것을 볼 수 있다.

우리는 6장 플레이어 어빌리티 강화에서 컴포넌트의 사용법을 살펴볼 것이다. 지금은 히트에 반응하는 간단한 블루프린트를 만들자. 이렇게 하기 위해 **이벤트그래프** 탭을 클릭한다.

히트 감지

히트 감지 메커니즘을 만들기 위해 다음 단계를 수행한다.

1. 히트 감지 이벤트를 만들려면 이벤트그래프의 빈 공간을 우클릭하고 검색 상자에 hit을 입력한다. **히트 이벤트** 노드가 찾는 노드이므로 검색 결과에 나타날 때 선택한다. **히트 이벤트**는 다른 액터가 이 블루프린트에서 제어하는 액터를 히트할 때마다 트리거된다.

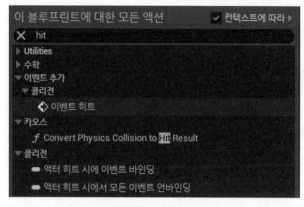

그림 5.16 히트 이벤트 추가

이제 **히트 이벤트** 노드가 있으므로 액터의 머티리얼을 변경할 수 있는 액션을 찾아야 한다.

2. **히트 이벤트** 노드의 흰색 실행 핀에서 와이어를 클릭하고 빈 공간으로 끌어 컨텍스트 메뉴를 연다. 검색 상자에 set material을 입력한다. 선택할 노드는 **Set Material (StaticMeshComponent)**이다.

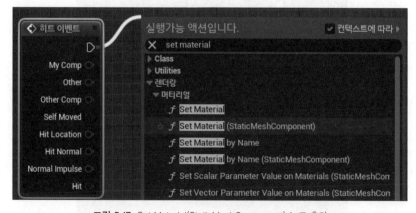

그림 5.17 Set Material(StaticMeshComponent) 노드 추가

Set Material 노드를 추가했지만 이제 입력 파라미터를 조정해야 한다.

머티리얼 교체

Set Material 노드를 배치한 후에는 이미 입력 실행 핀이 **히트 이벤트** 노드의 출력 실행 핀에 연결돼있다는 점에 유의한다. 이 블루프린트는 이제 블루프린트의 액터가 다른 액터에 히트될 때마다 **Set Material** 액션을 실행시킨다. 하지만 **Set Material** 액션이 호출될 때 사용할 머티리얼은 아직 세팅하지 않았다. 머티리얼을 세팅하지 않으면 액션이 실행되지만 CylinderTarget에 어떤 관찰 가능한 효과도 나타나지 않는다.

1. 사용할 머티리얼을 세팅하려면 **Set Material** 노드 내부에 있는 **Material** 아래의 **에셋 선택**이라고 표시된 드롭다운 필드를 클릭한다. 나타나는 에셋 탐색기 창에서 red를 입력해 이전에 생성한 **M_TargetRed** 머티리얼을 찾는다. 에셋을 클릭하면 **Set Material** 노드 안의 **Material** 필드에 첨부된다.

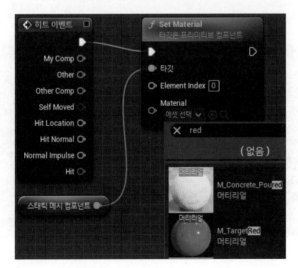

그림 5.18 M_TargetRed 머티리얼 선택

2. 이제 이 블루프린트로 타깃 실린더를 빨간색으로 바꾸는 데 필요한 모든 작업을 수행했다. 블루프린트를 **컴파일**하고 **저장**한다.

이제 기본적인 게임플레이 인터렉션을 세팅했으므로 모든 것이 우리가 원하는 방식으로 진행되고 있는지 확인하기 위해 게임을 테스트하는 것이 현명하다. 블루프린트 에디터의 **플레이** 버튼을 클릭해 게임을 테스트할 수 있다. 만든 BP_CylinderTarget 액터에 발사와 부딪치기를 모두 시도한다.

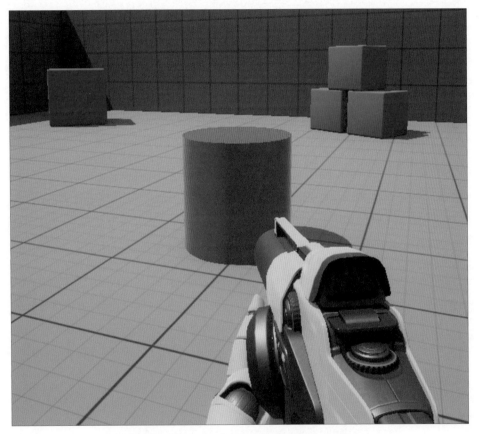

그림 5.19 무언가 히트되면 실린더가 빨간색으로 변경된다.

다음 절에서는 BP_CylinderTarget 블루프린트를 개선하는 방법을 살펴본다.

블루프린트 개선

게임을 실행하면 플레이어의 총에서 발사된 발사체에 맞을 때 실린더 타깃의 색상이 변경되는 것을 볼 수 있다. 이것은 플레이어의 행동에 대해 적들이 반응하도록 하는 데 사용할 수 있는 게임플레이 프레임워크의 시작이다. 그러나 플레이어가 실린더에 직접 부딪혀도 타깃 실린더의 색상이 변경된다는 것을 알 수 있다. 우리는 실린더 타깃이 다른 물체와 충돌할 때가 아닌 플레이어의 발사체에 맞았을 때만 빨간색으로 바뀌기를 원했다. 이와 같은 예기치 않은 결과는 스크립팅이 포함될 때마다 흔히 발생하며, 이를 방지하는 가장 좋은 방법은 게임을 만들 때 가능한 자주 플레이해서 작업을 확인하는 것이다.

실린더 타깃이 플레이어 발사체에 대한 응답으로만 색상을 변경하도록 블루프린트를 수정하려면 **BP_CylinderTarget** 탭으로 돌아가 **히트 이벤트** 노드를 다시 확인한다.

히트 이벤트 노드의 나머지 출력 핀은 다른 노드에 전달할 수 있는 이벤트에 대한 데이터를 저장하는 변수다. 핀의 색상은 데이터 변수의 타입을 나타낸다. 파란색 핀은 액터와 같은 오브젝트를 전달하지만 빨간색 핀은 부울 (true 또는 false) 변수를 포함한다.

Other 라벨이 붙은 파란색 출력 핀에는 실린더 타깃에 히트한 다른 액터의 레퍼런트가 포함돼 있다. 이것은 실린더 타깃이 아무 다른 액터에 부딪칠때 색을 바꾸는 것이 아니라, 플레이어가 발사한 발사체에 히트될 때만 색을 바꾸는 것을 보장하는데 유용하다.

플레이어 발사체 명중에 대한 응답으로만 실린더 타깃을 트리거하도록 변경한다. **히트 이벤트** 노드를 왼쪽으로 끌어 다른 노드를 위한 공간을 만든 다음 **Other** 출력 핀에서 와이어를 클릭해서 빈 공간으로 드래그한다. 컨텍스트 메뉴에서 projectile을 입력한다. 다음 스크린샷과 같은 결과가 표시돼야 한다. 우리가 찾고 있는 노드는 **BP_FirstPerson Projectile에 형변환**이다.

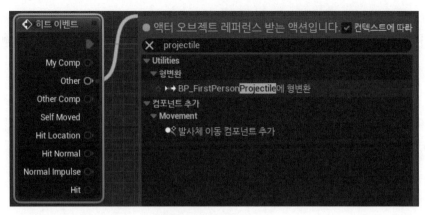

그림 5.20 형변환 노드 추가

BP_FirstPersonProjectile은 언리얼 엔진 5의 **일인칭** 템플릿에 포함된 블루프린트로 총
에서 발사되는 발사체의 동작을 제어한다. 형변환 노드는 실린더 타깃을 치는 액터가
BP_FirstPersonProjectile의 인스턴스인 경우에만 이 노드의 실행 핀에 부착된 액션이
실행되도록 하는 데 사용된다.

노드가 나타나면 **히트 이벤트** 노드의 **Other** 출력 핀과 형변환 노드의 **Object** 핀 사이에
파란색 와이어가 이미 보여야 한다. **히트 이벤트**의 흰색 실행 핀을 **BP_FirstPerson
Projectile에 형변환** 노드의 실행 핀에 연결하고 **BP_FirstPersonProjectile에 형변환** 노드
의 출력 실행 핀을 **Set Material** 노드의 실행 핀에 연결한다.

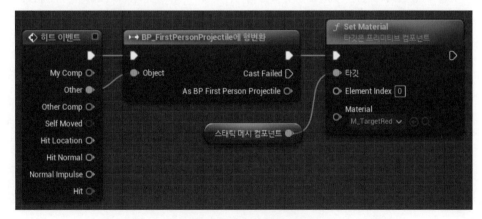

그림 5.21 히트 이벤트의 액션

이제 컴파일하고 저장한 다음 **플레이** 버튼을 클릭해 게임을 다시 테스트한다. 이번에는 실린더 타깃이 걸어가서 터치할 때는 기본 색상을 유지하지만 멀리 이동해서 쏘면 빨간색으로 바뀐다.

BP_FirstPersonProjectile에 **형변환** 노드를 사용해서 블루프린트와 상호작용하는 인스턴스가 특정 클래스인 경우에만 일부 액션이 수행되도록 하는 방법을 배웠다. 다음 절에서는 실린더 타깃이 레벨에서 움직이도록 만들 것이다.

이동 추가

이제 플레이어의 사격에 반응하는 타깃이 있으므로 프로젝트를 게임처럼 느끼게 만들기 위해 일종의 도전을 추가할 수 있다. 간단한 방법은 타깃에 약간의 움직임을 추가하는 것이다. 이 작업을 수행하려면 먼저 타깃 액터가 이동하려는 객체임을 선언한 다음 블루프린트 내에서 이동 방식을 관리하는 로직을 구성해야 한다. 우리의 목표는 타깃 실린더가 레벨에서 앞뒤로 움직이게 하는 것이다.

액터의 모빌리티와 콜리전 세팅 변경

타깃을 이동시키려면 먼저 **모빌리티** 세팅을 **무버블**로 변경해야 한다. 이를 통해 게임을 하는 동안 액터를 조작할 수 있다. 이렇게 하기 위해 다음 단계를 수행한다.

> NOTE
>
> 기본적으로 월드에 배치되는 기본 액터는 **스태틱**으로 세팅된다. 스태틱은 게임플레이 중에 물체를 이동하거나 조작할 수 없다는 것을 의미한다. 스태틱 오브젝트는 렌더링 하는데 리소스를 훨씬 덜 사용하며 프레임 속도를 극대화할 수 있도록 인터렉션이 없는 개체에 대한 기본 선택이어야 한다.

1. BP_CylinderTarget을 다시 연다. **컴포넌트** 패널에서 **스태틱 메시 컴포넌트**를 선택한다. **디테일** 패널에서 **트랜스폼** 속성 아래에 있는 **모빌리티** 토글을 **스태틱**에서 **무버블**로 전환한다.

그림 5.22 모빌리티를무버블로 변경

총으로 이 물체를 겨냥하고 싶기 때문에 총알이 관통하지 않고 목표물과 충돌할 수 있도록 해야 한다.

2. **디테일** 패널에서 **콜리전**이라는 카테고리를 찾고 드롭다운 메뉴에서 **콜리전 프리셋**을 찾는다. 이 드롭다운에는 여러가지 다른 옵션이 있으며 **Custom** 옵션을 선택하면 오브젝트의 **콜리전** 인터랙션을 서로 다른 오브젝트 타입으로 개별 세팅할 수도 있다. 목적에 맞도록 이 드롭다운 메뉴가 **BlockAllDynamic**으로 세팅돼있는지 확인한다.

그림 5.23 콜리전 프리셋은 BlockAllDynamic이어야 한다.

목표 나누기

이제 타깃을 무버블로 만들었으니 실린더에 이동 방법을 알려주는 액션을 세팅할 준비가 됐다. 실린더를 이동하려면 4개의 데이터가 필요하다.

- 실린더의 현재 위치는 어디인가?

- 어느 방향으로 움직여야 하는가?

- 얼마나 빨리 움직여야 하는가?

- 언제 방향을 전환해야 하는가?

월드 안의 실린더의 좌표를 반환하는 함수를 사용해 현재 위치를 얻는다. 속도, 방향, 방향 전환까지의 시간은 우리가 블루프린트에 제공하는 값이지만 이러한 값을 블루프린트가 오브젝트를 이동하는데 사용할 수 있는 정보로 변환하려면 몇 가지 계산이 필요하다.

다음 단계를 따른다.

1. **내 블루프린트** 패널에서 Speed라는 변수를 생성한다. 이 변수에는 BP_CylinderTarget의 이동 속도를 나타내는 숫자가 포함된다. **디테일** 패널에서 **변수 타입**을 **플로트**로 변경하고 **인스턴스 편집 가능** 속성을 체크한다.

그림 5.24 Speed 변수

2. 기본값을 세팅할 수 있도록 블루프린트를 컴파일한다. **기본값**을 200.0으로 세팅한다.

그림 5.25 Speed 변수의 기본값

3. **내 블루프린트** 패널에서 TimeToChange라는 다른 **플로트** 변수를 생성한다. **인스턴스 편집 가능** 특성을 체크한다. 블루프린트를 컴파일하고 **기본값**을 5.0으로 세팅한다. 즉 실린더는 5초 후 방향을 바꿀 것이다.

그림 5.26 TimeToChange 변수

4. **내 블루프린트** 패널에서 Direction이라는 다른 변수를 생성한다. **디테일** 패널에서 **변수 타입**을 벡터로 변경하고 **인스턴스 편집 가능** 특성을 체크한다.

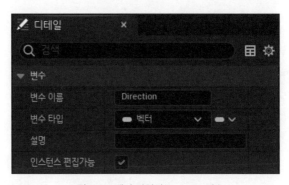

그림 5.27 벡터 타입의 Direction 변수

5. 벡터에는 X, Y 및 Z 플로트 타입 값이 포함된다. 블루프린트를 컴파일하고 Y축 **기본값**을 1.0으로 세팅한다. 즉, Y축을 따라 양의 방향으로 이동한다.

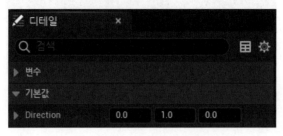

그림 5.28 Direction 벡터의 기본값

계산을 위해 준비된 방향

이제 이동을 지시하는데 필요한 정보를 얻는 필수적인 단계를 살펴보겠다. 처음에는 위협적으로 보일수도 있지만 각 절을 세분화해서 각 노드가 더 큰 목표에 어떻게 적합한지 확인한다.

우리가 수행해야할 첫 번째 계산은 방향에 대한 벡터 값을 취해 정규화하는 것이다. 정규화는 벡터가 1단위 길이를 갖도록 변환해 나머지 계산과 호환되도록 하는 벡터 수학에서 일반적인 절차다. 다행이도 이를 처리하는 블루프린트 노드가 있다.

1. **내 블루프린트** 패널에서 Direction 변수를 끌어 이벤트그래프에 놓는다. **Get Direction** 옵션을 선택해 노드를 생성한다.

2. **Direction** 노드의 출력핀을 끌어서 그래프에 놓으면 컨텍스트 메뉴가 열린다. normalize를 검색하고 **벡터** 카테고리 아래에 있는 **Normalize** 노드를 선택한다. 그러면 방향 변수가 자동으로 정규화 계산을 수행하는 노드에 연결된다.

그림 5.29 벡터의 정규화

델타 시간을 이용한 상대 속력 획득

델타 시간은 그려진 이전 프레임과 현재 프레임 사이의 시간 차이이다. 델타 시간은 게임플레이의 프레임 간에 걸리는 시간이 다를 수 있기 때문에 사용된다. 속력 값에 델타 시간을 곱하면 게임의 프레임 시간에 관계없이 물체가 이동하는 속력이 동일하다는 것을 보장할 수 있다.

1. **내 블루프린트** 패널에서 **Speed** 변수를 끌어 이벤트그래프에 놓는다. **Get Speed** 옵션을 선택해 노드를 생성한다.

2. 이벤트그래프의 빈 공간을 우클릭해 컨텍스트 메뉴를 열고 delta를 검색한다. **Get World Delta Second** 옵션을 선택한다.

3. **Speed** 노드의 출력핀을 끌어 빈 공간에 놓는다. 검색 필드에 별표(*)를 입력하고(대부분의 컴퓨터에서는 Shift+8) **곱하기** 노드를 선택한다.

그림 5.30 곱하기 노드 추가

4. **Get World Delta Seconds** 노드의 출력 핀에서 끌어 **곱하기** 노드의 다른 입력 핀에
   놓으면 다음과 같이 두 값이 곱해진다.

그림 5.31 속력을 델타 초로 곱하기

위치 갱신하기

이제 정규화된 벡터 방향과 시간에 비례한 속력 값을 얻었으므로 이 두 값을 곱해서 현
재 위치에 더해야 한다.

1. **Normalize** 노드의 출력 핀을 끌어 빈 공간에 놓는다. 검색 필드에 별표(*)를 입력하
   고 **곱하기** 노드를 선택한다.

2. 이전 단계에서 **벡터 x 벡터** 노드를 생성했지만, 우리는 벡터와 플로트를 곱해야 한
   다. 두 번째 입력 핀을 우클릭하고 **핀 변환...** 위에 마우스를 올린 뒤 **플로트**(단정밀도)를
   선택한다.

그림 5.32 곱하기 입력 핀 변환

3. 다음 스크린샷과 같이 **플로트 x 플로트** 노드의 출력 핀을 변환한 **플로트** 입력 핀에 연결한다.

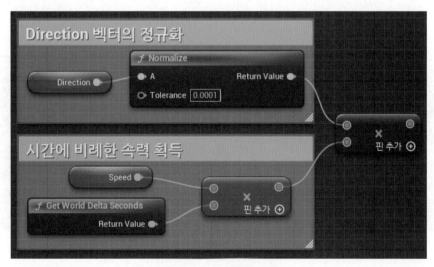

그림 5.33 벡터와 플로트 곱하기

4. **틱 이벤트**를 사용해 실린더의 위치를 갱신하겠다. 이벤트그래프의 빈 공간을 우클 릭해 컨텍스트 메뉴를 열고 tick을 검색한다. **틱 이벤트** 옵션을 선택한다.

5. 액터를 이동하기위해 **AddActorWorldOffset** 노드를 사용한다. 이 노드는 액터의 위치 변경을 나타내는 벡터인 **Delta Location**이라는 입력 파라메터를 가진다. 우 클릭해 컨텍스트 메뉴를 열고 검색해 **AddActorWorldOffset** 노드를 추가한다. **틱 이벤트**와 **AddActorWorldOffset** 노드를 연결한다.

그림 5.34 틱 이벤트를 사용해 위치 갱신

6. **벡터 x 플로트** 노드의 출력 핀을 **Delta Location** 입력핀에 연결한다. 완료된 **틱 이벤트**는 다음과 같다.

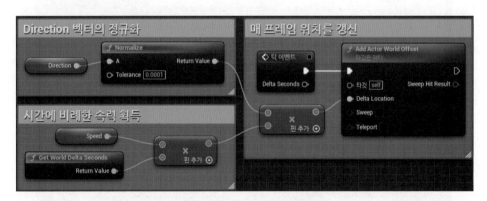

그림 5.35 틱 이벤트의 모든 액션

이번 절에서는 정규화된 벡터, 델타 시간 및 속도를 사용해 타깃 실린더를 이동하는 방법을 배웠다. 블루프린트를 컴파일하고 저장한 뒤에 게임을 실행한다. 게임이 시작되자마자 타깃 실린더는 정의된 속도와 방향에 따라 움직인다. 하지만 우리는 타깃의 움직임을 멈추게 하는 어떤 지시도 하지 않았기 때문에 타깃 실린더는 오브젝트를 통과하고 우리가 만든 레벨에서 벗어나서 게임이 실행되는 한 같은 방향으로 나아갈 것이다. 이 문제를 방지하기 위해 다음 절에서는 실린더 타깃의 방향을 주기적으로 변경하게 만든다.

⁙ 방향 전환

이 절에서는 대상의 방향을 주기적으로 변경하는 로직을 구현한다. 이렇게 하면 사격장의 표적처럼 타깃이 정기적으로 두 점 사이를 왔다 갔다 하게 된다.

1. 이벤트그래프의 빈 공간을 우클릭해 컨텍스트 메뉴를 열고 custom event를 검색한다. **커스텀 이벤트 추가** 옵션을 선택한다. 이벤트의 이름을 ChangeDirection으로 변경한다.

그림 5.36 커스텀 이벤트 생성

2. **Direction** 벡터에 −1을 곱해서 뒤집는다.

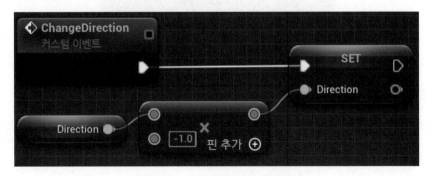

그림 5.37 −1을 곱해 벡터의 방향 뒤집기

3. **내 블루프린트** 패널에서 **Direction**변수를 끌어 이벤트그래프에 놓는다. **Get Direction** 옵션을 선택해 노드를 생성한다.

4. **Direction** 노드의 출력 핀을 끌어 빈 공간에 놓는다. 검색 필드에 별표(*)를 입력하고 **곱하기** 노드를 선택한다.

5. 이전 단계에서 **벡터 x 벡터** 노드를 생성했지만, 우리는 벡터를 플로트로 곱해야 한다. 따라서 두번째 입력 핀을 우클릭하고 **핀 변환...** 위에 마우스를 올려놓고 **플로트**(단정밀도)를 선택한다. **플로트**(단정밀도) 파라미터에 −1을 넣는다.

6. **내 블루프린트** 패널에서 Direction 변수를 끌어 이벤트그래프에 놓는다. 이제 **Set Direction** 옵션을 선택해 노드를 생성한다. **Set Direction** 노드를 곱하기 노드의 출력 핀과 **ChangeDirection** 이벤트에 연결한다. 이렇게 하면 **ChangeDirection** 이벤트가 완료된다.

7. **타이머**를 사용해 **ChangeDirection** 이벤트를 주기적으로 실행한다. 이벤트그래프의 빈 공간을 우클릭해 컨텍스트 메뉴를 열고 timer event를 검색한다. **Set Timer by Event** 옵션을 선택한다. **Looping** 파라미터를 체크한다.

그림 5.38 Set Timer by Event 노드 추가

8. 우클릭해 컨텍스트 메뉴를 열고 **BeginPlay** 이벤트를 추가한다. **내 블루프린트** 패널에서 **TimeToChange** 변수를 끌어 **Get TimeToChange** 옵션을 선택한다. 다음 스크린샷과 같이 노드를 연결한다.

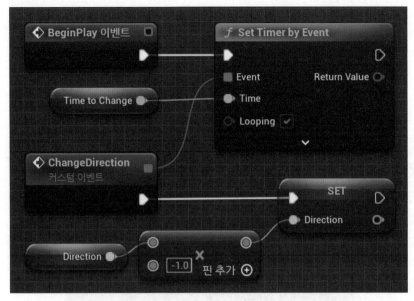

그림 5.39 타이머가 ChangeDirection 이벤트를 주기적으로 실행한다.

9. 블루프린트를 컴파일하고 저장한다.

이동 타깃 테스트

이제 블루프린트를 업데이트했으므로 BP_CylinderTarget의 인스턴스가 예상대로 움직이는지 테스트할 수 있다. 먼저 BP_CylinderTarget 인스턴스를 다른 객체와 충돌하지 않고 y축을 따라 이동할 수 있는 위치에 배치해야 한다. 예제에서 사용한 좌표는 x축이 1000, y축이 400, z축이 50이다.

이러한 값은 **일인칭** 템플릿 맵의 기본 레이아웃과 관련해서만 작동한다. 레벨을 조정한 경우 레벨에서 실린더 위치를 조정하거나 다음 스크린샷에 표시된 속도, 변경시간 또는 방향과 같은 인스턴스 편집 가능한 변수의 값을 변경하고 적절한 순찰 지점을 찾을 때까지 테스트할 수 있다. **플레이**를 클릭한다. 블루프린트가 올바르게 작동하면 실린더가 두 지점 사이에서 일정한 속도로 앞뒤로 움직이는 모습을 볼 수 있다.

그림 5.40 인스턴스에서 편집할 수 있는 변수

다른 BP_CylinderTarget 인스턴스를 추가하고 x축을 따르거나 위아래(z축)과 같은 다른 방향을 시도할 수 있다.

요약

이 장에서는 일인칭 슈터 템플릿을 사용해 프로젝트와 초기 레벨을 만들었다. 그런 다음 플레이어의 사격에 반응하는 타깃 오브젝트의 외관을 변경해 세팅한다. 마지막으로 움직이는 대상을 신속하게 생성할 수 있는 블루프린트를 세팅한다. 여기서 배운 기술들은 이후의 장이나 여러분이 만든 전체 게임에서 더 복잡한 상호작용을 만드는데 강력한 토대가 될 것이다.

더 매력적인 레이아웃이나 더 빠른 이동 타깃을 포함하도록 프로토타입을 수정하는데 추가 시간을 더 할애할 수 있다. 게임 경험을 계속 구축할 때 항상 한 절에 머물면서 자신의 기능이나 커스터마이즈를 실험할 수 있다는 점을 기억한다. 블루프린트 비주얼 스크립팅의 가장 큰 이점은 새로운 아이디어를 테스트할 수 있는 속도이며, 배울 때마다 추가 스킬을 통해 탐색하고 프로토타입 할 수 있는 게임 경험의 가능성이 기하급수직으로 해제된다.

다음 장에서는 **일인칭** 템플릿과 함께 제공되는 플레이어 컨트롤러에 대해 자세히 살펴본다. 플레이어의 움직임을 관장하는 기존 블루프린트를 확장해서 취향에 맞게 변형된 총으로 발사해 더욱 흥미로운 시각적 효과와 음향 효과를 만들 예정이다.

⁑ 퀴즈

1. 블루프린트 스크립트를 사용해 메시의 머티리얼을 변경할 수 없다.

    a. True

    b. False

2. 레벨에 있는 액터를 사용해 블루프린트 클래스를 생성할 수 있다.

    a. True

    b. False

3. 정규화 함수의 결과 벡터는 길이가 1인 벡터이다.

    a. True

    b. False

4. 타이머가 이벤트를 실행하기 위해 기다리는 시간을 델타 시간이라 한다.

    a. True

    b. False

5. 틱 이벤트는 매 프레임 실행된다.

    a. True

    b. False

06

플레이어 어빌리티 강화

이번 챕터에서는 플레이어 캐릭터 블루프린트를 수정해 5장 블루프린트를 사용한 오브젝트 인터렉션에서 만든 핵심 슈팅 인터렉션을 확장한다. **일인칭** 템플릿과 함께 제공되는 플레이어 캐릭터 블루프린트는 처음에는 복잡해 보인다. 특히 우리가 이미 처음부터 만든 비교적 간단한 실린더 타깃 블루프린트와 비교할 때 더욱 그렇다. 각 절이 플레이어 경험에 어떻게 기여하고 캐릭터를 제어하고 총을 쏠 수 있는지 알아보기 위해 플레이어 캐릭터 블루프린트를 세분화하고 조사할 것이다.

기능을 수행하는 방법을 배우는 데 시간을 할애하지 않고 작동하는 기존 에셋을 그냥 사용하는 것이 빠르고 쉽다. 그러나 문제가 발생할 때 이를 복구할 수 있을 뿐만 아니라 우리의 요구에 더 잘 맞도록 플레이어 컨트롤의 기능을 확장하고 싶다. 이러한 이유로 만드는 프로젝트에 가져올 수 있는 외부 에셋을 조사하고 학습하는 시간을 갖는 것이 좋다.

이 장의 끝에서 플레이어 캐릭터를 수정하는 데 성공해서 질주하고, 시야를 확대하고, 유쾌한 폭발과 사운드 이펙트로 쏜 물체를 파괴하는 어빌리티를 추가할 수 있기 바란다. 이러한 목표를 달성하는 과정에서 다음 주제를 다룰 것이다.

- 플레이어 입력과 조작

- **시야** (FOV)

- 타임라인과 분기 로직

- 오브젝트 인터렉션에 사운드 및 파티클 이팩트 추가

실행 기능 추가

플레이어에게 레벨에서 이동할 수 있는 더 전술적인 옵션을 제공하는 간단한 기능을 추가해서 FirstPersonCharacter 블루프린트에 대한 탐구를 시작한다. 이제 플레이어는 단일 속도로 움직이도록 제한된다. 플레이어가 왼쪽 Shift키를 누를 때 **캐릭터 무브먼트** 컴포넌트의 이동속도를 증가하도록 블루프린트를 조정하겠지만, 먼저 FirstPerson Character의 **이벤트그래프**에 있는 액션을 학습한다.

캐릭터 무브먼트 분석

BP_FirstPersonCharacter 블루프린트를 여는 것으로 시작한다. **콘텐츠 브라우저**에서 콘텐츠 〉 FirstPerson 〉 Blueprints 폴더에 접근하고 BP_FirstPersonCharacter 블루프린트를 더블클릭한다. **이벤트그래프**를 열고 일련의 블루프린트 노드들을 본다. 여기에 표시된 대로 우리가 볼 첫 번째 노드 그룹은 **Yaw and Pitch Input - Gamepad**라는 라벨이 붙은 **이벤트그래프** 코멘트에 의해 둘러싸여 있다.

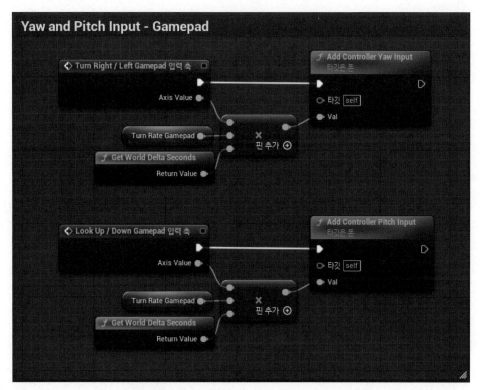

그림 6.1 Yaw and Pitch Input – Gamepad 이벤트

빨간색 이벤트 노드는 모든 프레임에서 트리거 되며 컨트롤러 입력에서 **Turn Right/Left** 및 **Look Up/Down**의 **Axis Value**를 전달한다. 이러한 값은 일반적으로 아날로그 스틱의 왼쪽/오른쪽 및 위쪽/아래쪽 축 트리거에 매핑된다. 축 트리거는 두 개뿐이다. Look Down 또는 Turn Left는 전달된 **Axis Value**에 음수로 표시된다.

그리고 두 축 트리거의 Axis Value에 각각 변수를 곱해 플레이어가 회전하거나 위 또는 아래를 볼 수 있는 기본 속도를 나타낸다. 트리거가 모든 프레임에 호출되더라도 다양한 프레임 속도에 대해 정규화하기 위해 Axis Value에 World Delta Seconds도 곱한다. 세 개의 입력을 모두 곱한 값은 **Add Controller Pitch Input**과 **Add Controller Yaw Input** 함수에 전달된다. 이것들은 컨트롤러 입력과 플레이어 카메라의 효과 사이에 변환을 추가하는 함수다.

Yaw and Pitch Input - Gamepad 블루프린트 노드 그룹 아래에는 Yaw and Pitch Input - Mouse라는 또 다른 코멘트 블록이 있으며 Yaw and Pitch Input - Gamepad와 매우 유사하다.

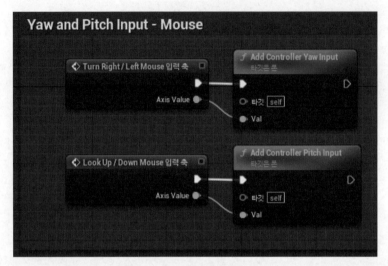

그림 6.2 Yaw and Pitch Input 이벤트

Yaw and Pitch Input - Mouse는 마우스 움직임(컨트롤러 축 스틱이 아닌)의 입력을 데이터로 변환한 다음 아날로그 입력에 필요한 것과 동일한 종류의 계산 없이 해당하는 카메라의 yaw와 pitch Input 함수에 값을 직접 전달한다.

이제 이 스크린샷과 같이 플레이어 무브먼트를 관리하는 노드 그룹을 살펴본다.

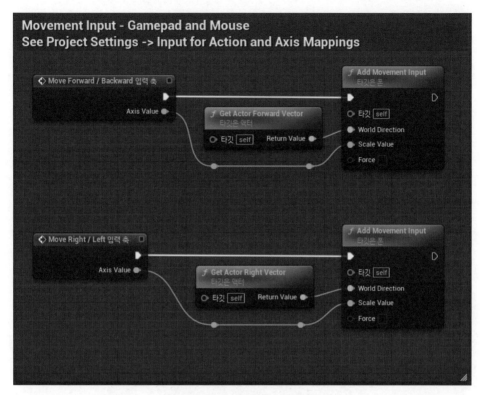

그림 6.3 Movement input 이벤트

기능적으로 **Yaw and Pitch Input - GamePad** 및 **Mouse 입력** 그룹과 유사하게 세팅된다. Axis Value는 컨트롤러 또는 키보드의 Forward/Backward 및 Right/Left 움직임 축 입력에서 가져온다. 또한 이러한 노드는 **Axis Value** 출력에 대한 음수 값의 형태로 Backward 및 Left 이동을 나타낸다. 이동 변환의 중요한 차이점은 올바른 방향으로 이동량을 적용할 수 있도록 액터가 움직일 방향을 요구하는 것이다. 방향은 **Get Actor Vector** 노드(Forward와 Right 모두)에서 끌어오며 **Add Movement Input** 노드의 **World Direction** 입력에 연결된다.

마지막으로 살펴볼 이동 관련 노드 그룹은 **Jump**라는 코멘트 블럭에 포함된 노드 그룹이다. 이 그룹은 단순히 점프에 매핑된 키를 누르거나 해제하는 것을 감지하고 버튼을 누른 시점부터 해제될 때까지 Jump 함수를 적용하는 트리거 노드로 구성된다.

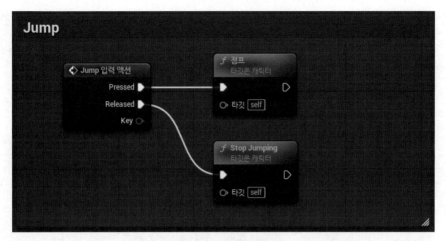

그림 6.4 Jump Input 이벤트

캐릭터의 움직임을 제어하는 FirstPersonCharacter의 **액션**을 봤다. 이제 키 입력을 액션에 매핑하는 방법에 대해 알아보겠다.

컨트롤 입력의 커스터마이징

일인칭 템플릿이 액션에 대한 동작을 생성하기 위해 앞으로 이동 또는 점프와 같은 특정 플레이어 입력 액션을 블루프린트 노드에 매핑하는 방법을 봤다. 새로운 종류의 행동을 만들기 위해 새로운 물리적 컨트롤 입력을 추가적인 플레이어 액션에 매핑해야 할 것이다. 이 작업을 수행하기 위해 다음 단계를 수행한다.

1. 게임의 입력 세팅을 변경하려면 툴바의 오른쪽 끝에 있는 **세팅** 버튼을 클릭하고 **프로젝트 세팅** 옵션을 선택한다.

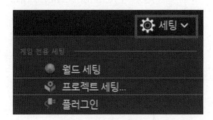

그림 6.5 프로젝트 세팅 접근

2. 나타난 창의 왼쪽에서 **엔진** 카테고리를 찾고 **입력** 옵션을 선택한다.

3. 엔진 카테고리 내부의 **입력 세팅** 메뉴에서 **바인딩** 카테고리 아래에 **액션 매핑** 및 **축 매핑**이라는 두 섹션이 표시된다. 각 섹션의 왼쪽에 있는 ▶ 버튼을 클릭해서 기존 매핑을 표시한다.

   액션 매핑은 플레이어 액션을 작동시키는 키 누르기 및 마우스 클릭 이벤트다. **축 매핑**은 플레이어 이동 및 범위가 있는 이벤트를 매핑한다. 예를 들어 W키와 S키는 **Move Forward** 액션에 영향을 미치지만 범위의 다른 끝에 있다. **질주** 및 **확대/축소** 기능은 모두 활성화하거나 비활성화하는 간단한 액션이므로 **액션 매핑**에 추가한다.

그림 6.6 액션 매핑 생성

4. **액션 매핑** 옆에 있는 ⊕ 버튼을 두 번 클릭해서 두 개의 새 **액션 매핑**을 추가한다.

5. 첫 번째 액션의 이름을 Sprint로 지정하고 드롭다운 메뉴에서 **왼쪽 Shift**키를 선택해 키를 **Sprint** 이벤트에 매핑한다. 두 번째 액션의 이름을 Zoom으로 지정하고 **마우스 오른쪽 버튼**으로 매핑한다.

창을 닫으면 변경 내용이 저장된다.

질주 어빌리티 추가

이제 이동 입력 노드가 컨트롤러 입력을 받아 게임 내 캐릭터에 적용하는 방법을 기본적으로 이해했으므로 Sprint 어빌리티로 이 기능을 확장할 것이다. FirstPersonCharacter 블루프린트 내에 새로운 일련의 노드를 세팅한다. 다음과 같이 보일 것이다.

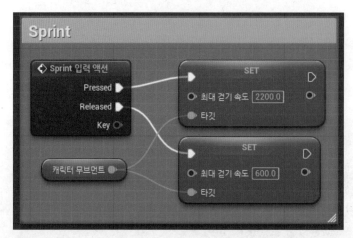

그림 6.7 Sprint 어빌리티 구현

먼저 Sprint 액션을 활성화할 이벤트를 추가해야 한다. 이전에 Sprint 액션을 좌측 시프트 키에 매핑했음을 상기한다. 이벤트를 추가하려면 다음 단계를 수행한다.

1. 다른 이동 기능 왼쪽에 있는 빈 그리드 공간을 우클릭해 Sprint를 검색한다. **Sprint** 이벤트를 선택해서 노드를 배치한다.

그림 6.8 Sprint 입력 액션 이벤트 추가

2. 블루프린트 에디터의 **컴포넌트** 패널을 보고 **캐릭터 무브먼트(CharMoveComp)**를 선택한다. **디테일** 패널은 다음 스크린샷과 같이 이동과 관련된 연속된 변수들을 표시하도록 변경된다.

그림 6.9 캐릭터 무브먼트의 변수들

이 변수 목록에서 **캐릭터 무브먼트: 걷기** 카테고리 안의 **최대 걷기** 속도를 찾을 수 있다. 최대 걷기 속도 값은 플레이어가 이동할 수 있는 최대 속도를 결정하며 **Sprint** 함수의 대상이 돼야 한다. 그러나 **디테일** 패널에서 최대 걷기 속도 값을 기본값인 600에서 변경하면 **왼쪽 Shift**가 눌렸는지 여부에 관계없이 플레이어의 이동 속도가 일관되게 수정된다. 대신 이 값을 **캐릭터 무브먼트** 컴포넌트에서 블루프린트의 **이벤트그래프**로 끌어오기를 원한다.

3. 이렇게 하기 위해 **컴포넌트** 패널에서 **캐릭터 무브먼트** 컴포넌트를 클릭하고 **이벤트그래프**의 **Sprint 입력 액션** 이벤트 근처로 끌어다 놓는다. 다음 스크린샷과 같이 **캐릭터 무브먼트** 노드가 생성된다.

그림 6.10 캐릭터 무브먼트 노드

4. **캐릭터 무브먼트** 노드의 출력 핀을 빈 그리드 공간에 클릭해서 끌고 walk speed를 입력한다. **Set Max Walk Speed** 옵션을 선택한다. **캐릭터 무브먼트** 노드를 새 노드에 연결해 최대 걷기 속도 값을 세팅한다.

5. **Sprint 입력 액션** 트리거의 **Pressed** 출력 실행 핀을 이벤트그래프에 있는 **Set Max Walk Speed** 노드의 입력 실행 핀에 연결해 **왼쪽 시프트**를 눌러 최대 이동 속도를 변경할 수 있도록 한다.

6. 마지막으로 노드 내의 **최대 걷기 속도** 값을 0.0에서 2200으로 변경해 기본 값인 600보다 속도를 크게 높인다. 또한 시프트 키를 놓으면 플레이어가 느려지는 것을 보장해야 한다.

7. 이렇게 하려면 **캐릭터 무브먼트** 노드의 출력 핀을 다시 끈 다음 다른 **Set Max Walk Speed** 노드를 검색하고 선택해 **이벤트그래프**에 배치한다. 이번에는 Sprint 입력 액션 노드의 **Released** 출력 실행 핀을 새 노드의 입력 실행 핀에 연결한다. 그런 다음 **최대 걷기 속도 값**을 0.0에서 기본값인 600으로 변경한다. 좋은 주석달기 관행을 유지하기 위해 이벤트그래프를 클릭하고 4개 노드 모두를 둘러싸는 선택 상자를 만든 뒤 선택된 노드들 중 하나를 우클릭해 선택에서 코멘트 생성을 선택한 다음 노드 그룹에 Sprint라고 레이블을 지정한다.

8. 이제 컴파일하고 저장하고 **플레이**를 눌러 작업을 테스트한다. 왼쪽 시프트 키를 누르면 속도가 의미 있게 향상되는 것을 확인할 수 있다.

키 입력을 액션에 매핑하고 캐릭터의 최대 속도를 수정해서 질주 어빌리티를 시뮬레이션하는 방법을 배웠다. 다음 단계는 플레이어가 대상을 더 가까이 볼 수 있도록 하는 어빌리티를 추가하는 것이다.

░ 확대된 뷰에 애니메이션 적용

현대 일인칭 슈팅 게임의 핵심 요소는 목표물을 더 가까이에서 보기 위해 총의 스코프로 내려다보는 플레이어 어빌리티인 **가변 시야**^{FOV}이다. 이것은 현대 슈팅 게임이 제공하는 정확성과 컨트롤의 느낌에 크게 기여한다. 프로토타입에 이 기능의 간단한 형태를 추가한다. 그렇게 하기 위해 다음 단계를 따른다.

1. **마우스 입력** 노드 옆 그리드의 빈 부분에서 우클릭하고 zoom을 검색한 다음 **Zoom** 이벤트 노드를 추가한다.

2. **First Person Camera** 컴포넌트에 포함된 FOV 값을 수정하고 싶으므로 **컴포넌트** 패널로 이동해 **First Person Camera**를 **이벤트그래프**로 끌어 놓는다.

3. **First Person Camera** 노드의 출력 핀을 빈 그리드 공간으로 끌어 **Set Field Of View** 노드를 검색해 배치한다. FOV를 낮추면 화면 중앙의 좁은 영역으로 확대되는 효과가 있다. 기본 FOV 값이 90으로 세팅돼 있으므로 확대를 위해 다음과 같이 Set 노드의 FOV를 45로 세팅한다.

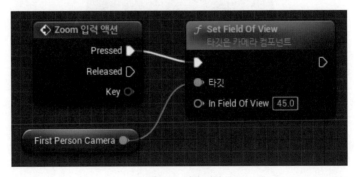

그림 6.11 시야 변경

4. **Zoom 입력 액션** 노드의 출력 실행 핀을 클릭하고 끌어 **Set Field Of View** 노드의 입력 실행 핀에 놓는다. 컴파일하고 저장한 다음 **플레이**를 클릭한다.

게임을 플레이하고 있을 때 오른쪽 마우스 버튼을 누르면 FOV가 확대된 뷰로 즉시 좁아지는 것을 알 수 있다. 메인 카메라가 한 위치에서 다른 위치로 즉시 움직이는 경우 플레이어에게 거슬릴 수 있으므로 이 동작을 추가로 수정해야 한다. 또한 키를 놓아도 FOV가 반전되지 않는다. 타임라인을 이용해 두 가지 문제를 모두 해결할 것이다.

타임라인을 사용한 부드러운 전환

FOV를 부드럽게 바꾸기 위해서는 시간이 지남에 따라 액터의 점진적인 변화를 보여주는 애니메이션을 만들어야 한다. 그렇게 하기 위해 FirstPersonCharacter 블루프린트의 **이벤트그래프** 인스턴스로 돌아가 다음 단계를 따른다.

1. Alt키를 누르고 **Zoom 입력 액션** 노드의 **Pressed** 출력 실행 핀을 클릭해 연결을 해제한다.

2. **Pressed**에서 새로운 와이어를 빈 그리드 공간으로 드래그한다. **타임라인 추가**를 검색하고 선택해 타임라인 노드를 추가한다.

그림 6.12 타임라인 노드

언리얼 엔진 5에는 애니메이션을 완성하는 다양한 방법이 있다. 타임라인은 회전하는 문과 같은 단순 값 변경에 적합하다. 좀 더 복잡한 캐릭터 기반 또는 영화 같은 애니메이션의 경우 엔진의 내장 애니메이션 시스템인 **시퀀서**를 살펴봐야 한다. **시퀀서** 및 복잡한 애니메이션은 이 책에서 다루지 않지만, **시퀀서**를 사용하는 데 사용할 수 있는 많은 전용 학습 리소스가 있다. https:// docs.unrealengine.com/5.0/ko/cinematics-and-movie-making-in-unreal-engine/에서 구할 수 있는 언리얼 문서부터 시작하는 것을 권장한다.

3. 타임라인은 지정된 시간 동안 값(카메라의 FOV 같은)을 변경할 수 있다. 타임라인 내의 값을 변경하려면 **타임라인_0**을 더블클릭한다.

4. **타임라인 에디터**가 열린다. **에디터**의 왼쪽 상단 모서리에 트랙 버튼이 있다. 트랙 버튼을 클릭하면 다섯 개의 옵션이 나타나는데 이들 각각은 타임라인 동안 변경될 서로 다른 종류의 값을 추가한다. FOV는 숫자 값으로 표시되므로 **Float 트랙 추가** 옵션을 선택한다. 이렇게 하면 트랙이 타임라인에 추가되고 이 트랙의 이름을 지정하라는 프롬프트가 표시된다. 라벨을 **Field of View**로 지정한다. 이제 다음과 같이 다른 시간 간격으로 값을 편집해야 한다.

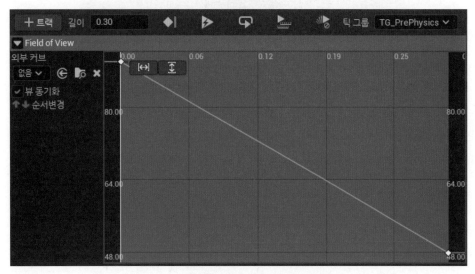

그림 6.13 타임라인 에디터

5. 이렇게 하려면 Shift키를 누른 채 그래프의 0.0 점에 가까운 점을 클릭한다. 그림 6.14와 같이 그래프의 왼쪽 상단에 **시간**과 **값** 필드가 표시된다. 이것들은 타임라인을 정밀하게 조정할 수 있게 해 준다. 시간이 정확히 0.0으로 세팅됐는지 확인하고 값을 기본 FOV인 90으로 세팅한다. 점이 시야에서 사라지면 그래프의 왼쪽 상단에 있는 두 개의 작은 버튼을 사용해 점이 보이도록 그래프를 확대할 수 있다. 이러한 버튼은 그림 6.14의 빨간색 사각형 안에 있다.

6. Zoom 애니메이션이 빨라지도록 하려면 **타임라인 에디터**의 상단에서 **길이** 옆에 있는 필드를 찾은 다음 0.3초로 값을 변경해서 애니메이션 범위를 0.3초로 제한한다.

7. 이제 Shift키를 누르고 그래프 오른쪽의 밝은 회색 영역 끝을 클릭한다. **시간** 영역의 경우 0.3, **값** 영역의 경우 45로 조정한다.

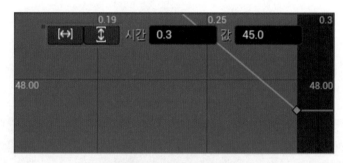

그림 6.14 두 번째 점의 시간과 값

값을 나타내는 선이 90도에서 45도로 점차적으로 기울어지는 것을 확인한다. 애니메이션이 호출될 때 플레이어의 FOV는 두 값 사이에서 거슬리게 바뀌는 것이 아니라 축소에서 확대로 부드럽게 전환된다. 이는 Set Value 블루프린트로 직접 값을 변경할 때 보다 타임라인을 사용할 때의 이점이다.

8. 이제 **이벤트그래프**로 돌아간다. 다음 스크린샷과 같이 타임라인과 FOV 세팅 연산을 연결한다.

그림 6.15 타임라인을 사용한 FOV 수정

9. **타임라인_0** 노드에 **Field Of View**라는 새 출력 핀이 있음을 알 수 있다. Field Of View 출력 핀을 **Set Field Of View** 노드의 **In Field Of View** 입력 핀에 연결한다. 이 제 **타임라인_0** 노드의 **Update** 출력 실행 핀을 **Set Field Of View** 노드에 연결한다.

이렇게 함수들을 세팅하면 FOV 값이 업데이트될 때마다 새로운 값을 **Set Field Of View** 함수에 전달한다. 타임라인을 세팅했기 때문에 90과 45 사이의 많은 값이 Set으로 전달돼 0.3초 동안 두 극단 사이의 점진적인 전환이 가능하다.

10. 마지막으로 마우스 오른쪽 버튼을 놓으면 확대가 종료돼야 한다. 이렇게 하려면 **Zoom 입력 액션** 노드의 **Released** 핀을 **타임라인** 노드의 **Reverse** 핀으로 드래그 한다.

이렇게 하면 마우스 오른쪽 버튼을 놓을 때 타임라인 애니메이션이 역순으로 재생 돼 일반 카메라 뷰로 부드럽게 전환된다. 또한 나중에 다시 방문할 경우 이 기능이 무엇을 하는지 기억할 수 있도록 노드 그룹에 코멘트를 작성해야 한다.

11. 이제 컴파일, 세이브 그리고 실행해서 마우스 오른쪽 버튼을 누르고 있을 때 시야 가 확대 또는 축소 전환되는 것을 테스트한다.

이러한 단계를 완료해서 확대/축소된 시야를 애니메이션화를 구현한다. 이제 FirstPersonProjectile 블루프린트를 약간 조정해보자.

⠿ 발사체 속도 증가

이제 플레이어 캐릭터에 세계를 탐색할 수 있는 새로운 게임플레이 옵션을 제공했으므로 다시 슈팅 메카닉에 초점을 맞춘다. 현재 컨트롤러의 총에서 발사되는 총탄은 느리게 호를 그리며 공중을 날아가는 구체들이다. 전통적인 슈터에서 익숙한 빠르게 움직이는 총알에 더 비슷하게 하고자 한다.

발사체의 속성을 변경하려면 콘텐츠 〉 FirstPerson 〉 Blueprint 폴더에 있는 BP_First PersonProjectile이라 불리는 블루프린트를 열어야 한다. 열리면 **컴포넌트** 패널을 보고 **ProjectileMovement**를 클릭한다. 이것은 BP_FirstPersonProjectile 블루프린트에 추가된 발사체 이동 컴포넌트로 구체가 월드에 생성된 후 이동하는 방식을 정의한다.

1. **디테일** 패널에서 **발사체**가 움직임을 설명하는 많은 변수들을 가지는 것을 볼 수 있다. 이번에는 이 중 몇 가지 항목에만 관심이 있다.

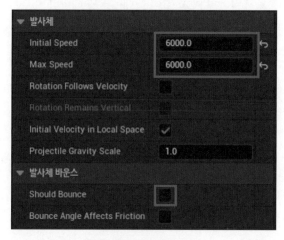

그림 6.16 발사체 변수들

먼저 현재 3000으로 세팅된 **초기 속도**와 **최대 속도** 필드를 찾는다. **초기 속도**는 발사체가 총의 끝에서 처음 생성돼 얼마나 빠르게 발사체가 이동하는지 결정하고 **최대 속도**는 발사체가 만들어진 후 추가적인 힘이 가해질 경우 얼마나 빨리 갈 수 있는지 결정한다. 만약 로켓을 가지고 있다면 로켓이 발사된 후에 추진기가 작동하는 것을 나타내기 위해 가속을 적용할 수 있다. 그러나 우리는 총에서 나오는 총알을 표현하고 있기 때문에 총알이 이동할 수 있는 가장 빠른 속도로 초기 속도를 만드는 것이 더 합리적이다. **초기 속도**와 **최대 속도**를 모두 원래 값의 두 배인 6000으로 조정한다.

발사체 중력 스케일을 1.0에서 0.1로 변경해보자. 이렇게 하면 총알이 매우 가벼워 보이고 중력의 영향을 많이 받지 않는다.

또한 현재 발사체가 마치 고무공처럼 벽과 물체에서 튕겨 나오는 것을 보았을 것이다. 그러나 더 단단하고 더 강하게 충격을 주는 발사체로 모방하고자 한다. 바운스를 제거하려면 **디테일** 패널에서 **발사체 바운스** 섹션을 찾고 **Should Bounce** 옆의 상자를 선택 취소한다. 다른 값은 **바운스 필요**가 선택되는 경우에만 발사체가 바운스 되는 방식을 지정하므로 조정할 필요가 없다.

이벤트그래프에서 마지막으로 변경해야 할 사항은 Branch 노드의 **False** 핀을 **Destroy Actor** 함수에 연결해서 아무것에 충돌할 때 발사체가 항상 파괴되도록 하는 것이다.

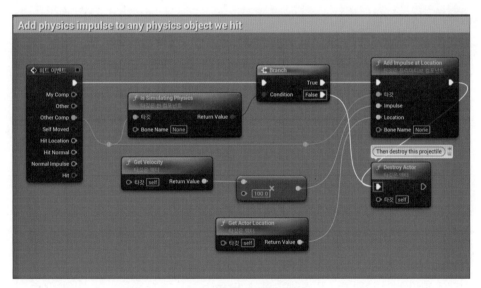

그림 6.17 발사체 이벤트그래프

이제 컴파일하고 저장하고 **플레이**를 클릭한다. 총을 쏜 결과로 발사체가 훨씬 더 멀리 도달하고 더 이상 벽에서 튀지 않는다는 것을 알게 된다.

발사체의 속도를 수정하고 바운싱 속성을 체크 해제해서 발사체가 총알처럼 행동하도록 했다. 다음에 파괴 시 폭발을 시뮬레이트 하도록 수정할 블루프린트는 BP_CylinderTarget다.

사운드 및 파티클 이펙트 추가

이제 플레이어가 원하는 대로 움직이고 쏘므로 적 목표물에 주의를 돌린다. 현재 타깃 실린더 중 하나를 쏘면 색상이 빨간색으로 변경된다. 그러나 현재 플레이어가 타깃을 완전히 파괴하기 위해 할 수 있는 일이 없다.

한번 이상 피격한 타깃을 파괴하는 블루프린트 로직을 생성해 적과의 상호작용에 더 많은 역동성을 추가할 수 있으며 목표물이 파괴되면 만족할 만한 사운드와 시각 효과를 생성해서 플레이어에 대한 보상을 높일 수 있다.

분기를 통한 대상의 상태 변경

타깃 실린더에 상태 변경이 적용되면 트리거 되는 효과를 생성하기 원하기 때문에 이 로직이 콘텐츠 〉 FirstPerson 〉 Blueprints 폴더에 있는 BP_CylinderTarget에 포함되는지 확인해야 한다. 블루프린트를 열고 **히트 이벤트**에 연결된 노드 그룹을 확인한다. 지금 발사체가 실린더 오브젝트에 닿으면 이 노드들은 실린더 오브젝트에 빨간 머티리얼로 교체하라고 지시한다. 실린더가 한 번 이상 맞았을 때 동작을 변경하는 기능을 추가하려면, 실린더가 이미 맞았는지 확인하는 체크를 블루프린트에 추가한 다음, 실린더 상태에 따라 다른 결과를 트리거해야 한다. **Branch** 노드를 사용해서 이 시나리오를 다룰 수 있다.

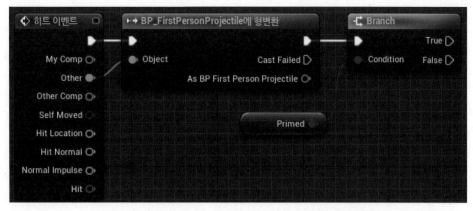

그림 6.18 Branch 노드를 사용해서 실린더가 이미 적중했는지 확인

Branch 노드는 부울 변수를 입력으로 사용한다. 부울 값은 **True** 또는 **False**일 수 있으므로 Branch 노드는 두 가지 결과만 생성할 수 있다. 이 두 결과는 **True** 경로와 **False** 경로를 나타내는 두 개의 출력 실행 핀에 추가 노드를 연결해서 실행할 수 있다.

Branch를 생성하는 첫 번째 단계는 부울로 무엇을 나타낼 것인지 그리고 조건부 값을 **False**에서 **True**로 변경하는 원인을 결정하는 것이다. 이 경우 표적이 명중했고 두 번째 명중으로 파괴될 수 있다는 것을 보여주기 위해 **Primed** 변수를 생성하고자 한다. **Primed** 부울 변수를 생성한다.

1. **내 블루프린트** 패널에서 **변수** 카테고리의 ⊕ 버튼을 눌러 새 변수를 추가한다. **변수 타입**을 **부울**로 세팅하고 Primed라는 이름을 새 변수에 지정한다.

2. 블루프린트를 컴파일하고 저장한다. 대상이 처음 히트하기 전에 **Primed** 상태가 되는 것을 원치 않기 때문에 변수의 기본값을 **False**(선택되지 않은 상자로 표시됨)로 유지한다.

3. **Primed** 부울 변수가 생겼으니 **내 블루프린트** 패널에서 이벤트그래프로 끌어 놓고 **이벤트그래프**에 변수를 놓을 때 하위 메뉴에 나타나는 **Get** 옵션을 선택한다.

4. 새 **Primed** 노드의 출력 핀에서 선을 클릭하고 이벤트그래프의 빈 공간으로 드래그한다. **Branch** 노드를 검색해 추가한다.

5. 마지막으로 **히트 이벤트** 블루프린트 그룹에 **Branch**를 추가한다. Alt키를 누른 채로 실행 핀 중 하나를 클릭해 BP_FirstPersonProjectile에 **형변환** 노드와 SetMaterial 노드 간의 연결을 끊는다.

6. Set Material 노드를 잠깐 끌어낸 다음 **형변환** 노드의 출력 실행 핀을 Branch 노드의 입력 실행 핀에 연결한다. 이제 블루프린트는 실린더가 발사체에 맞을 때마다 **Branch** 평가를 호출한다.

   이제 Branch 노드가 세팅됐으므로 타깃 실린더에 각 상태에서 수행할 작업에 대한 지침을 제공해야 한다. 즉, 첫 번째 적중 시 발생하는 동작(Primed 변수는 False)과 두 번째 적중 시 발생하는 동작(Primed 변수는 True)이다.

   처음 타깃이 적중됐을 때를 처리한다. 이 경우 **머티리얼**을 TargetRed로 변경해야 한다. 또한 Primed 부울 변수를 True로 세팅해야 한다. 이렇게 하면 타깃이 다시 적중할 때 Branch 노드가 동작을 True 실행 핀으로 보낸다. 노드의 **False** 실행 시퀀스는 다음과 같다.

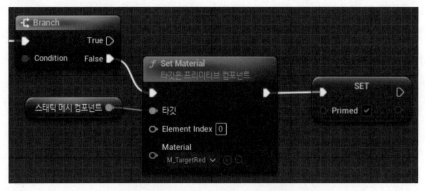

그림 6.19 처음 적중할 때 빨간색 머티리얼로 변경

7. 이전에 옆으로 옮겨 둔 Set Material 노드를 Branch 노드의 오른쪽으로 끌은 다음 Branch 노드의 False 출력 실행 핀을 Set Material 노드의 입력 실행 핀에 연결한다.

8. 이제 **내 블루프린트** 패널에서 **이벤트그래프**로 Primed 변수를 끌고 **SET** 옵션을 선택한다. SET 노드를 **Set Material** 노드의 출력 실행 핀에 연결하고 **SET** 노드 안의 Primed 옆에 있는 체크박스를 클릭한다. 이렇게 하면 다음에 **타깃**이 적중될 때 Branch가 True로 평가된다.

Branch 노드의 False 경로 액션을 정의했다. 다음 단계는 Branch 노드의 True 경로에서 트리거 될 일련의 액션을 정의하는 것이다.

사운드 효과, 폭발 그리고 파괴의 트리거

목표물을 파괴할 때 달성하고자 하는 것은 세 가지이다. 폭발을 듣고, 폭발을 보고, 타깃 오브젝트를 게임 월드에서 제거하는 것이다. 종종 과소평가되지만 항상 중요하고 만족스러운 게임 경험의 요소인 사운드부터 시작한다.

사운드로 디자인할 수 있는 가장 기본적인 상호 작용은 게임 월드의 한 위치에서 .wav 사운드 파일을 한 번 재생하는 것이며 이는 우리의 목적에 완벽하게 동작한다. Branch 노드의 **True** 실행 핀에서 와이어를 빈 그리드 공간으로 끌고 **Play Sound at Location** 노드를 검색한다.

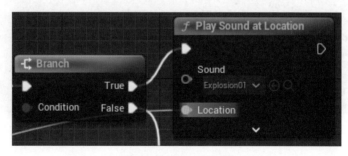

그림 6.20 폭발 사운드 재생

Play Sound at Location은 **사운드** 파일 입력과 **Location** 입력을 받은 다음 —짐작할 수 있듯이— 해당 위치에서 사운드를 재생하는 간단한 노드다. 이 프로젝트에 가져온 **시작 콘텐츠**에는 여러 사운드 파일이 포함돼 있으며 **Sound** 입력 아래의 드롭 다운 메뉴를 클릭하면 이러한 파일 목록을 볼 수 있다. **Explosion01**을 찾고 선택해서 폭발 **사운드** 이펙트를 세팅한다.

사운드를 세팅했으므로 이제 사운드가 재생될 위치를 결정해야 한다. CylinderTarget의 스태틱 메시 컴포넌트를 가져와서 location 값을 추출한 다음 해당 location 벡터를 **Sound** 노드에 직접 연결해서 FOV를 세팅하는 데 사용한 것과 같은 프로세스를 사용할 수 있다. 그러나 **히트 이벤트** 트리거는 이 프로세스를 더 쉽게 만든다.

히트 이벤트 노드의 많은 출력 핀 중 하나로 **Hit Location**이 있다. 이 핀은 **히트 이벤트**에 의해 평가된 두 오브젝트가 서로 충돌하는 공간의 위치를 포함한다. 목표물에 명중하는 발사체의 위치는 폭발 효과를 발생시키기에 완벽하게 합리적인 위치이므로 **히트 이벤트** 노드의 **Hit Location**에서 **Play Sound at Location**의 **Location** 입력 핀으로 와이어를 끌어 놓는다.

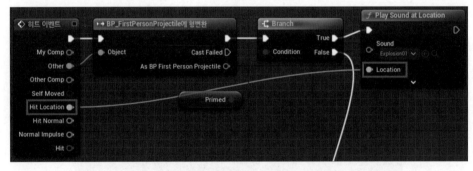

그림 6.21 Hit Location 사용

컴파일 세이브 그리고 플레이해서 블루프린트를 테스트한다. 움직이는 표적 중 하나를 한 번 쏘면 빨간색으로 바뀐다. 그 이후의 모든 적중은 폭발 사운드 이펙트를 생성해야 한다. 이제 폭발 사운드를 세팅했으므로 다음 단계에 따라 시각 이펙트를 추가하고 실린더를 파괴해보겠다.

1. **Play Sound at Location**의 출력 실행 핀에서 와이어를 끌어 빈 그리드 공간에 놓는다. **Spawn Emitter at Location** 노드를 검색하고 선택한다.

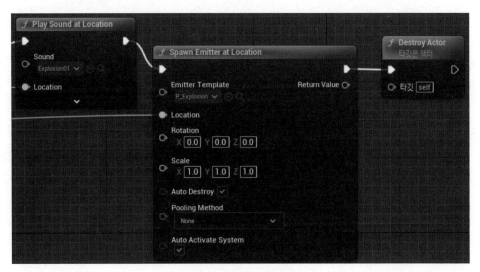

그림 6.22 파티클 이펙트 생성

NOTE

이미터는 특정 위치에서 입자 효과를 생성하는 오브젝트다. 파티클 이펙트는 유체, 가스 또는 다른 무형의 것, 폭포의 충격, 폭발 또는 빛의 빔과 같은 시각 효과를 만들기 위해 결합되는 작은 오브젝트들의 모음이다.

Spawn Emitter at Location 노드는 연결하려는 **Sound** 노드와 비슷하지만 더 많은 입력 파라미터와 **Auto Destroy** 토글이 있다.

2. **Emitter Template** 아래의 드롭다운 메뉴에서 **P_Explosion** 효과를 찾아 선택한다. 이는 프로젝트에 투입된 시작 콘텐츠와 함께 제공되는 또 다른 에셋이며 이미터가 연결된 곳이라면 어디든 만족할만한 폭발을 일으킬 것이다.

3. 폭발음과 같은 위치에서 폭발이 발생하기 원하기 때문에 **히트 이벤트** 노드의 동일한 **Hit Location** 핀을 클릭해서 **Spawn Emitter at Location**의 **Location** 핀으로 끌어 놓는다.

폭발은 모든 각도에서 동일하게 보이는 3D 효과이므로 **회전** 입력은 그대로 둔다. **Auto Destroy** 토글은 이미터를 두 번 이상 트리거할 수 있는지 여부를 결정한다. 파티클 이펙트가 한번 생성되면 이미터를 포함하는 Actor를 파괴할 것이므로 토글 상자를 체크된 상태로 둔다.

4. 마지막으로 사운드 및 시각적 폭발 효과가 재생된 후 타깃 실린더를 게임 월드에서 제거하고자 한다. **Spawn Emitter at Location** 노드의 출력 실행 핀을 끌어 빈 그리드 공간에 놓는다. **DestroyActor** 노드를 검색하고 추가한다. 이 노드는 기본 값으로 현재 인스턴스에 대한 참조인 **self**를 가지며 단일 **타깃** 입력만 받는다.

5. 코멘트 박스를 전체 **히트 이벤트** 노드들로 확장하고 텍스트를 업데이트해서 새 시퀀스가 수행하는 작업을 설명한다. When hit, turn red and set to primed. If already primed, destroy self로 세팅했다. 이 노드 체인의 결과는 다음 스크린샷과 같다.

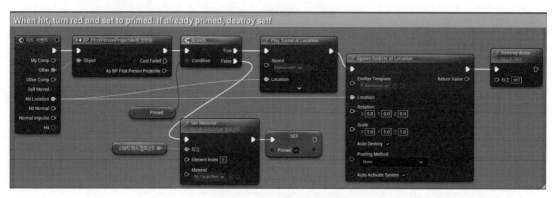

그림 6.23 히트 이벤트의 액션들

블루프린트 노드에 대한 유용한 설명을 남겼으면, 컴파일, 저장, **플레이**를 클릭해서 새 상호작용을 테스트한다. 실린더가 플레이어의 총에 두 번 맞으면 폭발하는 것을 보고 들어야 한다.

Branch 노드를 사용해 실린더의 현재 상태를 나타내는 **Primed** 변수를 기반으로 실행 흐름을 결정하는 방법을 살펴봤다. 또한 블루프린트 노드를 사용해 소리를 재생하고 파티클 이펙트를 생성하는 방법을 배웠다.

이제 게임이 플레이어에게 만족감을 줄 수 있는 길을 걷기 시작했다. 사운드 및 시각 효과, 현대 슈팅 게임에서 기대할 수 있는 대부분의 기능을 갖춘 플레이어 캐릭터, 플레이어 상호 작용에 반응하는 타깃을 추가했다. 첫 번째 장에서 다룬 기술이 결합돼 점점 더 복잡하고 흥미로운 동작을 만들기 시작했다.

이 장에서는 질주 그리고 총으로 확대/축소할 수 있도록 일부를 커스터마이즈한 플레이어 컨트롤을 만들었다. 그 과정에서 무브먼트 컨트롤러가 어떻게 플레이어의 입력에서 획득한 정보를 게임 경험으로 변환하는지 탐구했다. 또한 타임라인을 이용해서 간단한 애니메이션을 만드는 문을 열었다. 그런 다음 폭발 효과와 사운드를 적 타깃에 추가하고 두 발사체에 적중해야 하는 또 다른 요구 사항을 추가해서 플레이어의 환경과의 상호작용에 더 많은 피드백을 추가했다.

다음 장에서는 플레이어에게 월드와 관련된 상태에 대한 피드백을 제공하는 UI를 게임에 추가하는 방법을 살펴본다.

⫸ 퀴즈

1. 액션 및 축 매핑은 이벤트그래프에서 빨간색 이벤트 노드로 표시된다.

    a. True

    b. False

2. **Set Field Of View**는 **캐릭터 무브먼트** 컴포넌트의 함수다.

    a. True

    b. False

3. 타임라인 노드를 사용해 간단한 애니메이션을 만들 수 있다.

    a. True

    b. False

4. **Spawn Emitter at Location** 함수를 사용해 런타임에 파티클 이펙트를 추가할 수 있다.

    a. True

    b. False

5. **Play Sound** 함수는 주어진 위치에서 소리를 재생한다.

    a. True

    b. False

07

화면 UI 요소 생성

게임 경험의 핵심은 게임 디자이너들이 게임의 목표와 규칙을 플레이어에게 전달하기 위해 사용하는 방법이다. 모든 형태의 게임에서 공통적으로 사용하는 한 가지 방법은 **그래픽 사용자 인터페이스**^{GUI}를 사용해 중요한 정보를 표시하고 플레이어에게 알리는 것이다. 이 장에서는 플레이어의 체력과 스테미너를 추적하는 GUI와 제거된 타깃과 플레이어의 탄약을 표시하는 카운터를 세팅한다. 언리얼의 GUI 에디터를 사용해 기본적인 **사용자 인터페이스**^{UI}를 세팅하는 방법과 블루프린트를 사용해서 인터페이스를 게임플레이 값과 연결하는 방법을 배운다. **언리얼 모션 그래픽**^{UMG} **UI 디자이너**를 사용해 UI 요소를 만들 것이다.

이 과정에서는 다음 주제를 다룬다.

- UMG를 사용해 간단한 UI 미터 만들기
- 플레이어 변수에 UI 값 연결
- 탄약과 제거된 타깃 추적

이 장을 마치면 UMG 에디터를 사용해 체력과 스테미너의 상태를 표시하는 프로그레스바를 만드는 방법과 제거된 타깃과 플레이어의 탄약의 수를 표시하는 방법을 알게 된다.

⁝ UMG를 사용해 간단한 UI 미터 만들기

이 절에서는 UMG 에디터를 사용해 게임에서 사용할 UI 요소를 만드는 방법과 이를 화면에 배치하는 방법을 알아본다.

UMG 에디터는 시각적 UI 저작 도구이다. UMG 에디터를 사용해 메뉴와 **헤드업 디스플레이**^{HUD}를 만들 수 있다. HUD는 사용자가 메인 뷰에서 시선을 돌릴 필요 없이 정보를 제공하는 투명 디스플레이다. 처음에는 군용 항공기를 위해 개발됐다. HUD라는 약어는 게임 화면에 정보를 표시하기 때문에 게임에서 보편화됐다. 플레이어가 현재 가지고 있는 체력과 스테미너의 양을 HUD 위의 미터로 보여주고자 한다. HUD에 나타나는 이러한 미터를 **UI 미터**라 한다.

체력 및 스테미너 UI 미터는 다음과 같다.

그림 7.1 체력 및 스테미너 UI 미터

제거된 타깃의 수 및 플레이어 탄약이 텍스트로 표시된다.

그림 7.2 제거된 타깃 및 탄약 카운터

체력과 스테미너를 위한 UI 미터를 표시하는 HUD를 만들려면 먼저 이러한 값을 추적할 수 있는 플레이어 캐릭터 내 변수를 만들어야 할 것이다. 우리는 또한 제거된 목표물과 플레이어의 탄약을 셀 변수를 만들 것이다.

다음 단계를 따라 변수를 생성한다.

1. 콘텐츠 브라우저에서 콘텐츠 〉 FirstPerson 〉 Blueprints 폴더에 접근하고 BP_FirstPersonCharacter 블루프린트를 더블클릭한다.

2. 블루프린트 에디터의 **내 블루프린트** 패널에서 **변수** 카테고리를 찾는다. ⊕ 버튼을 클릭해서 변수를 추가하고 이름을 PlayerHealth로 지정한 다음 **변수 타입**을 **플로트**로 변경한다.

3. 동일한 단계를 다시 수행해서 PlayerStamina라는 두 번째 **플로트** 변수를 만든다.

4. 그런 다음 세 번째 변수를 생성하지만 이번에는 **변수 타입**으로 **인티저**를 선택하고 이름을 PlayerCurrentAmmo로 지정한다.

5. 마지막으로 두 번째 **인티저** 변수를 만들고 이름을 TargetsEliminated로 지정한다. 변수 목록은 다음과 같다.

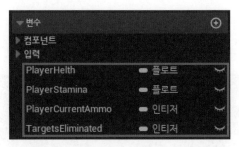

그림 7.3 BP_FirstPersonCharacter의 변수들

6. BP_FirstPersonCharacter 블루프린트를 컴파일한다. **PlayerCurrentAmmo** 변수를 선택하고 **디테일** 패널에서 **기본값**을 30으로 세팅한다.

그림 7.4 변수의 기본값 세팅

7. **PlayerHealth** 및 **PlayerStamina**의 **기본값**을 1.0으로 세팅한다. 이 값은 0.0에서 1.0 사이의 가득 찬 정도를 표시하는 UI 미터와 함께 사용된다. 컴파일할 때 **TargetsEliminated**는 자동으로 0.0으로 세팅됐으며 적절한 값이므로 조정할 필요가 없다.

8. 컴파일, 저장 그리고 블루프린트 에디터를 닫는다.

이번에는 UI 미터를 나타내는 형태를 그리는 방법을 배운다.

위젯 블루프린트로 형태 그리기

UMG 에디터는 **위젯 블루프린트**라는 특수한 타입의 블루프린트를 사용한다. **일인칭** 템플릿에는 기본적으로 UI 요소가 없으므로 GUI 작업을 저장할 새 폴더를 만들어야 한다. 폴더와 위젯 블루프린트를 생성하려면 다음 단계를 따른다.

1. 콘텐츠 브라우저에서 콘텐츠 〉 FirstPerson 폴더에 접근한다. 폴더 목록 옆의 빈 공간을 우클릭하고 **새 폴더** 옵션을 선택한다. 폴더 이름을 UI로 지정한다.

그림 7.5 UI 폴더 생성

2. 방금 만든 **UI** 폴더를 열고 빈 폴더 공간을 우클릭한다. **유저 인터페이스 ➤ 위젯 블루 프린트**를 선택하고 결과 블루프린트의 이름을 HUD로 지정한다.

그림 7.6 위젯 블루프린트 생성

3. 이 블루프린트를 더블클릭해 UMG 에디터를 연다. 이 도구를 사용해서 UI가 화면 에서 어떻게 보일지 정의한다.

4. UMG 에디터에서 **팔레트**라는 패널을 찾는다. 그 안에서 **패널**이라는 카테고리를 연 다. UI 정보를 구성할 수 있는 일련의 컨테이너가 나열된다.

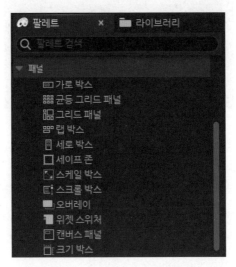

그림 7.7 UMG에디터의 패널 위젯들

5. **캔버스 패널**을 선택하고 **팔레트** 패널에서 **계층구조** 패널로 끌어 최상위 개체 위에 놓는다. **가로 박스**를 선택하고 **팔레트** 패널에서 **계층구조** 패널로 끌어 **캔버스 패널** 개체 위에 놓는다. 캔버스 패널 아래의 가로 박스를 클릭해 선택한다. 에디터 오른쪽에 있는 **디테일** 패널에서 **가로 박스**의 이름을 PlayerStats로 변경한다.

그림 7.8 가로 박스의 이름 변경

6. 이제 **계층구조** 패널의 **캔버스 패널** 개체 아래에 중첩된 **PlayerStats** 가로 박스가 표시돼야 한다. 목표는 세로 박스와 텍스트 그리고 프로그레스 바의 조합을 사용해서 두 개의 이름 붙여진 **PlayerStats** 바를 생성하는 것이다. 세팅은 다음과 같다

그림 7.9 PlayerStats의 계층구조

7. 두 세로 박스에는 체력과 스테미너의 텍스트와 프로그레스 바가 포함된다. **팔레트** 패널 내의 **패널** 카테고리를 다시 본 뒤 **세로 박스** 개체를 **계층구조**의 PlayerStats 가로 박스 위로 끌어놓고 이름을 PlayerStats Texts로 변경한다. 두 개의 세로 박스가 **PlayerStats** 아래에 정렬되도록 이 작업을 한번 더 수행한다. 두 번째 **세로 박스** 개체의 이름을 PlayerStats Bars로 변경한다.

8. 이제 **팔레트** 패널의 **일반** 카테고리 아래에서 UI를 만드는 데 필요한 텍스트 박스 및 프로그레스 바를 찾는다.

9. 그림 7.9와 같이 두 개의 **텍스트** 개체를 PlayerStats Texts로 끌어오고 두 개의 **프로그레스 바** 개체를 PlayerStats Bars로 끌어다 놓는다. HUD에 플레이어 통계를 표시하는 데 사용할 UI 요소를 이미 가졌다. 다음 단계는 화면에서 모양과 위치를 조정하는 것이다.

미터의 외관 커스터마이징

이제 UI 요소를 조정하고 화면에서 구성해야 한다. **그래프** 뷰의 큰 직사각형 윤곽은 플레이어에게 표시되는 화면의 경계를 나타내며 이를 **캔버스**라고 한다. 이것은 **계층구조**의 최상위 수준에 있는 **캔버스 패널** 개체다. 캔버스의 왼쪽 상단 모서리에 위치한 요소는 게임 내 화면의 왼쪽 상단 모서리에 나타난다.

그림 7.10 캔버스 패널

체력 및 스테미너 UI 요소를 세팅하는 다음 단계는 아래와 같다.

1. **계층 구조**에서 **PlayerStats**을 선택하고 중잉의 그래프 패널을 확인한다. 마우스를 사용해 선택한 개체의 크기를 조작할 수 있는 몇 가지 크기 컨트롤이 표시된다. **디테일** 패널에서 **PlayerStats** 가로 박스의 위치와 크기를 세팅할 것이다. **X 위치**를 50.0으로, **Y 위치**를 30.0으로 **X 크기**를 500.0으로, **Y 크기**를 80.0으로 세팅한다.

그림 7.11 PlayerStats의 크기와 위치

2. **계층구조** 패널에서 **PlayerStats Bars** 아래의 첫 번째 프로그레스 바를 선택한다. **디테일** 패널에서 이름을 HealthBar로 변경한다. 그런 다음 **슬롯** 카테고리 아래의 **크기** 토글에서 **채우기** 버튼을 클릭해 바의 세로 높이를 조절한다.

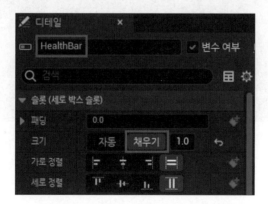

그림 7.12 Health Bar의 크기를 채우기로 세팅

3. **외관** 카테고리 아래의 **컬러 및 오파시티 채우기**를 찾고 색상이 지정된 사각형을 클릭해서 **색 선택 툴**을 열고 빨간색을 선택한다.

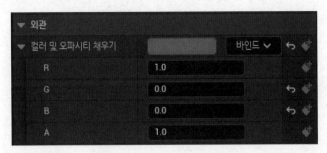

그림 7.13 Healthbar의 색상 세팅

4. 이제 플레이어의 스테미너에 대해 동일한 단계를 반복한다. **계층구조** 패널에서 두 번째 프로그레스 바를 클릭한다. **디테일** 패널에서 이름을 Stamina Bar로 변경하고 **채우기** 버튼을 클릭한다. **컬러 및 오파시티 채우기**에서 녹색을 선택한다.

5. **계층구조** 패널에서 **PlayerStats Bar** 세로 박스를 클릭하고 **디테일** 패널에서 **채우기** 버튼을 클릭해 두 막대의 가로 크기를 조절한다.

6. 미터가 원하는 대로 생겼으므로 이제 텍스트 라벨을 조정한다. **계층구조** 패널의 **PlayerStats Texts** 아래에 있는 첫 번째 텍스트 개체를 클릭한다. **디테일** 패널에서 이름을 Health label로 변경한다.

7. **가로 정렬** 옆에 있는 **오른쪽 가로 정렬** 버튼을 클릭해서 막대에 텍스트를 맞춘다. **콘텐츠** 카테고리 아래의 **텍스트** 필드를 Health로 변경한다. 폰트 크기나 스타일을 변경하려면 **폰트** 드롭 다운 메뉴와 **외관** 카테고리 아래 필드에서 조정할 수 있다.

그림 7.14 Health Label 세팅

8. Stamina label에 대해 동일한 단계를 반복한다. **계층구조** 패널에서 두 번째 텍스트 개체를 클릭한다.

9. **디테일** 패널에서 이름을 Stamina label로 변경하고 **가로 정렬** 옆의 **오른쪽 가로 정렬** 버튼을 클릭한다. **텍스트** 필드를 Stamina로 변경하고 원하는 경우 폰트 크기와 스타일을 조정한다.

   마지막으로 조정해야 할 부분은 UI 미터를 화면의 측면에 고정하는 것이다. 화면 크기와 비율이 다를 수 있으므로 UI 요소가 화면에서 동일한 상대 위치에 유지되도록 한다. **앵커**는 화면 크기에 관계없이 캔버스에서 위젯의 위치를 정의하는 데 사용된다.

10. 미터에 대한 앵커를 세팅하려면 **PlayerStats** 최상위 개체를 선택하고 **디테일** 패널에서 **앵커** 드롭다운을 클릭한다. 화면의 왼쪽 상단 모서리에 회색 사각형을 표시하는 첫 번째 옵션을 선택한다.

그림 7.15 PlayerStats의 앵커 세팅

이렇게 하면 미터가 왼쪽 상단 모서리에 고정돼 해상도나 비율에 관계없이 항상 해당 모서리에 표시된다.

지금은 **프로그레스** 카테고리에서 **퍼센트** 속성을 변경해서 프로그레스 바를 실험할 수 있다. **퍼센트** 값의 범위는 0.0(비어있음)에서 1.0(가득 true)이다.

그림 7.16 퍼센트는 프로그레스 바의 채우는 위치를 결정한다

다음 스크린샷은 **퍼센트**가 1.0으로 세팅된 프로그레스 바를 보여준다.

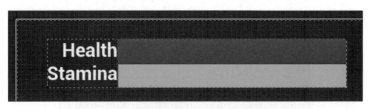

그림 7.17 프로그레스 바의 최종 외관

이것으로 체력 및 스테미너 UI 요소의 커스터마이징이 완료됐다. 다음 단계는 탄약과 타깃 제거 카운터를 표시하는 UI 텍스트 요소를 만드는 것이다.

탄약과 타깃 제거 카운트 만들기

탄약과 타깃 제거 카운터 표시는 연속적인 미터가 아닌 텍스트를 통해 값을 표시하려는 점을 제외하고는 플레이어 통계 미터와 유사한 방식으로 작동한다. 새 UI 요소의 계층 구조는 다음과 같다.

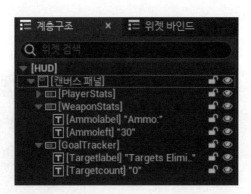

그림 7.18 WeaponStats과 Goal Tracker의 계층구조

PlayerStats가 최소화돼 WeaponStats 및 GoalTracker 요소에 집중할 수 있다.

이러한 UI 요소를 만들기 위해 다음 단계를 따른다.

1. **가로 박스**를 선택하고 **팔레트** 패널에서 **계층구조** 패널로 끌어 **캔버스 패널** 개체 위에 놓는다. **디테일** 패널에서 **가로 박스**의 이름을 WeaponStats로 변경한다.

2. **WeaponStats** 가로 박스를 화면의 오른쪽 상단 모서리에 배치한다. **디테일** 패널에서 **앵커** 드롭다운을 클릭하고 세 번째 옵션을 선택한다. **X 위치**를 −200.0으로 **Y 위치**를 30.0으로 **X 크기**를 160.0으로 **Y 크기**를 40.0으로 세팅한다.

그림 7.19 WeaponStats의 크기와 위치

3. **텍스트** 개체를 **WeaponStats**로 드래그한다. **디테일** 패널에서 이름을 Ammo label로 변경한다. **콘텐츠** 카테고리 아래에 있는 **텍스트** 필드를 Ammo:^(콜론을 포함해서)로 변경한다.

4. 다른 **텍스트** 개체를 **WeaponStats**로 드래그한다. **디테일** 패널에서 이름을 Ammo left로 변경한다. 이 요소의 값은 탄약이 사용됨에 따라 변경되지만 UMG 에디터에서 시각화할 기본값을 지정할 수 있다. 플레이어 블루프린트의 탄약 변수 기본값을 30으로 세팅했으므로 계속해서 **Ammo left**의 **텍스트** 값도 30으로 변경한다.

5. **계층구조** 패널에서 **WeaponStats**를 선택한다. 꽃처럼 보이는 아이콘은 캔버스 패널에서 선택한 요소의 앵커 위치를 나타내는 **앵커 메달**이다.

그림 7.20 WeaponStats의 앵커 메달

6. GoalTracker에 이 단계를 반복한다. **가로 박스**를 선택하고 **팔레트** 패널에서 **계층구조 패널**로 끌어 **캔버스 패널** 개체 위에 놓는다. **디테일** 패널에서 **가로 박스**의 이름을 Goal Tracker로 변경한다.

7. **GoalTracker** 가로 박스를 화면 상단 중앙에 배치한다. **디테일** 패널에서 **앵커 드롭다운**을 클릭하고 두 번째 옵션을 선택한다. **X 위치**를 −100.0으로 **Y 위치**를 50.0으로 세팅한다. **콘텐츠 크기에 맞춤** 속성을 체크하면 **X 크기**와 **Y 크기**를 세팅할 필요가 없게 된다. 가로 박스의 크기는 자식 요소의 크기에 따라 자동으로 조정된다.

그림 7.21 GoalTracker는 콘텐츠 크기에 맞춤 속성을 사용한다

8. **텍스트** 개체를 **GoalTracker**로 드래그한다. **디테일** 패널에서 이름을 Targets label 로 변경한다. **콘텐츠** 카테고리 아래의 **텍스트** 필드를 Target Eliminated:^(콜론 포함)으 로 변경한다.

9. **GoalTracker**의 **텍스트** 개체가 사용하는 폰트 크기를 화면에서 눈에 띄게 증가시킨 다. **외관** 카테고리에서 **폰트** 크기를 32로 변경한다.

그림 7.22 폰트 크기 변경

10. 다른 **텍스트** 개체를 **GoalTracker**로 드래그한다. **디테일** 패널에서 이름을 Target count로 변경한다. **콘텐츠** 카테고리 아래의 **텍스트** 필드를 0으로 변경하고 **폰트** 크 기를 32로 세팅한다. **GoalTracker**는 다음과 같이 표시된다.

그림 7.23 상단 중앙에 고정된 GoalTracker

11. 컴파일, 세이브 그리고 **HUD** 위젯 블루프린트를 닫는다.

UI 요소가 원하는 방식으로 정렬되면 이제 게임이 실제로 HUD를 출력하는 방법을 알 아야 한다. 이렇게 하기 위해 캐릭터 블루프린트를 다시 방문한다.

HUD 출력

게임에서 HUD를 표시하려면 다음 단계를 따른다.

1. 콘텐츠 브라우저에서 콘텐츠 〉 FirstPerson 〉 Blueprints 폴더에 접근하고 BP_
   FirstPersonCharacter 블루프린트를 더블클릭한다.

2. **BeginPlay 이벤트**를 배치한다. 이벤트그래프 내의 빈 공간을 우클릭하고 Begin
   Play를 검색해 BeginPlay 이벤트를 배치한다.

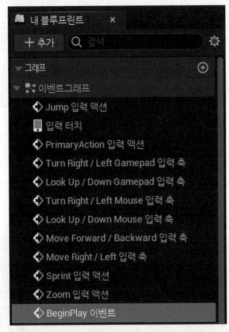

그림 7.24 BP_FirstPersonCharacter의 이벤트들

3. 이벤트그래프에서 이벤트를 찾는 쉬운 방법이 있다. **내 블루프린트** 패널의 **그래프**
   카테고리를 찾아 **BeginPlay 이벤트**를 더블클릭한다. 에디터는 **BeginPlay 이벤트**가
   이미 배치된 이벤트그래프의 위치로 이동한다.

대부분의 경우 **BeginPlay 이벤트**는 게임이 시작되는 즉시 후속 작업을 호출한다. 만약 게임 시작 시 블루프린트 인스턴스가 없으면 대신 인스턴스가 생성되자마자 트리거 된다. BP_First PErsonCharacter 플레이어 인스턴스는 게임이 시작되자마자 나타나므로 이 이벤트에 출력 로직을 연결하면 즉시 HUD가 생성된다.

4. **BeginPlay 이벤트**의 출력 실행 핀에서 **위젯 생성** 노드를 추가한다. 노드 안에서 **Class**라는 드롭다운 메뉴를 볼 수 있다. 이것은 우리가 만든 위젯 블루프린트를 사용할 기회다. 위젯 블루프린트를 **HUD**라고 이름 지었다는 것을 기억한다. 드롭다운 메뉴를 클릭하면 **HUD**옵션을 볼 수 있다. 플레이어 캐릭터 블루프린트가 만든 UI 요소를 생성하도록 하기 위해 HUD를 선택한다. 다음 스크린샷은 우리의 HUD 위젯 블루프린트와 연결된 **HUD 위젯 생성** 노드를 보여준다.

그림 7.25 HUD 위젯 블루프린트 기반 인스턴스 생성

5. 이제 게임이 시작될 때 생성된 위젯이 있지만 UI 요소가 포함된 위젯이 화면에 나타나도록 하려면 마지막 단계가 필요하다. **Return Value** 출력 핀을 빈 그리드 공간으로 끌어 **Add to Viewport** 노드를 추가한다.

6. 세 개의 노드 주위에 코멘트를 작성한다. 라벨에 화면에 HUD 그리기라고 코멘트를 지정한다. 노드는 다음과 같이 나타나야 한다.

그림 7.26 Add to Viewport node는 화면에 위젯 블루프린트를 보여준다.

7. 이제 컴파일, 저장하고 **플레이**를 클릭해 게임을 테스트한다.

UMG 에디터에서 텍스트 요소와 프로그레스 바를 만드는 방법을 배웠다. 또한 가로 및 세로 박스와 같은 컨테이너를 사용해서 화면의 UI 요소를 구조화하는 방법도 배웠다.

게임을 플레이할 때 플레이어의 체력과 스테미너를 나타내는 2개의 미터와 탄약 및 제거한 타깃에 대한 숫자 카운터가 표시돼야 한다. 그러나 총을 쏘면서 한 가지 매우 중요한 문제를 발견할 수 있다. UI값이 변경되지 않는다! 다음 절에서 이 누락된 구성 요소를 다룬다.

⠿ UI 값을 플레이어 변수에 연결

UI 요소가 플레이어 변수에서 데이터를 가져올 수 있도록 하려면 HUD 위젯 블루프린트를 다시 방문해야 한다. UI가 플레이어 데이터로 업데이트되도록 하기 위해 바인딩을 생성한다. **바인딩**은 블루프린트의 변수나 함수를 위젯에 묶는 기능을 제공한다. 변수나 함수가 업데이트될 때마다 해당 변경 사항이 위젯에 자동으로 반영된다.

따라서 플레이어가 피해를 입을 때마다 플레이어의 체력 스텟과 위젯을 수동으로 업데이트하는 대신(체력 미터의 출력이 변경되도록), PlayerHealth 플레이어 변수에 바인딩할 수 있다. 그런 다음에는 하나의 값만 업데이트하면 된다.

체력과 스테미너에 대한 바인딩 만들기

프로그레스 바의 UI를 사용해서 PlayerHealth 및 PlayerStamina 변수의 바인딩을 만들려면 다음 단계를 따른다.

1. 콘텐츠 브라우저에서 콘텐츠 > FirstPerson > UI 폴더에 접근하고 **HUD** 위젯 블루프린트를 더블클릭한다.

2. **HUD** UMG 에디터에서 **계층구조** 패널을 찾아 **PlayerStats Bars** 오브젝트 아래 중첩된 **Health Bar** 오브젝트를 클릭한다.

3. 이제 **Health Bar**가 선택된 상태에서 **디테일** 패널의 **프로그레스** 카테고리에서 **퍼센트** 필드를 찾는다. 다음 스크린샷과 같이 **퍼센트** 옆에 있는 **바인드** 버튼을 클릭하고 **바인딩 생성**을 선택한다.

그림 7.27 Health Bar에 대한 바인딩 생성

4. UMG 에디터가 **디자이너** 뷰에서 **그래프** 뷰로 전환된다. 새로운 함수가 생성돼 미터와 PlayerHealth 변수 간의 연결을 스크립트로 작성할 수 있다. 빈 그래프 공간을 우클릭하고 **Get Player Character** 노드를 추가한다.

5. 새 노드의 **Return Value** 출력 핀에서 와이어를 빈 공간으로 끌고 **BP_FirstPerson Character**에 **형변환** 노드를 추가한다.

6. **Get Health Bar Percent 0**과 **반환 노드** 사이의 실행 핀 연결을 끊고 대신 다음과 같이 **Get Health Bar Percent 0**을 형변환 노드에 연결한다.

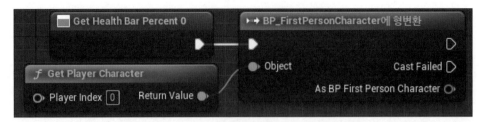

그림 7.28 FirstPersonCharacter 인스턴스의 레퍼런스 가져오기

7. 다음으로 **As BP First Person Character** 출력 핀에서 빈 그리드 공간으로 와이어를 끌고 **Get Player Health** 노드를 추가한다. 마지막으로 다음 스크린샷과 같이 **BP_CirstPersonCharacter**에 형변환 노드의 실행 핀을 **반환 노드**에 연결한다.

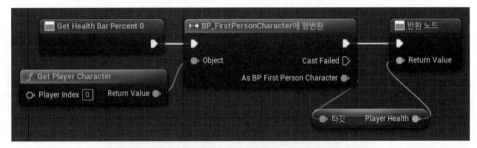

그림 7.29 Player Health 변수의 값을 Health Bar의 퍼센트에 사용

8. 이것이 **Player Health**를 **Health Bar** UI에 연결하기 위해 해야 할 전부다. 플레이어 의 스테미너에 대해서도 동일한 작업을 수행해야 한다. **디자이너**라고 표시된 화면 의 오른쪽 상단에 있는 버튼을 클릭해 **캔버스** 뷰로 돌아간다.

그림 7.30 UMG 에디터 모드를 변경하는 버튼

9. **계층구조** 패널에서 **Stamina Bar**를 선택한다. 이전에 **Health Bar**에 대해 설명했던 단계를 수행해서 **Player Stamina** 변수를 미터에 연결하는 바인딩을 만든다.

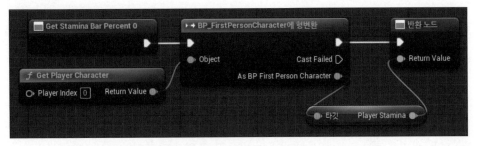

그림 7.31 Player Stamina 변수의 값을 Stamina Bar의 퍼센트에 사용

10. 컴파일 그리고 작업물을 저장한다.

다음 단계는 탄약과 골 카운터에 대해 바인딩을 연결하는 것이다.

탄약 및 타깃 제거 카운터에 대한 텍스트 바인딩 만들기

탄약 및 타깃 제거 카운터는 HUD에 텍스트로 표시된다. 다음 단계에 따라 카운터를 바인딩한다.

1. **디자이너** 버튼을 클릭해 캔버스 인터페이스로 다시 돌아간다. 이번에는 **계층구조**의 **WeaponStats** 아래에서 찾을 수 있는 **Ammo left** 텍스트를 선택한다.

2. **디테일** 패널에서 **텍스트** 필드 옆에 있는 **바인드** 버튼을 찾아 다음과 같이 새 바인드를 만든다.

그림 7.32 Ammo left의 바인딩 생성

3. 우리는 체력과 스테미너에 대해 했던 것과 동일한 패턴을 이 바인딩에 따라 할 것이다. **Get Ammoleft Text 0** 그래프 뷰가 나타나면 **Get Player Character** 노드를 만

들고 BP_FirstPersonCharacter 노드를 사용해서 형변환 한 다음 As BP First Person Character 핀에서 끌어 Get Player Current Ammo 노드를 추가한다.

4. 마지막으로 형변환 노드와 Player Current Ammo 노드를 모두 **반환 노드**에 연결한다. Player Current Ammon 출력 핀을 **반환 노드**의 입력 핀에 연결하면 새로운 ToText(Integer) 노드가 자동으로 생성되고 연결된다. 이는 언리얼 엔진이 숫자 값을 화면에 텍스트로 표시하려면 먼저 숫자를 위젯이 출력하는 방법을 알고 있는 텍스트 타입으로 변환해야 한다는 것을 알고 있기 때문이다. 변환 노드는 이미 연결돼 있으므로 더 이상 수정할 필요가 없다. 다음 스크린샷은 바인딩에 사용되는 노드를 보여준다.

그림 7.33 Player Current Ammo 변수의 값을 Ammo left의 텍스트에 사용

5. 생성할 최종 바인딩은 target count를 위한 것이다. **디자이너** 뷰로 돌아가서 **Goal Tracker** 아래의 **계층구조**에 있는 **Target Count** 개체를 선택한다. **디테일** 패널의 **텍스트** 필드 옆에 있는 **바인드** 버튼을 클릭한다. 이전 단계에서처럼 플레이어 캐릭터를 잡아서 **BP_FirstPersonCharacter에 형변환** 노드로 형변환하고 **Target Eliminated** 변수를 형변환 및 반환 노드에 연결하는 블루프린트 노드를 만든다. 탄약 수와 마찬가지로 변환을 위한 **ToText(Integer)** 노드가 자동으로 생성돼 연결된다. 결과는 다음과 같아야 한다.

그림 7.34 Target Eliminated 변수의 값을 TargetCount의 텍스트에 사용

이제 모든 UI 요소를 플레이어 변수에 성공적으로 바인딩했다. 이제 작업을 컴파일하고 저장하기 좋은 시간이다. 바인딩으로 인해 UI는 이제 게임 내에서 발생하는 이벤트에 응답하는 작업을 수 행한다. 그러나 연결한 변수의 변경을 트리거할 이벤트를 생성해야 한다. 다음 절에서는 플레이어가 플레이하는 동안 수행하는 작업을 기반으로 플레이어 변수를 수정한다.

탄약 및 타깃 제거 추적

UI가 환경과 상호 작용하는 플레이어에 응답하도록 하려면 플레이어와 타깃 블루프린트를 수정해야 한다. 플레이어가 총을 발사할 때 감소하는 탄약 카운터부터 시작한다.

탄약 카운터 감소

플레이어가 총을 발사할 때 탄약 카운터가 감소하도록 플레이어 발사 로직을 수정해야 한다. 다음 단계를 따른다.

1. 콘텐츠 브라우저에서 콘텐츠 〉 FirstPerson 〉 Blueprints 폴더에 접근하고 BP_Weapon_Component 블루프린트를 더블클릭한다.

2. **Projectile Spawn Logic** 코멘트 블록에 포함된 큰 일련의 노드들을 찾는다. 플레이어가 총을 쏠 때마다 플레이어의 현재 탄약 수를 추적하는 카운터가 하나씩 줄어들도록 하고 싶다. 이를 위해 필요한 블루프린트 스크립팅은 다음과 같다.

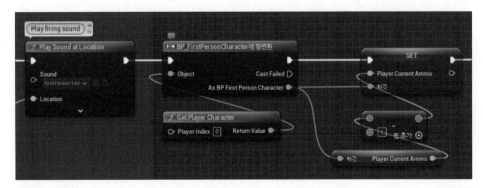

그림 7.35 Player Current Ammo 감소

3. Projectile Spawn Logic 코멘트 블록의 마지막 노드인 **Play Sound at Location**을 찾는다. Play Sound at Location 노드와 Montage Play 노드 사이의 연결을 끊는 다. Play Sound at Location 노드 출력 실행 핀에서 와이어를 끌어 빈 그리드 공 간에 놓고 BP_FirstPersonCharacter에 형변환 노드를 추가한다. BP_FirstPerson Character에 형변환 노드의 Object 입력 핀을 빈 그리드 공간으로 끌어 Get Player Character 노드를 추가한다. BP_FirstPersonCharacter에 형변환 노드의 출력 실행 핀을 빈 그리드 공간으로 끌어 Set Player Current Ammo 노드를 추가 한다. BP_FirstPersonCharacter에 형변환 노드의 As BP First Person Character 출력 핀을 끌어 **Set Player Current Ammo** 노드의 타깃 입력 핀에 연결한다.

4. **Player Current Ammon** 입력 핀에서 와이어를 빈 공간으로 끌어서 **빼기** 노드를 만 든다.

5. **빼기** 노드의 상단 입력 핀에서 와이어를 끌어 **Get Player Current Ammo** 노드를 추 가한다. BP_FirstPersonCharacter에 형변환 노드의 As BP First Person Character 출력 핀을 끌어 Get Player Current Ammo 노드의 타깃 입력 핀에 연 결한다.

6. **빼기** 노드의 맨 아래 필드에 값 1을 입력한다. 이 시퀀스는 다음과 같이 해석된다. 발사음을 재생한 후 플레이어의 현재 탄약 수를 기존 탄약 수에서 1을 뺀 값으로 세팅한다.

7. 총에서 발사할 때마다 탄약 카운터가 감소하는 것을 보려면 컴파일, 저장 및 **플레 이**를 누른다. 탄약이 떨어졌을 때 플레이어가 총을 쏘는 것을 막지는 않으며 탄약 카운터는 계속 음수를 등록한다. 8장, '제약 조건 및 게임플레이 목표 생성'에서 수 정할 것이다.

> **NOTE**
>
> SET Player Current Ammon 노드와 이전 스크린샷의 빼기 노드는 입력 변수에서 1을 빼서 새 값을 세팅하는 Decrement Int 노드로 대체할 수 있다. 입력 변수에 1을 추가하는 Increment Int 노드도 있다.

타깃 제거 카운터 증가

이제 타깃 실린더가 파괴될 때마다 타깃 제거 카운터를 1씩 증가시키기를 원한다. 단계는 다음과 같다.

1. 콘텐츠 브라우저에서 콘텐츠 〉 FirstPerson 〉 Blueprints 폴더에 접근하고 BP_CylinderTarget 블루프린트를 더블클릭한다.

2. **히트 이벤트**의 끝 부분 **DestoryActor**를 제외한 모든 노드 다음에 새로운 노드들을 추가할 것이다. **DestoryActor** 노드 다음에 **대상**이 **Self**인 다른 노드가 있으면 안 된다. DestoryActor 노드는 현재 인스턴스를 레벨에서 제거하기 때문이다.

3. **Spawn Emitter at Location**과 **DestroyActor** 노드 사이의 링크를 끊은 다음, 새 블루프린트 노드들을 위한 공간을 확보하기 위해 **DestroyActor** 노드를 오른쪽으로 이동시킨다.

4. 목표는 액터를 파괴하기 전에 플레이어 캐릭터에서 **Targets Eliminated** 변수에 접근해서 이를 하나씩 증가시키는 일련의 노드를 만드는 것이다. 결과는 다음과 같다.

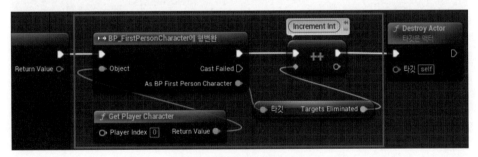

그림 7.36 Targets Eliminated 증가

5. 빈 그래프 공간에 우클릭하고 **Get Player Character** 노드를 추가한다.

6. **Get Player Character** 노드의 **Return Value** 출력 핀에서 와이어를 끌어서 **BP_FirstPersonCharacter에 형변환** 노드를 추가한다.

7. BP_FirstPersonCharacter에 **형변환** 노드에서 와이어를 끌어 **Get Targets Eliminated** 노드를 추가한다.

8. **Targets Eliminated**의 출력에서 와이어를 끌어 **Increment Int** 노드를 추가하면 **Targets Eliminated** 변수에 1이 추가된다.

9. 마지막으로 BP_FirstPersonCharacter에 **형변환**과 **Increment Int**와 **DestroyActor** 노드들의 실행 핀을 연결하고 **DestroyActor**가 체인의 마지막 노드인지 확인한다.

10. 컴파일, 저장 그리고 게임을 플레이해서 화면의 **타깃 제거** 카운터가 실린더 타깃을 제거할 때마다 증가하는지 확인한다.

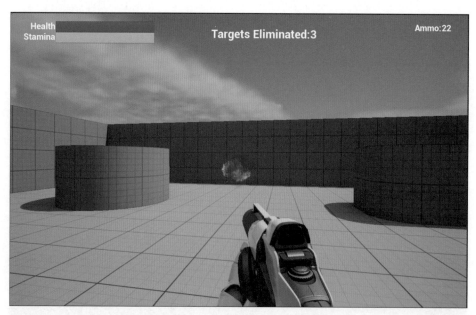

그림 7.37 실린더 타깃을 파괴해서 타깃 제거 카운터 증가

이제 탄약과 타깃 제거 카운터는 게임 내에서 발생하는 이벤트에 의해 수정되고 업데이트된 값은 HUD에 즉시 표시된다. 체력 및 스테미너 미터를 수정하는 스크립트는 다음 장에서 구현된다.

요약

이 장에서는 환경과 플레이어의 상호 작용을 추적하는 HUD를 추가해서 플레이어 경험을 향상했다. 그렇게 함으로써 우리는 게임플레이어에게 정보를 전달할 수 있는 또 다른 통로를 개발했다. 이제 발사할 수 있는 총, 폭발하는 표적, 플레이어에게 월드의 상태를 노출시키는 UI를 포함해서 일인칭 슈팅 게임의 골격 구조를 갖게 됐다. 플레이어 상호작용을 최소화했던 초기 테스트 장면에서 이미 먼 길을 왔다.

다음 장에서는 게임 구조의 기초를 구축하는 것에서 게임 디자인을 구성하는 것으로의 전환을 시작할 것이다. 모든 게임의 핵심은 재미있는 경험을 만들기 위해 플레이어가 따라야 하는 규칙들로 구성된다. 이 게임은 현재 형태에서 목표물이 총에 맞을 때 어떻게 반응하는지를 정의하는 몇 가지 기본 규칙을 가지고 있지만, 전반적인 경험에는 플레이어가 달성해야 할 목표가 없다. 우리는 플레이어의 승리 조건을 세팅하고 경험을 전체적으로 일관되게 만드는 추가 제약 조건을 제공함으로써 이를 바로잡을 것이다.

퀴즈

1. UI를 만드는 데 사용되는 특수 타입의 블루프린트 이름은 무엇인가?

    a. UMG 블루프린트

    b. 위젯 블루프린트

2. 퍼센트 속성은 프로그레스 바의 채우기 위치를 결정한다.

    a. True

    b. False

3. 캔버스에서 요소의 X 및 Y 위치 값은 항상 화면의 왼쪽 상단 모서리를 기준으로 한다.

    a. True

    b. False

4. 위젯의 속성을 함수에 바인딩해서 변수의 업데이트된 값을 찾아올 수 있다.

   a. True

   b. False

5. 위젯 블루프린트의 인스턴스를 만들어 화면에 표시하려면 위젯 생성 및 Add to Viewport 노드를 사용해야 한다.

   a. True

   b. False

08

제약 조건 및 게임플레이 목표 생성

이 장에서는 게임플레이 경험을 통해 플레이어를 안내할 게임의 규칙 집합을 정의한다. 플레이어가 게임을 시작하고 게임에서 승리하기 위해 무엇을 해야 하는지 즉시 식별할 수 있는 기능을 제공하고자 한다. 가장 기본적인 형태의 게임은 승리 조건과 플레이어가 승리 조건에 도달하기 위해 취할 수 있는 단계로 정의할 수 있다. 이상적으로는 플레이어가 목표를 향해 나아가는 각 단계가 재미있도록 하고 싶다.

플레이어에게 몇 가지 제약 조건을 적용해서 난이도를 높이는 것으로 시작하겠다. 도전이 없는 게임은 금방 지루해진다. 게임의 모든 메커니즘이 플레이어에게 흥미로운 선택이나 도전을 제공하도록 하고 싶다. 그런 다음 플레이어가 달성할 목표를 세팅하고 목표를 달성하기 어렵게 만들기 위해 적 타깃에 필요한 조정을 한다.

이 과정에서 다음을 수행할 것이다.

- 플레이어가 질주하는 동안 스테미너를 감소시키고 플레이어가 질주하지 않을 때 스태미너를 재생
- 탄약이 떨어지면 플레이어의 총이 발사되는 것을 방지
- 플레이어가 탄약을 회복할 수 있도록 탄약 픽업 생성
- 타깃 제거 숫자를 기준으로 승리 조건을 정의
- 플레이어가 승리 시 게임을 다시 하거나 종료할 수 있는 메뉴 생성

이 장이 끝날 무렵 게임플레이를 더 흥미롭게 만드는 제약과 목표가 있는 게임을 갖게 될 것이다. 수집 가능한 개체를 만드는 방법과 메뉴 시스템을 만드는 방법을 배운다.

⠿ 플레이어 액션 제한

플레이어를 위한 향상된 기능을 추가할 때 고려해야 할 한 가지 중요한 사항은 도전과 게임 경험의 느낌 양쪽에 미치는 영향이다. 6장에서 Shift키를 누른 상태로 질주할 수 있는 기능을 추가했음을 기억한다. 현재 상태로는 이동 중에 Shift키를 누르고 있으면 플레이어가 이동할 수 있는 속도가 상당히 빨라진다. 사용 사이의 강제 대기 시간과 같은 능력에 대한 제약이 없다면 플레이어가 이동할 때 항상 Shift키를 누르고 있는 것을 단념 시킬 수 없다.

이는 질주 기능을 추가해서 달성하고자 한 플레이어에게 더 많은 옵션을 제공하는 목표와 배치된다. 만약 어떤 옵션이 너무 매력적이어서 플레이어가 항상 그것을 이용해야 한다고 느낀다면 그것은 플레이어가 이용할 수 있는 흥미로운 선택의 수를 증가시키지 않는다. 플레이어의 관점에서는 플레이어의 기본 속도를 질주 속도로 늘리는 것과 같은 결과일 것이다.

플레이어의 어빌리티를 제한하는 제약 조건을 추가해서 의사 결정을 증가시킴으로써 이 문제와 현재 게임 프로토타입이 직면하고 있는 다른 문제들을 바로잡을 수 있다.

스테미너 소모 및 재생

플레이어의 질주 능력에 제약을 추가하려면 원래 능력을 정의한 플레이어 캐릭터 블루 프린트로 돌아가야 한다. 플레이어가 질주 중인지 여부 및 질주 비용 및 스테미너 재충 전 속도를 추적하는 몇 가지 변수를 만들어야 한다. 플레이어가 질주하는 동안 일정한 속도로 체력을 소모하고 질주하지 않을 때 체력을 재충전하는 커스텀 이벤트를 만들 것 이다. 또한 스크립트를 구성하기 위해 다른 변수와 매크로를 생성한다.

생성할 변수는 다음과 같다.

그림 8.1 스테미너 시스템에서 사용되는 변수들

다음은 스테미너 시스템을 구성하기 위해 생성할 매크로다.

그림 8.2 스테미너 시스템에서 사용되는 매크로들

변수 생성

새로운 스태미너 시스템에 필요한 변수를 생성하려면 다음 단계를 따른다.

1. **콘텐츠 브라우저**에서 콘텐츠 〉 FirstPerson 〉 Blueprints 폴더에 접근해서 BP_First
PersonCharacter 블루프린트를 더블클릭한다.

2. **내 블루프린트** 패널의 **변수** 카테고리에서 ⊕ 버튼을 클릭해서 변수를 추가한다. **디
테일** 패널에서 변수 이름을 IsSprinting으로 지정하고 **변수 타입**을 **부울**로 변경
한다.

그림 8.3 IsSprinting 부울 변수

3. **내 블루프린트** 패널에서 다른 변수를 생성한다. **디테일** 패널에서 변수 이름을
StaminaManagerName으로 지정하고 **변수 타입**을 **스트링**으로 변경한다. 블루프
린트를 컴파일하고 **기본값**을 ManageStamina로 세팅한다. 이 변수는 스태미너 커
스텀 이벤트의 이름을 저장하며 타이머를 시작 및 중지할 때 사용한다. 이름이 수
동으로 입력된 경우 발생할 수 있는 철자 오류로 인한 버그를 피하기 위해 이 변수
를 만들었다.

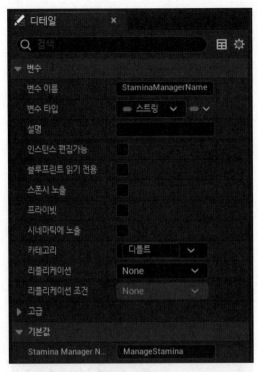

그림 8.4 StaminaManagerName 스트링 변수

4. 이제 **플로트** 변수를 만들 것이다. **내 블루프린트** 패널의 **변수** 카테고리에서 ⊕ 버튼을 클릭해서 변수를 추가한다. **디테일** 패널에서 변수의 이름을 SprintCost로 지정하고 **변수 타입**을 **플로트**로 변경한다. 블루프린트를 컴파일하고 **기본값**을 0.05로 세팅한다.

그림 8.5 SprintCost 플로트 변수

5. 같은 단계를 다시 수행해서 StaminaRechargeRate라는 두 번째 **플로트** 변수를 만든다. 블루프린트를 컴파일하고 **기본값**을 0.01로 세팅한다.

6. StaminaDrainAndRechargeTime이라는 또 다른 **플로트** 변수를 생성한다. 블루프린트를 컴파일하고 **기본값**을 0.2로 세팅한다.

7. SprintSpeed라는 또 다른 **플로트** 변수를 생성한다. 블루프린트를 컴파일하고 **기본값**을 2200으로 세팅한다.

8. WalkSpeed라는 또 다른 **플로트** 변수를 생성한다. 블루프린트를 컴파일하고 **기본값**을 600으로 세팅한다. SprintSpeed 및 WalkSpeed 변수를 생성해서 이러한 값이 사용되는 다양한 위치에 대한 스크립트를 찾는 대신 한 곳에서 속도 값을 수정할 수 있다.

StopSprinting 매크로 만들기

이제 첫 번째 매크로를 만들겠다. 가장 간단한 매크로부터 시작한다. StopSprinting 매크로를 만드는 단계는 다음과 같다.

1. **내 블루프린트** 패널에서 **매크로** 카테고리의 ⊕ 버튼을 클릭해서 매크로를 생성한다. 매크로 이름을 StopSprinting으로 변경한다.

그림 8.6 매크로 생성

2. 기본적으로 매크로에는 실행 핀이 없다. 그것들을 파라미터로 추가해야 한다. 매크로의 **디테일** 패널을 사용해서 **실행** 타입의 In이라는 입력 파라미터와 **실행** 타입의 Out이라는 출력 파라미터를 생성한다.

그림 8.7 매크로에 실행 핀 추가

3. **StopSprinting** 매크로용으로 생성된 탭에서 다음 스크린샷에 표시된 노드를 추가한다. **IsSprinting**을 false로 세팅하고 **MaxWalkSpeed**를 **WalkSpeed** 변수에 저장된 값으로 되돌리기만 하면 된다.

그림 8.8 StopSprinting 매크로

4. **입력** 노드의 In 핀에서 와이어를 끌어 **Set Is Sprinting** 노드를 추가한다. **Is Sprinting** 입력 파라미터를 체크되지 않은 상태로 둔다.

5. **컴포넌트** 패널에서 **캐릭터 무브먼트** 컴포넌트를 클릭하고 **이벤트그래프**로 끌어 놓는다.

그림 8.9 캐릭터 무브먼트 컴포넌트를 이벤트그래프로 끌어 놓는다.

6. **캐릭터 무브먼트** 노드의 출력 핀에서 와이어를 끌어 **SET Max Walk Speed** 노드를 추가한다.

7. **SET Max Walk Speed** 노드의 입력 핀에서 와이어를 끌어 **GET Walk Speed** 노드를 추가한다.

8. **SET Is Sprinting**, **SET Max Walk Speed** 및 **출력** 노드의 흰색 실행 핀을 연결한다. 블루프린트를 컴파일한다.

StartSprinting 매크로 생성

StartSprinting 매크로에는 질주를 세팅하는 액션이 포함돼 있다. 매크로를 만들려면 다음 단계를 따른다.

1. **내 블루프린트** 패널에서 **매크로** 카테고리의 ⊕ 버튼을 클릭한다. 매크로 이름을 StartSprinting으로 변경한다.

2. 매크로의 **디테일** 패널에서 그림 8.7과 같이 **실행** 타입의 In이라는 입력 파라미터와 **실행** 타입의 Out이라는 출력 파라미터를 만든다.

3. **StartSprinting** 매크로용으로 만들어진 탭에서 다음 스크린샷에 표시된 노드들을 추가한다. **StartSprinting** 매크로의 전반부는 적절한 값만 제외하면 **StopSprinting** 과 거의 동일하다. Branch 노드는 이미 **StaminaManager** 타이머가 작동 중인지 확인한다. 타이머 있으면 매크로가 완료되고 종료할 수 있다. 타이머가 아직 존재하지 않으면 다음과 같이 세팅한다.

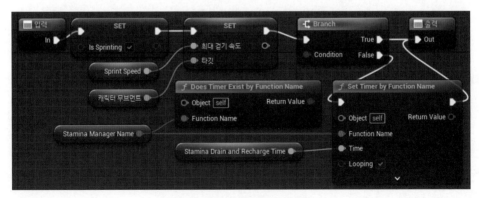

그림 8.10 StartSprinting 매크로

4. **입력** 노드의 In 핀에서 와이어를 끌어 **SET Is Sprinting** 노드를 추가한다. **Is Sprinting** 입력 파라미터를 체크한다.

5. **컴포넌트** 패널에서 **캐릭터 무브먼트** 컴포넌트를 클릭하고 **이벤트그래프**로 드래그한다.

6. **캐릭터 무브먼트** 노드의 출력 핀에서 와이어를 끌어 **SET Max Walk Speed** 노드를 추가한다.

7. **SET Max Walk Speed** 노드의 입력 핀에서 와이어를 끌어 **GET Sprint Speed** 노드를 추가한다.

8. **SET Is Sprinting** 및 **SET Max Walk Speed** 노드의 흰색 실행 핀을 연결한다.

9. **SET Max Walk Speed** 노드의 흰색 출력 핀에서 와이어를 끌어 **Branch** 노드를 추가한다.

10. **Branch** 노드의 **True** 출력 핀에서 와이어를 끌어서 **출력** 노드의 **Out** 핀에 연결한다.

11. **Branch** 노드의 **Condition** 입력 핀에서 와이어를 끌어서 **Does Timer Exist by Function Name** 노드를 추가한다.

12. **Does Timer Exist by Function Name** 노드의 **Function Name** 핀에서 와이어를 끌어 **GET Stamina Manager Name** 노드를 추가한다.

13. **Branch** 노드의 **False** 출력 핀에서 와이어를 끌어서 **Set Timer by Function Name** 노드를 추가한다. **Set Timer by Function Name** 노드의 흰색 출력 핀을 **출력** 노드의 **Out** 핀에 연결한다.

14. **GET Stamina Manager Name**에서 와이어를 끌어 **Set Timer by Function Name** 노드의 **Function Name** 핀에 연결한다.

15. **Set Timer by Function Name** 노드의 **Time** 핀에서 와이어를 끌어 **GET Stamina Drain and Recharge Time** 노드를 추가한다.

16. **Set Timer by Function Name** 노드의 **Looping** 입력 파라미터를 체크한다. **Stamina Drain and Recharge Time** 변수의 값이 0.2이므로 이 타이머는 기능/이벤트를 초당 5회 호출한다. 블루프린트를 컴파일한다.

ManageStaminaDrain 매크로 생성

ManageStaminaDrain 매크로는 **플레이어의 스테미너를** 소모하고 질주를 중지하는 조건을 확인한다.

매크로를 만드는 단계는 다음과 같다.

1. **내 블루프린트** 패널에서 **매크로** 카테고리의 ⊕ 버튼을 클릭해서 다른 매크로를 생성한다. 매크로 이름을 ManageStaminaDrain으로 변경한다.

2. 매크로의 **디테일** 패널에서 그림 8.7과 같이 **실행** 타입의 In이라는 입력 파라미터와 **실행** 타입의 Out이라는 출력 파라미터를 만든다.

3. **ManageStaminaDrain** 매크로용으로 생성된 탭에서 다음 스크린샷에 표시된 노드들을 추가한다. 플레이어가 계속 질주하고 스테미너를 소모하는 두 가지 조건이 있다. 플레이어는 움직여야 하고 **플레이어 스테미너는** 0보다 커야 한다.

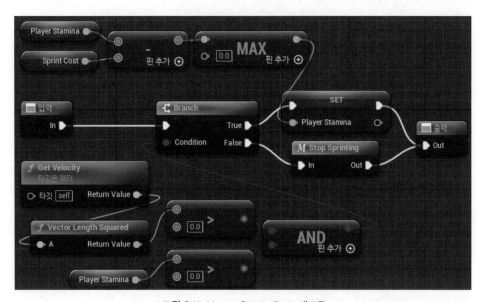

그림 8.11 ManageStaminaDrain 매크로

4. **입력** 노드의 **In** 핀에서 와이어를 끌어 **Branch** 노드를 추가한다.

5. **Branch** 노드의 **Condition** 입력 핀에서 와이어를 끌어 **AND** 불리안 노드를 추가한다.

6. **AND** 노드의 상단 입력 핀에서 와이어를 끌어서 **큼** 노드를 추가한다.

7. **이벤트그래프** 빈 공간에 우클릭 후 **Get Velocity** 노드를 추가한다.

8. **Get Velocity** 노드의 **Return Value** 핀에서 와이어를 끌어 **VectorLengthSquared** 노드를 추가한다. **VectorLengthSquared** 노드의 Return Value가 0보다 크면 플레이어가 움직이는 것이다. 우리의 경우 속도가 0보다 큰지 알고 싶을 뿐이므로 제곱근을 피하기 위해 **VectorLength** 대신 **VectorLengthSquared**를 사용한다.

9. **VectorLengthSquared** 노드의 **Return Value** 핀에서 와이어를 끌어 **큼** 노드의 상단 입력 핀에 연결한다.

10. **AND** 노드의 하단 입력 핀에서 와이어를 끌어서 **큼** 노드를 추가한다.

11. **큼** 노드의 상단 입력 핀에서 와이어를 끌어 **GET PlayerStamina** 노드를 추가한다.

12. **Branch** 노드의 **True** 출력 핀에서 와이어를 끌어 **SET Player Stamina** 노드를 추가한다. **SET Player Stamina** 노드의 흰색 **출력** 핀을 **출력** 노드의 **Out** 핀에 연결한다.

13. **SET Player Stamina**의 입력 핀에서 와이어를 끌어 **Max(float)** 노드를 추가한다. 이 노드는 입력 파라미터의 가장 높은 값을 반환한다. 이 노드를 사용해 **Player Stamina**가 0.0보다 작지 않도록 한다.

14. **Max(float)** 노드의 상단 입력 핀에서 와이어를 끌어 **빼기** 노드를 만든다.

15. **빼기** 노드의 상단 입력 핀에서 와이어를 끌어 **GET Player Stamina** 노드를 추가한다.

16. **빼기** 노드의 하단 입력 핀에서 와이어를 끌어 **GET Sprint Cost** 노드를 추가한다.

17. **Branch** 노드의 **False** 출력 핀에서 와이어를 끌어서 **Stop Sprinting** 매크로 노드를 추가한다. **Stop Sprinting** 노드의 흰색 출력 핀을 **출력** 노드의 **Out** 핀에 연결한다.

ManageStaminaRecharge 매크로 생성

ManageStaminaRecharge 매크로는 **플레이어의 스테미너**가 가득 찰 때까지 재충전한다.

매크로를 만들기 위해 다음 단계를 따른다.

1. **내 블루프린트** 패널에서 **매크로** 카테고리의 ⊕ 버튼을 클릭해서 다른 매크로를 생성한다. 매크로 이름을 ManageStaminaRecharge로 변경한다.

2. 매크로의 **디테일** 패널에서 그림 8.7과 같이 **실행** 타입의 In이라는 입력 파라미터와 **실행** 타입의 Out이라는 출력 파라미터를 만든다.

3. **ManageStaminaRecharge** 매크로용으로 생성된 탭에서 다음 스크린샷에 표시된 노드들을 추가한다. **플레이어의 스테미너**가 가득 차면^(거의 1.0) **Stamina Manager**의 타이머를 지운다. **플레이어의 스테미너**가 가득 차 있지 않으면 증가시킨다.

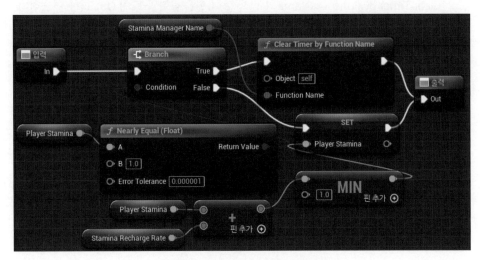

그림 8.12 ManageStaminaRecharge 매크로

4. **입력** 노드의 In핀에서 와이어를 끌어 **Branch** 노드를 추가한다.

5. **Branch** 노드의 **Condition** 입력 핀에서 와이어를 끌어 **Nearly Equal (Float)** 노드를 추가한다. **Nearly Equal (Float)** 노드의 **B** 입력 파라미터에 값 1.0을 입력한다. 부동소수점 정밀도로 값을 비교하는 데 필요한 **Error Tolerance** 속성이 있기 때문에 **Nearly Equal (Float)** 노드를 사용하고 있다.

6. **Nearly Equal (Float)** 노드의 **A** 입력 파라미터에서 와이어를 끌어 **GET Player Stamina** 노드를 추가한다.

7. **Branch** 노드의 **True** 출력 핀에서 와이어를 끌어서 **Clear Timer by Function Name** 노드를 추가한다.

8. **Clear Timer by Function Name**의 **Function Name** 파라미터에서 와이어를 끌어 **GET Stamina Manager Name** 노드를 추가한다.

9. **Clear Timer by Function Name**의 흰색 출력 핀을 **출력** 노드의 **Out** 핀에 연결한다.

10. **Branch** 노드의 **False** 출력 핀에서 와이어를 끌어 **SET Player Stamina** 노드를 추가한다. **SET Player Stamina**의 흰색 출력 핀을 **출력** 노드의 **Out** 핀에 연결한다.

11. **SET Player Stamina**의 입력 핀에서 와이어를 끌어 **Min (Float)** 노드를 추가한다. **Min (Float)** 노드의 두 번째 입력 파라미터에 값 1.0을 입력한다. 이 노드는 입력 파라미터의 가장 낮은 값을 반환한다. 이 노드를 사용해서 **Player Stamina**가 1.0보다 크지 않도록 한다.

12. **Min (Float)** 노드의 상단 입력 핀에서 와이어를 끌어 **추가** 노드를 생성한다.

13. **추가** 노드의 상단 입력 핀에서 와이어를 끌어 **GET Player Stamina** 노드를 추가한다.

14. **추가** 노드의 하단 입력 핀에서 와이어를 끌어 **GET Stamina Recharge Rate** 노드를 추가한다.

Sprint 입력 액션 이벤트 업데이트

새로운 스테미너 시스템을 사용하려면 Sprint 입력 액션 이벤트를 수정해야 한다.

다음 단계를 따른다.

1. **내 블루프린트** 패널의 **그래프** 카테고리에서 **Sprint 입력 액션**을 두 번 클릭한다. 에디 터는 이미 배치된 **Sprint 입력 액션**의 **이벤트그래프** 위치로 이동한다.

그림 8.13 Sprint 입력 액션 이벤트 찾기

2. **Sprint 입력 액션**에 연결된 이전 노드를 삭제한다. 다음 스크린샷에 표시된 노드를 추가한다. Shift키를 누르면 게임에서 질주를 시작하기에 충분한 스테미너가 있는 지, 즉 현재 **PlayerStamina**의 양이 **SprintCost** 보다 크거나 같은지 확인한다. 플레 이어가 질주를 시작하기에 충분한 스테미너가 있으면 **Start Sprinting** 매크로가 호 출된다. Shift키를 놓으면 **Stop Sprinting** 매크로가 호출된다.

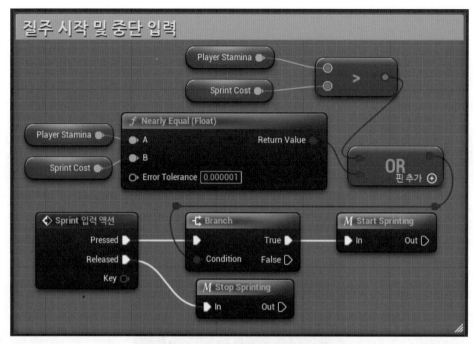

그림 8.14 Sprint 입력 액션 이벤트의 새 버전

3. Sprint 입력 액션 노드의 **Pressed** 출력 핀에서 와이어를 끌어 **Branch** 노드를 추가한다.

4. Branch 노드의 **Condition** 입력 핀에서 와이어를 끌어 **OR** 불리안 노드를 추가한다.

5. **OR** 노드의 상단 입력 핀에서 와이어를 끌어 **큼** 노드를 추가한다. 두 개의 **플로트** 변수가 동일한지 확인하기 위해 **Nearly Equal (Float)** 노드를 사용해야 하기 때문에 **크거나 같음** 노드를 사용할 수 없다.

6. **큼** 노드의 상단 입력 핀에서 와이어를 끌어 **GET Player Stamina** 노드를 추가한다.

7. **큼** 노드의 하단 입력 핀에서 와이어를 끌어 **GET Sprint Cost** 노드를 추가한다.

8. **OR** 노드의 하단 입력 핀에서 와이어를 끌어 **Nearly Equal (Float)** 노드를 추가한다.

9. **Nearly Equal (Float)** 노드의 **A** 입력 핀에서 와이어를 끌어 **GET Player Stamina** 노드를 추가한다.

10. **Nearly Equal (Float)** 노드의 **B** 입력 핀에서 와이어를 끌어 **GET Sprint Cost** 노드를 추가한다.

11. **Branch** 노드의 **True** 출력 핀에서 와이어를 끌고 **Start Sprinting** 매크로 노드를 추가한다.

12. **Sprint** 입력 액션 노드의 **Released** 출력 핀에서 와이어를 끌어 **Stop Sprinting** 매크로 노드를 추가한다.

13. 코멘트 박스의 레이블을 질주 시작 및 중단 입력으로 변경한다.

ManageStamina 커스텀 이벤트 만들기

이제 플레이어가 질주 중인지 확인하고 적절한 매크로를 호출해서 스테미나를 소모하거나 재충전하는 ManageStamina 커스텀 이벤트를 생성한다.

커스텀 이벤트를 만드는 단계는 다음과 같다.

1. **이벤트그래프**의 빈 공간을 우클릭한다. 커스텀 이벤트를 검색하고 **커스텀 이벤트 추가...**를 선택한다. 커스텀 이벤트의 이름을 ManageStamina로 변경한다.

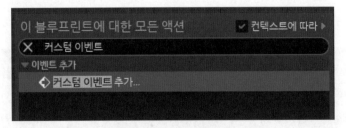

그림 8.15 커스텀 이벤트 추가

2. 다음 스크린샷에 표시된 노드를 추가한다. 이것은 플레이어가 질주하고 있는지 확인하고 적절한 매크로를 호출한다.

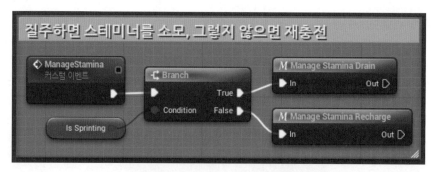

그림 8.16 ManageStamina 커스텀 이벤트

컴파일 및 저장을 하고 게임을 테스트한다. 레벨 주변을 질주하면서 왼쪽 Shift키를 누르고 있으면 스테미너 미터가 바닥나고, 이를 누르지 않고 플레이어가 걷거나 쉬고 있을 때 스테미너가 재충전되는 것을 볼 수 있다.

스테미너와 질주를 관리하는데 필요한 액션들을 완성시켰으며 다음 단계는 플레이어의 탄약과 관련된 제약 조건을 구현하는 것이다.

탄약이 없을 때 발사 액션 방지

플레이어의 어빌리티에 적용할 다음 제약 조건은 플레이어의 탄약 수가 0에 도달할 때 총을 발사하지 못하도록 제한하는 것이다. 콘텐츠 〉 FirstPerson 〉 Blueprints 폴더에 접근해서 BP_Rifle 블루프린트를 더블클릭한다. OnFireProjectile 커스텀 이벤트 직후에 **Branch** 노드를 추가한다.

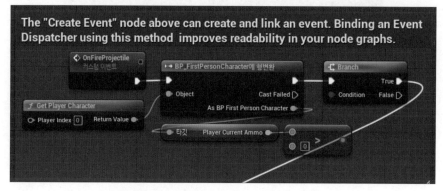

그림 8.17 플레이어가 탄약을 가지고 있는지 테스트

그렇게 하려면 다음 단계를 따른다.

1. **내 블루프린트** 패널의 **그래프** 카테고리에서 **OnFireProjectile** 커스텀 이벤트를 더블 클릭해 이벤트그래프에서 **OnFireProjectile** 커스텀 이벤트가 이미 배치된 위치로 이동한다.

2. **OnFireProjectile** 커스텀 이벤트의 출력 실행 핀을 빈 공간으로 끌어 컨텍스트 메뉴를 연다. BP_FirstPersonCharacter에 형변환 노드를 추가한다. **BP_First PersonCharacter에 형변환** 노드는 자동으로 **OnFireProjectile** 커스텀 이벤트와 연쇄되는 다음 노드에 자동으로 연결된다.

3. **BP_FirstPersonCharacter**에 형변환 노드의 Object 입력 핀을 빈 공간으로 끌어 **Get Player Character** 노드를 추가한다.

4. **BP_FirstPersonCharacter**에 형변환 노드의 출력 실행 핀을 빈 공간으로 끌어 **Branch** 노드를 추가한다.

5. **Branch** 노드의 **Condition** 입력 핀에서 와이어를 빈 공간으로 끌고 큼 노드를 추가한다.

6. **BP_FirstPersonCharacter**에 **형변환** 노드의 As BP First Person Character 출력 핀에서 와이어를 끌어 GET Player Current Ammo 노드를 추가한다.

7. **GET Player Current Ammo** 노드의 **Player Current Ammo** 출력 핀을 큼 노드의 상단 입력 핀에 연결한다. **큼** 노드의 하단 입력 필드는 기본값인 0으로 둔다.

이제 컴파일하고 저장하고 게임을 테스트한다. 탄약 카운터가 0에 도달하면 총이 더 이상 발사되지 않는다.

플레이어 제약을 완료했으며 이제 플레이어에게 탄약을 제공할 새 블루프린트가 필요하다.

수집 가능한 개체 만들기

탄약이 떨어졌을 때 플레이어가 총을 발사하지 못하도록 제한하면 플레이어는 게임 내에서 시도하는 발사의 정확성을 고려해야 한다. 그러나 탄약을 제한하는 것은 더 많은 탄약을 획득할 수 있는 방법 없이는 과도한 제약이 될 것이다. 우리는 탄약이 스테미너 미터처럼 자연스럽게 재충전되는 것을 원하지 않는다. 대신 플레이어가 레벨을 탐색하고 여행해서 탄약을 다시 얻을 수 있도록 수집 가능한 탄약 픽업을 만들 것이다.

BP_AmmoPickup 블루프린트를 생성하려면 다음의 단계를 따른다.

1. **콘텐츠 브라우저**에서 콘텐츠 〉 FirstPerson 〉 Blueprints 폴더에 접근한다. **추가** 버튼을 클릭하고 **블루프린트 클래스**를 선택한다.

2. 다음 화면에서 **Actor**를 부모 클래스로 선택한다.

3. 블루프린트의 이름을 BP_AmmoPickup으로 지정하고 더블클릭해서 블루프린트 에디터를 연다.

4. **컴포넌트** 패널에서 **추가** 버튼을 클릭하고 **스태틱 메시** 컴포넌트를 선택한다. **디테일** 패널에서 Shape_Pipe 스태틱 메시를 선택하고 **머티리얼**에서 **엘리먼트 0**으로 이동해서 **M_Door**를 선택한다. 다음 스크린샷과 같이 **스케일** 속성의 X, Y 및 Z 값을 0.5로 변경한다.

그림 8.18 스태틱 메시 세팅

5. 스태틱 메시의 **콜리전 프리셋**을 **OverlapAllDynamic**으로 변경한다.

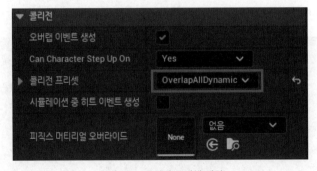

그림 8.19 콜리전 프리셋 세팅

NOTE

게임을 프로토타이핑하는 동안 각 에셋을 처음부터 만드는 데 시간을 들이기보다는 쉽게 사용할 수 있는 에셋을 활용하는 것이 가장 유용하다. 이를 통해 설계에서 메커니즘이 제거되면 나중에 폐기될 수 있는 아트 에셋을 만드는데 시간을 소비하는 대신 어떤 메커니즘이 최고의 플레이 경험을 가져올지 결정하는 데 시간과 노력을 집중할 수 있다.

6. 플레이어가 탄약을 픽업할 때 받을 탄약의 양을 저장하기 위해 AmmoPickup Count 변수를 생성한다. **내 블루프린트** 패널의 **변수** 카테고리에서 ⊕ 버튼을 클릭해서 변수를 추가한다. **디테일** 패널에서 이름을 AmmoPickupCount로 지정하고 **변수 타입**을 **인티저**로 변경하고 **인스턴스 편집 가능** 속성을 체크한다.

그림 8.20 AmmoPickupCount 변수

7. 블루프린트를 컴파일한 다음 **AmmoPickupCount**의 **기본값**을 15로 세팅한다.

8. **BP_AmmoPickup**의 **ActorBeginOverlap** 이벤트를 사용해서 **BP_AmmoPickup**의 인스턴스와 겹치는 대상이 플레이어 (FirstPersonCharacter)인지 확인하고 **Player Current Ammo** 값을 증가시킨다. 다음은 우리가 사용할 노드다.

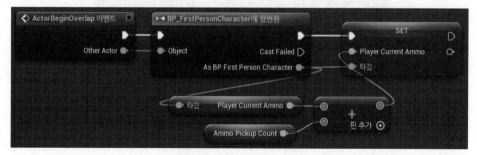

그림 8.21 플레이어의 탄약 증가

9. **이벤트그래프**의 빈 공간을 우클릭해 **ActorBeginOverlap** 이벤트를 추가한다.

10. **ActorBeginOverlap** 이벤트 노드의 **Other Actor** 출력 핀에서 와이어를 끌어서 **BP_ FirstPersonCharacter에 형변환** 노드를 추가한다.

11. **As BP First Person Character** 핀에서 와이어를 끌어 **SET Player Current Ammo** 노드를 추가한다.

12. **As BP First Person Character** 핀에서 와이어를 끌어 **GET Player Current Ammo** 노드를 추가한다.

13. **GET Player Current Ammo** 출력 핀에서 빈 공간으로 와이어를 끌어 **추가** 노드를 만든다.

14. **추가** 노드의 하단 입력 핀에서 와이어를 끌어 **GET Ammo Pickup Count** 노드를 추가한다.

15. **추가** 노드의 출력 핀을 **SET Player Current Ammo** 노드의 입력 핀에 연결한다.

16. 이전 단계에서 그림 8.21에 표시된 것처럼 노드들이 완성됐다. 다음으로 아래 스크린샷과 같이 사운드를 재생하고 수집품을 집으면 인스턴스를 파괴한다.

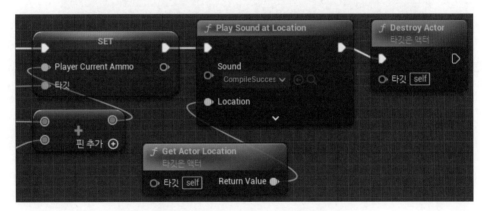

그림 8.22 사운드를 출력하고 인스턴스를 파괴

17. **SET Player Current Ammo** 노드의 흰색 출력 핀에서 와이어를 빈 공간으로 끌고 **Play Sound at Location** 노드를 추가한다.

18. 프로토타입의 경우 **엔진 콘텐츠**의 사운드 웨이브를 사용한다. **Sound** 드롭다운을 클릭한 다음 톱니바퀴 아이콘을 클릭해서 **보기** 옵션에 접근한다. **엔진 콘텐츠 표시** 옵션을 선택하고 목록에서 **CompileSuccess** 사운드 웨이브를 선택한다.

그림 8.23 에셋 리스트에 엔진 콘텐츠 표시

19. **Location** 입력 핀에서 와이어를 빈 공간으로 끌어 **GetActorLocation** 노드를 추가한다.

20. **Play Sound at Location** 노드의 흰색 출력 핀에서 와이어를 빈 공간으로 끌고 **Destroy Actor** 노드를 추가해서 각 수집품을 한 번만 잡을 수 있도록 한다.

21. **BP_AmmoPickup** 블루프린트를 컴파일하고 저장한다.

22. 이제 레벨 에디터로 돌아가 **콘텐츠 브라우저**에서 **BP_AmmoPickup** 블루프린트를 레벨로 끌어 인스턴스를 생성한다. 레벨 주변의 다른 위치에 더 많은 인스턴스를 추가해서 해당 지역에 탄약을 뿌린다. 레벨을 저장하고 **플레이**를 클릭해 게임을 테

스트한다. 탄약 픽업 중 하나에 발을 디딜 때마다 탄약 카운터가 증가하는 것을 볼 수 있다.

그림 8.24 탄약 픽업을 수집해서 탄약 카운트를 늘린다

수집 시 플레이어의 상태를 수정하는 픽업에 대한 블루프린트를 만드는 방법을 배웠다. 전체 게임 루프를 세팅하기 위해 수행해야 하는 마지막 단계 중 하나는 플레이어가 승리할 수 있는 조건을 만드는 것이다. 다음에서 살펴보겠다.

게임플레이 승리 조건 세팅

HUD 블루프린트와 플레이어 캐릭터 블루프린트를 수정해서 플레이어가 달성하기 위해 노력해야 하는 목표 타깃을 설명한다. HUD에서 타깃 카운트 옆에 목표 타깃을 표시해서 플레이어가 목표에 도달하기 위해 얼마나 많은 타깃을 파괴해야 하는지 쉽게 알 수 있다.

또한 플레이어가 목표에 도달했을 때 표시될 승리 메뉴 화면을 나타내는 위젯 블루프린트를 하나 더 만들 것이다. 마지막으로 플레이어가 이겼는지 확인하고 승리 메뉴 화면을 표시하는 데 필요한 로직을 구현한다.

HUD에 목표 타깃 표시하기

먼저 BP_FirstPersonCharacter 블루프린트에 변수를 생성해 게임에서 승리하기 위해 플레이어가 파괴해야 하는 타깃 수를 세팅해야 한다. 그런 다음 이 정보를 HUD 블루프린트에서 플레이어에게 표시해야 한다.

목표 타깃을 표시하려면 다음 단계를 따른다.

1. **콘텐츠 브라우저**에서 콘텐츠 〉 FirstPerson 〉 Blueprints 폴더에 접근해서 **BP_First PersonCharacter** 블루프린트를 더블클릭한다.

2. **내 블루프린트** 패널의 **변수** 카테고리에서 ⊕ 버튼을 클릭해서 변수를 추가하고 이름을 TargetGoal로 지정한 다음 **변수 타입**을 **인티저**로 변경한다.

3. BP_FirstPersonCharacter 블루프린트를 컴파일하고 **기본값**을 2로 세팅한다.

그림 8.25 TargetGoal 인티저 변수

4. 컴파일하고 저장 후에 블루프린트 에디터를 닫는다.

5. **콘텐츠 브라우저**에서 콘텐츠 〉 FirstPerson 〉 UI 폴더에 접근하고 **HUD** 블루프린트를 더블클릭해서 UMG 에디터를 연다. 다음 스크린샷과 같이 **GoalTracker**에 두 개의 **텍스트** 개체를 추가한다.

그림 8.26 새로운 요소가 포함된 HUD 목표 추적기

6. **디자이너** 보기에서 **팔레트** 패널의 **텍스트** 개체를 **계층구조** 패널의 **GoalTracker** 개체로 드래그한다.

7. **디테일** 패널에서 이름을 Slash로 변경한다. **콘텐츠** 카테고리 아래의 **텍스트** 필드를 /(슬래시 앞뒤 공백 포함)으로 변경하고 폰트 크기를 32로 세팅한다.

8. 다른 **텍스트** 개체를 **GoalTracker**로 드래그한다. **디테일** 패널에서 이름을 Target goal으로 변경한다. **콘텐츠** 카테고리 아래의 **텍스트** 필드를 0으로 변경하고 폰트 크기를 32로 세팅한다. 새로운 **GoalTracker**는 다음과 같이 표시된다.

Targets Eliminated:0 / 0

그림 8.27 목표 추적기는 타깃 수와 목표 타깃을 보여준다.

9. 이제 HUD의 Targetgoal을 **BP_FirstPersonCharacter** 블루프린트의 Targetgoal 변수에 바인딩해야 한다. **디테일** 패널에서 **텍스트** 필드 옆에 있는 **바인드** 버튼을 찾아 다음과 같이 새 바인딩을 만든다.

그림 8.28 Target goal에 대한 바인딩 생성

10. 7장, 화면 UI 요소 만들기에서 만든 다른 HUD 바인딩에서 했던 것과 동일한 패턴을 이 바인딩에서도 따를 것이다. **Get Player Character** 노드를 추가하고 BP_**FirstPersonCharacter**에 **형변환** 노드를 사용해서 형변환 한 다음 **As BP First Person Character** 핀에서 끌어 **GET Target Goal** 노드를 추가한다. 마지막으로 **형변환** 노드와 **Target Goal** 노드를 모두 **반환 노드**에 연결한다.

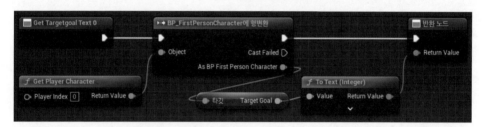

그림 8.29 Target Goal 변수의 값이 HUD에 표시된다

11. 컴파일하고 저장하고 게임을 플레이한다.

타깃이 파괴됨에 따라 타깃 카운터가 증가하는 것을 볼 수 있다. 타깃 카운터 오른쪽에 표시된 **목표 타깃**은 변경되지 않는다. 이제 플레이어가 목표 타깃에 도달했을 때 피드백을 받을 수 있도록 해야 한다.

승리 메뉴 화면 만들기

게임에서 승리한 후 플레이어에게 피드백을 제공하기 위해 필요한 수의 타깃을 파괴할 때 표시되는 **승리 메뉴** 화면을 만들 것이다. **승리 메뉴**를 만들려면 HUD 용으로 만든 것과 비슷한 다른 위젯 블루프린트가 필요하다.

1. **콘텐츠 브라우저**에서 콘텐츠 〉 FirstPerson 〉 UI 폴더에 접근한 다음 빈 폴더 공간을 우클릭한다. **유저 인터페이스 ➤ 위젯 블루프린트**를 선택하고 결과 블루프린트의 이름을 WinMenu로 한다.

그림 8.30 위젯 블루프린트 생성

2. 블루프린트를 더블클릭해 UMG 에디터를 연다. 메뉴 화면에 대해 세 가지 요소를 세팅한다. 첫 번째는 플레이어에게 You Win!을 브로드캐스트하는 간단한 텍스트 개체이다. 다른 두 요소는 플레이어가 게임을 다시 시작하거나 종료할 수 있도록 하는 버튼이다.

그림 8.31 WinMenu 위젯 블루프린트의 요소

3. **팔레트** 패널의 **텍스트** 개체를 **계층구조** 패널의 **캔버스** 패널 개체로 드래그한다. **디테일** 패널에서 이름을 WinMsg로 변경하고 **앵커** 드롭다운을 클릭한 다음 화면 중앙에 앵커가 있는 옵션을 선택한다.

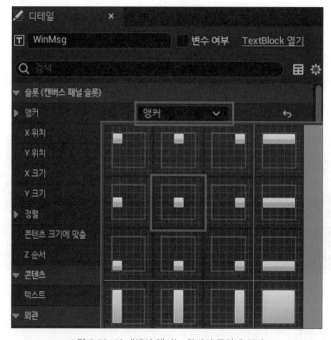

그림 8.32 이 개체의 앵커는 화면의 중앙에 있다

4. **X 위치**를 -190.0으로 **Y 위치**를 -250.0으로 세팅한다. **콘텐츠 크기에 맞춤** 속성을 체크하면 **X 크기** 및 **Y 크기**를 조정할 필요가 없다.

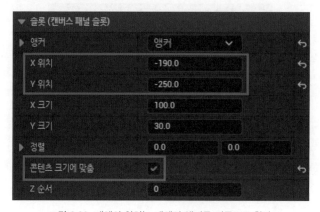

그림 8.33 개체의 위치는 개체의 앵커를 기준으로 한다

5. **콘텐츠** 카테고리 아래의 **텍스트** 필드를 You Win!으로 변경한다. **외관** 카테고리에서 폰트 크기를 72로 세팅하고 **컬러 및 오파시티**에서 색상 사각형을 클릭해 색 선택 툴을 열고 아무 녹색을 선택한다.

그림 8.34 텍스트 및 컬러 및 폰트 사이즈 세팅

6. **팔레트** 패널의 **버튼** 개체를 **계층구조** 패널의 **캔버스 패널** 개체로 드래그한다. **디테일** 패널에서 이름을 Btn Restart로 변경하고 **앵커** 드롭다운을 클릭한 다음 화면 중앙에 앵커가 있는 옵션을 선택한다.

7. **X 위치**를 −180.0으로 **Y 위치**를 −50.0으로 **X 크기**를 360.0으로 **Y 크기**를 100.0으로 세팅한다.

그림 8.35 버튼의 위치와 크기 세팅

8. **팔레트** 패널의 **텍스트** 개체를 **계층 구조** 패널의 **Btn Restart** 개체 위로 드래그한다. **디테일** 패널에서 이름을 Txt Restart로 세팅하고 **콘텐츠** 카테고리 아래의 **텍스트** 필드를 Restart로 변경하고 폰트 크기를 48로 세팅한다.

9. **팔레트** 패널에서 또 다른 **버튼** 개체를 **계층구조** 패널의 **캔버스 패널** 개체 위로 드래그한다. **디테일** 패널에서 이름을 BtnQuit로 변경하고 **앵커** 드롭다운을 클릭한 다음 화면 중앙에 앵커가 있는 옵션을 선택한다.

10. **X 위치**를 −180.0으로 **Y 위치**를 150.0으로 **X 크기**를 360.0으로 **Y 크기**를 100.0으로 세팅한다.

11. **팔레트** 패널의 **텍스트** 개체를 **계층구조** 패널의 **Btn Quit** 개체 위로 드래그한다. **디테일** 패널에서 이름을 Txt Quit으로 세팅한 후 **콘텐츠** 카테고리 아래의 **텍스트** 필드를 Quit으로 변경하고 폰트 크기를 48로 세팅한다. **WinMenu** 위젯 블루프린트는 UMG 에디터에서 다음과 같이 보여야 한다.

그림 8.36 WinMenu의 요소들

12. 이제 **다시 시작** 버튼을 눌렀을 때 실행할 액션을 추가해야 한다. **Btn Restart** 개체를 클릭하고 **디테일** 패널 하단까지 스크롤한 다음 **클릭 시** 이벤트 옆에 있는 ✚ 버튼을 클릭한다. 이렇게 하면 버튼을 클릭할 때 트리거 되는 이벤트가 추가된다.

그림 8.37 버튼 이벤트 추가

13. **그래프** 뷰로 이동하면 **클릭 시 (BtnRestart)** 노드가 나타난다. **클릭 시 (BtnRestart)**의 출력 핀에서 **그래프**로 끌어서 **Open Level (by Object Reference)** 노드를 추가한다. Level 파라미터에서 사용 중인 레벨인 **FirstPersonMap**을 선택한다. Open Level 노드는 플레이어가 버튼을 클릭할 때 레벨을 다시 로드해서 타깃 수집할 수 있는 탄약 및 플레이어를 포함해서 레벨의 모든 요소를 재세팅한다.

14. **Open Level (by Object Reference)**의 출력 핀에서 **그래프**로 끌어 **Remove from Parent** 노드를 추가한다. 이 노드는 시야에서 **WinMenu** 위젯을 제거한다. 레벨이 재세팅되면 메뉴가 사라지기를 원한다.

그림 8.38 Restart 버튼의 액션들

15. **Quit** 버튼에 대해서도 유사한 단계를 수행한다. **디자이너** 뷰로 돌아가서 **Btn Quit** 개체를 클릭하고 **디테일** 패널 하단으로 스크롤한 다음 **클릭 시** 이벤트 옆에 있는 **+** 버튼을 클릭해 이벤트를 추가한다.

16. **그래프** 뷰로 이동하면 **클릭 시 (BtnQuit)** 노드가 나타난다. **클릭 시 (BtnQuit)**의 출력 핀에서 **그래프**로 끌고 **Quit Game** 노드를 추가해서 플레이어가 **Quit** 버튼을 클릭해서 게임을 종료할 수 있도록 한다.

그림 8.39 Quit 버튼의 액션들

17. 컴파일하고 저장하고 UMG 에디터를 닫는다.

이제 **WinMenu**가 생성됐으므로 플레이어에게 WinMenu를 언제 표시할지 게임에 알려야 한다.

WinMenu 표시

HUD 위젯 블루프린트에서 했던 것처럼 **BP_FirstPersonCharacter** 블루프린트에서 **WinMenu**를 표시한다. 게임이 종료될 때 호출되는 **End Game**이라는 커스텀 이벤트를 만든다.

다음 단계를 수행한다.

1. **콘텐츠 브라우저**에서 콘텐츠 〉 FirstPerson 〉 Blueprints 폴더에 접근하고 BP_First PersonCharacter 블루프린트를 더블클릭한다.

2. 이벤트그래프를 우클릭해 커스텀 이벤트를 추가한다. 이름을 End Game으로 변경한다.

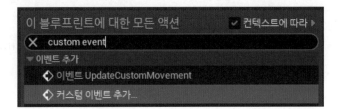

그림 8.40 커스텀 이벤트 추가

3. **End Game**의 출력 실행 핀에서 와이어를 끌어 **Set Game Paused** 노드를 추가한 다음 **Paused** 체크박스를 선택한다. 이 노드는 플레이어가 **WinMenu**에서 옵션을 선택하는 동안 게임을 일시 중지한다.

그림 8.41 게임 일시 중지

4. **이벤트그래프**에 우클릭하고 **Get Player Controller** 노드를 추가한다. **Return Value** 출력 핀에서 끌어 **SET Show Mouse Cursor** 노드를 추가한다. **Show Mouse Cursor** 옆의 확인란을 선택하고 이 노드를 **Set Game Paused**의 출력 실행 핀에 연결한다. 이렇게 하면 게임이 일시 중지된 후 플레이어가 마우스 커서를 다시 제어할 수 있다.

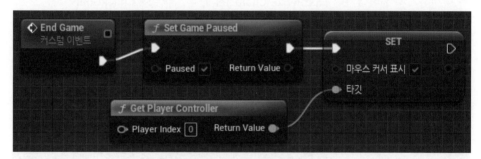

그림 8.42 마우스 커서 표시

5. **SET Show Mouse Cursor** 노드의 출력 실행 핀에서 와이어를 끌어 **위젯 생성** 노드를 추가한다. **Class** 파라미터에서 **WinMenu**를 선택한다.

6. **위젯 생성** 노드의 **Return Value** 출력 핀을 끌어 **Add to Viewport** 노드를 추가한다.

그림 8.43 WinMenu 생성 및 표시

7. **End Game** 이벤트의 노드들 주위에 코멘트를 생성한다. 코멘트에 **게임 종료: 승리 메뉴 표시**라고 라벨을 지정한다. 블루프린트를 컴파일하고 저장한다.

마지막 단계는 **End Game** 커스텀 이벤트가 트리거 되는 조건을 결정하는 것이다.

승리 트리거

플레이어가 목표 타깃을 달성하기에 충분한 실린더 타깃을 파괴하면 **게임 종료** 이벤트가 발생하기를 원한다. **BP_FirstPersonCharacter** 블루프린트에 **CheckGoal**이라는 커스텀 이벤트를 생성할 것이다. 이 이벤트는 타깃이 파괴될 때마다 **BP_CylinderTarget**에 의해 호출된다.

다음은 생성할 **CheckGoal** 커스텀 이벤트의 액션들이다.

그림 8.44 목표 달성 여부 확인

이렇게 하려면 다음 단계를 따른다.

1. **BP_FirstPersonCharacter** 블루프린트 이벤트그래프에 우클릭하고 커스텀 이벤트를 추가한다. 이름을 CheckGoal로 바꾼다.

2. **CheckGoal** 노드의 흰색 출력 핀에서 와이어를 빈 그리드 공간으로 끌어 **Branch** 노드를 추가한다.

3. **Branch** 노드의 **Condition** 입력 핀에서 와이어를 빈 그리드 공간으로 끌어 **크거나 같음** 노드를 추가한다.

4. **크거나 같음** 노드의 상단 입력 핀에서 와이어를 끌어 **GET Targets Eliminated** 노드를 추가한다.

5. **크거나 같음** 노드의 하단 입력 핀에서 와이어를 끌어 **GET Targets Goal** 노드를 추가한다.

6. **Branch** 노드의 **True** 출력 핀에서 와이어를 끌어 **딜레이** 노드를 추가한다. **Duration** 파라미터에 1.0을 입력한다. 이 노드는 **WinMenu**를 표시하기 전에 1초를 기다리는 데 사용된다.

7. **딜레이** 노드의 **Completed** 출력 핀에서 와이어를 끌어 **End Game** 노드를 추가한다. 이 노드는 **WinMenu**를 표시하기 위해 생성한 **End Game** 커스텀 이벤트를 호출한다.

8. 컴파일하고 저장 후 블루프린트 에디터를 닫는다.

이제 대상이 파괴될 때마다 **CheckGoal** 이벤트를 호출하도록 **BP_CylinderTarget**을 수정한다.

1. **콘텐츠 브라우저**에서 콘텐츠 〉 FirstPerson 〉 Blueprints 폴더에 접근하고 BP_CylinderTarget 블루프린트를 더블클릭한다.

2. **이벤트그래프**에서 **히트 이벤트** 액션들의 끝으로 이동한다. **Destroy Actor** 노드를 오른쪽으로 끌어 다른 노드를 위한 공간을 만든다.

3. **형변환** 노드의 **As BP First Person Character** 출력 핀에서 와이어를 끌어 **Check Goal** 노드를 추가한다. **++** 노드의 흰색 출력 핀을 **Check Goal** 노드의 흰색 입력 핀에 연결하고 **Check Goal** 노드의 출력 핀을 **Destroy Actor** 노드의 흰색 입력 핀에 연결한다.

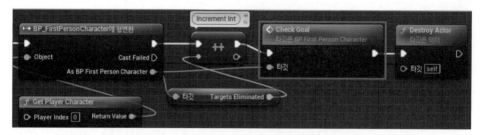

그림 8.45 Check Goal 이벤트 호출

4. 컴파일 후 저장하고 게임을 플레이한다. 모든 블루프린트가 올바르게 세팅됐다면 두 번째 대상을 파괴하는 즉시 게임이 일시 중지되고 WinMenu가 나타난다. Restart 버튼을 클릭하면 레벨이 다시 로드되고 Quit를 클릭하면 세션이 닫힌다.

그림 8.46 게임에서 WinMenu 표시

플레이어를 위한 타깃 골을 만들고 플레이어가 목표를 달성할 때 표시되는 **WinMenu** 위젯 블루프린트를 만들었다. **WinMenu**는 플레이어가 게임을 마칠 때 선택할 수 있는 피드백과 몇 가지 옵션을 제공한다.

요약

이 장에서는 플레이어의 어빌리티에 제약을 가함으로써 플레이 경험을 향상하고 플레이어가 달성해야 할 목표를 세팅했다. 이 과정에서 타이머를 사용해서 동작을 반복하는 방법과 게임 월드에서 수집 가능한 개체를 만드는 방법 그리고 메뉴 시스템을 만드는 방법을 배웠다.

이제 2부를 마쳤다. 우리가 만든 게임에는 비디오 게임 경험의 기초를 이루는 요소들이 존재한다. 원한다면 프로젝트를 복사하고 타깃 골을 늘리고 약간의 시간을 써서 레벨 레이아웃을 커스터마이징해 자신만의 독특하고 적절히 도전적인 게임 경험을 만들어 본다.

3부에서는 블루프린트 스크립팅 및 게임 개발의 고급 주제인 인공지능에 대해 다루기 시작할 것이다. 또한 게임에 새로운 기능을 추가하고 게임을 빌드하고 배포하는 방법을 확인할 것이다.

9장에서는 실린더 타깃을 포인트 사이를 순찰하고 레벨에서 플레이어를 추적할 수 있는 똑똑한 적으로 대체할 것이다.

퀴즈

1. 매크로는 스크립트를 혼란스럽게 만들기 때문에 사용을 피해야 한다.

   a. True

   b. False

2. 액션에 대해 더 낮은 반복률을 세팅하기 위해 틱 이벤트 대신 타이머를 사용할 수 있다.

   a. True

   b. False

3. 예제 게임에서는 AmmoPickupCount 변수가 **인스턴스 편집 가능**이 세팅돼 있기 때문에 레벨에서 BP_AmmoPickup의 각 인스턴스에 서로 다른 양의 탄약을 정의할 수 있다.

    a. True

    b. False

4. 동시에 하나의 위젯 블루프린트만 뷰포트에 추가할 수 있다.

    a. True

    b. False

5. 위젯 블루프린트는 클릭하면 이벤트를 트리거하는 버튼을 가질 수 있다.

    a. True

    b. False

3 부

게임의 향상

3부에서는 비헤이비어 트리와 내비게이션 메시를 사용해 똑똑한 적을 만드는 데 필요한 기본 인공지능 기술을 배운다. 또한 게임을 더욱 흥미롭게 만들기 위해 새로운 기능들이 추가될 예정이다. 또한 게임을 빌드하고 배포하는 방법도 시연한다.

3부는 다음 장으로 구성된다.

- 9장, 인공지능으로 똑똑한 적 만들기

- 10장, AI 적 업그레이드

- 11장, 게임 스테이트와 마무리 손질 적용

- 12장, 빌드 및 배포

09

인공지능으로 똑똑한 적 만들기

이 장에서는 플레이어를 위협하는 적을 만들어 게임플레이에 또 다른 도전을 추가하겠다. 먼저, 인공지능 행동을 하는 적을 위해 타깃 실린더를 남겨둘 것이다. 플레이어를 위협할 수 있는 잠재력이 있고 주변 세계를 분석해서 결정을 내릴 수 있는 적을 세팅한다. 이를 위해, 인공지능 동작을 처리하기 위한 언리얼 엔진의 기본 내장 도구와 블루프린트 스크립팅과 어떻게 상호 작용하는지 알아보겠다. 이 과정에서 다음 주제를 다룬다.

- 탐색할 적 액터 세팅

- 탐색 동작 만들기

- 인공지능이 플레이어를 추적하게 하는 것

9장에서는 적의 탐색을 레벨에서 처리하는 비헤이비어 트리를 만들고 적들이 그들의 시야에 있을 때 플레이어를 추적하게 할 수 있다.

⫸ 적 액터가 탐색하도록 세팅

지금까지의 목표는 기본적인 실린더 지오메트리로 표현돼 왔다. 이것은 플레이어의 조준 과제로서만 존재하는 반응하지 않는 타깃을 프로토타입화하는 데 잘 작동했다. 그러나, 적들이 돌아다니며 플레이어에게 위협을 가할 때는 적어도 플레이어에게 이동 방향을 알려주는 인식 가능한 외관이 필요하다. 다행히도, 에픽은 언리얼 엔진을 위해 무료로 사용할 수 있는 에셋 패키지를 만들었다. 이 패키지를 통해 게임에 휴머노이드 모델을 추가할 수 있다. 새로운 적 타입에 적합한 모델이다.

다음 절에서는 마켓플레이스에서 에셋 패키지를 가져오고, 플레이 영역을 확장하고, 내비게이션 메시를 사용하고, 적이 사용하는 AI 에셋을 생성하는 방법을 배운다.

마켓플레이스에서 가져오기

먼저 언리얼 엔진 에디터에서 벗어나 Epic Games Launcher에 초점을 맞추겠다 마켓플레이스에서 무료 에셋 패키지를 가져오려면 다음 단계를 따른다.

1. **Epic Games Launcher**를 열고 창 왼쪽에 있는 **언리얼 엔진** 메뉴를 클릭한다.

2. 맨 위에 있는 **마켓플레이스** 탭을 클릭하고 Animation Starter을 검색한다.

3. **애니메이션 스타터 팩**의 **카트에 추가** 버튼을 클릭한다.

그림 9.1 언리얼 엔진 마켓플레이스

4. 오른쪽 상단에 있는 **쇼핑 카트** 아이콘을 클릭한다.

5. **쇼핑 카트** 패널에서 **체크아웃** 버튼을 클릭한다.

6. 패널이 닫히면 **애니메이션 스타터 팩**의 이미지를 클릭해서 에셋 페이지를 연다.

7. **프로젝트에 추가** 버튼을 클릭하고 게임을 빌드하기 위해 사용 중인 프로젝트를 선택한다. AnimStarterPack이라는 폴더가 프로젝트의 콘텐츠 폴더에 추가된다.

애니메이션 스타터 팩은 적을 대표하기 위해 필요한 에셋을 가지고 있다. 이제 플레이 영역에 플레이어와 적을 위한 공간이 더 필요하다.

플레이 영역 확장

지능적인 적들이 플레이어를 추격할 수 있는 흥미로운 환경을 제공하기 위해 기본 일인칭 예제 맵 레이아웃을 몇 가지 변경해야 한다. 기존의 레이아웃은 사격 목표물에 사용할 수 있지만, 플레이어가 추격하는 적을 피하기에는 너무 비좁다.

게임플레이에 빠르게 조금씩 다양성을 더하기 위해 플레이 영역을 기존보다 2배 넓히기로 한다. 또한 플레이어와 적 모두 경사로를 통해 접근할 수 있는 높은 지역을 만든다. 다음 스크린샷은 새 레벨 레이아웃을 보여준다.

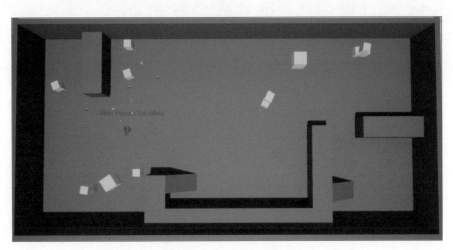

그림 9.2 새로운 레벨 레이아웃

다음 단계에 따라 레벨 레이아웃을 수정한다.

1. 언리얼 에디터에서 프로젝트를 연다.

2. **일인칭 템플릿** 레이블을 제거한다. 또한 레벨에서 **BP_CylinderTarget**의 인스턴스를 모두 제거한다. 뷰포트에서 인스턴스를 클릭하거나 월드 아웃라이너에서 해당 인스턴스를 찾아 선택할 수 있다.

3. **Floor**를 클릭해서 선택한다. Alt키를 누른 상태에서 Y축 화살표를 클릭하고 끌어서 **Floor**를 복사한다. 플레이 영역이 두 배 넓어질 때까지 Y축에서 **Floor2**를 이동한다.

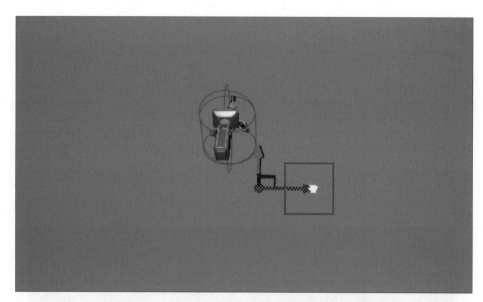

그림 9.3 Alt키를 누른 상태에서 클릭해서 끌어서 Floor 메시 복제

4. 새로운 플레이 영역을 커버하기 위해 **Lightmass Importance Volume**과 **Post Process Volume**의 크기를 키우자. 이 볼륨들은 조명 및 효과에 사용된다.

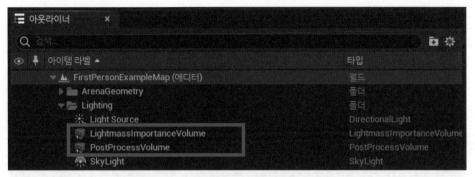

그림 9.4 이 볼륨은 플레이 영역을 덮어야 한다.

5. **아웃라이너** 패널에서 **Lightmass Importance Volume**을 클릭한다. 그런 다음 **디테일** 패널에서 **스케일** 속성의 **Lock** 자식콘을 클릭해서 잠금을 해제하고 **스케일**의 Y축(녹색) 값을 2.0으로 세팅한다.

6. 다음으로, 레벨 에디터에서 **LightmassImportanceVolume**을 플레이 영역이 될 때까지 Y축에서 이동한다

그림 9.5 LightmassImportanceVolume의 Y크기 증가

7. **아웃라이너** 패널에서 **PostProcessVolume**을 클릭한 다음 **디테일** 패널에서 **스케일**의 Y축(녹색) 값을 44.0으로 세팅한다. 완료되면 레벨 에디터로 이동해서 플레이 영역이 될 때까지 Y축에서 **PostProcessVolume**을 이동한다.

그림 9.6 PostProcessVolume의 Y 척도 증가

8. 레벨 에디터에서 플레이 영역 가운데에 있는 **Wall3**이라는 이름의 벽을 클릭한다. **디테일** 패널에서 **Location**의 Y축(녹색) 값을 5945.0으로 세팅한다.

9. 다음 **Wall1**이라는 이름의 벽을 클릭한다. Alt키를 누른 상태에서 Y 화살표를 클릭하고 끌어서 벽의 복사본을 만든다. **디테일** 패널에서의 Y축(녹색) 값을 4000.0으로 세팅한다.

10. 그런 다음 **Wall2**라는 이름의 벽을 클릭한다. Alt키를 누른 상태에서 Y 화살표를 클릭하고 끌어서 벽의 복사본을 만든다. **디테일** 패널에서 **Location**의 Y축(녹색) 값을 4000.0으로 세팅한다. 다음 스크린샷은 현재 플레이 영역의 모양을 보여준다.

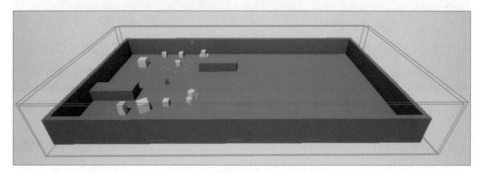

그림 9.7 현재 플레이 영역의 2배 넓이

11. **BigWall2**라는 이름의 벽을 클릭한다. Alt키를 누른 상태에서 Y 화살표를 클릭하고 끌어서 벽의 복사본을 만든다. **디테일** 패널에서 **위치** Y축^(녹색) 값을 529으로 세팅한다.

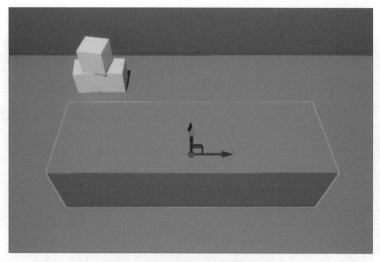

그림 9.8 BigWall2 복사 후 오른쪽으로 이동

12. 우리는 **BigWall2**를 플레이 영역 중앙에 더 큰 벽을 만들기 위해 변형할 것이다. **BigWall2**를 클릭해서 선택한다. **디테일** 패널에서 **위치**를 X = -280, Y = 2000 및 Z = 322로 세팅하고 **스케일**을 X = 30, Y = 4, Z = 3으로 세팅한다.

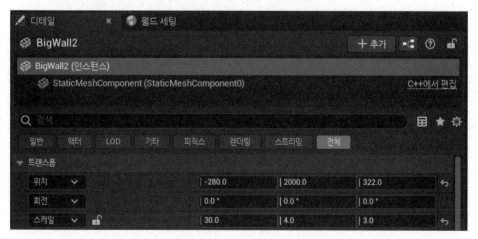

그림 9.9 BigWall2 트랜스폼 수정

13. 이제, 높은 곳에 접근할 수 있는 경사로를 추가할 것이다. 콘텐츠 브라우저에서 콘텐츠 〉 StarterContent 〉 Shapes 폴더에 접근한다. **Shape_Wedge_B** 에셋을 끌어 레벨에 놓는다. **디테일** 패널에서 **위치**를 X = −1630으로 세팅한다.

Y = 2500, Z = 170, X = 0, Y = 0 및 Z = 90으로 회전하고 X = 6, Y = 3 및 Z = 3:

그림 9.10 Shape_Wedge_B를 사용해서 경사 생성

14. **머티리얼**에서 **엘리먼트 0**을 Shape_Wedge_B에서 회색 **CubeMaterial** 머티리얼로 변경한다.

그림 9.11 Shape_Wedge_B 소재 변경

15. 우리는 다른 경사로를 만들어 높아지는 지역에 접근할 것이다. 레벨에 있는 **Shape_Wedge_B** 인스턴스를 클릭한다. Alt키를 누른 상태에서 X 화살표를 클릭하고 끌어서 램프의 복사본을 만든다. **디테일** 패널에서 **위치**를 X = 1070, Y = 1500 및 Z = 170으로 세팅하고 **회전**을 X = 0, Y = 0 및 Z = -90으로 세팅한다.

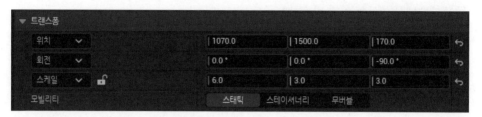

그림 9.12 두 번째 램프 위치 및 회전 변경

높아지는 지역은 다음과 같아야 한다.

그림 9.13 경사로를 통해 높아지는 구역에 접근할 수 있음

16. 레벨의 한쪽에 있는 흰색 박스 몇 개를 잡아서 다른 쪽으로 나눈다.

17. 레벨에 **BP_AmoPickup** 인스턴스를 추가한다.

플레이어와 적 사이의 행동을 위한 공간이 더 많은 레벨 레이아웃을 만들었다. 이제 적들이 레벨에서 이동하는 데 필요한 NavMesh를 만든다.

NavMesh 에셋으로 이동가능한 레벨 만들기

적들이 레벨을 횡단할 수 있는 인공지능 행동을 만들기 위해, 우리는 인공지능이 읽고 탐색하는 방법을 알 수 있는 환경의 맵을 만들어야 한다. 이 맵은 **내비게이션 메시**의 약칭인 **NavMesh**라는 에셋으로 만든다.

다음 단계에 따라 플레이 영역에 대한 NavMesh를 만든다.

1. 레벨 에디터에서 툴바에 있는 **만들기** 버튼을 클릭한다. **볼륨** 위에 마우스를 올려 놓으면 하위 메뉴가 표시되고 **NavMeshBoundsVolume**^{메시 경계 볼륨}을 클릭한다.

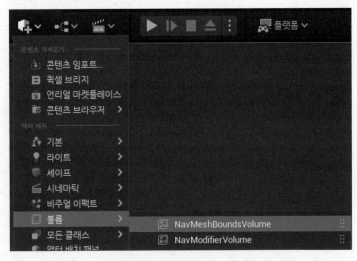

그림 9.14 레벨에 NavMesh 추가

2. 이제 **NavMeshBoundsVolume** 객체를, 이동가능한 수준의 걸어갈 수 있는 공간이 포함될 때까지 이동 및 크기조절 해야 한다. **디테일** 패널에서 X = −316, Y = 2116 및 Z = 460 **위치** 및 X = 20, Y = 44 및 Z = 7로 **스케일** 세팅

그림 9.15 NavMesh 변환 수정

3. 키보드의 P키를 눌러 NavMesh가 올바르게 배치됐는지 확인한다. 이 경우 다음 스크린샷에서 볼 수 있듯이 층 맨 위에 녹색 메시가 표시된다.

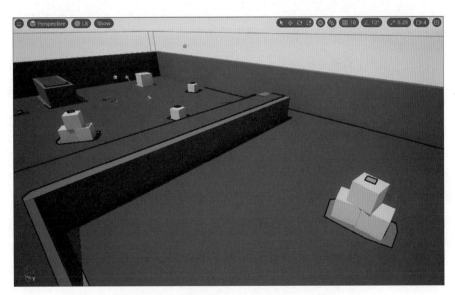

그림 9.16 P키를 눌러 NavMesh 가시성을 켜고 끈다.

이제 우리의 플레이 영역과 NavMesh가 설치되면, 우리는 적과 인공지능을 만드는 데 집중할 수 있다.

AI 에셋 생성

우리는 적의 행동을 관리하기 위해 함께 동작하는 네 가지 타입의 에셋을 만들어야 한다.

- **캐릭터**: 레벨안에 적 캐릭터를 나타내는 블루프린트 클래스다.

- **AI 컨트롤러**: 캐릭터와 비헤이비어 트리 간의 연결 역할을 하는 블루프린트 클래스다. 비헤이비어 트리 내에서 생성된 정보와 동작을 캐릭터에 전달해서 해당 액션을 적용한다.

- **비헤이비어 트리**: 비헤이비어 트리는 우리의 적에게 어떤 조건들이 어떤 행동을 하게 해야 하는지 지시하는 의사 결정 논리의 기준이 된다.

- **블랙보드**: 블랙보드는 AI 컨트롤러와 비헤이비어 트리 간에 공유되는 의사 결정에 사용되는 모든 데이터를 저장하는 컨테이너다.

네 가지 에셋을 생성하는 단계는 다음과 같다.

1. 콘텐츠 브라우저에서 콘텐츠 〉 FirstPersonBP 폴더에 접근한다. 폴더 목록 옆의 빈 공간을 우클릭하고 **새 폴더** 옵션을 선택한다. 새 폴더의 이름을 Enemy로 지정한다.

2. 생성한 적 폴더를 열고 빈 폴더 공간을 우클릭하고 **블루프린트 클래스**를 선택한다.

3. 팝업 하단에 있는 **모든 클래스** 그룹을 열고 검색란에 ASP_를 입력한다. Ue4ASP_
   Character를 선택한다. 새 캐릭터 블루프린트를 생성하는 ASP_Character 클래
   스다. 다음은 **Animation Starter Pack**의 기본 캐릭터 클래스다. 이 장의 시작 부분
   에 프로젝트에 추가했다.

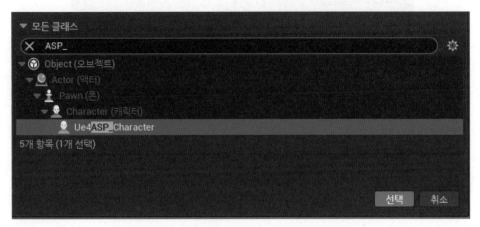

그림 9.17 적 캐릭터 블루프린트의 부모 클래스 선택

4. BP_EnemyCharacter로 이름을 바꾼다.

5. 이제 **AIController** 자식 클래스를 만든다. Enemy 폴더의 빈 공간을 우클릭하고 **블
   루프린트 클래스**를 선택한다.

6. 팝업 맨 아래에 있는 **모든 클래스** 그룹을 열고 검색란에 AIController를 입력한다.
   AIController 클래스를 선택하고 결과 블루프린트 BP_EnemyController로 이름
   을 지정한다.

7. **비헤이비어 트리** 에셋을 만들려면 Enemy 폴더의 빈 공간을 우클릭하고 **인공지능**
   위에 마우스를 올려 하위 메뉴를 표시한 다음 **비헤이비어 트리**를 선택한다.

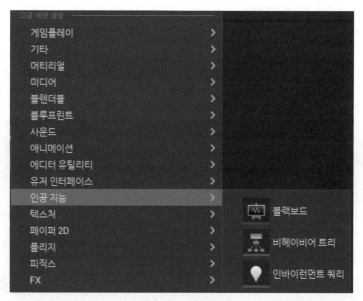

그림 9.18 인공지능 에셋

8. **비헤이비어 트리** 에셋의 이름을 BT_EnemyBehavior로 바꾼다.

9. 마지막으로 **블랙보드** 에셋을 만들려면 Enemy 폴더의 빈 공간을 우클릭하고 **인공 지능** 위에 마우스를 올려 하위 메뉴를 표시한 다음 **블랙보드**를 선택한다. 이름을 BB_EnemyBlackboard로 정한다.

10. 다음 스크린샷은 Enemy 폴더의 에셋을 보여준다.

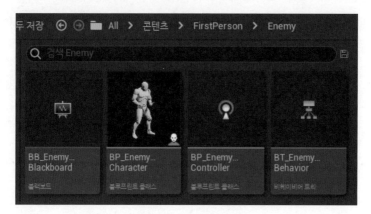

그림 9.19 Enemy 폴더 에셋들

이것은 우리가 적 캐릭터의 AI를 구현하기 위해 사용할 에셋이다. 다음으로, 우리는 BP_Enemy Character 블루프린트를 몇 가지 수정한다.

BP_EnemyCharacter 블루프린트 세팅

BP_EnemyCharacter를 ASP_Character의 자식 클래스로 만들었기 때문에, 임포트한 애니메이션팩에서 메시, 텍스처, 애니메이션에 대한 정보를 이어받았다. 메시나 애니메이션과 같은 것들이, 보관하고 싶은 정보 중 일부다. 그러나 BP_EnemyCharacter가 올바른 AI 컨트롤러에 의해 어떻게 제어되는지 확인해야 한다. 또한 BP_Enemy Character의 머티리얼을 변경하고 게임에서 보여지는 캡슐 컴포넌트를 숨길 것이다.

> **NOTE**
>
> 스크립트가 없는 블루프린트를 열면 기본 값만 편집할 수 있는 간단한 에디터가 표시된다.

다음 단계에 따라 조정한다.

1. BP_EnemyCharacter 블루프린트를 연다.

2. 툴바에서 **클래스 디폴트** 버튼을 클릭한다.

그림 9.20 클래스 디폴트값 접근

3. 디테일 패널에서 **폰** 카테고리를 찾는다. 이 카테고리의 마지막 요소는 **AI 컨트롤러 클래스**에 대한 드롭다운 리스트다. 이 드롭다운 목록의 선택해 새 **BP_Enemy Controller** 클래스로 변경한다.

그림 9.21 AI 컨트롤러 클래스 세팅

4. **컴포넌트** 패널에서 **메시(CharacterMesh0)**를 클릭한다. 그런 다음 **디테일** 패널에서 **머티리얼** 카테고리를 찾고 **머티리얼**의 **엘리먼트 0**을 우리가 만든 **M_TargetRed** 머티리얼로 변경한다.

그림 9.22 메쉬 소재 변경

5. **컴포넌트** 패널에서 Capsule Component(CollisionCylinder)를 클릭한다. 디테일 패널에서 **콜리전 프리셋**을 Block AllDynamic으로 변경하고 **렌더링** 카테고리에서 **게임에서 숨김** 속성을 확인한다.

그림 9.23 캡슐 컴포넌트 숨기기

6. 블루프린트를 컴파일하고 BP_Enemy Character 블루프린트를 레벨로 끌어 플레이 영역에 적의 인스턴스를 만든다.

이 절에서는 마켓플레이스에서 에셋을 가져오는 방법에 대해 배웠다. 우리는 NavMesh를 사용해서 레벨을 확장하고 통과 가능하도록 만들었다. 우리는 인공지능 에셋을 만들었고, 이제 우리는 적의 내비게이션 행동을 구현할 준비가 됐다.

내비게이션(탐색) 행동 만들기

적의 첫 번째 목표는 맵에 만든 지점 사이를 이동시키는 것이다. 이를 달성하기 위해, 적이 탐색할 지점을 맵에 만든 다음, 적이 순환적으로 각 지점으로 이동하도록 하는 행동을 세팅해야 한다.

패트롤(순찰) 지점 세팅

인공지능이 순찰할 경로를 만드는 것부터 시작한다. **트리거 스피어**는 오버랩(겹침) 이벤트를 생성하고 게임에 숨겨지기 때문에 순찰 지점을 나타내기 위해 사용할 것이다. BP_EnemyCharacter의 각 인스턴스는 두 개의 순찰 지점 사이를 탐색할 수 있기 때문에 우리는 적어도 두 개의 순찰 지점이 필요하다.

다음 단계에 따라 순찰 지점을 작성한다.

1. 레벨 에디터에서 툴바에 있는 **만들기** 버튼을 클릭한 다음, **트리거 스피어**를 클릭한다. 바닥의 아무 곳에나 트리거 스피어를 배치한다.

그림 9.24 트리거 스피어 생성

2. **디테일** 패널에서 Sphere Trigger를 PatrolPoint1로 이름을 변경한다.

3. 다른 트리거 스피어를 만들고 PatrolPoint2로 이름을 지정한다. 두 지점 사이의 이동이 눈에 띄도록 첫 번째 순찰 지점에서 멀리 배치한다.

패트롤(순찰) 포인트가 구축되면, 적의 지성을 만드는 단계로 나아갈 수 있다.

블랙보드 키 만들기

블랙보드는 키와 값을 사용해서 정보를 저장한다. BB_EnemyBlackboard는 두 개의 키를 사용하는데, 현재 순찰 지점을 저장하기 위한 키와 플레이어 캐릭터에 대한 참조를 저장하기 위한 키다. 이 정보는 비헤이비어 트리에서 참조된다.

다음은 키를 만드는 단계이다.

1. 콘텐츠 브라우저에서 BB_EnemyBlackboard를 연다.

2. **새 키**를 클릭하고 **오브젝트**를 **키 타입**으로 선택한다.

3. 이 새 키의 이름을 CurrentPatrolPoint로 지정한다.

4. **키 타입** 옆의 확장 화살표를 클릭하고 **베이스 클래스**를 **Actor**로 변경한다.

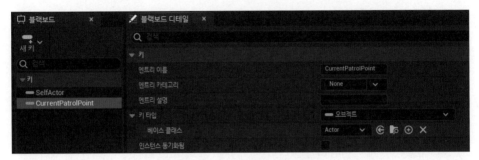

그림 9.25 Current PatrolPoint 키 생성

5. 이제 PlayerCharacter의 키를 만들어 보겠다. **새 키**를 클릭하고 **오브젝트**를 **키 타입**으로 선택한다.

6. 새 키의 이름을 PlayerCharacter로 지정한다. **키 타입** 옆의 확장 화살표를 클릭하고 **베이스 클래스**를 **Character**로 변경한다.

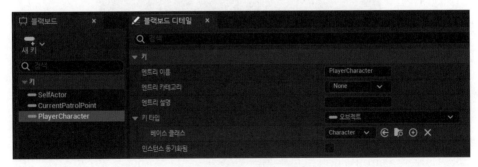

그림 9.26 PlayerCharacter 키 생성

이제, **Blackboard** 내의 **Current PatrolPoint** 키의 값을 레벨의 실제 순찰 지점으로 세팅 해야 한다. 이 작업은 BP_EnemyCharacter 블루프린트에서 수행할 수 있다.

BP_EnemyCharacter에서 변수 만들기

BP_Enemy Character에 변수를 만들어 순찰 지점을 저장하고, 블랙보드의 키 이름을 정한다

변수를 생성하려면 다음 단계를 수행한다.

1. BP_EnemyCharacter 블루프린트를 연다.

2. **내 블루프린트** 패널의 **변수** 카테고리에서 ⊕ 버튼을 클릭해서 변수를 추가하고 PatrolPoint1로 이름을 지정한다.

3. **디테일** 패널에서 **변수 타입** 드롭다운 메뉴를 클릭하고 액터를 검색한다. **액터** 위에 마우스를 올려 하위 메뉴를 표시한 다음 **오브젝트 레퍼런스**를 선택한다. **인스턴스 편 집가능** 속성을 확인한다.

그림 9.27 액터 인스턴스를 참조하는 변수 생성

4. 동일한 단계에 따라 PatrolPoint2라는 두 번째 **액터** 변수를 만든다.

5. Current PatrolPoint라는 다른 **액터** 변수를 만든다. 이번에는, **인스턴스 편집 가능** 속성을 선택하지 않는다.

6. 만든 변수들이다. 열린 눈 아이콘은 변수가 **인스턴스 편집가능**임을 의미하므로 **PatrolPoint1** 및 **PatrolPoint2** 변수의 레퍼런스를 레벨 에디터에서 세팅한다.

그림 9.28 PatrolPoint 변수

7. **내 블루프린트** 패널에서 다른 변수를 생성한다. **디테일** 패널에서 변수 이름을 PatrolPointKeyName으로 지정하고 **변수 타입**을 **네임**으로 변경한다. 블루프린트를 컴파일하고 **기본값**을 Current PatrolPoint로 세팅한다.

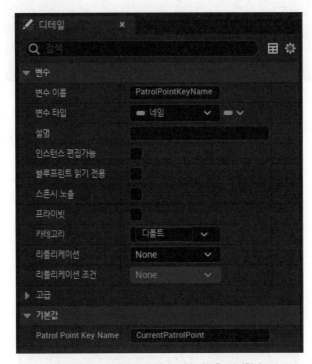

그림 9.29 이 변수는 블랙보드 키 이름을 저장한다.

이제 이러한 변수를 사용해서 BB_EnemyBlackboard 블랙보드의 값을 업데이트할 수 있다.

현재 순찰 지점 키 업데이트

여러 곳에서 사용될 BB_EnemyBlackboard의 **Current Patrol Point** 키를 업데이트하기 위한 매크로를 만들 것이다.

매크로를 만드는 단계는 다음과 같다.

1. **내 블루프린트** 패널에서 **매크로** 카테고리의 ⊕ 버튼을 클릭해서 매크로를 생성한다. 매크로 이름을 UpdatePatrolPointBB로 변경한다.

그림 9.30 매크로 생성

2. 매크로의 **디테일** 창에서 In이라는 입력 파라미터와 Out이라는 출력 파라미터를 생성한다.

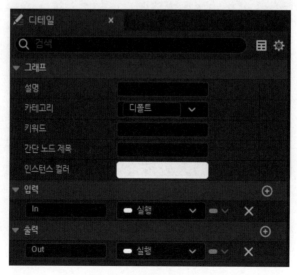

그림 9.31 매크로에 실행 핀 추가

3. **UpdatePatrolPointBB** 매크로에 대해 생성된 탭에서 다음 스크린샷에 표시된 노드를 추가한다.

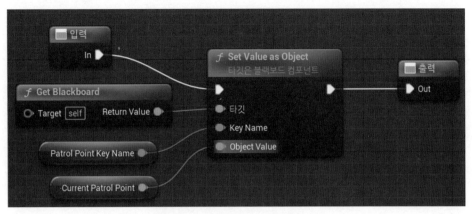

그림 9.32 Update PatrolPoint BB 매크로

4. 그래프를 우클릭하고 **Get Blackboard** 노드를 추가한다. 이것은 AI 컨트롤러가 사용하고 있는 블랙보드를 검색하는 유틸리티 기능이다.

5. **Get Blackboard**의 **Return Value** 핀에서 와이어를 끌어 **Set Value as Object** 노드를 추가한다.

6. **Set Value as Object** 노드의 **Key Name** 핀에서 와이어를 끌어 **GET Patrol Point Key Name** 노드를 추가한다.

7. **Set Value as Object** 노드의 **Object Value** 핀에서 와이어를 끌어 **GET Current Patrol Point** 노드를 추가한다.

8. **Inputs**, **Set Value as Object**, **Outputs** 노드의 흰색 실행 핀을 연결한다. 블루프린트를 컴파일한다.

다음으로 BP_EnemyCharacter 인스턴스가 순찰 포인트와 겹치는 시점을 확인해서 BB_EnemyBlackboard의 **Current PatrolPoint** 키를 업데이트해야 한다.

순찰 지점 겹침

Actor Begin Overlap 이벤트를 사용해서 BP_Enemy Character의 인스턴스가 두 순찰 지점 중 하나에 도달하는지 확인한 다음, 인스턴스가 이동중인 방향으로 순찰 지점을 바꾼다.

CurrentPatrolPoint 변수를 업데이트할 때마다 UpdatePatrolPointB 매크로를 호출해야 한다.

BeginPlay 이벤트에서는 초기 순찰 지점을 CurrentPolutionPoint로 세팅하고 Patrol PointBB 매크로를 업데이트한다.

다음 단계에 따라 이벤트를 생성한다.

1. BP_EnemyCharacter의 현재 순찰 지점에서 BeginPlay 이벤트의 흰색 실행 핀에서 와이어를 끌어 SET Current Patrol Point 노드를 추가한다.

2. SET Current Patrol Point의 입력 핀에서 와이어를 끌어 GET Patrol Point 1 노드를 추가한다.

3. SET Current Patrol Point 노드의 흰색 출력 핀에서 와이어를 끌어 Update Patrol Point BB 매크로 노드를 추가한다.

그림 9.33 초기 순찰 지점 세팅

4. 이제 순찰 지점을 교체하는 ActorBeginOverlap 이벤트를 만들어 보겠다. 이벤트는 먼저 적이 Patrol Point 1과 겹치는지 확인한다. True이면 이벤트는 Patrol Point 2를 Current Patrol Point로 세팅한다. false일 경우, 이벤트는 적이 Patrol Point 2와 겹치는지 여부를 확인한다. 이 경우 이벤트는 Patrol Point 1을 Current Patrol Point로 세팅한다.

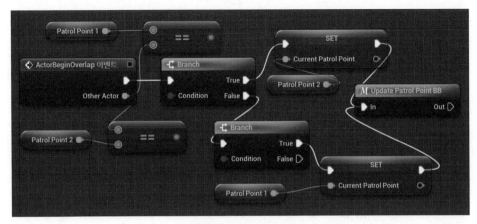

그림 9.34 순찰 지점 교체

5. 5~8단계의 노드는 적이 **Patrol Point 1**과 겹치는지 확인하는 것이다. **ActorBegin Overlap** 이벤트 노드의 흰색 실행 핀에서 와이어를 끌어 **Branch** 노드를 추가한다.

6. **Branch** 노드의 **Condition** 입력 핀에서 와이어를 끌어 **같음**(==) 노드를 추가한다.

7. **같음** 노드의 상단 입력 핀에서 와이어를 끌어 **GET Patrol Point 1** 노드를 추가한다.

8. **같음** 노드의 하단 입력 핀을 **ActorBeginOverlap** 이벤트 노드의 **Other Actor** 출력 핀에 연결한다.

9. 9~11단계의 노드는 **Patrol Point 2**를 **현재 순찰점**으로 세팅한다. **Branch** 노드의 **True** 출력 핀에서 와이어를 끌어 **SET Current Patrol Point** 노드를 추가한다.

10. **SET Current Patrol Point** 노드의 입력 핀에서 와이어를 끌어 **GET Patrol Point 2** 노드를 추가한다.

11. **SET Current Patrol Point** 노드의 흰색 출력 핀에서 와이어를 끌어 **UpdatePatrol PointBB** 매크로 노드를 추가한다.

12. 12~15단계의 노드는 적이 **Patrol Point 2**과 겹치는지 확인하는 것이다. **Branch** 노드의 **false** 출력 핀에서 와이어를 끌어 다른 **Branch** 노드를 추가한다.

13. 두 번째 **Branch** 노드의 **Condition** 입력 핀에서 와이어를 끌어 **같음** 노드를 추가한다.

14. **같음** 노드의 상단 입력 핀을 **ActorBeginOverlap** 이벤트 노드의 **Other Actor** 출력 핀에 연결한다.

15. **같음** 노드의 하단 입력 핀에서 와이어를 끌어 **GET Patrol Point 2** 노드를 추가한다.

16. 16~18단계의 노드는 **Patrol Point 1**을 **Current Patrol Point**로 세팅한다. 두 번째 **Branch** 노드의 **True** 출력 핀에서 와이어를 끌어 **SET Current Patrol Point** 노드를 추가한다.

17. 새 **SET Current Patrol Point** 노드의 입력 핀에서 와이어를 끌어 **GET Patrol Point 1** 노드를 추가한다.

18. **SET Current Patrol Point** 노드의 흰색 출력 핀을 **UpdatePatrol Point BB** 노드의 입력 핀에 연결한다.

19. 블루프린트를 컴파일하고 저장한다.

이러한 작업은 BP_Enemy Character 블루프린트가 순찰 지점을 처리하는데 필요하다. 다음 단계에서는 BP_EnemyController 블루프린트를 수정해서 비헤이비어 트리를 실행한다.

AI 컨트롤러에서의 비헤이비어 트리 실행

AIController 클래스에는 **Run Behavior Tree**라는 기능이 있다. 비헤이비어 트리 에셋을 파라미터로 받는다. BT_EnemyBehavior Behavior Tree를 실행하기 위한 부모 클래스로 AIController를 사용해서 BP_EnemyController 블루프린트를 만들었다. 비헤이비어 트리를 실행하는 절차는 다음과 같다.

1. BP_EnemyController 블루프린트를 연다.

2. 이벤트그래프에서 **BeginPlay 이벤트**의 흰색 실행 핀에서 와이어를 끌어 실행 **Run Behavior Tree** 노드를 추가한다.

3. **BTAsset**의 입력파라미터로 **BT_EnemyBehavior**를 세팅한다.

그림 9.35 비헤이비어 트리 실행

4. 블루프린트를 컴파일해서 저장한다.

우리는 순찰 지점을 탐색하기 위해 블루프린트에서 필수적인 작업을 끝마쳤다. 이제 인공지능의 심장인 비헤이비어 트리로 넘어갈 수 있다.

비헤이비어 트리로 인공지능이 걷도록 가르치기

비헤이비어 트리는 캐릭터의 행동을 모델링하는 데 사용되는 도구이다. 여기에는 흐름 제어 노드 및 태스크 노드가 있다.

사용하는 2개의 주요 흐름제어 노드는 **Selector**와 **Sequence**이다. **셀렉터** 노드는 그 아래에 연결돼 있는 노드(자식 노드라고 함)를 왼쪽에서 오른쪽으로 각각 실행하지만, 한 자식이 정상적으로 실행되면 바로 실행이 중지된다. 따라서 **셀렉터** 노드에 3명의 자식이 있는 경우, 세 번째 자식 노드가 실행되는 유일한 방법은 첫 번째 자식 2명이 자식에 연결된 조건이 false이기 때문에 실행에 실패했을 경우이다. **시퀀스** 노드는 정반대이다. 또한 모든 하위 항목을 왼쪽에서 오른쪽으로 순서대로 실행하지만, 모든 하위 항목이 성공한 경우에만 **시퀀스** 노드가 성공한다. 첫 번째 자식이 실패하면 시퀀스 전체가 실패하고 실행이 종료되고 시퀀스가 중단된다.

첫 번째 비헤이비어 트리를 작성하려면 다음 절차를 따른다.

1. 콘텐츠 브라우저에서 BT_EnemyBehavior 에셋을 더블클릭해서 Behavior Tree
   에디터를 연다.

2. **디테일** 패널에서 **BehaviorTree**카테고리를 클릭하고 **Blackboard Asset**으로 **BB_
   EnemyBlackboard**를 선택한다. **BB_EnemyBlackboard**의 **키** 드롭다운이 하단에
   있는 **블랙보드** 패널에 나타난다.

그림 9.36 Behavior Tree에서 사용되는 블랙보드 에셋 선택

3. **비헤이비어 트리** 그래프를 확인한다. 로직 트리의 최상위 레벨은 항상 **ROOT** 노드
   가 된다. ROOT 노드는 단순히 로직 플로우의 시작 위치를 나타내는 역할을 한다.
   비헤이비어 트리 노드 하단에 있는 진한 선은 노드 간의 접속 포인트이다.

그림 9.37 ROOT 노드에서 시작하는 논리 플로우

4. **ROOT** 노드 하단의 어두운 영역에서 와이어를 클릭해서 끌어 빈 그래프 공간에 놓으면 선택 메뉴 팝업이 열린다. **Sequence** 옵션을 선택한다.

그림 9.38 Sequence 노드 추가

5. **디테일** 패널에서 **노드 이름**을 Move to Patrol으로 변경한다.

6. **Move to Patrol** 노드에서 와이어를 아래로 끌어서 **Move To**(이동) 노드를 추가한다. 이 타입의 노드는 **태스크 노드**로 보라색이며 비헤이비어 트리에서 항상 맨 아래 노드가 된다. 따라서 태스크 노드 하단에 추가 노드에 대한 연결 지점이 없다는 것을 알 수 있다.

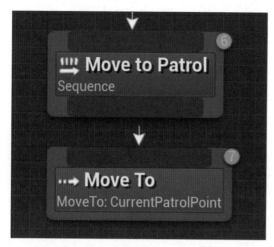

그림 9.39 이동(Move To)노드는 태스크 노드

7. 태스크 **이동** 노드의 **디테일** 패널에서 **블랙보드 키**를 **CurrentPatrolPoint**로 변경한다. 이 블랙보드 키는 Actor를 이동할 위치를 결정한다.

그림 9.40 Blackboard 키를 사용해서 목표를 결정한다.

8. **Move to Patrol** 시퀀스 노드에서 와이어를 아래로 끌어서 **Wait**(대기) 노드를 추가한다.

9. **Wait** 노드의 **디테일** 패널에서 **대기 시간**을 3.0으로 세팅해, 순찰사이에 3초간의 일시정지를 추가한다. **랜덤 편차**를 1.0으로 세팅해서 1초 변동을 추가한다. 그 결과, 2~4초의 랜덤한 길이로 일시정지된다.

그림 9.41 대기시간 조정

10. 비헤이비어 트리를 저장한다. 게임을 실행할 때 비헤이비어 트리는 적이 대상에 도달할 때까지 **MoveTo** 태스크 노드를 실행한다. 이때 **Wait** 태스크 노드가 실행될 것이다.

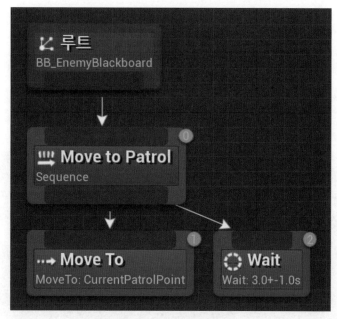

그림 9.42 첫 번째 비헤이비어 트리

NOTE

노드의 오른쪽 상단 모서리에 숫자가 있는 작은 회색 원에 주목한다. 이 숫자는 노드의 실행 순서를 나타내며, 노드의 왼쪽에서 오른쪽으로, 위에서 아래로 순서대로 정렬된다. 평가할 첫 번째 노드에는 0 배지가 부착된다.

이제 적의 순찰대를 시험할 모든 것을 준비했다.

BP_EnemyCharacter 인스턴스의 순찰 지점 선택

레벨 에디터에서 세팅하기 위해 BP_EnemyCharacter에서 **PatrolPoint1** 변수와 **Patrol Point2** 변수를 **인스턴스 편집가능**로 작성했다.

다음은 순찰 지점을 선택하는 단계이다.

1. 레벨 에디터에서 레벨에 배치한 BP_EnemyCharacter 인스턴스를 선택한다.

2. **디테일** 패널에서 **디폴트** 카테고리로 이동해서 **PatrolPoint1**과 **PatrolPoint2** 인스턴스를 세팅한다.

그림 9.43 순찰 지점 선택

3. 레벨을 저장하고 **플레이** 버튼을 클릭해서 테스트한다.

빨간색 적 캐릭터가 두 순찰 지점 중 첫 번째 위치로 이동하기 시작하는 것을 볼 수 있다. 첫 번째 포인트에 도달하면 일시 중지를 짧게 한 후 두 번째 순찰 지점으로 걸어가기 시작한다. 게임이 진행되는 동안 패턴이 앞뒤로 계속된다. 이제 순찰 행동이 확립됐으니, 적에게 플레이어를 보고 추적할 수 있는 능력을 줄 것이다.

⠿ AI가 플레이어를 추적하게 하기

폰 감지라는 이름의 컴포넌트는 적에게 시각과 청각을 추가하는 데 사용할 수 있다. 이 컴포넌트를 사용해서 비헤이비어 트리를 확장해서 적이 플레이어에 위협을 가하도록 하겠다.

폰 감지로 적에게 시야를 주기

적에게 플레이어를 탐지할 수 있는 기능을 부여하려면, 폰 감지 컴포넌트를 BP_EnemyController에 추가하고 적이 플레이어를 볼 때 플레이어 캐릭터 참조를 BB_EnemyBlackboard에 저장해야 한다. 폰 감지 컴포넌트를 사용하는 순서는 다음과 같다.

1. BP_EnemyController 블루프린트를 연다.

2. **내 블루프린트** 패널에서 변수를 만든다. **디테일** 패널에서 변수 이름을 PlayerKeyName으로 지정하고 **변수 타입**을 네임으로 변경한다. 블루프린트를 컴파일하고 **기본값**을 Player Character로 세팅한다.

3. **컴포넌트** 패널에서 **추가** 버튼을 클릭해서 폰을 검색한다. **폰 감지** 컴포넌트를 선택한다.

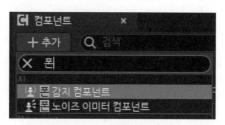

그림 9.44 폰 감지 컴포넌트 추가

4. 폰 감지 컴포넌트의 **디테일**패널에서 **이벤트** 카테고리를 보고 **폰 보기 시** 이벤트의 녹색 버튼을 클릭해서 이벤트그래프에 추가한다.

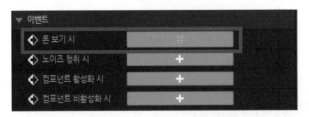

그림 9.45 On See Pown 이벤트 추가

5. **폰 보기 시(PwanSensing)** 이벤트는 적에게 시야를 따라 **폰 클래스**^{(또는 그 자식 클래스, 캐릭}터)의 인스턴스가 보이면 트리거된다. 표시된 인스턴스가 플레이어^{(First Person Character}클래스)인지 확인해야 한다. 플레이어인 경우 블랙보드에 인스턴스 참조를 저장한다.

그림 9.46 블랙보드에 Player Character 레퍼런스 저장

6. **폰 보기 시 (PwanSensing)** 이벤트의 **폰** 출력 핀에서 와이어를 끌어 **First Person Character** 노드에 **형변환**을 추가한다.

7. 그래프를 우클릭하고 **Blackboard 가져오기** 노드를 추가한다.

8. **Get Blackboard**의 **Return Value** 핀에서 와이어를 끌어 **Set Value as Object** 노드를 추가한다.

9. **Set Value as Object** 노드의 **키 이름** 핀에서 와이어를 끌어서 **GET Player** 노드를 추가한다.

10. **Set Value as Object** 노드의 **Object Value** 핀에서 와이어를 끌어서 **First Person Character** 출력 핀에 연결한다.

11. **First Person Character**에 **형변환** 및 **Set Value as Object** 노드의 흰색 실행 핀을 연결한다. 블루프린트를 컴파일한다.

BP_EnemyController 블루프린트에서 적에게 플레이어를 인식시키기 위해 필요한 변경 사항이다. 이제 비헤이비어 트리에 대해 알아보겠다.

비헤이비어 트리 태스크 만들기

태스크, **데코레이터** 및 **서비스**와 같은 비헤이비어 트리에서 사용할 새 요소를 만들 수 있다. 이러한 요소는 특수한 타입의 블루프린트다. 블랙보드 키를 지우는 간단한 태스크를 만든다.

태스크를 작성하는 절차는 다음과 같다.

1. 콘텐츠 브라우저에서 BT_EnemyBehavior 에셋을 더블클릭해서 비헤이비어 트리 에디터를 연다.

2. 툴바의 **새 태스크**버튼을 클릭한다.

그림 9.47 비헤이비어 트리 태스크

3. 프로젝트에 태스크가 없는 경우 **BTTask_BlueprintBase**를 부모 클래스로 사용해서 새로운 블루프린트와 함께 블루프린트 에디터가 열린다. 태스크가 있는 경우 표시되는 드롭다운에서 **BTTask_BlueprintBase** 클래스를 선택해야 한다.

4. **디테일** 패널에는 클래스 기본값이 표시된다. **노드 이름** 필드를 Clear BB Value로 변경한다.

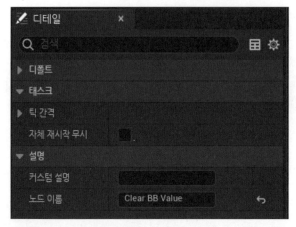

그림 9.48 노드 이름 세팅

5. **내 블루프린트** 패널의 **변수** 카테고리에서 ⊕ 버튼을 클릭해서 변수를 추가한다. **디 테일** 패널에서 변수의 이름을 Key로 지정하고 타입을 **블랙보드 키 선택 툴**로 변경한 후 **인스턴스 편집가능** 속성을 확인한다.

그림 9.49 키 변수 생성

6. 비헤이비어 트리 내에서 태스크가 활성화됐을 때 호출되는 **Receive Execute** 이벤 트를 사용한다. 사용 가능한 다른 이벤트를 보려면 **내 블루프린트** 패널을 사용해서 이벤트를 추가한다. 마우스를 **내 블루프린트** 패널의 **함수** 카테고리에 놓고 **오버라이 드** 드롭다운을 클릭한 다음 **Receive Execute**을 선택한다.

그림 9.50 Receive Execute 이벤트 추가

7. **Key** 변수를 사용해서 블랙보드값을 지우고 **Finish Execute** 함수를 사용해서 태스크를 수행한다.

그림 9.51 Receive Execute이벤트 액션들

8. **Receive Execute 이벤트**의 흰색 출력 핀에서 와이어를 끌어 **Clear Blackboard Value** 노드를 추가한다.

9. **Clear Blackboard Value**의 **Key** 입력 핀에서 와이어를 끌어 **Get Key** 노드를 추가한다.

10. **Clear Blackboard Value**의 흰색 출력 핀에서 와이어를 끌어 **Finish Execute** 노드를 추가한다. **Finish Execute** 노드의 **Success** 파라미터를 체크한다.

11. 블루프린트 에디터를 컴파일, 저장 및 닫는다. 콘텐츠 브라우저에서 **BTTask BTTask_ClearBBValue**로 이름을 변경한다.

새로운 태스크를 사용해서 적이 공격한 후 **플레이어 캐릭터** 레퍼런스를 삭제해서 플레이어가 도망갈 수 있는 기회를 제공한다.

비헤이비어 트리에 조건 추가

적에게 플레이어를 추적하게 하는 태스크에 접속할 다른 **시퀀스** 노드와, 두 개의 **시퀀스** 노드 중 하나를 실행하는 **셀렉터** 노드가 필요하다. 새로운 태스크는 적이 플레이어를 볼 때만 실행되도록 해야 한다. 이를 위해 데코레이터를 추가한다. 데코레이터는 노드 상단에 부착돼 작업을 수행하기 전에 충족해야 하는 조건을 제공한다.

다음 스크린샷은 이 절의 변경 후 비헤이비어 트리의 갱신된 버전을 보여준다. 다음 절에서 **Attack Player** 시퀀스의 태스크에 대해 설명한다.

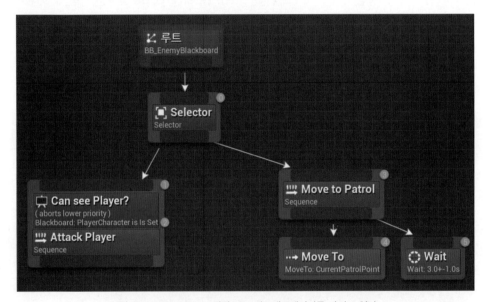

그림 9.52 Attack Player시퀀스 노드는 데코레이터를 가지고 있다.

비헤이비어 트리를 변경하는 순서는 다음과 같다.

1. 콘텐츠 브라우저에서 BT_EnemyBehavior 에셋을 더블클릭해서 비헤이비어 트리 에디터를 연다.

2. **ROOT** 노드 중앙을 우클릭하고 **모든 핀 링크끊기**를 선택한다.

3. **ROOT** 노드 하단의 어두운 영역에서 와이어를 끌어 빈 그래프 공간에 놓고 선택 메뉴 팝업을 연다. **Selector** 옵션을 선택한다.

4. **셀렉터** 노드에서 와이어를 아래로 끌어다 **Move to Patrol** 노드에 연결한다.

5. **셀렉터** 노드에서 다른 와이어를 아래로 끌어 **시퀀스** 노드를 추가한다. 새 노드는 Patrol 동작보다 우선하기 때문에 **Move to Patrol** 이동 노드 왼쪽에 있어야 한다.

6. **디테일** 패널에서 **노드이름**을 Attack Player으로 변경한다.

7. 이제 데코레이터를 사용해서 적이 플레이어를 볼 수 있는지 확인한다. **Attack Player** 노드를 우클릭해서 **데코레이터 추가**에 위치해 메뉴를 펼친 후 **Blackboard**를 선택해서 Decorator를 추가한다.

8. 데코레이터를 클릭하고 **디테일** 패널에서 **관찰자 중단** 항목을 **Lower Priority**으로, **블랙보드 키**를 **PlayerCharacter**로, **노드 이름**을 **Can see Player?**로 세팅한다.

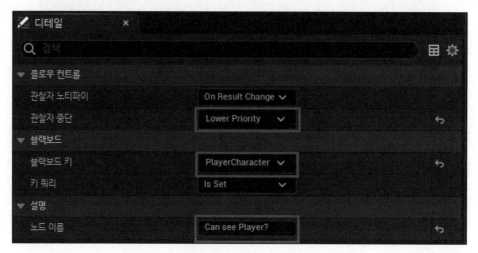

그림 9.53 데코레이터 세팅

9. 비헤이비어 트리를 저장한다. 이 데코레이터는 Player Character 키에 레퍼런스가 있는 경우에만 노드를 실행할 수 있다. 또한 **Move to Patrol** 시퀀스를 중단하고 **Attack Player** 시퀀스를 실행한다.

적이 플레이어를 추격하기 위해 누락된 부분은 **공격 플레이어** 시퀀스의 태스크 노드뿐이다.

추적 비헤이비어 생성

적이 플레이어를 추격하도록 하기 위해 **플레이어 캐릭터** 참조를 대상으로 하는 Move To 노드를 사용한다. Wait^{대기} 노드를 사용해서 공격 사이에 일시정지를 만들고 BTtask_ClearBBValue 태스크를 사용해서 PlayerCharacter 레퍼런스를 클리어한다.

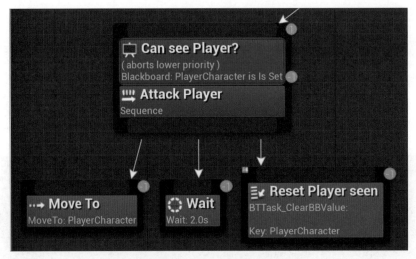

그림 9.54 Attack Player 시퀀스의 태스크 노드

다음 장에서는 적에게 피해를 입히도록 하겠다.

태스크 노드를 추가하려면 다음 단계를 수행한다.

1. **Attack Player** 시퀀스 노드에서 와이어를 끌어서 **Move To Task** 노드를 추가한다. 디테일 패널에서 **블랙보드 키**를 Player Character로 변경한다.

2. **Attack Player** 시퀀스 노드에서 와이어를 끌어서 BT 태스크 **대기**^{Wait} 노드를 추가한다. 디테일 패널에서 **대기 시간**을 2.0초로 세팅한다.

3. **Attack Player** 시퀀스 노드에서 다른 와이어를 끌어 **BTTask_ClearBBValue** 작업 노드를 추가한다. 디테일 패널에서 **키**를 PlayerCharacter로 변경하고 **노드 이름**을 Reset Player seen으로 변경한다.

그림 9.55 Blackboard의 Player Character 값 삭제

4. 비헤이비어 트리를 저장하고 비헤이비어 트리 에디터를 닫는다. 레벨 에디터에서 **플레이** 버튼을 눌러 적의 동작을 테스트한다.

순찰을 도는 적이 앞에서 플레이어 캐릭터를 감지하면, 적이 순찰을 멈추고 플레이어를 추격한다. 적이 플레이어에 도달하면 2초간 정지한 후 순찰 경로로 돌아간다. 만약 적이 시야에서 플레이어를 감지하면 순찰을 중지하고 플레이어를 다시 추적하기 시작할 것이다.

🝆 요약

이번 장에서는 간단한 이동 타깃을 플레이어에 도전할 수 있는 강력한 게임 적들로 바꾸는 과정을 시작했다. 이 과정에서는 AI 컨트롤러, 비헤이비어 트리 및 블랙보드를 함께 활용해서 주변 세상을 감지하고 해당 정보를 기반으로 결정을 내리는 능력을 가진 적을 만드는 방법에 대한 기본 사항을 배웠다.

플레이어에 중대한 도전을 가하기 위해 AI를 개발하는 과정을 계속 진행함에 따라, 배운 기술을 사용해서 적에게 줄 수 있는 다른 종류의 행동(비헤이비어)을 고려할 수 있다. AI 메커니즘에 대한 계속적인 탐구를 통해 우리가 여기서 구현하기 시작한 감지, 의사결정 및 행동의 코어루프가 계속 돌아가는 것을 볼 수 있다.

다음 장에서는 플레이어에 진정으로 도전할 수 있는 적을 만들기 위해 AI 동작을 확장한다. 우리는 적이 플레이어의 말을 듣고 소리를 조사하는 능력을 추가하며, 적이 너무 가까이 접근하면 플레이어에게 데미지를 줄 수 있는 공격 능력을 부여한다. 이 새로운 위협에 대한 게임의 균형을 맞추기 위해 플레이어에게 적에 대항할 수 있는 능력도 부여한다.

⁝ 퀴즈

1. **Run Behavior Tree** 함수는 어느 클래스에 속합니까?

    a. Actor

    b. Pawn

    c. AIController

    d. PlayerController

2. 블랙보드는 이벤트와 액션을 수행할 수 있는 특수한 타입의 블루프린트이다.

    a. True

    b. False

3. 비헤이비어 트리 그래프에는 흐름제어 노드 및 태스크 노드가 있을 수 있다.

    a. True

    b. False

4. 자식 한 개가 성공적으로 실행되면 바로 성공하고 실행을 중지하는 흐름제어 노드는 무엇입니까?

    a. 셀렉터

    b. 시퀀스

5. 노드를 실행하기 위해 충족해야 하는 조건을 제공하기 위해 노드에 추가할 수 있는 요소는 무엇입니까?

    a. 태스크

    b. 데코레이터

    c. 서비스

10

AI 적 업그레이드

이 장에서는 AI 적에게 더 많은 기능을 추가해서 플레이어가 실패할 가능성을 제공하고 더 큰 게임플레이 다양성을 창출할 것이다. 이 시점에서, 플레이어에게 제공하고자 하는 도전의 종류를 정하기 시작할 것이다. 플레이어가 수많은 적들과 맞서 살아남기 위해 노력해야 하는 액션 중심의 경험을 만들기 위해, 플레이어를 끈질기게 추격할 좀비 같은 적을 만들 것이다.

피해를 입히고 배회하는 패턴을 사용해서 플레이어 생존의 어려움을 증가시키는 능력을 포함해서 AI에 더 많은 기능을 제공하는 것으로 시작할 것이다. 그런 다음 플레이어에게 주의를 돌려 이러한 위험한 적과 싸울 수 있는 능력을 부여한다. 마지막으로 게임에서 순차적으로 새로운 적을 스폰할 수 있는 시스템을 구축해서 늘어난 난이도의 밸런스를 완성할 것이다.

이 과정에서 우리는 다음과 같은 목표를 다룰 것이다.

- 플레이어의 체력을 손상시킬 적의 근접 공격 도입
- AI에게 플레이어의 발자국과 발사를 들을 수 있는 기능 제공

- 적들이 소리를 듣고 조사하게 만들기

- 플레이어가 총으로 적을 파괴할 수 있도록 허용

- 월드에 새로운 적을 스폰

- AI 적들이 무작위로 레벨을 배회하도록 세팅

장이 끝날 무렵, 플레이어를 공격하고, 플레이어의 발자국 소리와 총소리를 들을 수 있고, 무작위로 레벨을 배회하는 AI 적을 스폰시킬 enemy spawner를 갖게 된다.

⫶ 적 공격 만들기

만약 만든 적들이 플레이어가 그들을 위해 만든 목표를 달성하는 데 진정한 장애물이 될 것이라면, 먼저 플레이어에게 피해를 줄 수 있는 능력을 적들에게 줘야 할 것이다. 9장, '인공지능으로 똑똑한 적 만들기'에서는 적의 공격 패턴의 기본 구조를 세팅했다. 플레이어가 적의 시야에 들어오면 트리거된다. 우리는 이제 이 공격에 데미지 요소를 도입해서 적이 플레이어의 근거리 범위에 도달하는 결과가 어느 정도 발생하도록 할 것이다.

공격 태스크 만들기

피해를 입히는 BTTask_DoAttack라는 공격 태스크를 만들고, 적 비헤이비어 트리에서 만든 **Attack Player** 시퀀스를 확장한다. 태스크에는 두 개의 변수가 있다 - 하나는 데미지 줄 대상을 저장하고 다른 하나는 적용할 데미지의 양을 저장하는 것이다.

다음 단계에 따라 공격 태스크를 만든다.

1. 콘텐츠 브라우저에서 콘텐츠 〉 FirstPersonBP 〉 Enemy 폴더에 접근하고 BT_ EnemyBehavior 에셋을 두 번 클릭해서 비헤이비어 트리 에디터를 연다.

2. 툴바에서 **새 태스크** 버튼을 클릭하고 나타나는 드롭다운 메뉴에서 **BTTask_Bluep rintBase** 옵션을 선택한다. 태스크는 비헤이비어 트리 콘텐츠/FirstPersonBP/ Enemy와 동일한 폴더에 만들어진다.

3. 콘텐츠 브라우저에서 새로 만든 **BTTask_BlueprintBase_New** 에셋의 이름을 BTTask_DoAttack로 바꾼다. **BTTask_DoAttack**를 두 번 클릭해서 블루프린트 에 디터로 돌아간다.

4. **디테일** 패널에는 클래스 기본값이 표시된다. **노드 이름** 필드를 DoAttack으로 변경 한다.

5. **내 블루프린트** 패널에서 **변수** 카테고리의 ⊕ 버튼을 클릭한다. **디테일** 패널에서 변 수 이름을 TargetActorKey로 지정하고 타입을 **블랙보드 키 선택툴**로 변경한 다음 **인스턴스 편집 가능** 속성을 확인한다.

그림 10.1 TargetActorKey 변수 만들기

6. **내 블루프린트** 패널에서 다른 변수를 생성한다. **디테일** 패널에서 변수 이름을 [손상] 으로 지정하고, **변수 타입**을 플로트로 변경하고, **인스턴스 편집** 가능 속성을 확인한 다. 블루프린트를 컴파일하고 **기본값**을 0.25로 세팅하면 공격이 플레이어의 체력 의 25%를 감소시키게 된다.

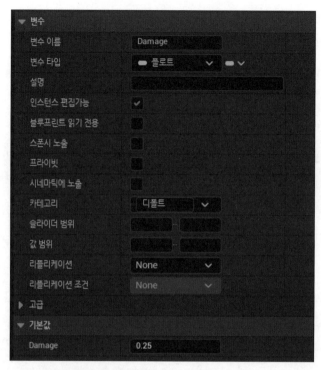

그림 10.2 Damage 변수의 기본값은 0.25이다.

7. 내 **블루프린트** 패널의 **함수** 카테고리에 마우스를 가져간 다음 **오버라이드** 드롭다운을 클릭하고 **Receive Execute**를 선택해서 이벤트를 추가한다.

8. **Receive Execute 이벤트**에서, 우리는 **Target Actor**가 유효한지 확인한 다음 피해를 입힐 것이다. 이 이벤트는 블랙보드에서 **Target Actor** 레퍼런스를 가져오고 **Apply Damage** 함수를 호출하기 전에 유효한지 확인한다.

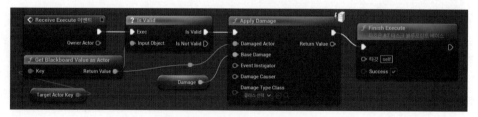

그림 10.3 Receive Execute 이벤트 태스크

9. 9-12단계의 노드는 블랙보드에서 **Target Actor** 레퍼런스를 가져와 유효한지 확인한다. **Receive Execute** 이벤트의 흰색 핀에서 와이어를 끌어서 **Is Valid** 매크로 노드를 추가한다.

10. **내 블루프린트** 패널에서 **Target Actor Key** 키 변수를 끌어 **이벤트그래프**를 놓은 다음 **Get Target Actor Key**를 선택한다.

11. **Target Actor** 키 노드에서 와이어를 끌어서 **Get Blackboard Value as Actor**를 추가한다.

12. **Get Blackboard Value as Actor** 노드의 **Return Value**에서 액터로 와이어를 끌어서 **Is Valid** 노드의 **입력 오브젝트** 핀에 연결한다.

13. 단계 13-15의 노드는 **타깃 액터** 레퍼런스를 사용해서 **Apply Damage** 함수를 호출한다. **Get Blackboard Value as Actor**^{블랙보드 값 액터로 가져오기}의 **Return Value**에서 다른 와이어를 끌어서 **Apply Damage** 노드를 추가한다. **Is Valid** 출력 핀을 **Apply Damage** 노드의 흰색 입력 핀에 연결한다.

14. **Apply Damage**의 **Base Damage** 입력 핀에서 와이어를 끌어서 **Get Damage** 노드를 추가한다.

15. **Apply Damage**의 흰색 출력 핀에서 와이어를 끌어서 **Finish Execute** 노드를 추가하고 **Finish Execute** 노드의 **Success** 파라미터를 확인한다.

16. 블루프린트 에디터를 컴파일, 저장 및 닫는다.

이제 BT_EnemyBehavior의 Attack Player 시퀀스에 공격 태스크를 추가해야 한다.

비헤이비어 트리에서 Attack 태스크 사용

적의 공격은 근접 공격이므로 적은 플레이어에게 도달한 상태에서만 공격을 수행한다.

DoAttack 태스크를 사용하려면 다음 단계를 따르십시오.

1. 비헤이비어 트리 에디터에서 **Attack Player** 시퀀스 노드에서 와이어를 아래로 끌어서 **Move To** 및 **Wait** 태스크 노드 사이에 **BTTask_DoAttack** 태스크 노드를 추가한다.

2. **디테일** 패널에서 **Target Actor Key** 선택을 **PlayerCharacter**로 변경한다. **노드 이름**을 Damage Player로 변경해서 **DoAttack BTTask**를 사용하는 방법을 설명한다

그림 10.4 BTTask_DoAttack 속성

3. 비헤이비어 트리를 저장한다. **Attack Player** 시퀀스는 다음과 같아야 한다.

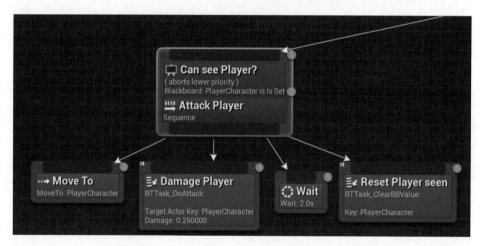

그림 10.5 BTTask_DoAttack 노드가 있는 Attack Player 시퀀스

Attack Player 시퀀스가 완료됐다. 이제 FirstPersonCharacte 블루프린트를 업데이트해서 손상이 처리될 때 체력 미터를 줄여야 한다.

체력 미터 업데이트

체력 미터 막대는 FirstPersonCharacter 블루프린트의 **Player Health** 변수에 연결된다. **AnyDamage 이벤트**를 사용해서 **Player Health** 변수의 값을 줄인다.

다음은 **AnyDamage 이벤트**를 만드는 단계이다.

1. 콘텐츠 브라우저에서 콘텐츠 〉 FirstPersonBP 〉 Blueprints에 접근한다. 폴더를 클릭하고 FirstPersonCharacter 블루프린트를 두 번 클릭한다.

2. **이벤트그래프**의 빈 공간을 우클릭하고 **AnyDamage 이벤트**를 추가한다. 다음 노드들을 이벤트에 추가한다.

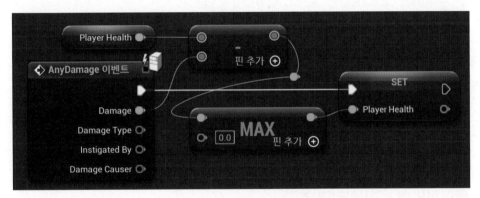

그림 10.6 AnyDamage 이벤트 액션들

3. **AnyDamage 이벤트** 노드의 흰색 출력 핀에서 와이어를 끌어서 **SET Player Health** 노드를 추가한다.

4. **SET Player Health**의 입력 핀에서 와이어를 끌어서 **MAX(플로트)** 노드를 추가한다. 이 노드를 사용해서 **플레이어 체력**이 0.0보다 작지 않도록 한다.

5. **Max(플로트)** 노드의 위쪽 입력 핀에서 와이어를 끌어서 **빼기** 노드를 생성한다.

6. **빼기** 노드의 위쪽 입력 핀에서 와이어를 끌어서 **GET Player Health** 노드를 추가한다.

7. 빼기 노드의 아래쪽 입력 핀에서 와이어를 끌어 **AnyDamage** 이벤트의 **Damage** 출력 핀에 연결한다.

8. 컴파일하고, 블루프린트를 저장하고, **플레이** 버튼을 눌러 테스트한다.

플레이어의 체력 미터는 적이 플레이어의 범위 내에 들어가서 공격할 때 고갈된다.

이제 적이 플레이어를 공격하고 있으므로 적이 플레이어를 탐지하는 방법에 대한 더 많은 옵션을 제공한다.

ꞏꞏꞏ 적들이 소리를 듣고 조사하게 만들기

바로 앞을 걷는 플레이어만 추격할 수 있는 적들은 쉽게 피할 수 있다. 이를 해결하기 위해 **폰 감지** 컴포넌트를 활용해서 적이 플레이어가 만드는 주변 소리를 감지하도록 한다. 플레이어가 적의 탐지 범위 내에서 소리를 내면 적은 그 소리의 위치로 걸어 가서 조사할 것이다. 그들이 시야에서 플레이어를 잡으면, 그들은 공격하려고 시도할 것이다. 그렇지 않으면, 그들은 순찰로 돌아오기 전에 잠시 소리의 위치에서 기다릴 것이다.

비헤이비어 트리에 청력 추가

우리는 적이 소리를 들을 때 발생하는 일련의 태스크를 추가할 것이다. 우리는 적이 플레이어를 본 후에도 계속 공격하기를 원하므로 소리를 조사하는 것은 비헤이비어 트리에서 우선 순위가 낮다.

적에게 소리가 들리는 지점을 조사하게 하려면 블랙보드 안에 두 개의 키를 만들어야 한다. HasHeardSound 키는 부울 타입이며 소리가 들렸는지 여부를 저장하는 데 사용된다. LocationOfSound 키는 벡터 타입이며 사운드가 나온 위치, 즉 적 AI가 조사해야 하는 위치를 저장하는 데 사용된다.

다음 단계에 따라 블랙보드 키를 만들고 **Investigate Sound** 시퀀스 노드를 비헤이비어 트리에 추가한다.

1. 콘텐츠 브라우저에서 콘텐츠 〉 FirstPersonBP 〉 Enemy 폴더에 접근하고 BT_
   EnemyBehavior 에셋을 두 번 클릭해서 비헤이비어 트리 에디터를 연다.

2. **블랙보드 탭**을 클릭한다.

그림 10.7 비헤이비어 트리 에디터를 블랙보드 모드로 전환

3. **새 키** 버튼을 클릭하고 키 타입으로 **Bool**을 선택한다. 이 새 키의 이름을 HasHeard
   Sound로 지정한다.

그림 10.8 HasHeardSound Bool 키

4. **새 키** 버튼을 다시 클릭하고 **벡터**를 키 타입으로 선택한다. 이 새 키의 이름을 Loca
   tionOfSound로 지정한다

그림 10.9 LocationOfSound 벡터 키

5. 블랙보드를 저장하고 **비헤이비어 트리** 탭을 클릭한다.

6. **Attack Player** 시퀀스와 모든 태스크 노드를 비헤이비어 트리의 왼쪽으로 더 이동
   해서 **Attack Player**와 **Move to Patrol** 사이에 공간을 남겨둔다. 여기서 우리는 청
   력 시퀀스를 추가할 것이다.

7. **셀렉터** 노드에서 와이어를 아래로 끌어서 **시퀀스** 노드를 추가한다. 이 노드의 이름을 Investigate Sound로 바꾼다.

8. **Investigate Sound** 노드를 우클릭하고 **데코레이터 추가** 위로 마우스를 가져가 메뉴를 확장한 다음 **Blackboard**를 선택해서 데코레이터를 추가한다.

9. 데코레이터를 클릭하고 **디테일** 패널에서 **관찰자 중단**을 Lower Priority으로, **블랙보드 키**를 HasHeardSound로, **노드 이름**을 Heard Sound?로 세팅한다.

그림 10.10 데코레이터 세팅

다음 스크린샷은 데코레이터가 있는 **Investigate Sound** 시퀀스를 보여 준다. 비헤이비어 트리에 있는 노드의 우선 순위는 왼쪽에서 오른쪽으로 표시된다.

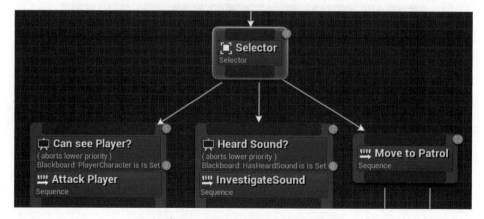

그림 10.11 Investigate Sound 시퀀스 노드

블랙보드 키, 시퀀스 노드 및 데코레이터를 만들었다. 다음 단계는 Investigate Sound 시퀀스의 태스크 노드를 만드는 것이다.

조사 태스크 세팅

Investigate Sound 시퀀스는 **Attack Player** 시퀀스와 같다. 적이 순찰 중이고 소리를 듣는다면, 그들은 소리의 위치로 이동한다.

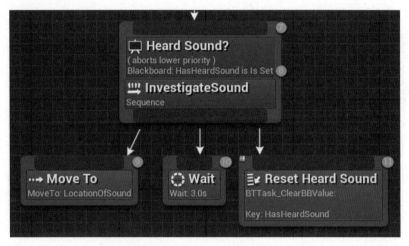

그림 10.12 Investigate Sound 시퀀스의 태스크 노드

다음 단계에 따라 태스크 노드를 추가한다.

1. **Investigate Sound** 시퀀스 노드에서 와이어를 끌어서 **Move To** 태스크 노드를 추가한다. **디테일** 패널에서 **블랙보드 키**를 LocationOfSound로 변경한다.

2. **Investigate Sound** 시퀀스 노드에서 와이어를 끌어서 **Wait** 태스크 노드를 추가한다. **디테일** 패널에서 **대기 시간**을 3.0초로 세팅한다.

3. **Investigate Sound** 시퀀스 노드에서 다른 와이어를 끌어서 **BTTask_ClearBBValue** 태스크 노드를 추가한다. **디테일** 패널에서 **키**를 HasHeardSound로 변경하고 **노드 이름**을 Reset Heard Sound로 변경한다.

4. 비헤이비어 트리를 저장하고 비헤이비어 트리 에디터를 닫는다.

이제 BP_EnemyController 블루프린트으로 돌아가서 AI에게 게임의 소리에 반응하는 방법을 알려주는 몇 가지 태스크를 추가해야 한다.

블랙보드를 업데이트하기 위한 변수 및 매크로 만들기

BP_EnemyController 블루프린트에 변수와 매크로를 만들어 사운드와 관련된 BB_EnemyBlackboard의 키를 업데이트한다.

단계는 다음과 같다.

1. 콘텐츠 브라우저에서 콘텐츠 〉 FirstPersonBP 〉 Enemy 폴더를 클릭하고 BP_EnemyController 블루프린트를 두 번 클릭한다.

2. **내 블루프린트** 패널의 **변수** 카테고리에서 ⊕ 버튼을 클릭해서 변수를 추가한다. **디테일** 패널에서 변수 이름을 HearingDistance 및 **변수 타입**을 **플로트**로 변경한다. 블루프린트를 컴파일하고 **기본값** 1600.0을 세팅한다.

3. **내 블루프린트** 패널에서 다른 변수를 생성한다. **디테일** 패널에서 변수 이름을 HasHeardSoundKey로 지정하고 **변수 타입**을 **네임**으로 변경한다. 블루프린트를 컴파일하고 **기본값**을 HasHeardSound로 세팅한다.

4. LocationOfSoundKey라는 다른 **네임** 변수를 만든다. 블루프린트를 컴파일하고 **기본값**을 LocationOfSound로 세팅한다.

5. **내 블루프린트** 패널에서 **매크로** 카테고리의 ⊕ 버튼을 클릭해서 매크로를 생성한다. 매크로 이름을 UpdateSoundBB로 변경한다.

6. 매크로의 **디테일** 패널에서 **실행** 타입의 In이라는 입력 파라미터, **벡터** 타입의 위치라는 다른 입력 파라미터 및 **실행** 타입의 출력 파라미터를 만든다.

그림 10.13 매크로 파라미터 만들기

7. 다음 스크린샷은 **UpdateSoundBB** 매크로에 대한 다음 단계에서 만들 노드를 보여 준다.

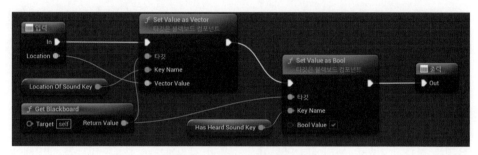

그림 10.14 UpdateSoundBB 매크로

8. 8단계~11단계의 노드는 **Location Of Sound Key** 노드를 사용해서 블랙보드에 사운드 위치를 저장한다. **UpdateSoundBB** 매크로용으로 만든 탭에서 그래프를 우클릭하고 **Get Blackboard** 함수 노드를 추가한다.

9. **Get Blackboard**의 **Return Value** 핀에서 와이어를 끌어서 **Set Value as Vector** 노드로 추가한다.

10. **Set Value** 노드의 **Key Name** 핀에서 벡터 노드로 와이어를 끌어서 **GET Location Of Sound Key** 노드를 추가한다.

11. **입력** 노드의 **Location** 핀을 **Set Value as Vector**의 **Vector Value** 핀에 연결하고, **입력**의 흰색 실행 핀과 **Set Value as Vector** 노드를 연결한다.

12. 12단계~14단계의 노드는 블랙보드의 **Has Heard Sound Key**에서 **True** 값을 세팅한다. **Get Blackboard**의 **Return Value** 핀에서 다른 와이어를 끌어서 **Set Value as**

Bool 노드를 추가한다. **Bool Value** 파라미터를 체크한다.

13. **Set Value as Bool**의 **Key Name** 핀에서 와이어를 끌어서 **GET Has Heard Sound Key** 노드를 추가한다.

14. **Set Value as Vector**, **Set Value as Boool**, **Outputs** 노드의 흰색 실행 핀을 연결한다. **UpdateSoundB** 매크로 탭을 닫고 블루프린트를 컴파일한다.

UpdateSoundB 매크로가 생성되면 사운드를 감지하기 위해 **폰 감지**의 다른 이벤트를 사용한다.

노이즈 이벤트 데이터 해석 및 저장

BP_EnemyController에 추가한 **폰 감지** 컴포넌트는 적 AI에서 시각 및 청각 감지를 모두 구축할 수 있는 기반을 제공한다. **폰 감지** 컴포넌트가 감지할 때마다 활성화되는 **노이즈 청취 시** 이벤트를 사용한다.

우리는 적들이 가까운 거리에서 만들어진 소음만 감지하도록 블루프린트를 세팅해야 한다. 그렇지 않으면 플레이어가 맵의 반대쪽 구석에서 총을 쏘고 모든 적에게 즉시 자신의 위치를 알리는 것은 불공평하다고 느낄 것이다.

다음 단계에 따라 **노이즈 청취 시** 이벤트를 만든다.

1. **컴포넌트** 패널에서 **폰 감지** 컴포넌트를 선택한다. **디테일** 패널에서 **이벤트** 카테고리를 살펴보고 **노이즈 청취 시** 이벤트의 녹색 버튼을 클릭해서 이벤트그래프에 추가한다.

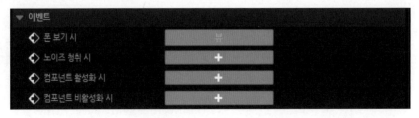

그림 10.15 노이즈 청취 시 이벤트 추가

2. **노이즈 청취 시**에서는 사운드 위치와 적 사이의 거리가 **HearingDistance**의 값보다 작은 경우 **UpdateSoundBB** 매크로를 호출한다.

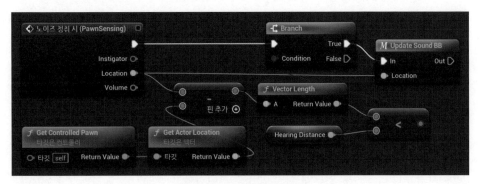

그림 10.16 노이즈 청취 시 동작

3. **노이즈 청취 시 (PawnSensing)** 노드의 흰색 핀에서 와이어를 끌어서 Branch 노드를 추가한다. 다음 단계에서는 **Vector Length** 함수를 사용해서 사운드 위치와 적 위치 사이의 거리를 계산하는 표현식을 만든다. 이 표현식의 결과가 **Hearing Distance** 값보다 작으면 Branch 노드의 **True** 출력 핀이 실행된다.

4. Branch 노드의 **True** 핀에서 와이어를 끌어서 **Update Sound BB** 매크로 노드를 추가한다. **노이즈 청취 시** 노드의 Location 핀을 **Update Sound BB** 매크로 업데이트의 **Location** 핀에 연결한다.

5. Branch 노드의 **Condition** 입력 핀에서 와이어를 끌어서 **작음** 노드를 추가한다.

6. **작음** 노드의 하단 입력 핀에서 와이어를 끌어서 **GET Hearing Distance** 노드를 추가한다.

7. **이벤트그래프**의 빈 공간을 우클릭하고 **Get Controlled Pawn** 노드를 추가해서 이 BP_EnemyController에 의해 제어되는 적 인스턴스를 가져온다.

8. **Get Controlled Pawn** 노드의 **Return Value** 핀에서 와이어를 끌어서 **GetActor Location** 노드를 추가해서 적 위치를 가져온다.

9. **노이즈 청취 시 (PawnSensing)** 노드의 **Location** 핀에서 와이어를 끌어서 **빼기** 노드를 추가한다.

10. **빼기** 노드의 하단 입력 핀을 **Get Actor Location** 노드의 **Return Value** 핀에 연결한다.

11. **빼기** 노드의 출력 핀에서 와이어를 끌어서 **Vector Length** 노드를 추가한다.

12. **Vector Length** 노드의 **Return Value**을 **작음** 노드의 상단 입력 핀에 연결한다. **Vector Length** 노드의 **Return Value**는 사운드의 위치와 적 위치 사이의 거리이다.

13. 블루프린트를 컴파일하고 저장한다.

이제 청취자에게 전달되는 소리를 감지할 수 있도록 적 AI를 수정했으므로 First PersonCharacter 블루프린트에 청력 반응을 트리거하고 플레이어 동작에 연결할 노드를 만들어야 한다.

플레이어의 행동에 노이즈 추가

EnemyController의 **폰 감지** 컴포넌트는 **폰 노이즈 이미터**에서 생성된 경우에만 노이즈를 감지할 수 있다. 플레이어가 총을 발사할 때 플레이하는 기존의 음향 효과는 적의 폰 감지 컴포넌트를 트리거하지 않는다. **폰 감지**를 위해 노이즈를 생성하는 노드는 플레이어가 듣는 소리와 직접적인 관계가 없다는 것을 아는 것이 중요하다. 소음은 AI가 듣고 대응할 수 있는 이벤트를 생성하는 측면에서만 존재한다.

폰 노이즈 이미터 컴포넌트는 폰 센서가 감지하기 위한 노이즈를 전파하기 위해 액터에 추가돼야 한다. 두 가지 플레이어 능력, 즉 스프린트와 슈팅을 변경해서, **폰 노이즈 이미터** 컴포넌트를 활용해서 감지 가능한 노이즈를 생성한다.

다음은 **폰 노이즈 이미터**를 사용하는 단계다.

1. 콘텐츠 브라우저에서 콘텐츠 〉 FirstPersonBP 〉 블루프린트 폴더에 접근하고 FirstPersonCharacter 블루프린트를 두 번 클릭한다.

2. **컴포넌트** 패널에서 **추가** 버튼을 클릭하고 폰을 검색한다. **폰 노이즈 이미터 컴포넌트**를 선택한다.

그림 10.17 폰 노이즈 이미터 컴포넌트 추가

3. 먼저 스프린트에 노이즈를 추가한다. 그리고 **내 블루프린트** 패널에서 **Manage StaminaDrain** 매크로를 두 번 클릭해서 매크로 탭을 연다. **SET Player Stamina** 노드 뒤에 **Make Noise** 노드를 추가한다.

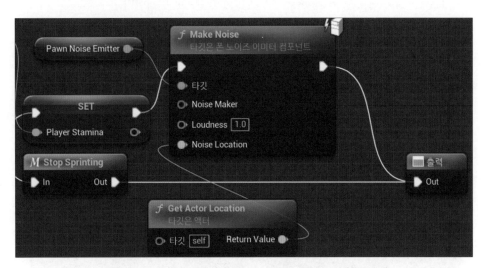

그림 10.18 노이즈를 발생시키도록 ManageStaminaDrain 매크로 수정

4. **출력** 노드를 오른쪽으로 끌어서 다른 함수 노드를 위한 공간을 확보한다.

5. **SET Player Stamina** 노드의 흰색 출력 핀에서 와이어를 끌어 make noise를 검색하고, **Make Noise(타깃은 폰 노이즈 이미터 컴포넌트)** 함수를 추가한다.

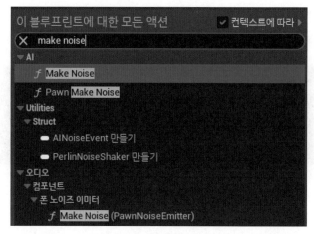

그림 10.19 PawnNoiseEmitter 컴포넌트의 Make Noise 함수 추가

6. **Make Noise** 노드의 **Loudness**^{소리 크기} 입력을 1.0으로 변경한다.

7. **Make Noise** 노드의 **Noise Location**^{소리 위치} 입력에서 와이어를 끌어서 **GetActor Location** 노드를 추가한다.

8. 다음으로 **Make Noise** 노드를 추가할 장소는 탄약을 줄인 후 **Fire 입력액션** 이벤트에 있다. **Fire 입력액션** 이벤트는 **내 블루프린트** 패널의 **그래프** 카테고리에서 찾을 수 있다.

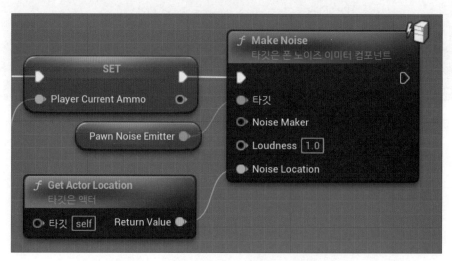

그림 10.20 Fire 입력액션 이벤트를 수정해서 노이즈를 발생시키다

9. **SET Player Current Ammo** 노드의 흰색 출력 핀에서 와이어를 끌어서, noise를 검색하고, **Make Noise(타깃은 폰 노이즈 이미터 컴포넌트)** 함수를 추가한다.

10. **Make Noise** 노드의 **Loudness** 입력을 1.0으로 변경한다.

11. **Make Noise** 노드의 **Noise Location** 입력에서 와이어를 끌어서 **Get Actor Location** 노드를 추가한다.

12. 컴파일, 저장 및 **플레이**를 클릭해서 게임을 테스트한다.

적의 뒤에 있거나 시야 밖에 있을 때, 총을 쏘거나 쏘면 적이 소음을 냈을 때 있던 위치에 접근해야 한다. 그들이 탐지하는 동안 플레이어와 시야를 확보한다면, 적은 플레이어 쪽으로 곧장 향하기 시작할 것이다. 시력과 소리 모두에서 탐지가 가능하기 때문에 적에게 잡히는 것을 피하는 것이 어려울 수 있다. 우리는 이제 게임플레이 밸런스의 다른 면으로 관심을 돌리고 플레이어에게 적과 싸울 수 있는 수단을 제공할 것이다.

⫸ 적을 파괴할 수 있게 하기

이전 장에서는 플레이어가 발사체로 몇 번의 히트 후에 파괴할 수 있는 적의 표적을 만들었다. 우리는 플레이어에게 새로운 적들이 제공하는 위협을 완화할 수 있는 비슷한 능력을 제공하고자 한다. 이를 위해 블루프린트 노드를 BP_EnemyCharacter에 추가해서 데미지 획득 및 파괴를 처리한다. 플레이어는 적 캐릭터를 세 번 타격해서 파괴해야 한다.

다음 단계에 따라 히트를 처리한다.

1. 콘텐츠 브라우저에서 콘텐츠 〉 FirstPersonBP 〉 Enemy에 접근한다. 폴더를 클릭하고 BP_EnemyCharacter 블루프린트를 두 번 클릭한다.

2. **내 블루프린트** 패널의 **변수** 카테고리에서 ⊕ 버튼을 클릭해서 변수를 추가하고 변수 이름을 EnemyHealth로 지정한다.

3. **디테일** 패널에서 **변수 타입**을 **인티저**로 세팅한다. 블루프린트를 컴파일하고 **기본값**을 3으로 세팅한다.

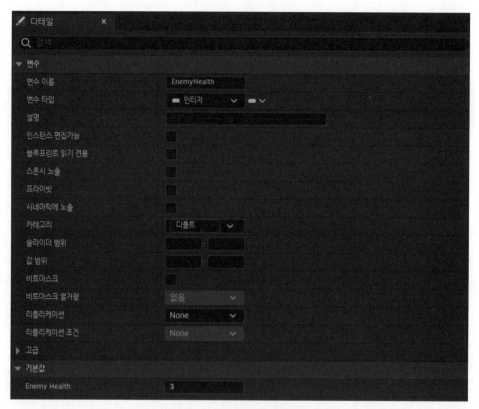

그림 10.21 EnemyHealth은 3점으로 시작

4. **이벤트그래프**의 빈 공간을 우클릭하고 **Hit 이벤트** 노드를 추가한다. 다음 스크린샷은 **이벤트 히트** 태스크의 첫 번째 부분을 보여 준다.

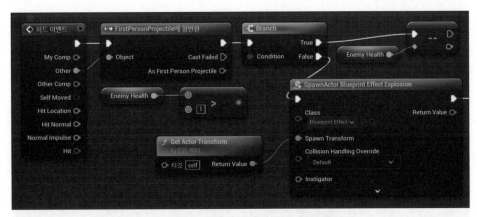

그림 10.22 이벤트 히트 동작의 첫 번째 부분

5. 이벤트 노드의 **Other** 출력 핀에서 와이어를 끌어서 FirstPersonProjectile에 **형변환** 노드를 추가한다. **히트 이벤트** 노드와 **FirstPersonProjectile에 형변환** 노드의 흰색 핀을 연결한다.

6. **FirstPersonProjectile에 형변환** 노드의 흰색 출력 핀에서 와이어를 끌어서 **Branch** 노드를 추가한다.

7. **Branch** 노드의 **Condition** 핀에서 와이어를 끌어서 **큼** 노드를 추가한다.

8. **큼** 노드의 상단 입력 핀에서 와이어를 끌어서 **적의 체력**을 가져온다. **큼** 노드의 아래쪽 입력에 값 1을 세팅한다.

9. **Branch** 노드의 **True** 출력 핀에서 와이어를 끌어서 **Decrement Int** 노드를 추가한다.

10. **Decrement Int** 노드의 입력 핀에서 와이어를 끌어서 **Get Enemy Health** 노드를 추가한다.

11. **Branch** 노드의 **False** 출력 핀에서 와이어를 끌어서 **클래스** 노드에서 **Spawn Actor**를 추가한다. **Class** 파라미터에서 시작 콘텐츠의 블루프린트인 **Blueprint_Effect_ Explosion** 클래스을 선택한다.

12. **Spawn Transform** 파라미터에서 와이어를 끌어서 **GetActorTransform** 노드를 추가한다.

13. **히트 이벤트**의 두 번째 부분의 노드는 BP_CylinderTarget 블루프린트에서 사용한 것과 같다.

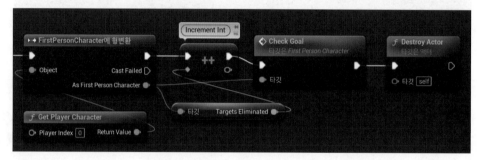

그림 10.23 이벤트 히트 동작의 두 번째 부분

14. 콘텐츠 〉 FirstPersonBP 〉 Blueprints 폴더에 있는 BP_CylinderTarget 블루프린트를 연다.

15. 그림 10.23에 표시된 노드들을 선택하고 BP_EnemyCharacter 블루프린트 안에 복사한다.

16. 그림 10.23에 표시된 노드들을 선택하고 BP_EnemyCharacter 블루프린트 안에 복사한다.

17. **Spawn Actor** 노드의 흰색 출력핀을 **FirstPersonCharacter** 노드로 형변환 한다.

18. 컴파일, 저장 및 플레이를 눌러 테스트한다.

이제부터 플레이어가 적을 세 번 쏘면 실린더 목표물이 동작했던 것과 비슷한 방식으로 적이 폭발하고 파괴된다.

이제 적을 파괴할 수 있으므로 더 많은 적을 생성해서 플레이어의 어려움을 다시 높여야 한다.

⫶ 게임플레이 중에 더 많은 적을 스폰하기

우리는 주기적으로 레벨에 새로운 적을 스폰해서 플레이어가 처음 몇 명의 적을 파괴하면 게임을 계속할 수 있도록 할 것이며, 적을 패배시키는 것이 너무 느리다면 난이도가 점차 높아질 것이다.

BP_EnemySpawner 블루프린트 만들기

우리는 레벨의 임의의 위치에 적을 스폰하는 블루프린트를 만들 것이다. 스폰 사이의 시간은 SpawnTime이라는 변수에 의해 결정된다. MaxEnemies라는 또 다른 변수가 적의 스폰을 제한한다.

다음 단계에 따라 블루프린트를 생성한다.

1. 콘텐츠 브라우저에서 콘텐츠 〉 FirstPersonBP 〉 Enemy 폴더에 접근한다. **추가** 버튼을 클릭하고 **블루프린트 클래스** 옵션을 선택한다.

2. 다음 화면에서 **Actor**를 부모 클래스로 선택한다. 블루프린트 이름을 BP_Enemy Spawner 지정하고 두 번 클릭해서 블루프린트 에디터를 연다.

3. **내 블루프린트** 패널의 **변수** 카테고리에서 ⊕ 버튼을 클릭해서 추가하고, 이름을 SpawnTime으로 지정한다. **디테일** 패널에서 **변수 타입**을 **플로트**로 변경하고 **인스턴스 편집 가능** 속성을 확인한다. 블루프린트를 컴파일하고 **기본값**을 10.0으로 세팅한다.

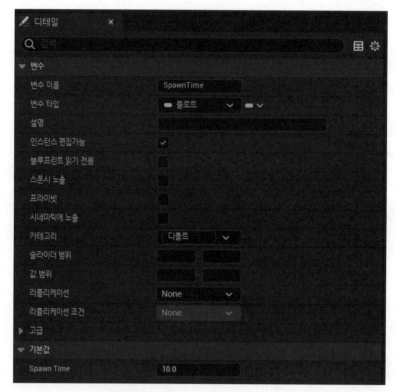

그림 10.24 SpawnTime 플로트 변수 만들기

4. 내 **블루프린트** 패널에서 다른 변수를 만들고 이름을 MaxEnemies로 지정한다. **디테일** 패널에서 **변수 타입**을 **인티저**로 변경하고 **인스턴스 편집 가능** 속성을 확인한다. 블루프린트를 컴파일하고 **기본값**을 5로 세팅한다.

그림 10.25 MaxEnemies 인티저 변수 만들기

5. **내 블루프린트** 패널에서 **매크로** 카테고리의 ⊕ 버튼을 클릭해서 매크로를 생성한다. 매크로의 이름을 SpawnEnemy로 변경한다.

6. 매크로의 **디테일** 패널에서 In이라는 입력 파라미터와 Out이라는 출력 파라미터 모두 **실행** 타입으로 만든다.

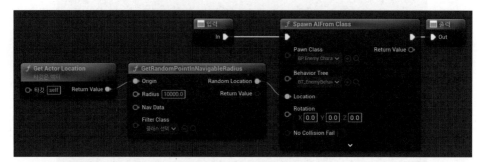

그림 10.26 SpawnEnemy 매크로

7. SpawnEnemy 매크로에 대해 생성된 탭에서 다음 노드를 추가해서 레벨의 임의의 위치에 **BP_EnemyCharacter** 인스턴스를 생성한다.

8. 그래프를 우클릭하고 **Spawn AIFrom Class** 노드를 추가한다. **입력, Spawn AIFrom Class** 및 **출력** 노드의 흰색 실행 핀을 연결한다.

9. **Pawn Class** 파라미터에서 **BP_EnemyCharacter**를 선택한다. **비헤이비어 트리**에서 파라미터, **BT_EnemyBehavior**을 선택한다.

10. **Location** 파라미터에서 와이어를 끌어서 **GetRandomPointIn NavigableRadius** 노드를 추가한다. **반지름(Radius)**을 10000.0으로 세팅한다. 이 노드는 탐색 메시를 기반으로 임의의 위치를 반환한다.

11. **Origin** 파라미터에서 와이어를 끌어서 **GetActorLocation** 노드를 추가한다.

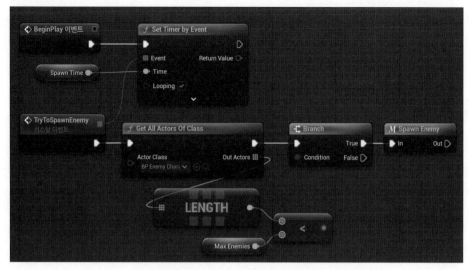

그림 10.27 적을 스폰하도록 타이머 세팅

12. BP_EnemySpawner의 이벤트그래프에서 **BeginPlay 이벤트**의 흰색 실행 핀에서 와이어를 끌어서 **Set Timer by Event** 노드를 추가한다.

13. **Looping** 파라미터를 체크한다. **Time** 파라미터에서 와이어를 끌어서 **Get Spawn Time** 노드를 추가한다.

14. **Event** 파라미터에서 와이어를 끌어서 커스텀 이벤트를 추가한다. TryToSpawn Enemy로 명명한다.

15. **TryToSpawnEnemy**의 흰색 핀에서 와이어를 끌어서 **Get All Actors Of Class**를 추가한다. **Actor Class** 파라미터에서 **BP_EnemyCharacter**을 선택한다.

16. **Get All Actors Of Class**의 흰색 출력 핀에서 와이어를 끌어서 **Branch** 노드를 추가한다.

17. **Branch** 노드의 **True** 핀에서 와이어를 끌어서 **Spawn Enemy** 매크로 노드를 추가한다.

18. **Get All Actors Of Class**의 **Out Actor** 핀에서 와이어를 끌어서 **Length** 노드를 추가한다. **Length** 노드의 Return Value는 레벨의 적 수이다.

19. **Length** 노드의 출력 핀에서 와이어를 끌어서 **작음** 노드를 추가한다. **작음** 노드의 출력 핀을 Branch 노드의 **Condition** 파라미터에 연결한다.

20. **작음** 노드의 하단 핀에서 와이어를 끌어서 **Get Max Enemies** 노드를 추가한다.

21. 블루프린트 에디터를 컴파일, 저장 및 닫는다. 콘텐츠 브라우저와 레벨의 아무 곳에나 BP_EnemySpawner를 끌어서 인스턴스를 만든다. **플레이** 버튼을 사용해서 적의 스폰을 테스트한다.

게임을 실행할 때 정기적으로 새로운 적이 나타나는 것을 볼 수 있다. 그러나 적들은 플레이어의 소리를 듣거나 보지 않는 한 일단 스폰되면 움직이지 않는다. 이것은 그들이 추적할 순찰 지점이 확정되지 않았기 때문이다. 스폰된 적에게 순찰 지점을 추가하는 대신 적의 탐색 행동에 임의성을 추가한다.

적의 배회(Wandering) 행동 만들기

9장에서는 인공 지능으로 똑똑한 적을 만들고, 적의 기본 동작을 두 지점 사이의 순찰 ^Patrolling^ 이동으로 세팅했다. 이것은 청력과 보는 컴포넌트를 위한 테스트로 잘 작동했으며 스텔스 지향적인 게임으로, 이 행동을 무작위 배회로 대체해서 게임 경험의 도전과 행동을 강화할 것이다. 이것은 적을 피하는 것을 훨씬 더 어렵게 만들고, 더 직접적인 대결을 장려할 것이다. 이를 위해 BT_EnemyBehavior 비헤이비어 트리로 돌아간다.

커스텀 태스크로 배회 지점 식별

적들이 배회해야 할 다음 목적지의 위치를 저장할 BB_EnemyBlackboard에 키를 만들어야 한다. **PatrolPoint** 키와 달리 목적지는 게임 내 Actor가 아니라 벡터 좌표로 표시된다. 그런 다음 레벨에서 적이 배회해야 하는 곳을 결정하는 태스크를 만든다.

다음 단계에 따라 키와 태스크를 만든다.

1. 콘텐츠 브라우저에서 BT_EnemyBehavior 에셋을 두 번 클릭해서 비헤이비어 트리 에디터를 연다.

2. BB_EnemyBlackboard을 편집하기 위해 **Blackboard** 탭을 클릭한다.

3. **새 키** 버튼을 클릭하고 **벡터**를 키 타입으로 선택한다. 이 새 키의 이름을 Wander Point으로 지정한다.

그림 10.28 블랙보드에 WanderPoint 키 만들기

4. 블랙보드를 저장하고 **비헤이비어 트리** 탭을 클릭해서 비헤이비어 트리로 돌아간다.

5. 툴바에서 **새 태스크** 버튼을 클릭하고 나타나는 드롭 다운 메뉴에서 **BTTask_BlueprintBase**를 선택한다.

6. 콘텐츠 브라우저에서 새로 만든 **BTTask_BlueprintBase_New** 에셋을 BTTask_FindWanderPoint으로 이름을 바꾼다. BTTask_FindWanderPoint를 두 번 클릭해서 블루프린트 에디터로 돌아간다.

7. **디테일** 패널에는 클래스 디폴트가 표시된다. **노드 이름** 필드를 FindWanderPoint로 변경한다.

8. **내 블루프린트** 패널에서 **변수** 카테고리의 ⊕ 버튼을 클릭한다. **디테일** 패널에서 변수 이름을 WanderKey로 지정하고 타입을 **블랙보드 키 선택툴**로 변경한 다음 **인스턴스 편집 가능** 속성을 확인한다.

그림 10.29 WanderKey 변수 만들기

9. **내 블루프린트** 패널의 **함수** 카테고리에서 마우스를 가져간 다음 **오버라이드**에서 드롭다운을 하고 **Receive Execute**을 선택해서 이벤트를 추가한다.

10. **Receive Execute 이벤트**에서 레벨의 임의 위치를 얻고 블랙보드에 저장한다.

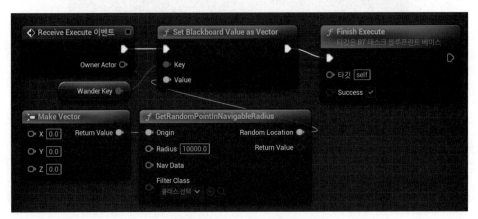

그림 10.30 Receive Execute 이벤트 태스크

11. **Receive Execute 이벤트**의 흰색 핀에서 와이어를 끌어서 블랙보드 **Set Blackboard Value as Vector** 노드로 추가한다.

12. **Set Blackboard Value as Vector**의 흰색 출력 핀에서 와이어를 끌어서 **Finish Execute** 노드를 추가한다. **Finish Execute** 노드의 **Success** 파라미터를 체크한다.

13. Blackboard Value 세팅의 **Key** 파라미터에서 와이어를 벡터로 끌어서 **Get Wander Key** 노드를 추가한다.

14. **Set Blackboard Value as Vector**의 파라미터에서 와이어를 끌어서 **GetRandom PointInNavigableRadius** 노드를 추가한다. **Radius**를 10000.0으로 세팅한다.

15. **Origin** 파라미터에서 와이어를 끌어서 **Make Vector** 노드를 추가한다.

16. 블루프린트를 컴파일하고 저장한다.

이제 커스텀 태스크가 생겼으니, BT_EnemyBehavior를 수정해서 적을 찾고 Wander Point로 이동시킬 수 있다.

비헤이비어 트리에 배회 추가

Move To Patrol 시퀀스를 **Wander** 시퀀스로 변환한다. 새로운 **Wander sequence**는 비헤이비어 트리에서 다음 노드에 의해 표현된다.

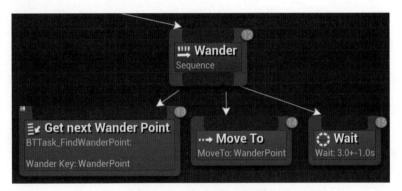

그림 10.31 새로운 Wander 시퀀스

다음 단계에 따라 비헤이비어 트리를 수정한다.

1. 콘텐츠 브라우저에서 BT_EnemyBehavior 에셋을 두 번 클릭해서 비헤이비어 트리 에디터를 연다.

2. **Move To Patrol** 시퀀스 노드를 선택한다. **디테일** 패널에서 Wander로 **노드 이름**을 변경한다.

3. **Move To** 태스크 노드를 선택하고 **블랙보드 키**를 WanderPoint로 변경한다.

4. **Wander** 시퀀스 노드에서 다른 노드의 왼쪽으로 와이어를 끌어서 **BTTask_Find WanderPoint** 노드를 추가한다.

5. **디테일** 패널에서 **Wander key**를 WanderPoint로 세팅한다. 또한 **노드 이름**을 Get Next Wander Point로 변경한다.

6. 비헤이비어 트리 에디터를 저장하고 닫는다.

이것이 우리가 비헤이비어 트리에서 적의 배회하는 행동을 포함하기 위해 변경해야하는 전부이다. 두 개의 블루프린트에서 수행해야 할 몇 가지 조정이 있다.

마지막 조정 및 테스트

이전에 Patrol Point를 사용했던 BP_EnemyCharacter의 **BeginPlay 이벤트**를 제거한다. 무작위를 배회지점(WanderPoint)을 사용하기 때문에 더 이상 필요 없다.

해야 할 또 다른 변화는, 게임이 더 오래 지속될 수 있도록 FirstPersonCharacter의 **Target Goal** 값을 수정할 필요가 있다.

이 값을 20으로 세팅해서 플레이어가 게임에서 승리하기 위해 20명의 적을 제거해야 한다.

블루프린트를 조정하는 단계는 다음과 같다.

1. BP_EnemyCharacter 블루프린트를 연다.

2. 이벤트그래프에서 **이벤트 BeginPlay** 및 연결된 모든 노드를 삭제한다.

3. 블루프린트 에디터를 컴파일, 저장 및 닫는다.

4. FirstPersonCharacter 블루프린트를 연다.

5. 내 **블루프린트** 패널에서 **TargetGoal** 변수를 선택한다. **디테일** 패널에서 **기본값**을 20
으로 변경한다.

그림 10.32 TargetGoal의 기본값 변경

6. 블루프린트 에디터를 컴파일, 저장하고 닫는다.

7. 적의 배회하는 비헤이비어를 테스트하려면 **시뮬레이션** 옵션을 사용하는 것이 좋
다. 메뉴에 **플레이** 버튼 옆에 있는 세 개의 점을 클릭해서 접근할 수 있다.

그림 10.33 시뮬레이션을 사용해서 레벨에서 자유롭게 이동

우클릭 상태에서 W, A, S 및 D키와 마우스를 사용해서 레벨에서 자유롭게 이동한다. 적들이 스폰하고 레벨의 임의의 위치로 이동하는 것을 볼 수 있다.

임의의 배회 지점을 찾기 위한 커스텀 태스크를 만들고 이 새 태스크를 사용하도록 비헤이비어 트리를 수정했다. 이제 BP_EnemySpawner에 의해 생성된 적들은 레벨에서 이동하는 방법을 알고 있다.

⠿ 요약

이 장에서는 AI 기반 적의 능력을 향상시킴으로써 도전적이지만 밸런스가 잡힌 게임 경험을 만드는 방법에서 시작했다. 우리는 적들에게 좀비와 같은 행동을 취해서 시야나 소리로 플레이어를 알아 차릴 때까지 레벨 주위를 목적없이 돌아다닐 수 있게 했다. 또한 플레이어를 알아 차리고 근접 공격을 시작할 때 앞으로 돌격할 능력을 부여해서 플레이어의 체력을 떨어뜨렸다. 그런 다음 플레이어에게 적을 공격해서 반격할 수 있는 기회를 주었고 적의 체력이 고갈되면 결국 파괴했다. 마지막으로, 우리는 게임이 진행되는 동안 새로운 적을 스폰할 수 있는 시스템을 세팅해서 게임에 새로운 유연성을 부여했다.

이 시점에서 우리 게임의 핵심 콘텐츠는 거의 완성됐다. 중요한 진전에 자부심을 느껴야 한다! 많은 것을 조정하는 데 약간의 시간이 걸릴 수 있다.

원하는 대로 게임플레이를 커스텀하기 위해 만든 변수, 또는 최종 시스템으로 이동할 준비가 되면 계속 읽으면 된다.

다음 장에서는 전체 게임 경험에 필요한 최종 요소를 추가한다. 플레이어의 체력이 떨어지면 게임을 종료하고, 라운드 기반 발전 시스템을 만들고, 저장 시스템을 만들어 플레이어가 이전에 저장된 게임 상태로 돌아갈 수 있도록 한다.

⁝ 퀴즈

1. 비헤이비어 트리 태스크에 사용되는 이벤트의 이름은 무엇입니까?

    a. Tick

    b. Receive Execute 이벤트

    c. Begin Play 이벤트

2. AI에 시력과 청력을 추가하는 데 사용되는 컴포넌트의 이름은 무엇입니까?

    a. 폰 감지^{Sensing}

    b. AI 감지^{Sensing}

    c. AI 인식^{Perception}

3. 블랙보드에는 벡터 타입의 키가 있을 수 있다.

    a. True

    b. False

4. **Set Timer by Event** 노드에는 **Function Name** 파라미터가 있다.

    a. True

    b. False

5. **GetRandomPointInNavigableRadius** 노드는 네비 메시를 기반으로 임의의 위치를 반환한다.

   a. True

   b. False

11

게임 스테이트와 마무리 손질 적용

이번 장에서는 게임을 플레이어가 도전할 수 있는 완전하고 재미있는 경험으로 발전시키기 위한 마지막 단계를 밟을 것이다. 먼저, 우리는 플레이어의 체력이 완전히 고갈됐을 때 활성화되는 플레이어 사망을 소개할 것이다. 라운드 진행에 따라 점점 더 많은 적을 물리치게 함으로써 플레이어의 도전을 높이는 라운드 시스템을 도입한다. 마지막으로 세이브 로드 시스템을 도입해서 플레이어가 게임을 종료하고 나중에 마지막 라운드로 돌아갈 수 있도록 한다.

이 장에서는, 다음의 토픽을 설명한다.

- 플레이어 상태에 따라 다른 메뉴 표시
- 게임플레이 모디파이어로 높아지는 난이도 생성
- 저장되고 나중에 다시 로딩되는 게임 스테이드 지원
- 저장된 데이터를 기반으로 레벨을 선택해서 초기화
- 게임플레이 데이터를 표시하는 전환 화면 생성

챕터가 끝날 때쯤이면 플레이어가 점점 더 어려운 도전을 위해 계속해서 복귀할 수 있는 아케이드 스타일의 일인칭 슈팅 게임을 갖게 될 것이다.

플레이어 사망으로 위험 현실화

10장 'AI 적 업그레이드'에서는 적들이 플레이어를 위협하지만 플레이어는 스킬을 사용해 이를 극복할 수 있는 균형 있는 게임으로 큰 진전을 이뤘다. 한 요소가 눈에 띄게 누락된 상태로 남아 있다. 만약 플레이어의 체력이 없다면, 그들은 경기를 계속 진행할 수 없을 것이다. 따라서 8장, '제약 및 게임플레이 목표 생성'에서 만든 승리 화면에서 학습한 내용을 가져와 패배 화면에 적용한다. 이 화면에서 플레이어는 최대 탄약과 새로 채워진 상태 바를 사용해 레벨을 다시 시작할 수 있지만 목표 달성을 위해 진행했던 모든 진행도 무효화된다.

패배 화면 세팅

플레이어의 체력이 없어지면 패배 화면이 표시된다. 마지막 라운드를 다시 시작하거나 게임을 종료할 수 있는 옵션을 제공한다. 작성한 승리 화면을 기억할 수도 있다. 이 화면에서는, 같은 옵션을 제공하고 있다. UI 화면을 처음부터 다시 만드는 것이 아니라 **WinMenu** 에셋을 템플릿으로 사용함으로써 시간을 절약할 수 있다.

다음 단계에 따라 **LossMenu**를 만든다.

1. **콘텐츠 브라우저**에서 콘텐츠 〉 FirstPerson 〉 UI 폴더에 접근한다. **WinMenu** 우클릭 후 **복제**를 선택한다.

2. 이 새 블루프린트 위젯을 **LossMenu**로 명명한다.

3. **LossMenu** 에셋을 더블클릭해 UMG 에디터를 연다. **You Win!**을 표시하는 텍스트 개체를 선택한다. **디테일** 패널에서 텍스트 요소의 이름을 Loss msg으로 변경하고 **콘텐츠**의 **텍스트** 필드를 You Lose!로 변경한 뒤 **컬러 및 오파시티**를 어두운 붉은색으로 변경한다.

그림 11.1 WinMenu 복제 및 이름 변경

그림 11.2 Lost Menu 메시지 세팅

4. 컴파일 및 저장. **Restart**과 **Quit** 두 개의 버튼은, 현재로서는 WinMenu와 외관이나 기능면에서 동일할 수 있다.

이제 패배화면이 보일 수 있도록 BP_FirstPersonCharacter 블루프린트를 수정할 필요가 있다.

패배 화면 표시

플레이어의 체력이 떨어졌을 때 호출되는 **LostGame**이라는 커스텀 이벤트를 만들 것
이다.

커스텀 이벤트를 작성하는 순서는 다음과 같다.

1. **콘텐츠 브라우저**에서 콘텐츠 〉 FirstPerson 〉 Blueprints 폴더에 접근해 BP_First
   Person Character 블루프린트를 더블클릭한다.

2. **이벤트그래프**를 우클릭하고 **커스텀 이벤트**를 추가한다. LostGame으로 이름을 바꾼
   다. 다음은 **Lost Game** 이벤트에 추가할 노드들이다.

그림 11.3 Lost Game 액션들

3. **Lost Game**의 출력 실행 핀에서 와이어를 끌어 **Set Game Paused** 노드를 추가한
   후 **Paused**를 선택한다.

4. **이벤트그래프**를 우클릭하고 **플레이어 컨트롤러 가져오기** 노드를 추가한다. **Return
   Value** 출력 핀에서 끌어 **SET Show Mouse Cursor** 노드를 추가한다. **마우스 커서 표
   시** 옆에 있는 체크박스를 체크하고 **Set Game Paused**의 출력 실행 핀에 이 노드를
   부착한다.

5. **SET Show Mouse Cursor** 노드의 출력 실행 핀에서 와이어를 끌어서 **위젯 생성** 노
   드를 추가한다. **Class** 파라미터에서 **Loss Menu**를 선택한다.

6. **위젯 생성** 노드의 **Return Value** 출력 핀을 끌어서 **Add to Viewport** 노드를 추가
   한다.

7. **플레이어 체력**이 0.0에 가까운 경우 **Lost Game**을 호출하도록 **AnyDamage 이벤트**
   를 수정한다.

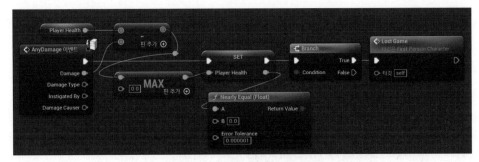

그림 11.4 AnyDamage 이벤트 수정

8. **SET Player Health** 노드의 흰색 출력 핀에서 와이어를 끌어 **Branch** 노드를 추가한다.

9. **SET Player Health** 노드의 출력 핀에서 와이어를 끌어와 **Nearly Equal (Float)** 노드를 추가한다. **Return Value** 핀을 **Branch** 노드의 **Condition 입력** 핀에 연결한다.

10. **Branch** 노드의 **True** 출력 핀에서 와이어를 끌어 **Lost Game** 노드를 추가한다.

11. 컴파일하고 저장한 다음 **플레이**를 클릭해 액션을 테스트한다. 만약 체력이 0으로 고갈될 정도로 충분히 오랫동안 적 옆에 서 있다면, **Lose 메뉴**를 봐야 한다.

이제, 플레이어는 게임에서 지지 않기 위해 적들에 대해 더 조심할 필요가 있다. 게임을 더 흥미롭게 만드는 다음 단계는 라운드 기반의 경험을 만드는 것이다.

⠿ 저장된 게임으로 라운드 기반 스케일링 생성

전체 플레이 체험을 지원하는 게임을 준비했다. 다만, 게임 경험은 목표의 적수에 의해서 한정돼 있다. 그 결과 내용이 적게 느껴진다. 이를 해결하기 위해 우리는 아케이드 게임에서 사용되는 기술을 채택할 수 있으며, 플레이어가 일련의 라운드를 진행할수록 게임의 난이도가 높아진다. 이를 통해 기존 에셋을 사용해 게임에 깊이와 재미를 더할 수 있으며 커스텀 콘텐츠 작성에 몇 시간을 할애할 필요가 없다.

우리가 만든 라운드가 플레이어의 스코어가 될 것이다. 라운드가 높을수록, 그 플레이어는 더 많은 것을 달성했다고 생각한다. 플레이어의 최대 라운드가 한 번에 게임을 하는 시간이 아니라, 플레이어의 능력으로 제한되도록 세이브 시스템을 구현해 플레이어가 게임을 종료한 장소에서 게임을 종료하고 나중에 복귀할 수 있도록 한다.

SaveGame 클래스를 사용해 게임 정보 저장

저장 시스템을 작성하기 위해 수행해야 하는 첫 번째 단계는 저장하고 싶은 게임 데이터를 저장하는 SaveGame의 블루프린트 자식을 만드는 것이다. 우리는 플레이어가 경기를 그만두기 전에 플레이어가 어느 라운드에 있었는지 추적하고 싶다. 플레이어가 얼마나 많은 적을 죽였는지 데이터를 저장할 필요는 없다. 왜냐하면 각 게임 세션이 라운드 초반에 시작하는 것이 플레이어에게 더 일반적이기 때문이다.

다음 단계에 따라 SaveGame의 자식을 만든다.

1. **콘텐츠 브라우저**에서, 콘텐츠 〉 FirstPerson 〉 Blueprints에 접근한다. **추가** 버튼을 누르고 **블루프린트 클래스**를 선택한다.

2. 다음 화면에서 부모 클래스로 **SaveGame**을 선택하기 위해 검색한다.

그림 11.5 부모 클래스로 Save Game 선택

3. 블루프린트 이름을 BP_SaveInfo로 지정하고, 두 번 클릭해 블루프린트 에디터를 연다.

4. **내 블루프린트** 패널의 **변수** 카테고리에서 ⊕ 버튼을 클릭해 변수를 추가한다. **디테일** 패널에서 이름을 Round로 하고 **변수 타입**을 **인티저**로 변경한다. 블루프린트를 컴파일한 다음 **기본값**을 1로 세팅한다.

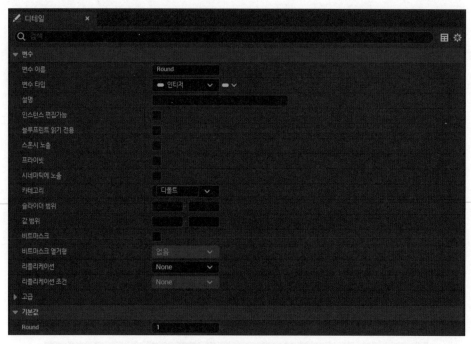

그림 11.6 Round 인티저 변수 생성

5. 블루프린트 에디터를 컴파일, 저장 및 닫는다.

이것이 BP_SaveInfo 블루프린트에서 필요한 전부이다. 다음 단계에서는 BP_SaveInfo 블루프린트를 사용해 저장 및 로드하는 방법을 설명한다.

게임 정보 저장

이제 저장된 데이터를 저장할 컨테이너가 생겼기 때문에 데이터가 플레이어의 머신 어딘가에 저장돼 있고 플레이어가 게임으로 돌아왔을 때 데이터가 검색되는지 확인해야 한다. 게임플레이 세팅의 나머지 부분과 마찬가지로 BP_FirstPersonCharacter 블루프린트에 이 프로세스를 추가한다.

게임 정보를 저장할 변수와 매크로를 만든다.

변수 및 매크로를 작성하는 절차는 다음과 같다.

1. **콘텐츠 브라우저**에서 콘텐츠 〉 FirstPerson 〉 Blueprints 폴더를 접근하고 BP_First PersonCharacter 블루프린트를 두 번 클릭한다.

2. **내 블루프린트** 패널의 **변수** 카테고리에서 ⊕ 버튼을 클릭해 변수를 추가한다. **디테일** 패널에서 CurrentRound로 이름을 지정하고 **변수 타입**을 **인티저**로 변경한다. 블루프린트를 컴파일하고 **기본값**을 1로 세팅한다.

3. **내 블루프린트** 패널에서 변수를 생성하고 변수의 이름을 SaveInfoRef로 지정한다.

4. **디테일** 패널에서 **변수 타입** 드롭다운 메뉴를 클릭하고 BP_SaveInfo를 검색한다. **BP_SaveInfo** 위로 마우스를 가져가 하위 메뉴를 표시한 다음 **오브젝트 레퍼런스**를 선택한다.

그림 11.7 SaveInfoRef 변수는 BP_SaveInfo의 인스턴스를 참조한다.

5. **내 블루프린트** 패널에서 다른 변수를 생성한다. **디테일** 패널에서 변수 이름을 SaveSlotName으로 지정하고 **변수 타입**을 **스트링**으로 변경한다. 블루프린트를 컴파일하고 **기본값**을 SaveGameFile로 세팅한다. 이 변수는 파일 이름을 저장한다.

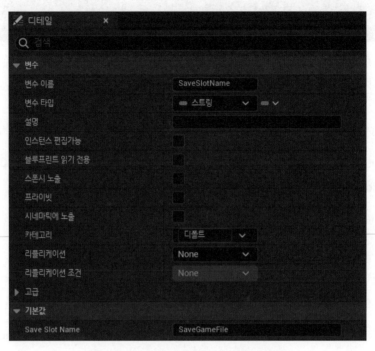

그림 11.8 SaveSlotName은 파일 이름을 저장한다.

6. **내 블루프린트** 패널의 매크로 카테고리에서 ⊕ 버튼을 클릭해 **매크로**를 생성한다. 매크로 이름을 SaveRound로 변경한다. 매크로의 **디테일** 패널에서 **실행** 타입의 In이라는 입력 파라미터와 **실행** 타입의 Out이라는 출력 파라미터를 생성한다.

7. 매크로 **SaveRound**를 만든 탭에서 다음 스크린샷에 표시된 노드를 추가한다. **SaveInfoRef**가 유효한지 확인한다. 유효하지 않은 경우 BP_SaveInfo 인스턴스를 생성해서 **SaveInfoRef**에 저장한다. **SaveInfoRef**의 **Round** 변수를 업데이트한 다음 **SaveInfoRef**의 내용을 저장한다.

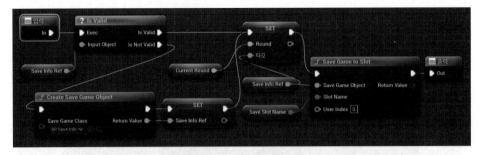

그림 11.9 SaveRound 매크로

8. **입력** 노드의 **In** 핀에서 와이어를 끌어 **Is Valid** 매크로 노드를 추가한다.

9. **Input Object** 파라미터에서 와이어를 끌어 **Get Save Info Ref** 노드를 추가한다.

10. **이벤트그래프**를 우클릭하고 다른 **Get Save Info Ref** 노드를 추가한다. **Get Save Info Ref** 노드에서 와이어를 끌어 **SET Round** 노드를 추가한다.

11. **Is Valid** 출력 핀을 **SET Round** 노드의 흰색 입력 핀에 연결한다. **Round** 입력 핀에서 와이어를 끌어 **Get Current Round** 노드를 추가한다.

12. **SET Round** 노드의 흰색 출력 핀에서 와이어를 끌어서 **Save Game to Slot** 노드를 추가한다. **Save Game to Slot**의 흰색 출력 핀을 출력 노드의 Out 핀에 연결한다.

13. **Save Game Object** 핀을 **Get Save Info Ref** 노드에 연결한다. **Slot Name** 핀에서 와이어를 끌어 **Get Save Slot Name** 노드를 추가한다.

14. **Is Not Valid** 출력 핀에서 와이어를 끌어서 **Create Save Game Object** 노드를 추가한다. **Save Game Class**에서 **BP_SaveInfo**를 선택한다.

15. **Create Save Game Object**의 **Return Value** 핀에서 와이어를 끌어서 **SET Save Info Ref** 노드를 추가한다. **SET Save Info Ref**의 흰색 출력 핀을 **SET Round** 노드의 흰색 입력 핀에 연결한다.

16. 블루프린트를 컴파일하고 저장한다.

다음 단계는 **SaveRound** 매크로를 사용해 저장한 콘텐츠를 로드할 매크로를 만드는 것이다.

게임 정보 불러오기

저장된 **라운드**를 검색해서 **CurrentRound** 변수에 저장하는 **LoadRound**라는 매크로를 만든다.

매크로를 만드는 단계는 다음과 같다.

1. BP_FirstPersonCharacter 블루프린트의 **내 블루프린트** 패널에서 매크로 카테고리에 있는 ⊕ 버튼을 클릭해서 **매크로**를 생성한다. 매크로 이름을 LoadRound로 변경한다. 매크로의 **디테일** 패널에서 **실행** 타입의 In이라는 입력 파라미터와 **실행** 타입의 Out이라는 출력 파라미터를 생성한다.

2. **LoadRound** 매크로를 위해 만든 탭에서 다음 노드를 추가한다.

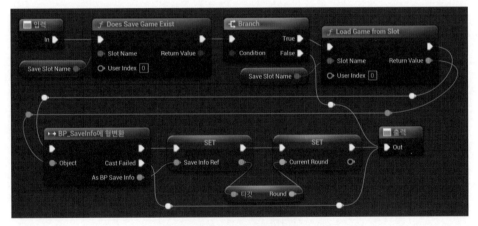

그림 11.10 LoadRound매크로

3. **입력** 노드의 **In** 핀에서 와이어를 끌어서 **Does Save Game Exist** 노드를 추가한다. **SlotName** 핀에서 와이어를 끌어 **Get Save Slot Name** 노드를 추가한다.

4. **Return Value** 핀에서 와이어를 끌어 **Branch** 노드를 추가한다. **Does Save Game Exist**의 흰색 출력 핀을 **Branch** 노드의 흰색 입력 핀에 연결한다.

5. **Branch** 노드의 **False** 핀을 **Outputs** 노드의 **Out** 핀에 연결한다. 와이어를 두 번 클릭해서 경유 노드를 추가하고 와이어의 모양과 위치를 수정할 수 있다.

6. **Branch** 노드의 **True** 핀에서 와이어를 끌어 슬롯에서 **Load Game from Slot**를 추가한다. **Slot Name** 핀에서 와이어를 끌어 **Get Save Slot Name** 노드를 추가한다.

7. **Load Game from Slot**의 **Return Value** 핀에서 와이어를 끌어 **BP_SaveInfo에 형변환** 노드를 추가한다. **Load Game from Slot**의 흰색 출력 핀을 **BP_SaveInfo에 형변환** 노드의 흰색 입력 핀에 연결한다.

8. **BP_SaveInfo에 형변환** 노드의 **Cast Failed** 핀을 **출력** 노드의 **Out** 핀에 연결한다. 필요한 경우 경유 노드를 추가한다.

9. **BP_SaveInfo에 형변환** 노드의 **As BP SaveInfo**에서 와이어를 끌고 **SET SaveInfo Ref** 노드를 추가한다. **BP_SaveInfo에 형변환** 노드의 흰색 핀과 **SET SaveInfoRef**를 연결한다.

10. **SET Save Info Ref**의 출력 파란색 핀에서 와이어를 끌어서 **Get Round** 노드를 추가한다.

11. **Round** 핀에서 와이어를 끌어 **SET Current Round** 노드를 추가한다. 저장된 **Round** 변수의 값을 받아 BP_FirstPersonCharacter 블루프린트의 **Current Round** 변수 안에 보관한다.

12. **SET Save Info Ref**, **SET Current Round**, 출력 노드의 흰색 핀을 연결한다.

13. 블루프린트를 컴파일해 저장한다.

SaveRound 매크로와 **LoadRound** 매크로를 사용해 플레이어가 정지한 라운드에서 게임을 재개하도록 할 수 있다. 도전을 늘리기 위해 라운드에 기반한 **TargetGoal**를 세팅한다.

타깃 목표의 증가

저장 파일에 저장된 데이터를 활용해 플레이어의 게임플레이를 변경한다. 이를 위해 **Current Round**를 곱해 새로운 **TargetGoal**을 찾는 **RoundScaleMultiplier** 변수를 만든다.

TargetGoal을 높이려면 다음 절차를 수행한다.

1. **내 블루프린트** 패널의 **변수** 카테고리에서 ⊕ 버튼을 클릭해 변수를 추가한다. **디테일** 패널에서 이름을 RoundScaleMultiplier로 지정한 다음 **변수 타입**을 **인티저**로 변경한다. 블루프린트를 컴파일하고 **기본값**을 2로 세팅한다.

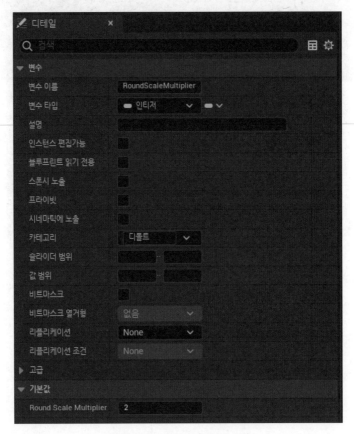

그림 11.11 RoundScale Multiplier 변수

2. **내 블루프린트** 패널의 **매크로** 카테고리에서 ⊕ 버튼을 클릭해 매크로를 생성한다. 매크로 이름을 SetRoundTargetGoal로 변경한다. 매크로의 **디테일** 패널에서 **실행** 타입의 In이라는 입력 파라미터와 **실행** 타입의 Out이라는 출력 파라미터를 생성한다.

3. **SetRoundTargetGoal** 매크로를 위해 만든 탭에서 다음 노드를 추가한다.

그림 11.12 SetRoundTargetGoal 매크로

4. **입력**노드의 In핀에서 와이어를 끌어 **SET Target Goal** 노드를 추가한다. **SET Target Goal**의 흰색 출력 핀을 **Outputs** 노드의 **Out** 핀에 연결한다.

5. **Target Goal** 핀에서 와이어를 끌어다 **곱하기** 노드를 추가한다.

6. **곱하기** 노드의 상단 입력 핀에서 와이어를 끌어서 **Get Current Round** 노드를 추가한다.

7. **곱하기** 노드의 하단 입력 핀에서 와이어를 끌어서 **Get Round Scale Multiplier** 노드를 추가한다.

8. 컴파일하고 블루프린트를 저장한 후 **이벤트그래프** 탭으로 돌아간다.

9. **내 블루프린트** 패널의 **그래프** 카테고리에서 **BeginPlay 이벤트**에 접근해 **LoadRound** 및 **SetRoundTargetGoal** 매크로 노드를 추가한다.

그림 11.13 BeginPlay 이벤트 수정

라운드가 시작되면 **Load Round** 매크로를 사용해 저장된 파일이 있으면 로드한다. 그런 다음 **라운드 목표 세팅** 매크로를 사용해 **타깃 목표**를 세팅한다.

플레이어가 **목표물**에 도달하면 전환 화면을 보여줘야 한다.

라운드 간에 표시할 전환 화면 만들기

현재 플레이어가 **TargetGoal**이 표시하는 요구 사항을 충족할 수 있을 만큼 충분한 적을 물리치면 **WinMenu**가 제공된다. 플레이어를 축하하고 게임을 다시 시작하거나 애플리케이션을 종료할 수 있는 기회를 제공한다. 이제 라운드 기반 게임플레이를 채택하고 있으므로, 이 **WinMenu** 화면을 플레이어를 다음 게임플레이로 이끄는 전환 화면으로 사용할 것이다.

다음 단계에 따라 전환 화면을 만든다.

1. **콘텐츠 브라우저**에서 콘텐츠 〉 FirstPerson 〉 UI 폴더에 접근하고 WinMenu Widget 블루프린트의 이름을 RoundTransition으로 변경해서 새로운 용도를 보다 정확하게 나타낸다.

2. **RoundTransition** 위젯 블루프린트를 두 번 클릭해 UMG 에디터를 연다. 새로운 **RoundTransition** 화면에는 다음과 같은 요소가 포함된다.

그림 11.14 라운드 전환 계층구조 패널

3. **계층구조** 패널에서 **You Win!** 텍스트 요소를 삭제하고 **Btnquit** 버튼을 삭제한다. 라운드 전환 중에 종료 옵션을 제시할 필요가 없다.

4. **그래프** 탭을 클릭한다. **이벤트그래프**에서 **클릭 시(Btnquit)** 이벤트를 삭제한다. **디자이너** 탭을 클릭해 UMG 에디터로 돌아간다.

5. **Txt restart** 요소를 선택하고 이름을 Txtbegin으로 변경한다. **디테일** 패널에서 Restart를 Begin Round으로 텍스트 변경한다. **Btn restart** 이름을 Btnbegin으로 변경한다. 레벨을 다시 로드하는 기능은 그대로 유지된다.

6. **팔레트** 패널에서 **가로 박스**를 **Btn restart** 버튼 위의 계층구조 패널로 끌어온다.

7. **디테일** 패널에서 **앵커** 드롭다운을 클릭하고 상단 중앙 옵션을 선택한다. **X 위치**를 −300.0으로 세팅하고 **Y 위치**를 200.0으로 세팅한다. **콘텐츠 크기에 맞춤** 속성을 확인해서 **X 크기** 및 **Y 크기** 값을 변경할 필요가 없다. 이 가로 박스의 크기는 하위 요소의 크기에 따라 자동으로 조정된다.

그림 11.15 가로 박스 속성

8. **텍스트** 개체를 **가로 박스**로 끌어온다. **디테일** 패널에서 콘텐츠 카테고리 아래의 **텍스트** 필드를 Round으로 변경한다. **외관** 카테고리에서 폰트 **크기**를 120으로 변경한다.

9. 다른 **텍스트** 개체를 **가로 박스**로 끌어온다. **디테일** 패널에서 **왼쪽 패딩**을 20.0으로 세팅하고 **콘텐츠** 카테고리 아래의 **텍스트** 필드를 99로 변경한다. **외관** 카테고리에서 폰트 **크기**를 120으로 변경한다. **RoundTransition** 레이아웃은 다음과 같아야 한다.

그림 11.16 RoundTransition 화면 요소

10. **디테일** 패널에서 **텍스트** 필드 옆에 있는 **바인드** 버튼을 찾아 다음과 같이 새 바인딩을 생성한다.

그림 11.17 round를 위한 바인딩 생성

11. **Get Text 0** 그래프 뷰에서 **Get Player Character** 노드를 추가하고 **FirstPerson Character**에 **형변환** 노드를 사용해서 형변환한 다음 **FirstPerson Character** 핀에서 끌어 **Get Current Round** 노드를 추가한다.

12. **형변환** 노드와 **Current Round**를 **반환 노드**에 연결한다. 에디터는 숫자를 텍스트 타입으로 변환하기 위해 **ToText(Integer)** 노드를 작성해준다.

그림 11.18 Current Round 변수의 값을 화면에 표시한다.

13. UMG 에디터를 컴파일, 저장 및 닫는다. 라운드 기반 시스템을 완료하려면 **플레이 종료** 이벤트를 수정하면 된다.

현재 라운드를 이긴 경우 새 라운드로 전환

일인칭 캐릭터 블루프린트에서 **플레이 종료** 이벤트 수정은 **WinMenu** 수정 버전인 **Round Transition** 화면이 표시되기 때문에 간단한다.

플레이어가 라운드를 이기면 **Current Round** 변수를 증가시켜 저장한다.

다음 단계에 따라 **플레이 종료** 이벤트를 수정한다.

1. **콘텐츠 브라우저**에서 콘텐츠 〉 FirstPerson 〉 Blueprints 폴더에 접근하고 First Person Character 블루프린트를 두 번 클릭한다.

2. **이벤트그래프**에서 **플레이 종료** 이벤트를 선택한다. **디테일** 패널에서 이벤트 이름을 End Round로 변경한다.

3. 코멘트 레이블을 End Round: Shows Transition Menu로 변경한다.

그림 11.19 End Round 이벤트의 새 노드

4. **End Round** 노드와 **Set Game Paused** 노드 사이의 와이어를 끊는다. **End Round** 노드를 왼쪽으로 이동해 더 많은 노드를 위한 공간을 확보한다.

5. **이벤트그래프**에서 우클릭하고 **Get Current Round** 노드를 추가한다.

6. **Get Current Round** 노드의 출력 핀에서 와이어를 끌어 **Increment Int** 노드를 추가한다. **Increment Int** 및 **End Round** 노드의 흰색 핀을 연결한다.

7. **Increment Int**의 출력 흰색 핀에서 와이어를 끌어다 놓고 **Save Round** 매크로 노드를 추가한다.

8. **Set Game Paused** 노드의 흰색 입력 핀에 **Save Round**의 **Out** 핀을 연결한다.

9. 컴파일하고 저장하고 **플레이** 버튼을 클릭해 테스트한다.

게임을 로드하면 게임 상단의 TargetGoal이 적은 수의 적을 목표로 가지고 있다는 것을 알아채야 한다. 목표에 표시된 적의 수를 물리치면 RoundTransition 화면이 나타나고 **라운드 2**가 표시된다. **라운드 시작** 버튼을 누르면 체력과 탄약이 복원되지만 더 많은 수의 적을 대상으로 레벨을 다시 로드한다. 게임을 종료한 다음 **플레이** 버튼을 다시 클릭하면 게임에서 마지막으로 플레이한 라운드가 로드된다.

이제 우리는 플레이어의 진행 상황을 추적할 수 있으므로, 플레이어가 게임을 시작하기를 원한다면 저장 파일을 재세팅할 수 있는 기능을 제공해야 한다.

⠶ 게임 일시 중지 및 저장 파일 재세팅

플레이어가 게임을 이어하거나 게임을 1라운드로 재세팅하거나 애플리케이션을 종료할 수 있는 옵션을 제공하는 **PauseMenu**를 만든다.

일시 중지 메뉴 만들기

PauseMenu는 **LoseMenu**와 같다. 그래서 우리는 LoseMenu를 템플릿으로 사용할 것이다. 다음 스크린샷은 **PauseMenu**에서 원하는 요소를 보여준다.

그림 11.20 PauseMenu 요소

다음 단계에 따라 **PauseMenu**를 만든다.

1. **콘텐츠 브라우저**에서 콘텐츠 〉 FirstPerson 〉 UI 폴더에 접근한다. **LoseMenu**를 우 클릭하고 **복제** 옵션을 선택한다.

2. 이 새 블루프린트위젯에 **PauseMenu**로 이름을 지정한다.

3. **You Lost!**가 표시된 텍스트를 선택하고 **디테일** 패널에서 **텍스트** 필드를 Paused로 변경하고 **컬러 및 오파시티**를 파란색으로 변경한다.

그림 11.21 PauseMenu의 텍스트 세팅

4. 다른 버튼을 놓을 공간을 확보하기 위해 **Paused** 텍스트를 더 위로 이동한다. **슬롯** 카테고리에서 **X 위치**를 -170.0으로 세팅하고 **Y 위치**를 -450.0으로 세팅한다.

그림 11.22 Paused 텍스트의 위치 세팅

5. 버튼을 **Resume** 옵션으로 추가하고 **Restart** 버튼을 **Reset All** 옵션으로 변경한다. **PauseMenu**의 **계층 구조**는 다음과 같다.

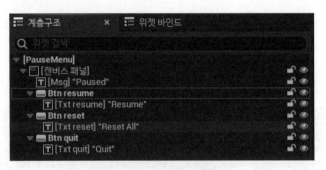

그림 11.23 PauseMenu 계층구조

6. **팔레트** 패널에서 **버튼** 요소를 Painted 메시지 아래의 **계층구조** 패널에 있는 **캔버스** 패널 개체로 끌어온다. **디테일** 패널에서 이름을 Btn resume로 변경하고 앵커 드롭다운을 클릭한 후 화면 중앙에 **앵커**가 있는 옵션을 선택한다.

7. **X 위치**를 -180.0, **Y 위치**를 -250.0, **X 크기**를 360.0, **Y 크기**를 100.0으로 세팅한다.

8. **팔레트** 패널에서 **계층구조** 패널의 **Btn resume** 요소로 **텍스트** 객체를 끌어온다. **디테일** 패널에서 이름을 Txt resume로 세팅하고 **콘텐츠** 카테고리 아래의 **텍스트** 필드를 Resume로 변경하고 폰트 크기를 48로 세팅한다.

9. 이제 **Restart** 버튼을 **Reset All** 버튼으로 변환한다. **Btn restart** 버튼 이름을 Btn reset으로 변경하고 **Txt restart**를 Txt reset으로 변경한 후 **Text** 필드를 Reset All 으로 변경한다.

10. 컴파일해 저장한다.

PauseMenu의 시각적 요소를 이미 추가했다. 이제 기능에 대해 알아본다.

게임 재개

게임을 다시 시작하려면 뷰포트에서 **PauseMenu**를 제거하고 마우스 커서를 숨긴 후 게임 일시 중지를 해제해야 한다. 기능을 추가하는 단계는 다음과 같다.

1. **Btn resume** 요소를 클릭하고 **디테일** 패널의 맨 아래로 스크롤한 다음 **클릭 시** 옆에 있는 **+** 버튼을 클릭한다.

2. **그래프** 보기에서 다음 노드들을 **클릭 시 (Btnresume)** 이벤트에 추가한다.

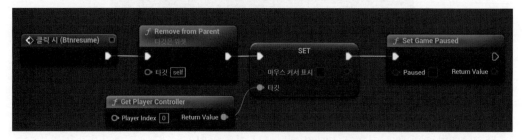

그림 11.24 Resume 버튼 액션들

3. **클릭 시 (Btn resume)** 노드에서 와이어를 끌어 **Remove from Parent** 노드를 추가한다.

4. **이벤트그래프**를 우클릭하고 **Get Player Controller** 노드를 추가한다.

5. **Get Player Controller**의 **Return Value**에서 와이어를 끌어서 **SET Show Mouse Cursor** 노드를 추가한다. **Remove from Parent**의 흰색 출력 핀을 **SET Show Mouse Cursor**의 흰색 입력 핀에 연결한다. **Show Mouse Cursor(마우스 커서 표시)** 파라미터를 선택하지 않은 상태로 둔다.

6. **SET Show Mouse Cursor**의 흰색 출력 핀에서 와이어를 끌어서 **Set Game Paused** 노드를 추가한다. **Paused** 파라미터를 선택하지 않은 상태로 둔다.

다음은 **Resume** 버튼의 액션이다. 이제 **Reset All** 버튼의 액션을 추가한다.

저장 파일 재세팅

Reset All 버튼은 저장된 게임이 있으면 삭제하고 게임 레벨을 다시 로드한다. 저장 게임을 삭제하는 액션이 포함된 매크로를 만들 것이다.

매크로를 작성하려면 다음 단계를 수행한다.

1. **내 블루프린트** 패널의 **매크로** 카테고리에서 ⊕ 버튼을 클릭해 매크로를 생성한다. 매크로 이름을 DeleteFile로 변경한다. 매크로의 **디테일** 패널에서 **실행** 타입의 In 이라는 입력 파라미터와 **실행** 타입의 Out이라는 출력 파라미터를 생성한다.

2. **DeleteFile** 매크로를 위해 생성된 탭에서 다음 스크린샷에 표시된 노드를 추가한다. **슬롯 이름 저장** 변수의 값을 검색하기 위해 **FirstPersonCharacter** 인스턴스에 대한 레퍼런스를 얻는다.

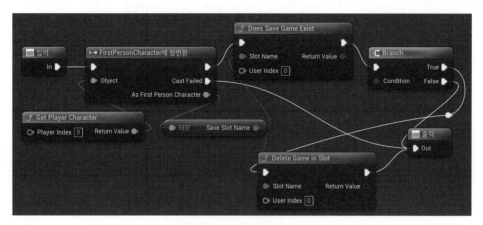

그림 11.25 DeleteFile 매크로 동작

3. **Get Player Character** 노드를 추가하고 **FirstPersonCharacter에 형변환** 노드를 사용해 형변환한다. 그리고 **FirstPersonCharacter** 핀에서 끌어 **Get Save Slot Name** 노드를 추가한다.

4. **FirstPersonCharacter에 형변환**의 흰색 출력 핀에서 와이어를 끌어서 **Dos Save Game Exist** 노드를 추가한다. **Get Save Slot Name** 노드에 연결한다.

5. **Dos Save Game Exist**에서 와이어를 끌어 **Branch** 노드를 추가한다. **Return Value** 핀을 **조건** 핀에 연결한다.

6. **Branch** 노드의 **True** 출력에서 와이어를 끌어 **Delete Game in Slot** 노드를 추가한다. **Slot Name** 핀을 **Get Save Slot Name** 노드에 연결한다. 흰색 출력 핀을 **출력** 노드의 **출력** 핀에 연결한다.

7. **FirstPersonCharacter에 형변환 Cast Failed** 핀과 **Branch** 노드의 **False** 핀을 **출력** 노드의 **아웃**핀에 연결한다.

8. **이벤트그래프**에서 **클릭 시(Btnreset)** 이벤트 뒤에 **Delete File** 매크로 노드를 추가한다.

그림 11.26 클릭 시(Btnreset) 이벤트 수정

9. Pause Menu를 컴파일하고 저장한다.

Pause Menu 화면을 만들었다. 이제 플레이어가 Pause Menu를 불러올 수 있는 방법이
필요하다.

일시 중지 트리거

Enter키를 사용해 게임을 일시 중지^{Pause Menu}하고 Pause Menu를 연다. **프로젝트 세팅**에
서 **Pause** 액션 매핑을 추가하고 **Pause** 액션 매핑을 위해 생성된 **입력 액션** 이벤트에 액
션을 추가해야 한다.

다음 단계에 따라 **PauseMenu**를 트리거한다.

1. 게임 입력 세팅을 변경하려면 툴바 모음의 맨 오른쪽에 있는 **세팅** 버튼을 클릭하
   고 **프로젝트 세팅...** 옵션을 선택한다.

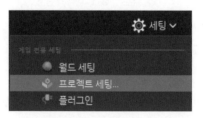

그림 11.27 프로젝트 세팅 접근

2. 표시되는 창의 왼쪽에서 **엔진** 카테고리를 찾고 **입력** 옵션을 선택한다. **액션 매핑** 옆
   의 ⊕ 버튼을 클릭한다. 새 액션 이름을 **Pause**로 지정하고 드롭다운 메뉴에서
   Enter키를 선택해 해당 키를 **Pause** 이벤트에 매핑한다.

그림 11.28 액션 매핑 만들기

3. **콘텐츠 브라우저**에서 콘텐츠 〉 FirstPerson 〉 Blueprints 폴더에 접근하고 BP_First PersonCharacter 블루프린트를 두 번 클릭한다.

4. **이벤트그래프**를 우클릭하고 Pause input 액션을 검색한 다음 **Pause 입력 액션** 노드를 추가한다. **LostGame** 커스텀 이벤트에서 모든 노드를 복사해 **Pause 입력 액션** 노드 근처에 붙여 넣는다.

그림 11.29 Pause 입력 액션들

5. **Pause 입력 액션** 노드의 **Pressed** 핀을 **Set Game Pause** 노드의 흰색 입력 핀에 연결한다.

6. **위젯 생성** 노드의 **Class** 파라미터를 **Pause Menu**로 변경한다.

7. 컴파일하고 저장한 다음 **플레이**를 클릭해 테스트한다.

이제 게임을 하는 동안 세팅한 Enter키를 눌러 Pause Menu를 시작할 수 있다. **Resume** 버튼을 클릭하면 Pause Menu가 닫히고 게임으로 돌아간다. 게임을 여러 번 진행한 다음 Pause Menu에서 **Reset All** 버튼을 누르면 진행률이 게임의 첫 번째 라운드로 재세팅되면서 자동으로 레벨을 다시 로드한다. 만약 이렇게 진행된다면, 축하한다! 여러 게임플레이에서 진행 상황을 저장, 로드 및 재세팅할 수 있는 저장 시스템을 만드는 중요한 성과를 거뒀다.

요약

이번 챕터에서는 게임을 다른 사람이 플레이하고 즐길 수 있는 완벽한 경험으로 만들기 위한 상당한 진전을 이뤘다. 또한 플레이어가 이겼는지 졌는지에 따라 다른 화면을 보여주는 방법과 진행 상황을 그대로 유지하면서 이전 게임 세션으로 돌아갈 수 있는 세이브 시스템을 구현하는 방법도 배웠다. 그런 다음 플레이어가 새로운 라운드로 진행할 때마다 게임플레이 목표를 수정하는 라운드 시스템을 구현했다. 마지막으로, 우리는 플레이어가 어느 라운드에 있는지 정보를 제공한 후 게임플레이를 일시 중지하고 심지어 자신의 저장 파일을 재세팅할 수 있는 기회를 주는 추가 메뉴 시스템을 구현했다.

다음 챕터에서는 다른 사람들과 경험을 공유할 수 있도록 우리가 만든 게임을 빌드하는 방법을 탐구할 것이다.

퀴즈

1. **위젯 생성** 노드는 파라미터에서 선택한 위젯 클래스의 인스턴스를 선택한다.

    a. True

    b. False

2. 저장할 데이터를 저장하는 데 사용되는 클래스의 이름은 무엇인가?

    a. SaveData

    b. SaveInfo

    c. SaveGame

3. **Save Game to Slot** 함수는 저장될 데이터와 함께 입력 파라미터로 구조체를 받는다.

   a. True

   b. False

4. **Load Game from Slot** 함수는 SaveGame 클래스의 인스턴스를 반환한다. 저장된 변수에 접근하려면 **형변환** 노드를 사용해야 한다.

   a. True

   b. False

5. **Shoot**이라는 이름의 **액션 매핑**은 InputAction Shoot이라는 이름의 이벤트를 트리거한다.

   a. True

   b. False

12

빌드 및 배포

게임 개발자로서 성장하는 좋은 방법 중 하나는 다른 사람과 작업물을 공유해 디자인과 콘텐츠를 발전시키는 방법에 대한 피드백을 받는 것이다. 게임의 공유 가능한 빌드를 생성해 다른 사람이 게임을 플레이할 수 있도록 하는 것이 우선이다. 다행히 언리얼 엔진 5를 사용하면 여러 플랫폼용 게임 빌드를 쉽게 만들 수 있다. 이 장에서는 게임 세팅을 최적화하는 방법과 타깃 데스크톱 플랫폼에 맞는 구축 프로세스를 살펴보겠다. 이 프로세스에서는 다음의 토픽을 설명한다.

- 그래픽 세팅 최적화

- 다른 사람이 플레이할 수 있도록 게임 세팅

- 게임을 빌드로 패키징

이 장을 마치면 다른 머신에 공유 및 설치할 수 있는 패키지 버전의 게임이 완성된다.

⟫ 그래픽 세팅 최적화

특정 플랫폼에서 플레이하도록 최적화된 게임 빌드 또는 버전을 만들기 전에 게임의 그 래픽 세팅을 변경해 언리얼 엔진 5의 그래픽 세팅은 **엔진 퀄리티 세팅**으로 식별된다. 이 세 팅 인터페이스는 여러 그래픽 세팅으로 구성돼 있으며, 각 세팅은 게임의 한 요소의 최종 적인 시각적 품질을 결정한다. 어떤 게임이든 고품질 효과와 비주얼, 그리고 프레임 레이 트의 관점에서 그 게임의 퍼포먼스 사이에는 트레이드오프가 있다.

낮은 프레임률로 어려움을 겪는 게임은 게임플레이의 관점에서 보면 메커니즘이 견고 하지 않더라도 기분이 좋지 않다. 따라서 게임을 최대한 멋지게 만들고자 하는 욕구와 플레이어가 게임을 실행할 기계에 어떤 성능 영향을 미치는지 이해해야 하는 욕구의 균 형을 맞추는 것이 중요하다.

PC와 MacOS 컴퓨터의 하드웨어 성능이 다양하기 때문에 이러한 플랫폼을 대상으로 하는 많은 게임에서는 플레이어가 게임 자체의 그래픽 세팅을 조정할 수 있도록 사용자 지정 메뉴 세팅을 사용한다. 그러나 우리가 만든 게임은 매우 단순한 에셋과 상대적으 로 제한된 레벨 크기만을 사용하기 때문에 배포할 빌드를 생성하기 전에 몇 가지 실행 가능한 기본값을 정의한다.

엔진 퀄리티 세팅을 변경하는 순서는 다음과 같다.

1. 레벨 에디터 툴바 오른쪽에 있는 **세팅** 버튼을 클릭한다.

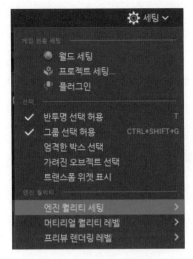

그림 12.1 엔진 퀄리티 세팅 접근

2. **엔진 퀄리티 세팅** 위에 마우스를 올려 놓으면 다음 스크린샷에서 볼 수 있듯이 조정할 수 있는 **퀄리티** 세팅이 팝업 표시된다.

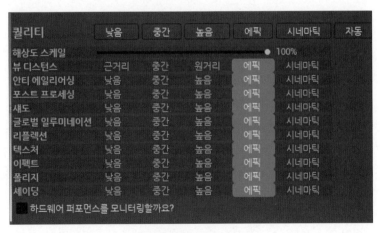

그림 12.2 엔진 퀄리티 요소

3. **낮음**에서 **에픽**에 이르는 이 메뉴 상단의 버튼은 런타임에 목표로 삼으려는 광범위한 수준의 성능 대 품질에 따라 세팅의 프리셋 역할을 한다. **낮음** 버튼을 클릭하면 모든 화질 세팅이 최소로 세팅되며, 시각적으로 가장 매력적이지 않은 세팅을 대신할 수 있는 최상의 성능을 제공한다. **에픽**은 스펙트럼의 반대쪽 끝으로, 사용하기로 선택한 자산에 따라 상당한 성능을 희생하면서 모든 엔진 품질 세팅을 최대치로 끌어올린다.

4. **시네마틱** 버튼을 누르면 모든 화질 세팅이 영화 화질로 세팅된다. 영화 화질은 영화 화질을 렌더링하는 데 사용된다. 이 세팅은 게임 중이나 런타임에 사용할 수 없다.

5. **자동** 버튼을 누르면 현재 에디터를 실행하고 있는 머신의 하드웨어가 검출돼 사용하는 머신에 적합한 퍼포먼스와 그래픽 품질 사이에서 적절한 균형을 이루는 수준으로 그래픽 세팅이 조정된다. 개발 중인 시스템과 거의 동일한 하드웨어를 대상으로 할 경우 **자동** 세팅을 사용하면 빌드에 대한 그래픽 세팅을 쉽게 세팅할 수 있다.

6. 세팅을 개별적으로 조정하려면 기능에 대한 간단한 설명을 사용해 다음을 수행할 수 있다.

    - **해상도 스케일**: 이 세팅을 사용하면 엔진이 플레이어가 원하는 해상도보다 낮은 해상도로 게임을 렌더링하고 소프트웨어를 사용해 게임을 목표 해상도로 업그레이드한다. 이것은 낮은 해상도의 스케일로 흐릿하게 되는 것을 인지하고 게임의 성능을 향상시킨다.

    - **뷰 디스턴스**: 물체의 렌더링 여부는 카메라와 물체 위치의 거리에서 결정된다. 이 거리를 초과하는 객체는 렌더링되지 않는다. 가까운 뷰 디스턴스는 성능을 향상시키지만, 거리 경계영역을 지날 때 화면 안에서 물체가 갑자기 툭 튀어 나올 수 있다.

    - **안티 에일리어싱**: 이 세팅은 월드 안에 3D 개체의 들쭉날쭉한 가장자리를 부드럽게 해주고 게임의 보이는 품질을 드라마틱하게 개선한다. 높음 세팅에서는, 들쑥날쑥한 가장자리를 적게 보겠지만, 성능이 감소할 것이다.

- **포스트 프로세싱**: 이 세팅은 씬이 생성된 후에 적용되는 모션블러나 라이트 블룸 이펙트같은 스크린에 적용되는 몇몇 필터의 기본 세팅을 변경한다.

- **섀도**: 게임에서 그림자의 모양을 결정하는 여러 연관된 몇몇 정의 기본 품질이 변경된다. 매우 상세한 그림자는 자주 성능에 충격적인 영향을 준다.

- **텍스처**: 이 세팅은 게임에서 사용되는 텍스처가 엔진에 의해 관리되는 처리에 영향을 미친다. 게임에 많은 텍스처가 있는 경우 이 세팅을 줄이면 그래픽 메모리가 부족해지는 것을 방지할 수 있으므로 성능이 향상된다.

- **이펙트**: 이 세팅은 재료 반사 및 반투명 효과와 같은 게임에 적용되는 여러 특수 효과의 기본 품질 세팅을 변경한다.

- **폴리지**: 이 세팅은 게임에 사용되는 나뭇잎류의 품질에 영향을 미친다.

- **셰이딩**: 이 세팅은 머티리얼의 품질에 영향을 미친다. 이 세팅을 줄이면 그래픽 메모리가 부족해지는 것을 방지하고 성능을 향상시킬 수 있다.

궁극적으로, 게임의 성능을 최적화하는 가장 좋은 방법은 사람들이 게임을 플레이할 수 있도록 하는 기계에서 정기적으로 테스트하는 것이다. 퍼포먼스가 저하된 것을 알 수 있는 경우는, 어디에서 퍼포먼스가 발생하는지를 적어 둔다. 게임 성능이 항상 낮으면 후처리 또는 안티에이리어싱 효과를 줄여야 할 수 있다. 레벨의 특정 영역에서만 성능이 낮은 경우 해당 영역의 객체 밀도를 줄이거나 특정 게임 모델의 품질을 떨어뜨리는 방법을 검토해야 할 수 있다.

이제 그래픽 세팅을 조정하는 방법을 알게 됐다. 빌드 전에 몇 가지 프로젝트 세팅을 커스터마이즈해 보겠다.

다른 사람이 플레이할 수 있도록 게임 세팅

언리얼 엔진 5는 게임을 구축하기 위해 선택할 수 있는 다양한 플랫폼을 제공하며, 새로운 버전의 엔진이 출시되고 새로운 기술이 등장함에 따라 이 목록은 계속 확장될 것이다. Windows, MacOS, iOS, Android 및 Linux에서 게임을 배포할 수 있다. 이 엔진은 Oculus Quest와 같은 다양한 가상 현실 플랫폼용 콘텐츠 작성을 지원한다. 8세대 및 9세대 콘솔도 지원되지만 적절한 개발 키트를 갖춘 등록된 콘솔 개발자여야 한다.

각 플랫폼에는 게임 개발을 위한 고유한 요건과 모범사례가 있다. 모바일 게임은 게임을 잘 수행하기 위해 더 높은 최적화 요건을 가지고 있다.

타깃 머신에 프로젝트가 표시되는 방법을 결정하는 세팅의 일부를 커스터마이즈할 수 있다.

프로젝트 세팅을 커스터마이즈하는 순서는 다음과 같다.

1. 레벨 에디터 툴바의 **세팅** 버튼을 클릭한 후 다음과 같이 **프로젝트 세팅...**을 클릭한다.

그림 12.3 프로젝트 세팅 선택

2. **프로젝트 세팅** 안에, 게임, 엔진 및 플랫폼 상호작용의 다양한 요소를 커스터마이즈하기 위한 다양한 옵션이 왼쪽 패널에 표시된다. 기본적으로는 **프로젝트 - 설명** 페이지가 열린다. 여기서 프로젝트 이름, 언리얼 엔진 프로젝트 선택기에 나타나는 축소 이미지, 프로젝트 및 프로젝트 생성자 또는 퍼블리셔에 대한 간단한 설명을 다음 스크린샷에 표시된 대로 커스텀할 수 있다.

그림 12.4 프로젝트 – 설명 페이지

3. 왼쪽 패널의 **맵 & 모드**를 클릭하면 기본적으로 게임이 로드되는 맵을 확인할 수 있는 페이지가 나타난다. 게임에는 맵이 1개 밖에 없기 때문에 선택하기 쉽지만, 메인 메뉴 화면 전용 맵을 첫 번째 맵으로 지정해야 하는 경우가 많다. 여러 맵으로 게임을 만드는 경우 처음 로드된 맵이 플레이 중에 다음에 로드되는 맵을 관리할 수 있는지 확인해야 한다.

그림 12.5 – 프로젝트 – 맵 & 모드

4. 마지막으로, 이 빌드로 타깃하는 플랫폼을 클릭하면 해당 플랫폼의 커스터마이즈 페이지가 나타난다.

5. 다음 스크린샷에 표시된 **Windows** 예제에서는 **시작** 화면과 게임의 **아이콘** 이미지를 변경할 수 있다. 모바일 플랫폼 및 콘솔 플랫폼 타깃에는 변경할 수 있는 옵션이 더 많아지고 각 플랫폼마다 다르다.

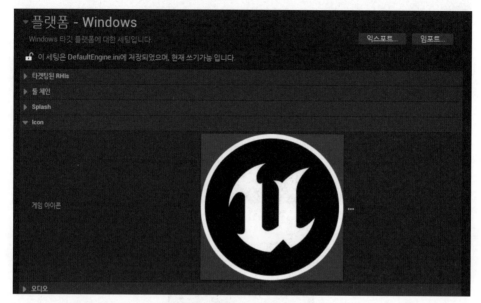

그림 12.6 플랫폼 – Windows 페이지

6. 기본 **스플래시** 및 **Icon** 세팅을 게임에 사용할 이미지로 바꾼다. 이것은 게임에서 편집한 스크린샷처럼 단순할 수도 있고 아이콘과 스플래시 스크린 전용으로 제작된 커스텀 아트 작품을 선보일 수도 있다.

한번 프로젝트 세팅이 완료되면, **프로젝트 세팅** 창을 닫고 프로젝트 패키징을 시작할 수 있다.

⫸ 게임을 빌드로 패키지화

이러한 플랫폼 중 하나에 대해 배포 가능한 형태의 게임을 만드는 것은 **패키징**이라는 프로세스를 포함한다.

패키징은 게임의 모든 코드와 에셋을 선택한 플랫폼에서 수행할 수 있도록 적절한 형식으로 세팅한다. 게임이 Windows 또는 macOS 릴리스를 만드는 길로 따라갈 것이다.

다음은 특정 플랫폼에서 플레이할 게임을 패키징하는 단계이다.

1. 툴바에서 **플랫폼** 버튼을 클릭하고 원하는 플랫폼 위로 마우스를 이동한 다음, **패키지 프로젝트**를 클릭한다.

그림 12.7 Windows용 프로젝트 패키지화

2. 플랫폼을 클릭하면 컴퓨터에서 빌드를 저장할 위치를 선택하라는 메시지가 나타 난다. 위치를 선택하면 엔진이 프로젝트를 패키징하고 있음을 알리는 팝업이 표시 된다. 패키징 프로세스에서 오류가 발생하면 오류 세부 정보가 표시된다. 프로젝 트 패키징은 프로젝트의 복잡성과 규모에 따라 다소 시간이 걸릴 수 있지만 오류 가 발생하지 않으면 최종적으로는 패키징이 완료됐다는 메시지가 표시된다. 축하 한다. 게임의 패키지를 만들었다!

3. 빌드를 저장하도록 선택한 폴더로 이동한다. MacOS에서 **MacNoEditor**라는 폴더 를 열고 애플리케이션을 두 번 클릭해서 실행한다. Windows의 경우는, **Windows No Editor** 폴더를 열고, 실행 파일을 더블클릭해 게임을 실행한다. 잠시 시간을 내 서 최종 형태로 만든 게임을 살펴보고 얼마나 발전했는지 생각해 보자. 이제 다른 사람이 플레이하고 즐길 수 있는 기능의 게임을 가졌다. 간단한 게임조차 만드는 것은 쉬운 일이 아니기 때문에, 여러분은 여러분의 성취를 자랑스러워해야 한다!

기본 세팅을 사용해 프로젝트를 패키징했지만 패키지에서 수정할 수 있는 옵션이 많이 있다.

빌드 구성과 패키징 세팅

이 절에서는 빌드 및 패키징에 사용할 수 있는 몇 가지 세팅을 살펴본다.

플랫폼 하위 메뉴에는 **프로젝트-패키징**으로 표시되고, 수정할 수 있는 세팅 옵션이 있는 **패키징 세팅** 옵션이 있다.

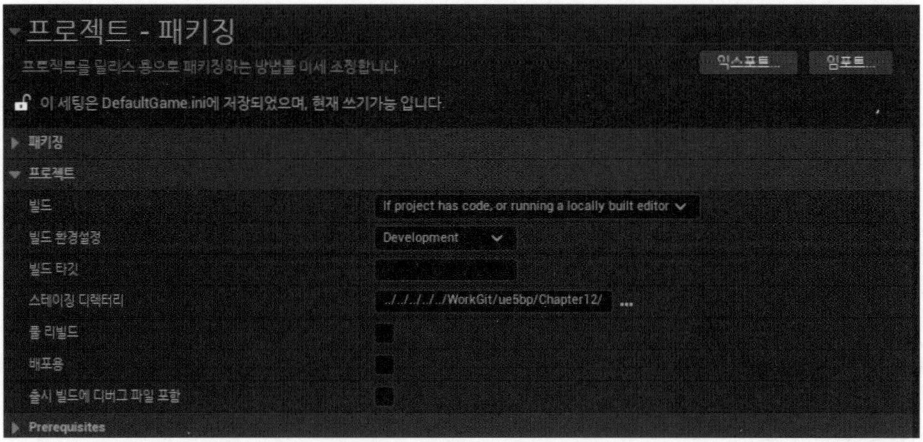

그림 12.8 프로젝트 – 패키징 페이지

패키징 카테고리에는 패키징을 최적화하는 데 사용할 수 있는 많은 기술적 옵션이 포함돼 있다. **빌드 환경세팅** 옵션은 빌드 방법을 정의한다. 블루프린트 전용 프로젝트에서는 두 가지 옵션을 사용할 수 있다. **개발**^{Development}과 **배송**^{Shipping} 개발 빌드는 오류를 찾는 데 도움이 되는 디버깅에 사용되는 정보를 포함한다. 배송 빌드는 디버그 정보가 없기 때문에 더 군더더기가 없으며, 배포될 게임의 최종 버전을 만드는 데 사용해야 한다.

스테이징 디렉터리 옵션은 패키지 빌드가 저장될 폴더를 정의하는 데 사용된다. 앱스토어 또는 구글 플레이스토어에 게임을 제출할 때 **배포용** 옵션이 필요하다.

이제 **프로젝트 - 패키징** 페이지를 닫을 수 있다.

프로젝트를 다른 시스템으로 이동하거나 다른 사용자에게 프로젝트를 전달하려는 경우 레벨 에디터의 파일 메뉴에서 사용할 수 있는 **프로젝트 압축** 옵션을 사용할 수 있다. **프로젝트 압축** 옵션은 필수 프로젝트 **파일**을 복사하고 압축한다.

그림 12.9 프로젝트 압축

패키지 옵션에는 여러 가지가 있으며 그 중 일부는 플랫폼별로 다르다. 게임 타깃 플랫폼의 다양한 패키징 옵션을 공부하는 데 시간을 할애하자.

⠿ 요약

이 장에서는 여러 플랫폼에서 만든 게임의 플레이 가능한 빌드를 만드는 것에 대해 설명했다. 그래픽 세팅을 최적화하는 방법과 다른 사용자가 플레이할 수 있도록 게임을 세팅하는 방법을 배웠다. 마지막으로 빌드 구성 및 패키징 세팅을 변경하는 방법도 알아봤다.

이 장에서 학습한 내용을 통해 프로젝트를 보다 효과적으로 보여주고 다른 플랫폼에서 프로젝트를 배포해 다른 사용자가 프로젝트를 즐기도록 할 수 있다.

이 장에서는 3부를 마무리하고 플레이 가능한 슈팅 게임의 구현을 종료한다. 제4부에서는 고도의 블루프린트 개념을 설명한다. 다음 장에서는 데이터 구조와 흐름 제어에 대해 알아보겠다.

⠿ 퀴즈

1. **엔진 퀄리티 세팅** 패널에서 게임의 그래픽 세팅을 조정할 수 있다.

    a. True

    b. False

2. 언리얼 엔진 5에서는 등록된 콘솔 개발자가 아니어도 콘솔용 게임을 패키징할 수 있다.

    a. True

    b. False

3. 게임을 패키징하려면 **플랫폼** 버튼을 클릭해 메뉴에 접근해야 한다.

    a. True

    b. False

4. 블루프린트 전용 프로젝트에서 **빌드 구성 옵션**이 아닌 것은 무엇인가?

    a. 개발

    b. 배송

    c. 테스트

5. **스테이징 디렉토리** 속성은 패키지 빌드를 저장할 폴더를 정의하는 데 사용된다.

    a. True

    b. False

4부

고급 블루프린트

4부에서는 다음과 같은 경우에 도움이 되는 고급 블루프린트 개념을 살펴본다. 복잡한 게임을 개발하고 있다. 우리는 데이터 구조, 흐름 제어, 수학 노드, 트레이스 노드 및 블루프린트팁을 사용해 블루프린트의 품질을 향상시킬 수 있다. 마지막 장에서는 몇 가지 가상 현실VR 개념을 설명하고 VR 템플릿을 살펴본다.

4부는 다음 장으로 구성된다.

- 13장, 데이터 구조 및 흐름 제어

- 14장, 수학 및 트레이스 노드

- 15장, 블루프린트 팁

- 16장, VR 개발 소개

13

데이터 구조 및 흐름 제어

3부에서는 비헤이비어 트리를 사용해 기초적인 AI 게임을 만드는 방법, 게임 상태를 추가하는 방법, 배포를 위해 게임을 패키징 하는 방법을 배웠다.

4부에서는 복잡한 게임을 개발할 때 도움이 되는 고급 블루프린트 개념을 설명한다. 데이터 구조, 흐름 제어, 수학 노드 및 블루프린트 팁에 대해 배우고 가상 현실 개발에 대해 이해한다.

이 장에서는 데이터 구조가 무엇이고 어떻게 블루프린트에서 데이터를 구성하는 데 사용할 수 있는지 설명한다. 컨테이너의 개념과 배열, 세트 그리고 맵을 사용해 복수의 엘리먼트를 그룹화하는 방법, 열거형, 구조체 및 데이터 테이블을 사용해 데이터를 구조화하는 다른 방법에 대해 배운다. 이 장에서는 다양한 타입의 흐름 제어 노드를 사용해서 블루프린트의 실행 흐름을 제어하는 방법도 볼 것이다. 이 장에서는 다음 주제를 다룬다.

- 다양한 컨테이너 타입 살펴보기
- 데이터 구조 살펴보기

- 흐름 제어 노드

이 장이 끝나면 블루프린트에서 문제를 해결하는 능력을 높여줄 다양한 데이터 구조와 흐름 제어 노드에 대해 알게 될 것이다.

다양한 컨테이너 타입 살펴보기

컨테이너는 그 인스턴스가 값 또는 인스턴스의 모음을 저장할 수 있는 데이터 구조 타입이다. 컨테이너의 값은 동일한 타입이어야 한다. 컨테이너의 엘리먼트는 엘리먼트에 연결된 레이블을 사용해 나중에 다시 가져올 수 있다.

블루프린트에서 사용 가능한 컨테이너는 배열, 세트, 맵이다. 변수를 컨테이너로 바꾸려면 다음 스크린샷과 같이 **변수 타입** 옆에 있는 아이콘을 클릭하고 나타나는 컨테이너 중 하나를 선택한다.

그림 13.1 컨테이너 생성

가장 많이 사용되는 컨테이너 타입인 배열에 대해 알아보는 것으로 시작한다.

배열

배열은 특정 데이터 타입의 값을 하나 이상 저장하는 컨테이너 타입이다. 따라서 각 값에 대해 별도의 변수를 사용하는 대신 단일 변수를 사용해 여러 값을 저장할 수 있다.

배열은 엘리먼트에 대해 인덱스 접근을 제공하므로 엘리먼트를 검색하는 데 사용되는 레이블은 컨테이너에 있는 엘리먼트의 순차 인덱스이다. 엘리먼트가 배열 중간에 삽입되지 않는 한 모든 엘리먼트는 배열에서의 위치를 유지한다.

배열을 생성하는 단계는 다음과 같다.

1. **내 블루프린트** 패널에서 변수를 생성하고 타입을 정의한다.

2. **변수 타입** 드롭다운 메뉴 옆에 있는 아이콘을 클릭하고 다음 스크린샷에 표시된 것처럼 배열 아이콘을 선택한다.

그림 13.2 인티저 배열 생성

3. 배열의 기본값을 추가할 수 있도록 블루프린트를 컴파일한다. 변수의 **기본값** 패널에서 ⊕ 버튼을 클릭해 배열에 엘리먼트를 추가한다. 다음 스크린샷은 플레이어의 탄약 양을 저장하는 데 사용되는 4개의 엘리먼트가 있는 **Ammo Slot**이라는 **인티저** 배열의 예를 보여준다. 배열의 각 엘리먼트는 무기 타입의 탄약 양을 저장한다.

그림 13.3 배열에 기본값 추가

NOTE

배열은 항상 인덱스 0부터 시작한다. 따라서 엘리먼트가 4개인 이전 예에서, 첫 번째 엘리먼트의 인덱스는 0이고 마지막 엘리먼트의 인덱스는 3이다.

배열에서 값을 가져오기 위해 **Get (사본)** 노드를 사용한다. 이 노드에는 다음 스크린샷과 같이 배열에 대한 참조와 엘리먼트의 인덱스 두 개의 입력 파라미터가 있다. **Get (사본)** 노드는 배열에 저장된 값의 임시 복사본을 만든다. 따라서 검색된 값에 대한 변경 사항은 배열에 저장된 값에 영향을 미치지 않는다.

그림 13.4 배열에서 값 가져오기

배열의 엘리먼트를 수정하려면 **Set Array Elem** 노드를 사용한다. 다음 스크린샷의 예에서는 **Index**가 2로 세팅된 엘리먼트 **아이템**의 값을 10으로 세팅한다.

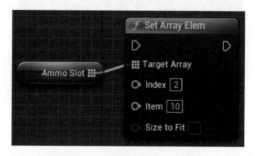

그림 13.5 배열 엘리먼트의 값 세팅

두 개의 노드를 사용해 배열에 엘리먼트를 추가할 수 있다. **ADD** 노드는 배열의 끝에 엘리먼트를 추가한다. **INSERT** 노드는 입력 파라미터로 전달된 인덱스에 요소를 추가하고 이 인덱스 이후에 있던 모든 요소는 다음 인덱스로 이동한다. 예를 들어 인덱스 2에 엘리먼트를 삽입하면 인덱스 2에 있던 이전 요소가 인덱스 3으로 이동한다. 인덱스 3에 있던 엘리먼트는 인덱스 4로 이동하는 식으로 진행된다. 이러한 노드를 사용하면 배열의 길이가 동적으로 늘어난다. 두 노드 모두 파라미터로 배열에 대한 참조와 배열에 추가될 엘리먼트에 대한 참조를 받는다.

그림 13.6 배열에 엘리먼트 추가

LENGTH 노드를 사용해 배열의 엘리먼트 수를 얻을 수 있다. 배열의 인덱스는 0에서 시작하므로 마지막 요소의 인덱스는 **LENGTH** − 1이 된다. 또는 배열의 마지막 요소 인덱스를 반환하는 **LAST INDEX** 노드를 사용할 수 있다. 다음 스크린샷은 이러한 두 노드를 보여준다.

그림 13.7 배열의 길이와 마지막 인덱스 얻기

NOTE

마지막 인덱스보다 큰 배열의 인덱스에 접근하지 않도록 주의한다. 예기치 않은 결과를 초래할 수 있으며 나중에 추적하기 어려운 크래시를 일으킬 수 있다.

랜덤 배열 아이템 노드를 사용해서 배열의 임의 엘리먼트를 가져올 수 있다. **IS EMPTY** 또는 **IS NOT EMPTY** 노드는 배열에 요소가 있는지 확인하는 데 사용된다.

그림 13.8 임의의 배열 엘리먼트를 가져오고 배열에 엘리먼트가 있는지 확인하는 노드

배열 만들기 노드는 이벤트그래프의 변수에서 배열을 만드는 데 사용된다. **핀 추가 ⊕**를 클릭해 입력 핀을 추가한다. 스크린샷의 예제는 레벨 블루프린트에서 가져온 것이다. 레벨에는 4개의 **PointLight** 인스턴스가 있으며 **배열 만들기** 노드는 **Point Lights Array**를 만드는 데 사용된다.

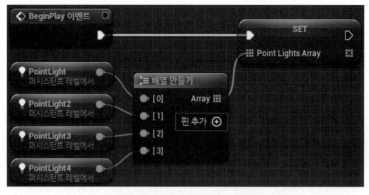

그림 13.9 배열 만들기 노드 사용

오브젝트 레퍼런스를 저장하는 배열의 사용을 시험하는 예제를 만든다.

배열 예제 – BP_RandomSpawner 생성

이 예제에서는 **Target Points** 배열이 있는 BP_RandomSpawner라는 블루프린트를 만들 것이다. Target Points 배열의 엘리먼트는 레벨 에디터에서 세팅할 수 있다. 레벨이 시작되면 BP_RandomSpawner 블루프린트는 Target Points의 한 요소를 무작위로 선택하고 선택한 Target Point의 동일한 위치에 지정된 액터 클래스의 인스턴스를 스폰한다.

이 예제를 만드는 단계는 다음과 같다.

1. 시작 콘텐츠가 포함된 삼인칭 템플릿을 기반으로 프로젝트를 생성한다.

2. 콘텐츠 브라우저에서 콘텐츠 폴더에 접근한다. 폴더 목록 옆의 빈 공간을 우클릭하고 **새 폴더** 옵션을 선택한다. 폴더 이름을 BookUE5로 지정한다. 이 폴더를 사용해 이 장의 에셋을 저장한다.

3. 방금 만든 BookUE5 폴더를 연 다음 콘텐츠 브라우저에서 **추가** 버튼을 클릭하고 **블루프린트 클래스** 옵션을 선택한다.

4. 다음 화면에서 **액터**를 부모 클래스로 선택한다. 블루프린트 이름을 BP_Random Spawner로 지정하고 더블클릭해 블루프린트 에디터를 연다.

5. **내 블루프린트** 패널에서 TargetPoints라는 변수를 새로 만든다. **디테일** 패널에서 **변수 타입** 드롭다운 메뉴를 클릭하고 타깃 포인트를 검색한다. **타깃 포인트** 위로 마우스를 가져가서 하위 메뉴를 표시한 다음 **오브젝트 레퍼런스**를 선택한다. **변수 타입** 오른쪽에 있는 아이콘을 클릭하고 **배열** 아이콘을 선택한다. 다음 스크린샷과 같이 **인스턴스 편집가능** 속성을 체크한다.

그림 13.10 타깃 포인트 배열 생성

6. 다른 변수를 만들고 이름을 SpawnClass로 지정한다. **변수 타입** 드롭다운 메뉴를 클릭하고 액터를 검색한다. **액터** 위로 마우스를 가져가서 하위 메뉴를 표시한 다음 **클래스 레퍼런스**를 선택한다.

그림 13.11 액터 클래스를 참조하는 변수 생성

7. **변수 타입** 오른쪽에 있는 아이콘을 클릭하고 단일 변수 아이콘을 선택한다. **인스턴스 편집 가능** 속성을 체크한다. 액터를 생성할 때 **SpawnClass** 변수에 지정된 클래스를 사용한다.

그림 13.12 SpawnClass는 레벨의 인스턴스에서 지정 가능하다

BeginPlay 이벤트에서 Branch 노드를 사용해 Spawn Class 및 Target Point 변수의 유효성을 검사한다. 레퍼런스를 저장하는 모든 변수는 런타임 오류를 피하기 위해 사용하기 전에 유효성을 검사해야 한다. 변수가 유효하면 Spawn Class 변수에 저장된 클래스와 배열에 저장된 무작위로 선택된 Target Point의 트랜스폼을 사용해서 액터를 생성한다.

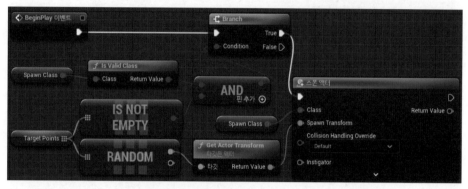

그림 13.13 BeginPlay 이벤트의 액션들

8. 8단계~13단계의 노드는 Spawn Class 및 Target Points 변수를 검증하기 위한 것이다. 내 블루프린트 패널에서 Spawn Class 변수를 끌어 BeginPlay 이벤트 근처의 이벤트그래프에 놓고 GET Spawn Class를 선택한다.

9. Spawn Class 노드에서 와이어를 끌어 Is Valid Class 노드를 추가한다.

10. Is Valid Class의 Return Value 핀에서 와이어를 끌어 AND 노드를 추가한다. 두 변수가 모두 유효한 경우에만 액터를 스폰할 것이기 때문에 AND 노드를 사용하고 있다.

11. 내 블루프린트 패널에서 Target Points 배열 변수를 끌어 Spawn Class 노드 근처의 이벤트그래프에 놓고 GET Target Points를 선택한다.

12. TargetPoints 노드에서 와이어를 끌어서 IS NOT EMPTY 노드를 추가한다. IS NOT EMPTY 노드의 출력 핀을 AND 노드의 하단 입력 핀에 연결한다. 배열에 엘리먼트가 있는지 확인해야 한다.

13. **AND** 노드의 출력 핀에서 와이어를 끌어 **Branch** 노드를 추가한다. **BeginPlay 이벤트**의 흰색 핀을 **Branch** 노드의 흰색 입력 핀에 연결한다.

14. 14~18 단계의 노드는 **Spawn Class**에 저장된 클래스를 사용해서 액터를 스폰하는 것이다. **Branch** 노드의 **True** 출력 핀에서 와이어를 끌어 **Spawn Actor From Class**를 추가한다.

15. **Spawn Actor** 노드의 **Class** 입력 핀에서 와이어를 끌어 **GET Spawn Class** 노드를 추가한다.

16. **Target Points** 노드에서 와이어를 끌어 **Random Array Item** 노드를 추가한다.

17. **Random** 노드의 상단 출력 핀에서 와이어를 끌어 **GetActorTransform** 노드를 추가한다.

18. **GetActorTransform**의 **Return Value** 핀을 **Spawn Actor** 노드의 **Spawn Transform** 입력 핀에 연결한다.

19. 블루프린트를 컴파일하고 저장한다.

이제 **BP_RandomSpawner**를 테스트할 수 있는 레벨을 준비해야 한다.

BP_RandomSpawner 테스트

레벨에 **타깃 포인트** 인스턴스를 추가할 것이다. **BP_RandomSpawner** 인스턴스는 다음 Target Points 중 하나의 트랜스폼을 사용한다.

1. 레벨 에디터에서 **액터 배치 패널**을 사용해 **타깃 포인트** 클래스를 쉽게 찾을 것이다. 툴바에서 **생성** 버튼을 클릭해서 하위 메뉴를 연 다음 **액터 배치 패널**을 클릭한다.

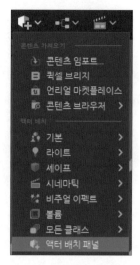

그림 13.14 액터 배치 패널에 접근

2. 다음 스크린샷과 같이 **액터 배치** 패널에서 대상을 검색한다. **타깃 포인트**를 끌어 몇 개의 인스턴스를 레벨의 서로 다른 위치에 놓는다.

그림 13.15 타깃 포인트 클래스 찾기

3. 콘텐츠 브라우저에서 **BP_RandomSpawner**를 끌어 레벨에 놓는다. TargetPoints 및 Spawn Class 변수는 **인스턴스 편집 가능** 속성을 체크했기 때문에 인스턴스의 **디테일** 패널에 나타난다. ⊕ 버튼을 클릭해 배열에 엘리먼트를 추가한다. 각 엘리먼트의 드롭 다운 메뉴를 확장하고 레벨에 있는 **타깃 포인트** 인스턴스 중 하나를 선택한다. Spawn Class에서 Blueprint_Effect_Smoke를 선택한다.

그림 13.16 BP_RandomSpawner 인스턴스의 변수 세팅

4. 레벨 에디터의 **플레이** 버튼을 클릭한다. **BP_RandomSpawner**는 **타깃 포인트** 인스턴스 중 하나에서 **Blueprint Effect Smoke** 인스턴스를 생성한다. 다른 위치에서 생성되는 **Blueprint Effect Smoke**를 보려면 종료하고 다시 플레이한다.

그림 13.17 레벨에 스폰된 Blueprint Effect Smoke 인스턴스

배열은 게임 개발에 널리 사용된다. 이제 다른 타입의 컨테이너를 살펴보겠다.

세트

세트는 또 다른 타입의 컨테이너다. 세트는 고유한 요소의 순서가 없는 리스트다. 세트의 엘리먼트 검색은 엘리먼트 자체의 값을 기반으로 한다. 인덱스가 없다. 세트의 엘리먼트는 동일한 타입이어야 하며 중복되는 요소는 허용되지 않는다.

세트를 만들려면 다음 단계를 따른다.

1. **내 블루프린트** 패널에서 변수를 만들고 타입을 정의한다.

2. 다음 스크린샷과 같이 **변수 타입** 드롭 다운 메뉴 옆에 있는 아이콘을 클릭하고 세트 아이콘을 선택한다.

그림 13.18 문자열 세트 만들기

3. 세트에 기본값을 추가할 수 있도록 블루프린트를 컴파일한다. 변수의 **기본값** 패널에서 ⊕ 버튼을 클릭해 세트에 요소를 추가한다.

4. 다음 스크린샷은 4개의 요소가 있는 문자열 세트의 예를 보여준다.

그림 13.19 세트에 기본값 추가

다음 스크린샷은 세트 컨테이너의 일부 노드를 보여준다. 다음은 각 노드에 대한 간략한 설명이다.

- **ADD**: 세트에 요소를 추가한다.

- **ADD ITEMS**: 배열의 요소를 세트에 추가한다. 배열은 세트와 같은 타입이어야 한다.

- **CONTAINS**: 세트에 요소가 포함돼 있으면 true를 반환한다.

- **LENGTH**: 세트의 요소 수를 반환한다.

그림 13.20 세트 컨테이너의 노드들

세트에는 **GET** 요소 노드가 없으므로 세트의 요소를 반복해야 하는 경우 세트의 요소를 배열에 복사한다. 다음 스크린샷은 **TO ARRAY** 노드와 요소를 제거하는 데 사용하는 기타 노드들을 보여준다.

- **TO ARRAY**: 세트의 요소를 배열에 복사한다. 큰 개체의 전체 배열을 복사하는 것은 매우 비용이 많이 드는 작업이다.

- **CLEAR**: 세트의 모든 요소를 제거한다.

- **REMOVE**: 세트의 요소를 제거한 경우 true를 반환하고 요소를 찾지 못한 경우 False를 반환한다.

- **REMOVE ITEMS**: 세트에서 배열에 있는 지정된 요소들을 제거한다.

그림 13.21 항목을 제거하고 세트를 배열로 변환하는 노드들

일부 노드는 두 세트로 연산을 수행하고 다른 세트를 반환한다. 이러한 노드는 다음 스크린샷에 표시된다.

- **UNION**: 결과 세트에는 두 세트의 모든 요소가 포함된다. 결과가 세트이므로 모든 중복 항목이 제거된다.
- **DIFFERENCE**: 결과 세트에는 두 번째 세트에 없는 첫 번째 세트의 요소가 포함된다.
- **INTERSECTION**: 결과 세트에는 두 세트에 모두 존재하는 요소만 포함된다.

그림 13.22 두 세트의 연산

세트 만들기 노드를 사용해 이벤트그래프의 변수에서 세트를 생성한다. **핀 추가** ⊕를 클릭해 입력 핀을 추가한다.

그림 13.23 세트 만들기 노드

다음 스크린샷은 세트 사용의 간단한 예를 보여준다. 라운드에서 승리한 플레이어들의 이름을 보관하는 **Unique Names**라는 세트가 있다. 이 경우 적어도 한 라운드에서 승리한 플레이어를 알고 싶다. 얼마나 많은 라운드에서 플레이어가 승리했는지는 알 필요가 없다.

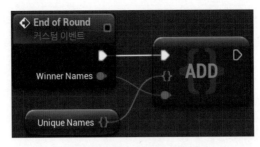

그림 13.24 세트 컨테이너 사용 예제

세트 컨테이너는 배열만큼 많이 사용되지는 않는다. 이제 블루프린트에서 사용할 수 있는 마지막 컨테이너인 맵을 살펴보겠다.

맵

맵 컨테이너는 키-값 쌍을 사용해서 각 요소를 정의한다. 키의 타입은 값의 타입과 다를 수 있다. 맵은 순서가 없고 키 값을 사용해서 검색하므로 중복 키가 허용되지 않는다. 그러나 중복 값은 허용된다.

맵을 만드는 단계는 다음과 같다.

1. 변수를 생성하고 **변수 타입**에서 키 타입으로 사용할 타입을 선택한다.

2. **변수 타입** 드롭다운 메뉴 옆에 있는 아이콘을 클릭하고 다음 스크린샷과 같이 맵 아이콘을 선택한다.

3. 그런 다음 나타난 두 번째 드롭다운에서 값 타입을 선택해야 한다. 다음 스크린샷의 예에서는 키 타입으로 **스트링**을 사용하고 값 타입으로 **플로트**를 사용한다.

그림 13.25 맵 컨테이너 생성

4. 블루프린트의 다른 새 변수와 마찬가지로 맵에 기본값을 추가하기 전에 블루프린트를 컴파일해야 한다. 변수의 **기본값** 패널에서 ⊕ 버튼을 클릭해 맵에 요소를 추가한다.

5. 다음 스크린샷은 4개의 요소가 있는 맵의 예를 보여준다. 각 요소에는 스트링 키와 플로트 값이 있다.

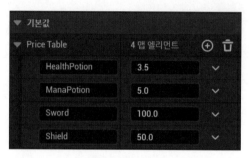

그림 13.26 맵에 기본값 추가

다음 스크린샷은 요소를 추가하고, 요소를 제거하고, 맵의 모든 요소를 제거하는 일부 맵 노드를 보여준다.

- **ADD**: 키-값 쌍을 맵에 추가한다. 키가 이미 맵에 있는 경우 키와 연결된 값을 덮어쓴다.

- **REMOVE**: 맵에서 키-값 쌍을 제거한다. 키-값 쌍이 제거된 경우 True를 반환한다. 키를 찾을 수 없으면 노드는 False를 반환한다.

- **CLEAR**: 맵의 모든 요소를 제거한다.

그림 13.27 요소를 추가 및 제거하기 위한 맵 노드들

다음 노드들은 맵의 길이를 가져오고 키가 있는지 확인하고 맵의 키와 연결된 값을 가져오는 데 사용된다.

- **LENGTH**: 맵의 요소 수를 반환한다.

- **CONTAINS**: 키를 입력 파라미터로 받고 해당 키를 사용하는 요소가 맵에 포함돼 있으면 True를 반환한다.

- **FIND**: FIND 노드는 CONTAINS 노드와 비슷하지만 검색에 사용된 키와 관련된 값 도 반환한다.

그림 13.28 길이를 얻고 키를 찾는 맵 노드들

다음 노드들은 맵의 키와 값을 배열에 복사하는 데 사용된다.

- **KEYS**: 맵의 모든 키를 배열에 복사한다.

- **VALUES**: 맵의 모든 값을 배열에 복사한다.

그림 13.29 키와 값을 배열에 복사하기 위한 맵 노드들

맵 만들기 노드를 사용해 이벤트그래프의 변수에서 맵을 생성한다. **핀 추가** ⊕를 클릭해 입력 핀을 추가한다.

그림 13.30 맵 만들기 노드

다음 스크린샷은 맵의 사용 예를 보여준다. **Price Table**은 **Product Name**을 키로 사용하고 제품 가격을 값으로 사용하는 맵이다. 구매 중인 제품을 계산하는 **Product Name** 및 **Amount**를 입력 파라미터로 받는 **Calculate Total Price**라는 함수가 있다. **Price Table** 맵에서 **Product Name**을 검색하면 상품의 가격을 알 수 있다. 제품 가격에 **Amount**를 곱해 **Total Price**를 구한다.

그림 13.31 맵을 사용해 제품의 가격 얻기

블루프린트에서 사용할 수 있는 컨테이너인 배열, 세트, 맵을 살펴보고 각각을 언제 사용해야 하는지 배웠다. 컨테이너를 사용하면 정보를 저장하기 위해 여러 개의 단일 변수를 생성할 필요가 없다. 다음 절에서는 게임이나 애플리케이션 내에서 데이터를 구성하는 데 도움이 되는 다른 데이터 구조를 볼 것이다.

⠿ 다른 데이터 구조 살펴보기

블루프린트 클래스 내에서 생성되지 않은 데이터 구조가 있다. 이들은 블루프린트에서 사용할 수 있는 독립적인 보조 에셋이다. 이러한 데이터 구조 에셋을 사용해서 프로젝트에 고유한 데이터 타입을 추가할 수 있고 프로젝트에서 많은 양의 데이터를 처리하는 데 도움이 되는 도구를 사용하는 방법을 배울 수 있다.

열거형, 구조체 및 데이터 테이블을 만들고 사용하는 방법을 알아보겠다.

열거형

이넘이라고도 하는 **열거형**은 이름 지어진 상수의 고정 집합을 포함하는 데이터 타입이며 변수 타입을 정의하는 데 사용할 수 있다. 열거형 타입의 변수 값은 열거형에 정의된 상수 집합으로 제한된다.

열거형을 만들려면 다음 단계를 따른다.

1. 다음 스크린샷과 같이 콘텐츠 브라우저에서 **추가** 버튼을 클릭하고 **블루프린트** 하위 메뉴에서 **열거형**을 선택한다.

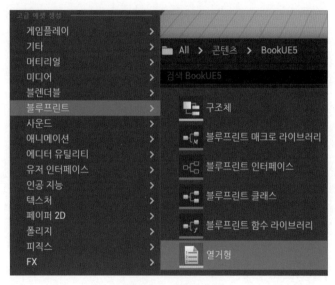

그림 13.32 열거형 생성

2. 열거형의 이름을 대문자 E로 시작하는 명명 규칙이 있다. 생성된 열거형에 EWeaponCategory라는 이름을 지정하고 두 번 클릭해 값을 편집한다.

3. 열거형 에디터에서 이너머레이터 **추가** 버튼을 클릭해 이 열거에 이름 지어진 상수들을 추가한다. 다음 스크린샷에 표시된 것과 같이 다섯 개의 이름 지어진 상수를 추가한다. 열거 및 각 상수에 대한 설명을 추가할 수 있다.

그림 13.33 열거에 요소 추가

4. 열거형 데이터 타입을 사용하려면 다음 스크린샷과 같이 블루프린트 에디터에서
   변수를 생성하고 **변수 타입** 드롭다운 메뉴를 확장한 다음 열거형 이름을 검색한다.

그림 13.34 열거형 데이터 타입 사용

다음 스크린샷은 열거형 타입으로 정의된 변수가 열거형의 상수로 제한됨을 보여준다.

그림 13.35 열거형 변수의 값 세팅

다음 스크린샷과 같이 각 열거 타입에 대해 열거 값을 기반으로 실행 흐름을 변경하는데 사용되는 **스위치** 노드가 있다.

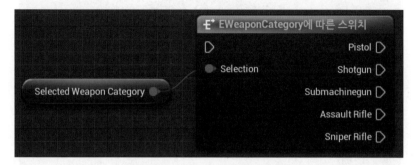

그림 13.36 열거형에서 스위치 노드 사용

이것이 열거형에 대해 알아야 할 전부이다. 다음으로 살펴볼 데이터 에셋은 구조체다.

구조체

스트럭트라고도 하는 **구조체**는 여러 타입의 변수를 단일 타입으로 그룹화할 수 있는 복합 데이터 타입이다. 구조체의 요소는 다른 구조체, 배열, 세트, 맵 또는 오브젝트 레퍼런스와 같은 복합 타입일 수 있다.

다음은 구조체를 만드는 단계다.

1. 콘텐츠 브라우저에서 **추가** 버튼을 클릭하고 **블루프린트** 하위 메뉴에서 다음 스크린샷과 같이 **구조체**를 선택한다.

그림 13.37 구조체 생성

2. 생성된 구조체의 이름을 Weapon Type으로 변경하고 두 번 클릭해 변수를 정의한다.

3. **구조체** 에디터에서 **변수 추가** 버튼을 클릭해 구조체에 변수를 추가한다. 각 변수는 다른 타입일 수 있으며 컨테이너 아이콘을 클릭해 변수를 배열, 세트 또는 맵과 같은 컨테이너로 전환할 수 있다.

4. 다음 스크린샷에 표시된 변수를 추가한다. **Category** 변수는 이전에 생성한 **EWeapon Category** 열거 타입이다.

그림 13.38 Weapon Type 구조체의 변수들

5. **구조체** 데이터 타입을 사용하려면 블루프린트 에디터에서 변수를 생성하고 **변수 타입** 드롭다운 메뉴를 클릭하고 다음 스크린샷과 같이 구조체 이름을 검색한다.

그림 13.39 구조체 데이터 타입 사용

6. **기본값**을 편집할 수 있도록 블루프린트를 컴파일한다. 다음 스크린샷은 무기의 예시 값으로 채워진 구조체를 보여준다.

그림 13.40 구조체 타입 변수에 기본값 추가

NOTE

이전 스크린샷의 플로트 변수는 백분율을 나타내는 상대 값을 사용한다. 예를 들어 0.5는 50% 이고 1.0은 100%이다.

각 구조체 타입은 블루프린트에서 사용할 수 있는 **만들기** 및 **분해** 노드가 있다. **만들기** 노 드는 별도의 요소를 입력으로 받아 구조체를 생성한다. **분해** 노드는 입력으로 구조체를 받고 요소를 분리한다. 다음 스크린샷은 WeaponType 구조체의 **만들기** 및 **분해** 노드를 보여준다.

그림 13.41 구조체를 만들고 구조체의 요소를 가져오는 노드들

구조체는 블루프린트에서 여러 변수를 새로운 타입으로 결합하는 데 매우 유용하다. 마 지막으로 살펴볼 데이터 구조는 데이터 테이블이다.

데이터 테이블

데이터 테이블은 구조체를 기반으로 하는 값 테이블이다. 스프레드시트 문서를 나타내는 데 사용할 수 있다. 이는 게임 데이터를 끊임없이 수정하고 균형을 맞춰야 하는 데이터 기반 게임플레이에 유용하다. 이러한 경우 데이터는 스프레드시트 에디터에서 수정한 다음 게임으로 가져올 수 있다.

데이터 테이블을 생성하려면 다음 단계를 따른다.

1. 다음 스크린샷과 같이 콘텐츠 브라우저에서 **추가** 버튼을 클릭하고 **기타**의 하위 메뉴에서 **데이터 테이블**을 선택한다.

그림 13.42 데이터 테이블 생성

2. **데이터 테이블**을 선택하면 언리얼 에디터는 테이블의 데이터 타입을 나타내는 구조체를 선택하도록 요청할 것이다. **WeaponType** 구조체를 선택한다.

그림 13.43 데이터 테이블에서 사용할 구조체 선택

3. 생성된 데이터 테이블의 이름을 WeaponTable로 변경하고 더블클릭해 데이터 테이블 에디터를 연다.

4. **추가** 버튼을 클릭해 테이블에 행을 추가한다. 각 행에는 고유해야 하는 행을 식별하는 행 이름이 있다. 행 이름을 변경하려면 행을 우클릭하고 **이름 변경**을 선택해야 한다. 다음 스크린샷의 예에서 행 이름은 단순 인덱스이다. 다음 스크린샷과 같이 데이터 테이블에 일부 행을 추가한다.

그림 13.44 데이터 테이블 편집

데이터 테이블은 **쉼표로 분리된 값(CSV)** 단순 텍스트 파일에서 가져올 수도 있다. 다음 스크린샷은 CSV 파일의 예를 보여준다. 스프레드시트 에디터는 스프레드시트를 CSV 형식으로 내보낼 수 있다.

```
---,Name,Category,Damage,Fire Rate,Range,Accuracy
1,"Desert Eagle","Pistol","30","0.200000","0.300000","0.600000"
2,"M1887","Shotgun","60","0.300000","0.100000","0.500000"
3,"Uzi","Submachinegun","40","0.500000","0.400000","0.700000"
4,"AK-47","Assault Rifle","50","0.600000","0.500000","0.800000"
5,"Dragunov SVD","Sniper Rifle","70","0.300000","1.000000","0.900000"
```

그림 13.45 CSV 형식의 WeaponTable

5. CSV 파일을 가져오려면 콘텐츠 브라우저에서 **가져오기** 버튼을 클릭하고 CWSV 파일을 선택한다. 다음 스크린샷과 같이 **데이터 테이블 행 타입 선택** 필드에서 구조체를 선택하라는 대화 상자가 나타난다.

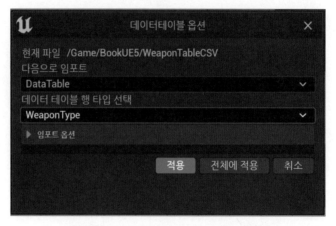

그림 13.46 CSV 파일에서 데이터 테이블 가져오기

6. 블루프린트에서 데이터 테이블을 사용하려면 블루프린트 에디터에서 변수를 생성하고 **데이터 테이블 > 오브젝트 레퍼런스**를 **변수 타입**으로 선택한다.

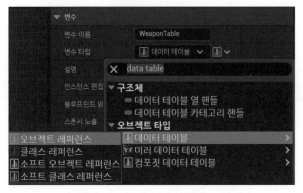

그림 13.47 데이터 테이블 레퍼런스 생성

7. 다음 스크린샷과 같이 블루프린트를 컴파일하고 **기본값**에서 하나의 데이터 테이블을 선택한다.

그림 13.48 기본 데이터 테이블 세팅

다음 스크린샷은 데이터 테이블에서 데이터를 가져오는 몇 가지 작업을 보여준다.

- 데이터 테이블 행 가져오기: 특정 행의 데이터를 포함하는 구조체를 반환한다.

- Get Data Table Row Names: 데이터 테이블의 모든 행 이름을 배열에 복사한다.

- Get Data Table Column as String: 열의 모든 값을 문자열 배열에 복사한다.

그림 13.49 데이터 테이블에서 콘텐츠 가져오기

다음 스크린샷은 데이터 테이블이 사용되는 방법의 예를 보여준다. **Select Weapon**은 입력 파라미터로 **Weapon ID**를 받고 행 이름이 **Weapon ID**와 동일한 weapon을 **Weapon Table**에서 검색하는 함수다. 무기를 찾으면 무기 데이터를 검색하는 **Current Weapon** 변수에 복사한다.

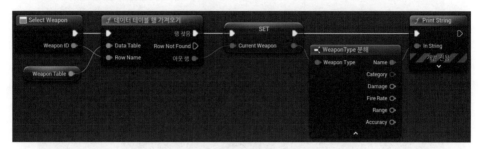

그림 13.50 데이터 테이블의 행에서 데이터 가져오기

프로젝트에서 데이터를 구성하기 위해 생성할 수 있는 몇 가지 데이터 구조 에셋을 봤다. 이제 스크립트를 구성하는 데 유용한 더 많은 블루프린트 노드에 대해 알아보겠다.

흐름 제어 노드

블루프린트의 실행 흐름을 제어하는 몇 가지 노드가 있다. 이러한 노드는 조건에 따라 실행 경로를 결정한다. 우리는 이미 일반적으로 사용되는 흐름 제어 노드인 **Branch** 노드를 봤다. 다른 주요 타입의 흐름 제어 노드에 대해 알아보겠다.

스위치 노드

스위치 노드는 입력 변수의 값에 따라 실행 흐름을 결정한다. 다양한 타입의 스위치 노드가 있다. 다음 스크린샷은 **Switch on Int** 노드의 예를 보여준다.

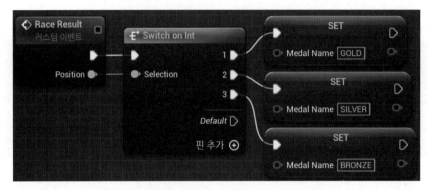

그림 13.51 Switch on Int 노드의 예

Selection 입력 파라미터는 실행할 출력 핀을 결정하는 인티저 값을 받는다. 입력 값에 핀이 없으면 **Default** 핀이 실행된다. **Switch on Int**의 디테일 패널에서 시작 인덱스를 변경할 수 있다. **핀 추가 ⊕** 옵션을 사용해 출력 핀을 추가한다.

또 다른 타입의 스위치는 **스트링에 따른 스위치** 노드로 다음 스크린샷에 나와 있다. **스트링에 따른 스위치** 노드의 디테일 패널에서 **핀 옵션 ＞ 핀 이름** 아래에서 출력 값을 추가해야 한다.

그림 13.52 스트링에 따른 스위치 노드의 예

유효한 출력 핀에 열거형 값을 사용하는 **Enum에 따른 스위치**도 있다.

Flip Flop

Flip Flop 노드가 실행될 때마다 두 개의 출력 핀 A와 B 사이를 토글한다. Is A라는 부울 출력 파라미터가 있다. Is A 파라미터가 True면 핀 A가 실행 중임을 나타낸다. False면 핀 B가 실행 중이다.

NOTE

Flip Flop에는 함수가 끝나면 삭제되는 내부 변수가 있기 때문에 Flip Flop 노드는 함수 내부에서 제대로 동작하지 않는다. 따라서 항상 A 핀이 함수 내에서 실행된다.

다음 스크린샷은 Flip Flop 노드의 예를 보여준다.

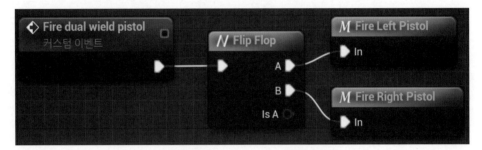

그림 13.53 Flip Flop 노드의 예

플레이어가 양손 권총을 사용하는 경우 발사할 때 권총 중 하나만 발사된다. 다음 발사에서 다른 권총이 발사된다. **Fire Left Pistol** 및 **Fire Right Pistol**은 이 예제를 단순화하기 위해 여기에서 사용된 사용자 지정 매크로다.

시퀀스

시퀀스 노드가 트리거 되면 출력 핀에 연결된 모든 액션을 순서대로 실행한다. 따라서 핀의 모든 액션을 실행한 다음, 다음 핀의 모든 액션을 실행한다. 시퀀스는 액션 그룹을 구성하는 데 유용하다.

다음 스크린샷은 사용 중인 **시퀀스** 노드를 보여준다. **Print String** 함수는 실행 순서를 표시하는 데 사용된다.

그림 13.54 시퀀스 노드의 예

핀 추가 ⊕ 옵션은 출력 핀을 추가한다. 핀을 제거하려면 핀을 우클릭하고 **실행 핀 제거** 옵션을 선택한다.

For Each Loop

For Each Loop 노드는 배열을 입력 파라미터로 받고 배열의 각 요소에 대해 **Loop Body** 출력 핀의 액션을 수행한다. 현재 **배열 엘리먼트** 및 **배열 인덱스**를 출력 핀에서 사용할 수 있다. **For Each Loop**의 실행이 완료되면 **Completed** 출력 핀이 실행된다.

다음 스크린샷에서 **For Each Loop** 노드는 방의 램프가 포함된 **포인트 라이트** 레퍼런스 배열을 반복하는 데 사용된다.

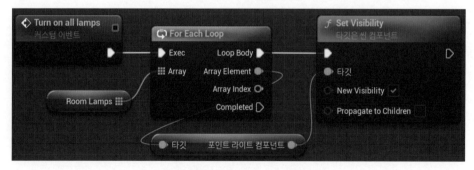

그림 13.55 For Each Loop 노드의 예

포인트 라이트 배열 엘리먼트 내부에 있는 **포인트 라이트 컴포넌트**의 **Set Visibility** 함수를
사용해서 램프를 켠다.

Do Once

Do Once 노드는 출력 핀을 한 번만 실행한다. 다시 트리거되면 출력 핀이 수행되지 않
는다. **리셋** 입력 핀은 **Do Once** 노드가 출력 핀을 다시 실행할 수 있도록 트리거해야
한다.

다음 스크린샷은 사용 방법의 예를 보여준다.

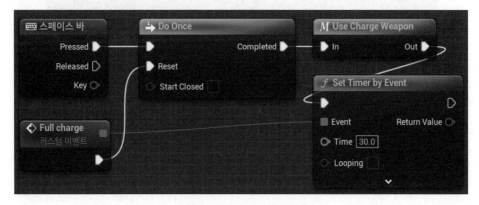

그림 13.56 Do Once 노드의 예

플레이어가 **스페이스바**를 누르면 **Do Once** 노드가 트리거 되고 충전된 무기가 사용된다.
그 후 30.0초 후에 Do Once 노드를 재세팅하는 **Full Charge 커스텀 이벤트**를 실행하는
타이머가 생성된다. 플레이어가 30초가 경과하기 전에 스페이스바를 다시 누르면 Do
Once 노드는 출력 핀을 실행하지 않는다.

Do N

Do N 노드를 사용하면 출력 핀이 실행할 수 있는 횟수를 지정할 수 있다. 실행 횟수가
완료된 후 출력 핀의 동작은 **리셋** 핀이 트리거 되는 경우에만 다시 실행된다.

다음 스크린샷은 **Do N** 노드가 사용되는 방법의 예를 보여준다.

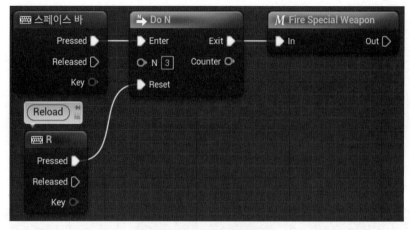

그림 13.57 Do N 노드의 예

플레이어는 **스페이스바**를 눌러 특수 무기를 발사할 수 있다. 세 번째 발사 후 R키를 눌러 **Do N** 노드를 재세팅해야만 세 번 더 발사할 수 있다.

Gate

Gate 노드에는 내부 상태가 있다. 내부 상태는 열리거나 닫힐 수 있다. 열려 있으면 **Gate** 노드가 트리거 될 때 출력 핀이 실행된다. 닫혀 있으면 출력 핀이 실행되지 않는다.

다음은 **Gate** 노드의 입력 핀이다.

- **Enter**: 실행의 흐름을 받는 실행 핀

- **Open**: **Gate**의 상태를 Open으로 세팅하는 실행 핀

- **Close**: **Gate**의 상태를 Close로 세팅하는 실행 핀

- **Toggle**: 노드의 상태를 토글하는 실행 핀

- **Start Closed**: 노드가 닫힌 상태에서 시작해야 하는지 여부를 결정하는 부울 변수

다음 스크린샷의 예제는 겹치는 액터에 데미지를 적용하는 블루프린트다.

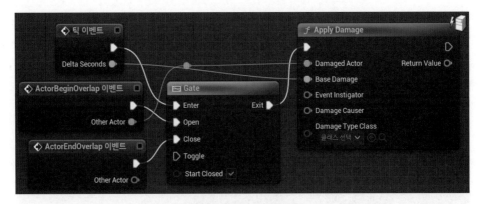

그림 13.58 Gate 노드의 예

액터가 겹치면 Gate 노드가 열린 상태로 유지되고 매 틱마다 액터에 피해가 적용된다. 액터가 중첩을 멈추면 Gate 노드가 닫히고 더 이상 피해가 적용되지 않는다.

MultiGate

MultiGate 노드가 트리거되면 출력 핀 중 하나가 실행된다. MultiGate 노드는 여러 개의 출력 핀을 가질 수 있다. 다른 출력 핀을 추가하려면 **핀 추가** 옵션을 사용한다.

MultiGate 노드의 입력 핀은 다음과 같다.

- **Reset**: MultiGate 노드를 재세팅하고 출력 핀의 새로운 실행을 허용하는 데 사용되는 실행 핀이다.

- **Is Random**: 부울 변수이다. 값이 True면 출력 핀의 실행 순서는 무작위이다.

- **Loop**: 마지막 출력 핀이 실행된 후 **MultiGate** 노드가 어떻게 동작할지를 나타내는 부울 변수이다. 값이 **True**면 **MultiGate** 노드는 계속해서 출력 핀을 실행한다. **False**면 **MultiGate** 노드는 출력 핀 실행을 중지한다.

- **Start Index**: 실행할 첫 번째 출력 핀을 나타내는 인티저 값이다.

다음 스크린샷은 **MultiGate** 노드의 예를 보여준다.

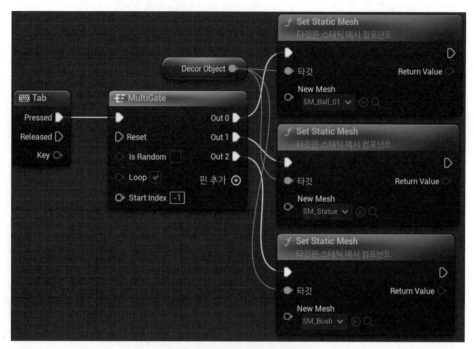

그림 13.59 MultiGate 노드의 예

Tab키를 누르면 **MultiGate** 노드를 사용해서 실행할 때마다 다른 스태틱 메시를 세팅한다. **Loop** 파라미터가 체크돼 있으므로 **MultiGate**는 마지막 출력 핀이 실행된 후 첫 번째 출력 핀부터 계속 실행된다.

이것들이 블루프린트에서 사용할 수 있는 흐름 제어 노드들이다. 흐름 제어 노드들 중 하나를 사용해 쉽게 해결할 수 있는 문제를 찾을 수 있기 때문에 흐름 제어 노드들의 존재에 대해 아는 것이 좋다.

⫶ 요약

이 장에서는 데이터 구조를 사용해 블루프린트에서 데이터를 구조화하는 방법을 배웠다. 배열에 다양한 요소를 저장하는 방법과 이러한 요소를 검색하는 방법을 배웠다. 세트 및 맵과 같은 다른 타입의 컨테이너를 사용해 데이터를 저장하는 방법을 배웠다.

그 후 우리는 열거형, 구조체 및 데이터 테이블을 생성하고 사용하는 방법을 배웠고 그것들이 어떻게 연관될 수 있는지에 대한 예시를 봤다. **스위치 Gate** 및 **For Each Loop**와 같은 여러 흐름 제어 노드로 제시됐다.

이 장에서는 데이터를 효과적으로 사용할 수 있도록 구성하는 데 도움이 되는 다양한 블루프린트 기능을 보여줬다. 흐름 제어 노드는 각 상황에 대해 더 적합한 노드가 있을 수 있기 때문에 이벤트그래프를 단순화할 수 있다.

다음 장에서는 월드 및 로컬 좌표, 벡터 연산, 충돌 테스트를 위한 트레이스 사용에 대해 배운다.

⫶ 퀴즈

1. 배열은 중복되는 요소를 허용하지 않는다.

    a. True

    b. False

2. 각 열거형 타입에 대해 블루프린트에서 사용할 수 있는 **Switch On** 노드가 있다.

    a. True

    b. False

3. 구조체의 모든 변수는 같은 타입이어야 한다.

    a. True

    b. False

4. 데이터 테이블은 구조체를 사용해서 테이블의 데이터 타입을 정의한다.

    a. True

    b. False

5. 흐름 제어 노드가 아닌 노드는 무엇인가?

    a. For Each Loop

    b. Spawn Actor from Class

    c. Do Once

    d. Gate

14

수학 및 트레이스 노드

3D 월드의 표현은 수학적 개념을 기반으로 한다. 이러한 개념을 이해하지 못하면 3D 게임에서 수행되는 특정 연산들을 이해하기가 더욱 어렵다. 이 장에서는 3D 게임에 필요한 몇 가지 수학적 개념들을 설명한다. 월드 변환과 상대 변환의 차이점과 컴포넌트로 작업할 때 사용하는 방법에 대해 알아본다. 벡터를 사용해 위치, 방향, 속도 및 거리를 나타내는 방법을 배운다. 트레이스의 개념을 설명하고 다양한 타입의 트레이스를 제시한다. 이 장에서는 또한 트레이스를 사용해서 게임에서 충돌을 테스트하는 방법을 보여준다.

이 장에서 다루는 주제는 다음과 같다.

- 월드 변환과 상대 변환

- 포인트와 벡터

- 트레이스와 트레이스 기능의 소개

이 장이 끝나면 플레이어가 레벨의 다른 액터와 상호 작용하도록 벡터와 트레이스를 사용하는 방법을 알게 된다.

⨠ 월드 변환과 상대 변환

액터 클래스에는 **트랜스폼** 구조체가 있다. 이 구조체는 **위치**, **회전**, **스케일**을 나타내는 데 사용하는 세 가지 변수가 있다. 레벨에 있는 액터의 트랜스폼 구조체는 **디테일** 패널을 사용해 수정할 수 있다.

그림 14.1 디테일 패널에서 트랜스폼 수정하기

레벨 에디터에서 액터 선택 시 나타나는 트랜스폼 위젯을 사용할 수 있다. 다음 스크린 샷에서 볼 수 있듯이 위젯이 액터에 적용할 트랜스폼 타입을 선택하는 버튼이 있다.

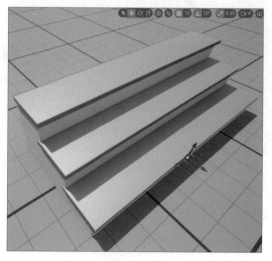

그림 14.2 위젯을 사용해 트랜스폼 수정

3D 공간은 x, y 및 z의 세 축으로 표시된다. 이러한 축은 색상으로 표시되는데 빨간색은 x축, 녹색은 y축, 파란색은 z축이다.

트랜스폼 구조체의 위치 변수에는 각 축에서의 **위치**를 결정하는 X, Y 및 Z에 대한 값의 집합이 있다. 이러한 값은 액터의 월드 좌표라고도 한다. 다음 스크린샷은 액터의 위치를 가져오고 세팅하는 데 사용할 수 있는 몇 가지 액션을 보여준다.

- **Get Actor Location**: 액터의 현재 위치를 반환한다.

- **Set Actor Location**: 액터의 **새 위치**를 세팅한다.

- **Add Actor World Offset**: **Delta Location** 입력 파라미터를 사용해 액터의 현재 위치를 수정한다.

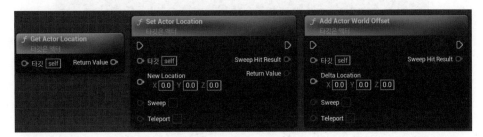

그림 14.3 액터의 위치 획득 및 세팅

트랜스폼 구조체의 **회전** 변수에는 각 축에서의 회전을 결정하는 X, Y 및 Z 값의 집합이 도 단위로 있다. 다음 스크린샷은 회전 노드를 보여준다.

- **Get Actor Rotation**: 액터의 현재 회전을 반환한다.

- **Set Actor Rotation**: 액터의 **새 회전**을 세팅한다.

- **Add Actor World Rotation**: 액터의 현재 회전에 **Delta Rotation** 입력 파라미터를 더한다.

그림 14.4 액터의 회전 획득 및 세팅

트랜스폼 구조체의 **스케일** 변수는 X, Y 및 Z에 대한 값 집합을 가지며, 이는 각 축에 대한 스케일을 결정한다. 다음 스크린샷은 액터의 스케일을 획득하고 세팅하는 데 사용하는 노드들을 보여준다.

그림 14.5 액터의 스케일 획득 및 세팅

블루프린트에 액터 컴포넌트가 있는 경우 해당 컴포넌트의 트랜스폼은 컴포넌트의 부모에 상대적이기 때문에 **상대 변환**이라고 한다. 다음 스크린샷은 컴포넌트의 예를 보여준다. **DefaultSceneRoot**는 월드에서 액터의 위치를 저장하는 데 사용되는 게임에 숨겨진 작은 흰색 구체이다. 다른 씬 컴포넌트로 교체할 수 있다.

스크린샷에 표시된 컴포넌트 계층구조에서 DefaultSceneRoot 아래에는 Table이라는 이름의 **스태틱 메시** 컴포넌트가 있고 계층 구조의 Table 컴포넌트 아래에는 Statue라는 이름의 또 다른 **스태틱 메시** 컴포넌트가 있다. Table의 트랜스폼은 DefaultSceneRoot의 트랜스폼을 기준으로 하고, **Statue** 컴포넌트의 트랜스폼은 **Table**의 트랜스폼을 기준으로 한다. 따라서 뷰포트에서 Table 컴포넌트를 이동하면 Statue 컴포넌트도 이동하지만 **Statue** 컴포넌트의 상대 트랜스폼을 변경하면 **Table** 컴포넌트는 그대로 유지된다.

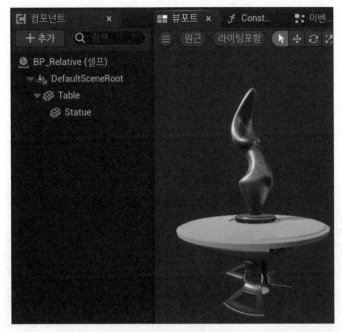

그림 14.6 컴포넌트의 계층구조

컴포넌트의 상대 위치를 가져오고 세팅하는 노드가 있다. 다음 스크린샷에서 볼 수 있
듯이 컴포넌트의 월드 위치를 가져올 수도 있다.

그림 14.7 컴포넌트의 상대 위치 가져오기 및 세팅

위치 및 **스케일** 변수는 다음 주제인 **벡터** 구조로 표현된다.

⠿ 포인트와 벡터

언리얼 엔진에는 **벡터**라는 구조체가 있다. 이 구조체는 **X, Y** 그리고 **Z**라는 플로트 타입의 세 가지 변수가 있다. 수학의 벡터 개념과 마찬가지로 이 **벡터**는 3차원 공간에서 한 점(위치) 또는 속도(특정한 방향의 속력)를 나타내는 데 사용할 수 있다. 먼저 **벡터**를 3차원 공간에서 점으로 사용하는 예를 살펴보겠다. 다음 스크린샷에는 두 액터가 있다. 한 액터는 캐릭터를 나타내고 다른 액터는 의자를 나타낸다.

그림 14.8 레벨 위의 두 액터

다음 스크린샷은 캐릭터의 위치를 보여준다. **트랜스폼** 구조체의 위치 변수는 **벡터** 타입 **(X, Y, Z)**이며 하나의 언리얼 단위는 기본적으로 1.0cm이다.

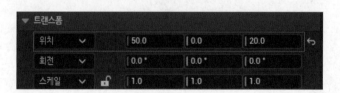

그림 14.9 캐릭터의 위치

캐릭터의 위치를 (50.0, 0.0, 20.0)으로 간단히 표현할 수 있다. 의자의 위치는 (450.0, 0.0, 20.0)이며 다음 스크린샷에서 볼 수 있다.

그림 14.10 의자의 위치

이제 벡터를 사용해 움직임을 표현하는 방법을 살펴본다. 캐릭터에게 소파에 가는 방법을 지시할 것이다. 이동해야 하는 방향과 거리를 알아야 한다. 다음 스크린샷은 캐릭터에게 x축에서 **400cm** 이동하도록 지시하는 것을 보여준다.

그림 14.11 x축에서 400cm 이동

방향과 거리는 **X, Y** 및 **Z** 값을 사용해 단일 백터로 표시한다. 이전 스크린샷에서 움직임을 설명하는 벡터의 값은 **(400, 0, 0)**이다.

캐릭터 위치 벡터를 이 움직임을 나타내는 벡터에 추가하면 결과는 의자의 위치 벡터이다. 두 벡터를 더하려면 각 요소를 더한다.

```
couch_location = character_location + vector_movement
couch_location = (50, 0, 20) + (400, 0, 0)
couch_location = (50 + 400, 0 + 0, 20 + 0)
couch_location = (450, 0, 20)
```

시작점과 대상점이 있을 때 이동 벡터를 찾으려면 대상점을 언어 시작점을 빼면 된다.

예를 들어 시작점 (25, 40, 55)에서 도착점 (75, 95, 130)까지 이어지는 벡터를 알고 싶다면 다음 식을 풀어야 한다.

```
vector_movement = destination_point - start_point
vector_movement = (75, 95, 130) - (25, 40, 55)
vector_movement = (75 - 25, 95 - 40, 130 - 55)
vector_movement = (50, 55, 75)
```

이제 벡터를 표현하는 방법을 살펴본다.

벡터의 표현

벡터는 방향이 있는 선분이며 화살표로 나타낼 수 있다.

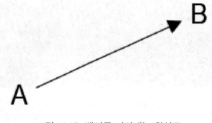

그림 14.12 벡터를 나타내는 화살표

점 A는 벡터의 시작점이고 점 B는 끝점이다. 모든 월드 위치의 시작 지점은 항상 (0,0,0)인 반면 모든 상대 위치의 시작 지점은 항상 컴포넌트 부모의 끝점이다.

벡터에는 크기(또는 길이)와 방향이 있다. 크기와 방향이 같은 두 벡터는 동일하다.

벡터의 연산

벡터로 여러 수학 연산을 수행할 수 있다. 이러한 작업을 이해하는 것은 3차원 공간에서 오브젝트를 조작하는 데 기본이 된다.

- **벡터 더하기**: 두 벡터의 합은 각 요소를 더해서 결정된다. 다음 예는 벡터 (3, 5, 0)과 (5, 2, 0)의 합을 보여준다.

```
V1 = (3, 5, 0)
V2 = (5, 2, 0)
V1 + V2 = (3 + 5, 5 + 2, 0 + 0)
V1 + V2 = (8, 7, 0)
```

다음은 이전 예인 벡터 더하기를 그래픽으로 나타낸 것이다. 그래프를 단순화하기 위해 x 및 y 축만 그린다. V1의 시작점은 월드 원점 (x=0, y=0, z=0)이다. V1의 끝점은 (x=3, y=5, z=0)이다. V2의 시작점은 V1의 끝점이고 V2의 끝점은 더한 결과이다(x=8, y=7, z=0).

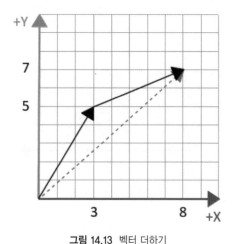

그림 14.13 벡터 더하기

예를 들어 V1이 캐릭터의 월드 위치이고 V2가 캐릭터 무기의 상대 위치인 경우 V1 + V2는 무기의 월드 위치가 된다.

다음 스크린샷은 벡터 더하기 노드를 보여준다.

그림 14.14 벡터를 더하는 노드

- **벡터 빼기**: 한 벡터에서 다른 벡터를 빼는 것은 각 요소를 빼서 결정된다. 이것은 벡터 (6, 8, 0) 및 (1, 4, 0)을 사용하는 벡터 빼기의 예이다.

```
V1 = (6, 8, 0)
V2 = (1, 4, 0)
V1 - V2 = (6 - 1, 8 - 4, 0 - 0)
V1 - V2 = (5, 4, 0)
```

다음은 이전 예인 벡터 빼기를 그래픽으로 나타낸 것이다. 이것은 빼기이므로 V2 벡터는 반대 벡터로 표시된다.

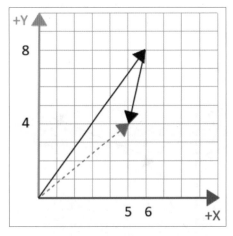

그림 14.15 벡터의 빼기

예를 들어 V1이 캐릭터 무기의 월드 위치이고 V2가 캐릭터 무기의 상대 위치인 경우 V1 - V2는 캐릭터의 월드 위치가 된다.

벡터 빼기 노드는 다음 스크린샷에 나와 있다.

그림 14.16 벡터를 빼는 노드

- **벡터의 길이**: 벡터의 길이(또는 크기)는 시작점과 끝점 사이의 거리이다. 두 개의 월드 위치가 있는 경우 둘 사이의 길이는 월드 위치 사이의 거리가 된다. 벡터의 길이는 다음 스크린샷에 표시된 블루프린트 노드를 사용해 계산한다.

그림 14.17 Vector Length 노드

- **벡터의 정규화**: 벡터 정규화를 사용해 단위 벡터를 찾는다. 단위 벡터의 길이는 1이다. 방향을 표시해야 할 때 자주 사용된다. 벡터를 입력으로 받고 정규화된 벡터를 반환하는 **Normalize**라는 노드가 있다.

그림 14.18 Normalize vector 노드

- **스칼라 벡터 곱셈**: 인티저 또는 플로트 수는 스칼라 값이라고도 한다. 벡터에 **스칼라** 값을 곱하는 것은 각 요소에 스칼라 값을 곱해 수행된다. 이 연산은 벡터의 길이를 변경하지만 스칼라가 음수가 아닌 한 방향은 동일하게 유지된다. 음수인 경우 벡터는 곱셈 후 반대 방향을 가리킨다.

그림 14.19 벡터에 플로트 곱하기

> NOTE
>
> 곱하기 노드는 와일드카드 노드이다. 이것은 벡터 변수를 노드에 연결하면 Vector x Vector 노드로 변환된다는 것을 의미한다. 두 번째 입력 핀을 우클릭하고 **핀 변환...** 위로 마우스를 가져간 다음 **플로트**를 선택해야 한다.

- **내적**: 내적은 한 벡터를 다른 벡터에 투영한 것이다. 두 개의 정규화된 벡터의 내적은 벡터 사이에 형성된 각도의 코사인과 같으며 -1.0에서 1.0 사이의 범위이다.

그림 14.20 내적 노드

내적을 사용해 두 벡터가 수직인지 평행인지와 같은 두 벡터 사이의 관계를 확인하는 데 사용할 수 있다. 다음 다이어그램은 두 벡터 **A**와 **B** 사이의 내적의 몇 가지 예를 보여준다.

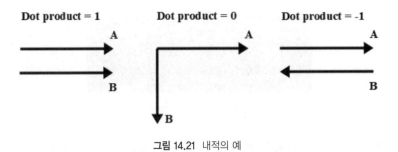

그림 14.21 내적의 예

- **액터 벡터**: 액터의 전향, 우향, 상향 벡터를 반환하는 함수가 있다. 반환된 벡터는 정규화된다(길이 = 1). 다음 스크린샷은 이동을 지시하는 데 자주 사용되는 이러한 기능을 보여준다.

그림 14.22 액터 벡터의 획득

반대 벡터를 찾으려면 벡터에 –1을 곱하면 된다. 이렇게 하면 액터의 후향, 좌향, 하향 벡터를 찾을 수 있다. 다음 스크린샷은 역방향 벡터를 찾는 방법을 보여준다.

그림 14.23 역방향 벡터 찾기

벡터는 게임 프로그래밍에서 널리 사용된다. 방향을 나타내고 속도, 가속도 및 물체에 작용하는 힘을 나타내는 데 사용할 수 있다.

다음 절에서는 3차원 월드와 상호 작용하는 데 사용되는 또 다른 중요한 개념인 트레이스를 볼 것이다.

ꙮ 트레이스 및 트레이스 기능 소개

트레이스는 정의된 선분을 따라 충돌이 있는지 여부를 테스트하는 데 사용된다. 트레이스는 채널 또는 오브젝트 타입별로 수행할 수 있으며 적중된 단일 또는 여러 개체를 반환할 수 있다.

사용 가능한 추적 채널은 **Visibility** 및 **Camera**이다. 오브젝트 타입은 **WorldStatic**, **WorldDynamic**, **Pawn**, **PhysicsBody**, **Vehicle**, **Destructible**, 또는 **Projectile**이 될 수 있다. **프로젝트 세팅 > 엔진 > 콜리전**에서 더 많은 채널과 오브젝트 타입을 만들 수 있다.

액터와 컴포넌트는 각 트레이스 채널 및 오브젝트 타입에 반응하는 방식을 정의해야 한다. 반응은 **무시**, **오버랩** 또는 **블록**이 될 수 있다.

다음 스크린샷은 **스태틱 메시** 액터의 콜리전 반응을 보여준다. **BlockAll**, **Overlap AllDynamic** 및 **Pawn**과 같이 선택할 수 있는 콜리전 프리셋이 있다. 또는 **콜리전 프리셋** 세팅에 대해 **Custom...**을 선택하고 **콜리전 반응** 속성을 개별적으로 정의할 수 있다. 오브젝트 타입은 **오브젝트 타입** 속성 드롭다운을 통해 세팅되는 반면 **Visibility** 및 **Camera** 채널은 **콜리전 반응** 테이블의 **트레이스 반응** 섹션에서 정의된다.

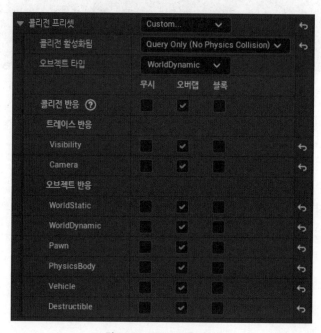

그림 14.24 콜리전 반응 테이블

트레이스 기능이 무언가와 충돌하면 하나 이상의 **Hit Result** 구조체를 반환한다. 다음 스크린샷과 같이 **Break Hit Result** 노드를 사용해 **Hit Result** 변수에 접근할 수 있다.

그림 14.25 Hit Result 구조체 변수 Hit result structure variables

다음은 **Hit Result** 구조체의 일부 변수이다.

- **Blocking Hit**: 트레이스가 무언가를 적중했는지 여부를 나타내는 부울 값

- **Location**: 적중이 발생한 위치

- **Impact Normal**: 부딪힌 면에 수직인 법선 벡터

- **Hit Actor**: 트레이스에 적중한 액터에 대한 레퍼런스

다음 절에서는 블루프린트에서 사용할 수 있는 트레이스 기능을 살펴본다.

오브젝트에 대한 추적

Line Trace For Objects 함수는 정의된 라인을 따라 충돌을 테스트하고 입력 파라미터에 지정된 **오브젝트 타입** 값 중 하나와 일치하는 첫 번째 액터 적중에 대한 데이터와 함께 Hit Result 구조체를 반환한다.

Multi Line Trace For Objects 함수에는 Line Trace For Objects 함수와 동일한 입력 파라미터가 있다. 함수 간의 차이점은 **Multi Line Trace For Objects** 함수가 단일 결과가 아니라 트레이스에 의해 적중된 모든 액터를 설명하는 Hit Result 구조체의 배열을 반환하므로 수행 비용이 더 많이 든다는 것이다. 다음 스크린샷은 두 가지 **TraceForObjects** 함수를 보여준다.

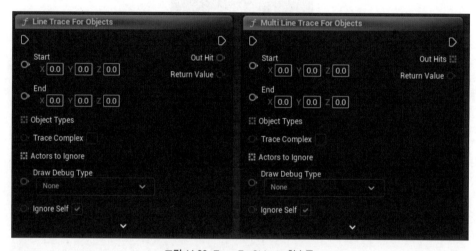

그림 14.26 TraceForObjects 함수들

다음은 두 **TraceForObjects** 함수의 입력 파라미터이다.

- **Start**: 충돌 테스트에 사용할 라인의 시작을 정의하는 위치 벡터.

- **End**: 충돌 테스트 라인의 끝을 정의하는 위치 벡터.

- **Object Types**: 트레이스로 검색할 오브젝트 타입을 포함하는 배열이다. 트레이스는 다른 타입의 모든 개체를 무시한다.

- **Trace Complex**: 부울 값이다. **True**면 트레이스가 실제 메시에 대해 테스트된다. **False**면 트레이스는 단순화된 충돌 형태를 테스트한다.

- **Actors to Ignore**: 충돌 테스트에서 무시해야 하는 액터가 있는 배열이다.

- **Draw Debug Type**: 트레이스를 나타내는 3D 선을 그릴 수 있다.

- **Ignore Self**: 함수를 호출하는 블루프린트 인스턴스가 충돌 테스트에서 무시돼야 하는지 여부를 나타내는 부울 값이다.

다음 절에서 볼 수 있듯이 **오브젝트 타입** 대신 **트레이스 채널**을 사용하는 다른 라인 트레이스 기능이 있다.

채널을 통한 추적

Line Trace By Channel 함수는 Visibility 또는 Camera로 세팅할 수 있는 **추적 채널**을 사용해 정의된 라인을 따라 충돌을 테스트하고 충돌 테스트에서 첫 번째 액터 적중에 대한 데이터가 포함된 **Hit Result** 결과 구조체를 반환한다. 또한 **Multi Line Trace By Channel** 함수는 트레이스에 의해 적중된 모든 액터를 설명하는 **Hit Result** 구조체의 배열을 반환한다.

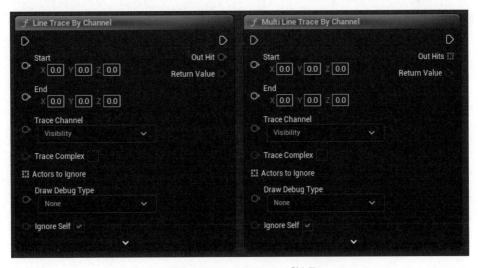

그림 14.27 TraceByChannel 함수들

함수의 입력 파라미터는 다음과 같다.

- **Start**: 충돌 테스트에 사용할 라인의 시작을 정의하는 위치 벡터.

- **End**: 충돌 테스트 라인의 끝을 정의하는 위치 벡터.

- **Trace Channel**: 충돌 테스트에 사용되는 채널이다. **Visibility** 또는 **Camera**일 수 있다. 트레이스는 선택된 Trace Channel과 겹치거나 차단하는 오브젝트를 검색한다.

- **Trace Complex**: 부울 값이다. **True**면 트레이스가 실제 메시에 대해 테스트된다. **False**면 트레이스는 단순화된 충돌 형태에 대해 테스트한다.

- **Actors to Ignore**: 충돌 테스트에서 무시해야 하는 액터가 있는 배열이다.

- **Draw Debug Type**: 트레이스를 나타내는 3D 선을 그릴 수 있다.

- **Ignore Self**: 함수를 호출하는 블루프린트 인스턴스가 충돌 테스트에서 무시돼야 하는지 여부를 나타내는 부울 값이다.

라인 트레이스는 트레이스 기능의 유일한 타입이 아니다. 셰이프를 사용해 트레이스를 수행할 수도 있다.

셰이프 트레이스

구, 캡슐 및 상자 형태에 대한 트레이스 기능이 있지만 이러한 기능은 라인 트레이스보다 수행하는 데 비용이 더 많이 든다.

다음 스크린샷은 **Sphere Trace For Objects**, **Capsule Trace For Objects** 및 **Box Trace For Objects** 함수를 보여준다.

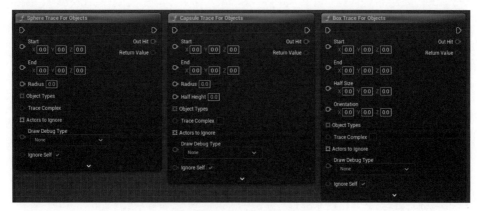

그림 14.28 셰이프 트레이스 함수들

이러한 모든 셰이프에는 채널 및 오브젝트 타입별로 트레이스 하는 기능이 있다. 단일 적중 또는 다중 적중을 반환하는 함수도 있다.

디버그 라인

트레이스 기능에는 트레이스를 테스트할 때 도움이 되는 디버그 라인을 그리는 옵션이 있다. 트레이스 기능 하단에 있는 작은 화살표를 클릭해 다음 스크린샷과 같이 **Trace Color**, **Trace Hit Color** 그리고 **Draw Time** 파라미터를 표시한다.

그림 14.29 디버그 라인 옵션

Draw Debug Type 파라미터는 다음 값 중 하나로 세팅할 수 있다.

- **None**: 선을 긋지 않는다.

- **For One Frame**: 한 프레임에 대해서만 라인이 나타난다.

- **For Duration**: 라인은 **Draw Time** 파라미터에 지정된 시간 동안 유지된다.

- **Persistent**: 라인이 사라지지 않는다.

디버그 라인은 트레이스가 예상대로 작동하지 않을 때 문제를 찾는 데 유용하다.

벡터와 트레이스 노드들에 대한 예

벡터와 트레이스 노드의 사용을 보기 위해 예제를 수행하겠다. 라인 트레이스를 사용해서 다른 블루프린트의 라이트를 찾고 토글 하도록 플레이어 캐릭터를 수정한다.

1. 시작용 콘텐츠가 포함된 **일인칭** 템플릿을 사용해 새 프로젝트를 만든다.

2. 콘텐츠 〉 FirstPerson 〉 Blueprints 폴더에 있는 BP_FirstPersonCharacter 블루프린트를 연다.

3. **내 블루프린트** 패널에서 매크로를 만들고 이름을 Trace Locations으로 한다. **디테일** 패널에서 **벡터** 타입의 두 개의 출력 파라미터를 추가한다. 다음 스크린샷과 같이 파라미터의 이름을 Start Location 및 End Location으로 지정한다. 입력 파라미터는 불필요하다.

그림 14.30 매크로 출력 파라미터

4. Trace Locations 매크로의 그래프에서 다음 스크린샷에 표시된 노드들을 추가한다. 이 매크로는 **라인 트레이스**에서 사용할 **시작** 및 **끝** 위치를 계산한다. 이것은 일인칭 게임이기 때문에 카메라를 **시작 위치**로 사용하고 **끝 위치**는 **카메라**보다 300cm 앞서 있다.

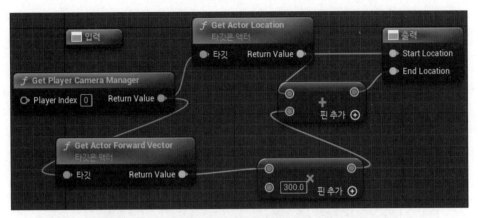

그림 14.31 Trace Locations 매크로의 노드들

5. **이벤트그래프** 탭을 클릭하고 **이벤트그래프**를 우클릭하고 Enter키에 대한 입력 이벤트를 추가한다.

그림 14.32 Enter키보드 이벤트 추가

6. **Line Trace By Chnnel** 노드를 추가하고 **Trace Locations** 매크로를 **이벤트그래프**에
   추가한다. **Enter** 이벤트의 **Pressed** 핀을 **Line Trace By Channel**의 흰색 핀에 연결
   한다. 다음 스크린샷과 같이 매크로의 출력을 **라인 트레이스**의 **시작** 및 **끝** 입력에 연
   결한다.

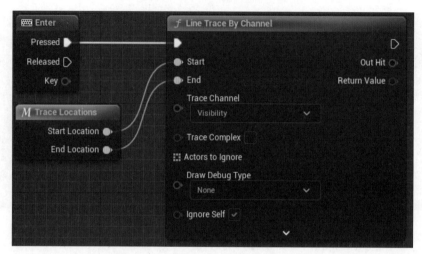

그림 14.33 Line Trace By Channel 노드의 사용

7. 다음 스크린샷에 표시된 노드들을 **Line Trace By Channel** 노드의 출력에 연결한다. 이 노드는 **Hit Actor**가 **Blueprint_WallSconce** 타입인지 테스트한다. 그렇다면 **Blueprint_WallSconce**의 라이트가 토글된다. 블루프린트를 컴파일해 변경 사항을 적용한다.

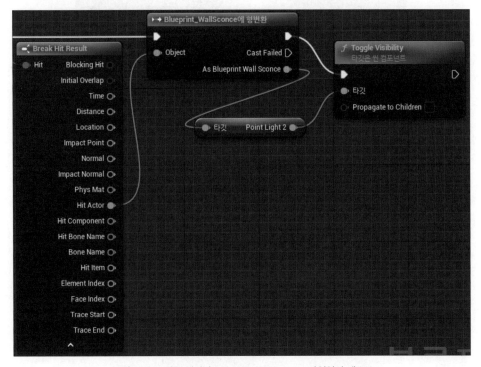

그림 14.34 적중 액터가 Blueprint_WallSconce 타입인지 테스트

8. Blueprint_WallSconce 인스턴스(콘텐츠 > StarterContent > Blueprints 폴더에 있는)를 레벨에 추가한 다음 레벨을 플레이한다.

9. 캐릭터를 Blueprint_WallSconce의 인스턴스 가까이로 이동해서 살펴보고 Enter 키를 눌러 조명을 토글한다. 다음 스크린샷은 플레이어 캐릭터와 Blueprint_WallSconce를 보여준다.

그림 14.35 Blueprint_WallSconce와의 상호작용

이 예제는 벡터와 트레이스 노드의 실제 사용을 보여준다. 이러한 개념을 이해하는 것은 3D 게임 개발에서 많은 문제를 해결하는 데 도움이 되기 때문에 중요하다.

요약

이 장에서는 몇 가지 수학 개념을 제시하고 월드 및 상대 변환을 사용하는 방법을 봤다. **위치, 회전, 스케일**과 같은 트랜스폼 요소를 수정하는 데 여러 블루프린트 노드가 사용되는 방법을 봤다.

이 장에서는 벡터 구조를 사용해서 3D 공간의 한 점이나 수학적 벡터를 나타낼 수 있음을 봤다. 블루프린트 노드를 사용해 여러 벡터 작업을 수행하는 방법을 배웠다.

마지막으로 트레이스 노드를 사용해 충돌을 테스트하는 방법을 봤다. 콜리전 반응 타입, 사용된 셰이프 및 트레이스 노드가 단일 또는 다중 히트를 반환하는지 여부를 기반으로 하는 많은 트레이스 노드가 있다.

다음 장에서는 블루프린트의 복잡성을 처리하고 블루프린트의 품질을 높이는 몇 가지 팁을 배운다.

::: 퀴즈

1. 언리얼 엔진에서 **트랜스폼**은 **위치, 회전** 및 **스케일** 변수를 포함하는 구조체이다.

    a. True

    b. False

2. **트랜스폼** 구조체의 **위치** 및 **스케일** 변수는 **벡터** 타입이다.

    a. True

    b. False

3. 정규화된 벡터의 길이는 제한이 없다.

    a. True

    b. False

4. **Visibility** 및 **Camera**는 오브젝트 타입의 예이다.

    a. True

    b. False

5. **Multi Line Trace By Channel** 함수는 **Hit Result** 구조체의 배열을 반환한다.

    a. True

    b. False

15

블루프린트 팁

이 장에서는 블루프린트의 품질을 향상시키는 방법에 대한 몇 가지 힌트를 제공한다. 작업 속도를 높이기 위해 다양한 에디터 단축키를 사용하는 방법에 대해 알아본다. 또한 구현하는 형태에 따라 어디서 시작하고, 완료할지 결정하는데 도움이 되는 블루프린트의 모범사례에 대해서도 설명한다. 마지막으로 기타 유용한 블루프린트 노드에 대해 알아본다.

이 장에서 다루는 주제는 다음과 같다.

- 블루프린트 에디터 단축키

- 블루프린트의 모범사례

- 기타 블루프린트 노드 사용

이 장을 마치면 보다 복잡한 게임을 개발할 때 도움이 되는 단축키, 모범 사례 및 블루프린트 노드에 익숙해질 것이다.

⫸ 블루프린트 에디터 단축키

블루프린트 에디터에서는 변수를 많이 다룰 예정이므로 변수와 관련된 단축키부터 살펴본다.

내 블루프린트 패널에서 변수를 끌어서 **이벤트그래프**에 놓으면, **GET** 또는 **SET** 노드를 선택할 수 있는 서브메뉴가 표시된다. 그러나 **GET** 및 **SET** 노드를 생성하는 단축키가 있다. Ctrl키를 누른 상태에서 변수를 그래프로 끌면 에디터가 **GET** 노드를 생성한다. **SET** 노드를 생성하려면 Alt키를 누른 상태에서 변수를 그래프로 끌어다 놓는다. 다음 스크린샷은 **GET** 및 **SET** 노드를 보여준다.

그림 15.1 GET 및 SET 노드를 생성하는 단축키

GET 및 **SET** 노드를 생성하는 다른 방법이 있다. 변수를 다른 노드의 호환되는 핀에 끌어다 놓으면 파라미터 타입에 따라 에디터가 **GET** 또는 **SET** 노드를 생성한다.

다음 스크린샷은 입력 파라미터 핀에서 **스코어** 변수를 끌어놓는 예를 보여준다. 핀이 호환되는 경우 에디터는 체크 아이콘과 Make B = Score와 같은 라벨이 있는 툴팁 설명을 표시한다. 이 식은 노드의 **B**핀이 Score 변수의 값을 얻는다는 것을 의미한다. 따라서 에디터는 **GET Score** 노드를 생성한다.

그림 15.2 변수를 끌어서 입력 핀에 떨어뜨려 GET 노드 생성

다음 스크린샷과 같이 출력 파라미터 핀에 **Score** 변수를 놓으면 에디터에서 **Make Score = ReturnValue** 레이블을 표시하고 다른 노드의 **ReturnValue** 레이블을 입력 파라미터로 사용해서 **SET Score** 노드를 생성한다.

그림 15.3 변수를 끌어서 출력 핀에 놓으면 SET 노드를 만든다.

블루프린트 에디터에는 자동 형변환 시스템이 있다. 이를 사용하려면 한 변수 타입의 핀에서 와이어를 끌어 다른 변수 타입의 핀에 놓는다. 다음 스크린샷은 변환이 가능한지 확인하는 툴팁 설명이 나타나는 것을 보여준다.

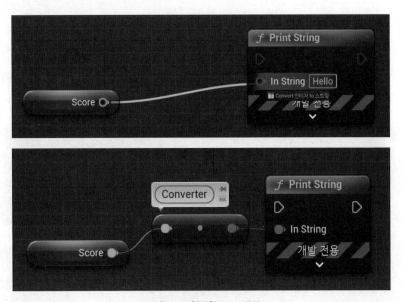

그림 15.4 형변환 노드 생성

블루프린트 에디터의 또 다른 유용한 기능은 연결을 끊지 않고 동일한 변수 타입을 사용하는 다른 노드의 기존 노드를 변경할 수 있다는 것이다.

다음 스크린샷에는 이에 대한 예가 있다. **Player Health**와 **PlayerStamina**는 플로트 변수다. **PlayerStamina** 변수를 끌어 **SET Player Health** 노드에 놓으면 노드가 **SET Player Stamina** 노드로 변경되고 모든 연결이 유지된다.

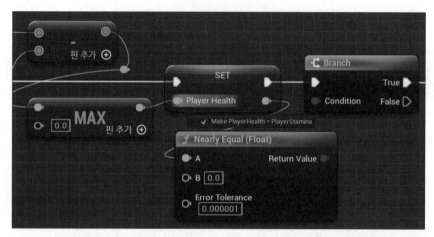

그림 15.5 노드 변경 및 모든 연결 유지

노드의 입력 또는 출력 핀 타입을 기반으로 변수를 만드는 단축키가 있다. 이렇게 하려면 데이터 핀을 우클릭하고 다음 스크린샷에 표시된 것처럼 **변수로 승격** 옵션을 선택한다. 이 옵션을 선택하면 변수가 생성돼 핀에 연결된다.

그림 15.6 Return Value를 변수로 승격

핀의 모든 연결을 끊어야 하는 경우 Alt키를 누른 상태에서 핀을 클릭한다. Ctrl키를 누른 상태에서 연결을 끌어 다른 핀에 놓으면 핀의 모든 연결을 다른 호환 가능한 핀으로 이동할 수 있다. 이것은 연결을 하나씩 다시 실행할 필요가 없기 때문에 매우 유용하다. 다음 스크린샷에서 **BP_First PersonCharacter에 형변환** 핀의 모든 연결은 **BP Player Character에 형변환**으로 이동된다.

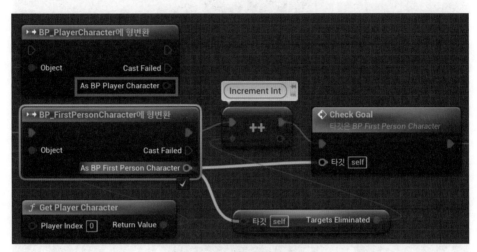

그림 15.7 모든 연결을 다른 핀으로 끌기

블루프린트 에디터는 노드 정렬을 위한 여러 옵션을 제공한다. 사용하려면 블루프린트 노드를 선택하고 그 중 하나를 우클릭 해서 메뉴를 연다. **정렬**은 이 메뉴의 옵션 중 하나이다. 다음 스크린샷은 사용 가능한 **정렬** 옵션을 보여준다.

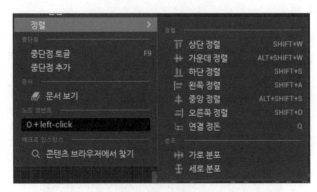

그림 15.8 정렬 옵션

대부분의 **정렬** 옵션은 명확하지만 예를 살펴본다.

다음 스크린샷은 선택된 세 개의 노드를 보여준다.

그림 15.9 이 노드는 정렬될 것이다.

연결 정돈을 적용한 후 다음 스크린샷과 같이 노드가 정렬된다.

그림 15.10 연결 정돈 적용 후 노드

블루프린트에 몇 가지 공통 노드를 생성하는 단축키가 있다. **Branch** 노드를 생성하려면 B키를 누른 상태에서 그래프를 좌클릭 한다. **시퀀스** 노드를 생성하려면 다음 스크린샷과 같이 S키를 누른 상태에서 그래프를 우클릭한다.

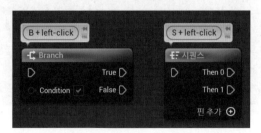

그림 15.11 Branch 및 시퀀스 노드에 대한 단축키

다른 단축키는 **For Each Loop** 노드를 생성하는 F + 왼쪽 클릭 및 **딜레이** 노드를 생성하는 D + 왼쪽 클릭이다. 다음 스크린샷에서 확인할 수 있다.

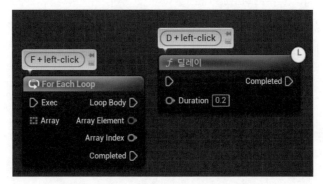

그림 15.12 For Each Loop 및 딜레이 노드에 대한 단축키

일부 노드 주위에 코멘트 상자를 만들려면 먼저 노드를 선택한 다음 선택한 노드 중 하나를 우클릭하고 **선택**에서 **코멘트 추가** 옵션을 선택하거나 C키를 누르기만 하면 된다. 다음 스크린샷은 **More shortcut keys**는 라벨이 지정된 코멘트 상자를 보여준다. 코멘트 상자 안에는 흐름 제어 노드를 생성하는 데 사용되는 단축키의 더 많은 예가 있다.

그림 15.13 일부 흐름 제어 노드에 대한 단축키

몇 가지 단축키에 익숙해지면 작업 속도를 높이는 방법을 알 수 있다. 이제 더 나은 블루프린트를 만드는 데 도움이 되는 팁을 살펴보겠다.

⋙ 블루프린트 모범 사례

프로젝트에서 여러 블루프린트 클래스를 다루게 되며, 이러한 블루프린트 클래스 중 일부는 노드가 많고 복잡할 것이다. 이번 절의 팁은 프로젝트를 분석하고 블루프린트 클래스를 관리하기 쉽게 만드는 몇 가지 사례를 수행하는 데 도움이 된다. 블루프린트 책임과 블루프린트 복잡성의 두 가지 카테고리로 팁을 분리했다.

블루프린트 책임

블루프린트를 생성할 때 책임이 무엇인지 결정해야 한다. 이것은 할 일과 하지 않을 일을 나타낸다. 블루프린트를 가능한 한 독립적으로 만들어야 한다. 블루프린트는 내부 상태를 책임져야 한다.

블루프린트 책임의 개념을 설명하기 위해 교육용으로 만든 간단한 예제로 작업한다. 게임에서 플레이어는 **BP_FirstPersonCharacter** 블루프린트로 표시된다.

플레이어가 적의 블루프린트와 충돌하면 플레이어가 죽고 폭발 효과가 생성된다. 다음 스크린샷은 적군 블루프린트에 구현된 히트 이벤트를 보여준다.

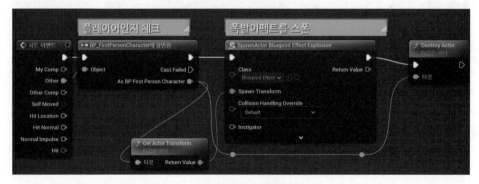

그림 15.14 BP_EnemyCharacter 블루프린트의 히트 이벤트

그런 다음 플레이어를 죽일 수도 있는 또 다른 블루프린트를 만든다. 따라서 히트 이벤트와 이전 스크린샷의 노드를 복사해서 새 블루프린트에 붙여 넣는다.

그런 다음 다른 타입의 적 블루프린트를 만들고 히트 이벤트를 다시 복사해서 붙여 넣는다. 그러나 플레이어가 죽는 방식을 변경하기로 결정했다. 플레이어는 더 이상 폭발하지 않는다. 대신 Death 애니메이션이 실행된다. 그러나 게임에서 이러한 변경을 수행하려면 플레이어를 죽일 수 있는 블루프린트 검색해서 모두 수정해야 할 것이다. 이런 방식은 블루프린트 중 하나를 잊어버릴 수 있고 스크립트가 자주 변경될 수 있기 때문에 문제이다.

이러한 타입의 문제를 방지하는 방법이 있다. 플레이어 사망 작동 방식을 정의하는 스크립트는 플레이어 블루프린트에 구현해야 하며, 이 예제에서는 **BP_FirstPerson Character** 블루프린트다. 요점은 플레이어 블루프린트가 플레이어가 죽는 방식에 대한 책임이 있다는 것이다. 예제를 다시 실행해 본다. 이제 이 스크린샷과 같이 BP_First PersonCharacter 블루프린트에 Death라는 커스텀 이벤트를 생성한다.

그림 15.15 BP_FirstPersonCharacter 블루프린트에서 Death 이벤트 생성

이렇게 하면 플레이어가 죽는 방식에 변경 사항이 있는 경우 **BP_FirstPersonCharacter** 블루프린트의 **Death** 이벤트에서만 변경하면 된다.

충돌이 발생하면 플레이어를 죽일 수 있는 다른 블루프린트는 **BP_FirstPerson Character** 블루프린트의 **Death** 이벤트를 트리거하기만 하면 된다. 다음 스크린샷은 **Enemy** 블루프린트의 **히트 이벤트** 새 버전을 보여준다.

그림 15.16 BP_EnemyCharacter 블루프린트의 히트 이벤트 새 버전

따라서 이벤트와 함수를 사용해서 블루프린트가 다른 블루프린트와 통신하는 방법을 정의할 수 있다. 블루프린트 간에 데이터를 전송해야 하는 경우 입력 또는 출력 파라미터를 통해 전송할 수 있다.

블루프린트 책임과 관련된 또 다른 주제는 레벨 블루프린트이다. 각 레벨에는 레벨 블루프린트가 있으므로 레벨 블루프린트 안에 게임 규칙 로직을 생성하면 다른 레벨을 추가할 때 모든 블루프린트 노드를 복사해서 새 레벨의 레벨 블루프린트에 붙여 넣어야 한다. 게임 규칙 로직이 변경되면 모든 레벨 블루프린트를 수정해야 하며 이는 유지보수의 악몽이 될 수 있다.

레벨 블루프린트는 한 레벨에 특정한 논리와 상황에만 사용해야 한다. 일반적인 예는 레벨에 숨겨진 트리거를 배치하는 것이다. 플레이어가 중첩되면 적이 다른 방에 생성된다.

게임 규칙 로직을 구현하기에 더 좋은 곳은 Game Mode 블루프린트 클래스이다. 다른 액터에 대한 로직은 레벨 블루프린트에서 구현하기보다는 블루프린트 클래스에서 구현해야 한다. 블루프린트 클래스의 인스턴스는 모든 레벨에 추가할 수 있기 때문에 다른 레벨에서 동일한 기능을 사용하려면 블루프린트 노드를 복사해서 붙여 넣어야 한다.

블루프린트 복잡성 관리

블루프린트 **이벤트그래프**는 매우 복잡하고 두려울 수 있다. 다른 사람이 만든 이런 종류의 블루프린트를 열면 무슨 일이 일어나고 있는지 궁금 할 것이다.

일부 사례와 블루프린트 도구들은 블루프린트의 복잡성을 관리하고 가독성을 유지하는 데 도움이 된다.

복잡한 블루프린트를 처리하는 데 도움이 되는 가장 중요한 개념은 **추상화**이다. 추상화는 낮은 수준의 세부 사항을 숨김으로써 복잡성을 처리하는 데 사용되므로 개발자는 스크립트의 다른 부분에 대한 불필요한 세부 사항에 대해 걱정하지 않고 높은 추상화 수준에서 문제에 집중할 수 있다.

이벤트그래프에는 추상화를 적용하는 간단한 방법이 있다. 노드 그룹을 선택하고 접힌 그래프, 함수 또는 매크로로 변환할 수 있다. 노드를 변환하려면 선택한 노드를 우클릭한다. 나타나는 하위 메뉴의 **체계** 카테고리에 다음 스크린샷에 표시된 옵션이 표시된다.

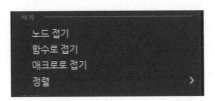

그림 15.17 접기 옵션

예를 들어 본다. 다음 스크린샷은에 연결된 일부 노드를 보여준다. Pause **입력 액션** 이벤트. 이 노드는 일시 중지 메뉴를 표시하는 역할을 한다.

그림 15.18 일시 중지 메뉴를 표시하는 데 사용되는 노드

노드를 선택하고 선택한 노드 중 하나를 우클릭 하고 **노드 접기** 옵션을 사용하면 에디터는 **접힌 그래프**로 표시되는 단일노드를 생성한다. 이 노드에 의미 있는 이름을 지정할 수 있다. 다음 스크린샷은 **접힌 그래프**를 나타내는 Show Pause Menu라는 노드를 보여준다. **접힌 그래프**의 노드를 보거나 편집하려면 접힌 노드를 두 번 클릭한다.

그림 15.19 노드가 접힌 그래프로 변환됨

노드 그룹이 다른 장소에서 사용되지 않을 경우에만 접힌 노드를 사용한다. 동일한 노드 그룹이 **이벤트그래프**의 다른 위치에서 사용되는 경우 **매크로로 접기**를 사용할 수 있다. 노드 그룹이 다른 블루프린트에서 호출하는 경우는 **함수로 접기**를 사용한다.

이제 매우 복잡한 블루프린트를 여는 것을 상상해 본다. 그러나 노드의 거대한 그래프를 보는 대신 의미 있는 이름을 가진 접힌 그래프, 매크로 및 함수를 볼 수 있다. 최소한 블루프린트가 하는 일에 대한 개요는 얻을 수 있을 것이다. 복잡성이 존재하지만, 숨겨져 있고 필요할 때 특정 부분의 낮은 수준의 세부 사항을 볼 수 있다.

복잡한 **이벤트그래프**의 가독성을 높일 수 있는 또 다른 편리한 툴팁는 코멘트 상자다. 코멘트 상자는 논리 블록을 식별하는 데 도움이 된다. **이벤트그래프**를 축소해도 레이블이 계속 표시되며 코멘트 상자의 색상을 변경할 수도 있다. 다음 스크린샷은 3개의 코멘트 상자가 있는 축소된 **이벤트그래프**를 보여준다.

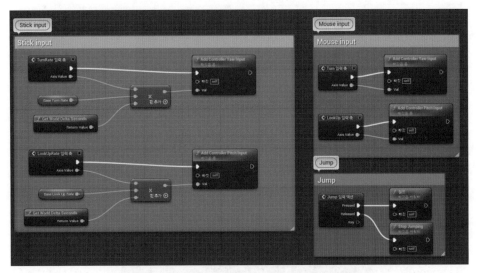

그림 15.20 이벤트그래프가 축소(줌아웃)되면 코멘트가 표시된다.

그래프의 코멘트 상자 목록을 **북마크창**에서 볼 수 있으며, 상단 메뉴에서 **창 ❯ 북마크**로 이동해서 접근할 수 있다. 다음 스크린샷은 **북마크창**을 보여준다.

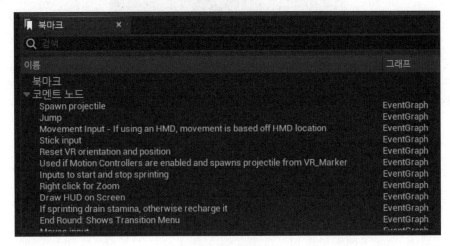

그림 15.21 북마크창

북마크창에서 항목을 두 번 클릭하면 **이벤트그래프**가 연결된 위치로 이동한다. **이벤트그래프**의 왼쪽 상단에 있는 아이콘을 클릭하고 이름을 지정하면, 다음 스크린샷과 같이 **이벤트그래프**의 위치를 참조하는 북마크를 만들 수 있다.

그림 15.22 북마크 만들기

내 블루프린트 패널에서 다음 스크린샷과 같이 **이벤트그래프**에서 사용 중인 이벤트 목록을 볼 수 있다. 이벤트 이름을 두 번 클릭해서 **이벤트그래프**의 이벤트 위치로 이동한다.

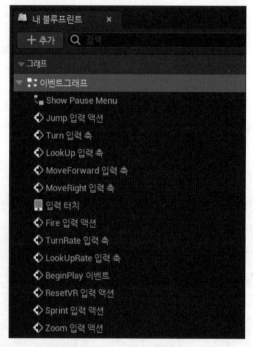

그림 15.23 이벤트그래프의 이벤트 목록

복잡한 블루프린트에는 많은 변수가 있을 수 있다. 변수를 식별하고 구성하는 데 도움이 되는 **설명** 및 **카테고리**라는 두 가지 변수 속성이 있다. 이러한 속성은 다음 스크린샷과 같이 변수의 **디테일** 패널에서 찾을 수 있다.

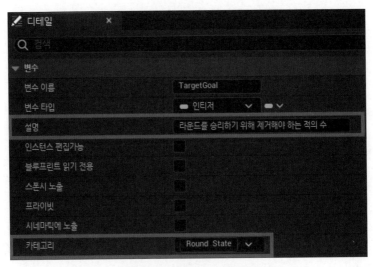

그림 15.24 설명 및 카테고리 속성

설명 속성에서 변수의 용도를 설명할 수 있다. 다음 스크린샷과 같이 마우스 커서가 변수 위에 있을 때 툴팁이 표시된다. 변수가 **인스턴스 편집가능**으로 세팅돼 있으면 레벨에서 블루프린트 인스턴스를 사용하는 디자이너에게 명확하게 하기 위해 설명이 있어야한다.

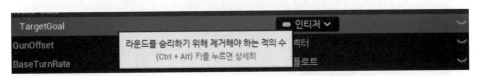

그림 15.25 변수 위로 마우스를 가져가면 툴팁이 나타난다

카테고리 속성은 관련 변수를 그룹화하는 데 사용된다. 카테고리를 만들거나 드롭다운 메뉴에서 기존 카테고리를 선택할 수 있다. 변수는 **내 블루프린트** 탭에서 필요할 때 열고 닫을 수 있는 카테고리 별로 구분된다. 이렇게 구분하면 블루프린트의 변수의 이해가 더 쉽다. 다음 스크린샷은 세 개의 변수가 있는 **Round State**라는 카테고리를 보여준다.

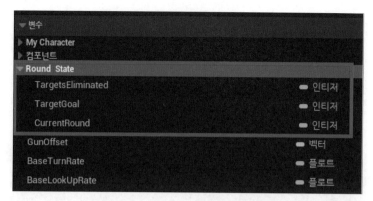

그림 15.26 변수는 카테고리별로 그룹화된다.

더 복잡한 논리에 도움이 되도록 임시 값을 보유하는 변수를 생성해야 하는 경우 함수 생성을 고려한다. 함수를 사용하면 함수 내에서만 볼 수 있는 로컬 변수를 생성할 수 있다. 함수를 편집할 때 다음 스크린샷과 같이 **내 블루프린트** 패널에 로컬 변수에 대한 카테고리 하나 더 있다. 단순 메모: 로컬 변수의 값은 함수 실행이 끝날 때 삭제된다.

그림 15.27 로컬 변수 생성

이번 절에서는 블루프린트 책임 및 복잡성을 처리하기 위한 몇 가지 모범 사례를 다룬다. 이제 흥미로운 기타 블루프린트 노드를 사용하는 방법을 살펴본다.

기타 블루프린트 노드 사용

이 절에서는 특정 상황에서 매우 유용할 수 있는 몇 가지 블루프린트 노드에 대해 알아볼 것이다.

이 절에서 다루는 노드는 다음과 같다.

- 선택
- 텔레포트
- 포맷 텍스트
- Math 표현식
- Set View Target with Blend
- AttachActorToComponent
- Enable Input 및 Disable Input
- Set Input Mode 노드

선택

선택 노드는 매우 유연하다. Index 및 Option 값에 대한 여러 타입의 변수와 함께 작동할 수 있다. 노드는 입력으로 전달된 Index에 해당하는 Option과 관련된 값을 반환한다. 다음 스크린샷은 **선택** 노드를 보여준다.

그림 15.28 선택 노드

더 많은 입력 옵션 핀을 추가하려면 **핀 추가 ⊕**를 클릭한다. 변수의 레퍼런스나 와이어를 핀으로 끌어서 Option 0, Option 1 또는 Index의 핀 타입을 세팅할 수 있다. Option 0 및 Option 1은 모든 타입이 될 수 있지만 Index 타입은 다음과 같아야 한다. **인티저, 열거형, 부율** 또는 **바이트**이다.

다음 스크린샷은 사용 중인 **선택** 노드를 보여준다.

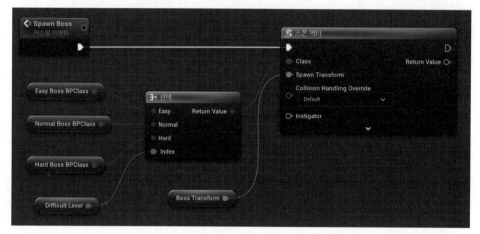

그림 15.29 선택 노드의 예

Easy, Normal 및 Hard를 값으로 가지는 **DifficultLevel**이라는 열거 형이 있다. Spawn Boss 커스텀 이벤트는 **DifficultLevel** 열거형 변수의 값에 따라 Boss 블루프린트의 다른 클래스를 생성한다. 이 예제의 옵션 타입은 액터 클래스 레퍼런스다.

텔레포트

텔레포트 노드는 액터를 지정된 위치로 이동한다. 액터의 위치를 세팅하는 대신 **텔레포트**를 사용하는 이점은 위치에 장애물이 있는 경우 액터가 충돌이 없는 가까운 장소로 이동된다는 것이다.

다음 스크린샷은 **텔레포트** 노드를 사용하는 예를 보여준다.

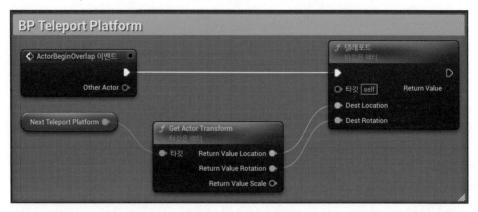

그림 15.30 텔레포트 노드의 예

Next Teleport Platform을 참조하는 BP Teleport Platform 블루프린트가 있다. 플레이어가 BP Teleport Platform과 겹치면 Next Teleport Platform으로 텔레포트 된다.

포맷 텍스트

포맷 텍스트 노드는 **Format** 입력 파라미터에 지정된 파라미터 및 템플릿 텍스트를 기반으로 텍스트를 작성한다. **Text**에 새 파라미터를 추가하려면 구분자 안에 새 파라미터 이름과 함께 {} 구분자를 사용한다. 각각에 대해 입력 파라미터가 생성된다. {} 구분 기호가 **Format** 파라미터에 있다.

다음 스크린샷은 라운드 결과를 인쇄하는 데 사용되는 **Format Text** 노드를 템플릿 텍스트 {Name} wins the round with {Score} points와 함께 보여준다.

그림 15.31 포맷 텍스트 노드의 예

예의 출력은 Sarena wins the round with 17 points이다.

Math 표현식

Math 표현식 노드는 에디터에 의해 생성된 접힌 그래프이며 노드 이름에 입력 된 표현식을 기반으로 한다. 표현식에서 찾은 각 변수 이름에 대해 입력 파라미터 핀이 생성된다. **반환노드**의 출력 파라미터는 표현식의 결과다.

다음 스크린샷은 **Math 표현식** 노드를 사용하는 예를 보여준다.

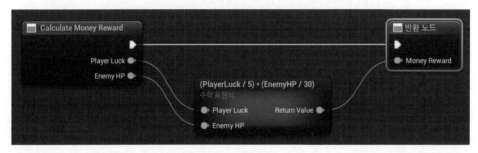

그림 15.32 Math 표현식 노드의 예

Math 표현식을 사용하는 **Calculate Money Reward**라는 함수가 있다. 노드의 표현식은 **(PlayerLuck/5) * (EnemyHP/30)**이다.

Set View Target with Blend

Set View Target with Blend 노드는 Player Controller 클래스의 함수이다. 다른 카메라 간에 게임뷰를 전환하는 데 사용된다. New View Target 입력 파라미터는 일반적으로 카메라인, 뷰 타깃으로 세팅할 액터이다.

다음 스크린샷은 Set View Target with Blend 노드를 사용하는 예를 보여준다.

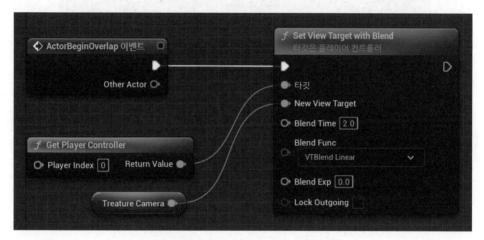

그림 15.33 Set View Target with Blend의 예

플레이어가 보물 방에 들어갈 때 트리거 되는 레벨 블루프린트의 이벤트다. Set View Target with Blend 함수는 게임 뷰를 보물 방에 있는 카메라로 변경하는 데 사용된다.

AttachActorToComponent

AttachActorToComponent 노드는 Parent 입력 파라미터에서 참조하는 컴포넌트에 액터를 연결한다. Parent 컴포넌트의 트랜스폼은 연결된 액터에 영향을 준다. 선택으로 Socket Name을 사용해서 액터가 연결될 위치를 지정할 수 있다.

다음 스크린샷은 **AttachActorToComponent** 노드를 사용하는 예를 보여준다.

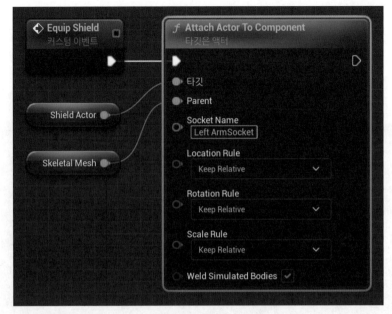

그림 15.34 AttachActorToComponent 노드의 예

Equip Shield 커스텀 이벤트는 AttachActorToComponent 노드를 사용해서 **스켈레탈 메시 컴포넌트**에 Shield Actor 컴포넌트를 장착한다. **스켈레탈 메시 컴포넌트**에는 LeftArm Socket이라는 소켓이 있어 팔에 실드를 배치하는 데 사용된다.

Enable Input 과 Disable Input

Enable Input 및 Disable Input 노드는 액터가 키보드, 마우스 또는 게임패드와 같은 입력 이벤트에 응답해야 하는지 여부를 정의하는 데 사용되는 함수이다. 노드에는 사용 중인 **플레이어 컨트롤러** 클래스에 대한 레퍼런스가 필요하다.

이러한 노드의 일반적인 용도는 다음 스크린샷과 같이 플레이어가 액터 근처에 있을 때만 액터가 입력 이벤트를 받도록 허용하는 것이다.

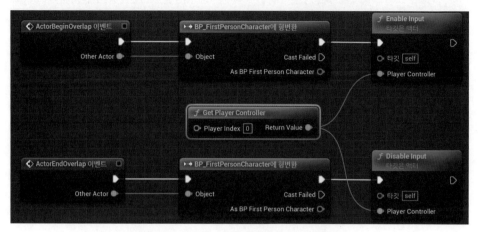

그림 15.35 Enable Input 및 Disable Input 노드의 예

Enable Input 노드는 플레이어가 블루프린트와 겹치기 시작할 때 호출된다. 플레이어가 블루프린트 중첩을 마치면 **Disable Input** 노드가 호출된다.

Set Input Mode 노드

사용자 입력 이벤트를 처리할 때 우선 순위가 UI 인지 플레이어 입력 인지를 정의하는 데 사용되는 **Set Input Mode** 노드가 세 개 있다. 다음 노드들이다.

- **Set Input Mode Game Only**: 플레이어 컨트롤러만 입력 이벤트를 받는다.

- **Set Input Mode UI Only**: UI만 입력 이벤트를 받는다.

- **Set Input Mode Game and UI**: UI가 입력 이벤트를 처리하는 데 우선권을 가지지만 UI가 처리하지 않으면 **Player Controller**가 입력 이벤트를 받는다. 예를 들어 플레이어가 상점을 나타내는 블루프린트와 겹칠 때 플레이어가 마우스를 사용해 선택할 수 있는 옵션이 있는 UI가 표시되지만, 플레이어는 여전히 화살표 키를 사용해서 상점에서 멀리 이동할 수 있다.

그림 15.36 Set Input Mode 노드

이러한 기타 블루프린트 노드에 익숙해지는 것을 추천한다. 프로젝트 작업을 할 때 특정 블루프린트 노드로 쉽게 해결할 수 있는 몇몇 문제를 다룰 수 있다.

요약

이 장에서는 에디터 단축키를 사용해서 다양한 방법으로 변수를 생성하는 방법과 정렬 도구를 사용해서 블루프린트 노드를 구성하는 방법을 살펴봤다. 또한 특정 블루프린트 노드를 생성하는 데 사용되는 몇 가지 단축키에 대해서도 배웠다.

그런 다음 블루프린트 책임을 정의하고 블루프린트의 복잡성을 관리하기 위한 몇 가지 블루프린트 모범 사례를 살펴봤다.

마지막으로 좀 더 유용한 블루프린트 노드에 대해 배웠다. 이 모든 팁은 스크립트를 개선하고 양질의 프로젝트를 구축하는 데 도움이 된다.

다음 장에서는 언리얼 엔진 에디터에서 사용할 수 있는 가상 현실 템플릿을 살펴본다.

1. **GET** 노드를 생성하려면 Alt키를 누른 상태에서 변수를 그래프로 드래그한다.

    a. True

    b. False

2. 블루프린트는 내부 상태를 책임 져야 하며 가능한 한 독립적이어야 한다.

    a. True

    b. False

3. 노드 그룹을 선택하고 접힌 그래프, 함수 또는 매크로 로 변환할 수 있다.

    a. True

    b. False

4. **선택** 노드의 **Index** 파라미터는 모든 타입이 될 수 있다.

    a. True

    b. False

5. **Math 표현식** 노드는 표현식에서 찾은 각 변수 이름에 대한 입력 파라미터 핀을 생성한다.

    a. True

    b. False

16

VR 개발 소개

이 장에서는 몇 가지 **가상 현실**[VR] 개념을 설명하고 가상 현실 템플릿을 살펴본다. 가상 현실 헤드셋의 가격이 점점 저렴해지면서 사용자 수가 빠르게 증가하고 있다. 따라서, 가상 현실 게임과 비즈니스 애플리케이션에 대한 수요도 증가하고 있다.

우리는 가상 현실 템플릿의 블루프린트에 초점을 맞출 것이다. 이는 블루프린트 노드가 실제로 사용되는지 확인할 수 있는 또 다른 기회가 될 것이다. 이 장의 일부 블루프린트 개념을 다른 여러 타입의 프로젝트에서 사용할 수 있으므로 가상 현실 헤드셋이 없어도 이 장은 유용한 장이다.

이 장에서는 VR 템플릿의 **VRPawn** 블루프린트의 기능을 분석한다. 모션 컨트롤러를 사용해서 플레이어가 잡을 수 있는 객체를 만드는 방법과 순간이동 구현에 사용되는 블루프린트 함수와 블루프린트 통신을 위한 인터페이스 사용 방법에 대해 알아본다. 우리는 VR 템플릿에서 메뉴가 어떻게 작동하는지 볼 것이다.

이 장에서 다룰 주제는 다음과 같다.

- 가상 현실 템플릿 탐색

- **VRPawn** 블루프린트

- 순간이동

- 물체 잡기

- 인터페이스를 사용하는 블루프린트 통신

- 메뉴와 상호 작용

텔레포트를 시작하려면 오른쪽 모션 컨트롤러의 엄지스틱을 위로 눌러 표시한다.

레벨의 액터를 붙잡을 수 있도록 하려면 액터에 GrabComponent를 추가하고 모빌리티를 무버블로 세팅한다.

이 장을 마치면 가상 현실 템플릿의 작동 방식을 이해하고 서로 다른 블루프린트가 서로 데이터를 공유할 수 있도록 인터페이스를 생성하는 방법을 알게 된다.

⁝⁝⁝ 가상 현실 템플릿 살펴보기

언리얼 엔진 에디터에는 가상 현실 개발 연구를 쉽게 경험해 볼 수 있는 블루프린트 가상 현실 템플릿이 있다. 가상 현실 템플릿은 가상 현실 및 증강 현실 개발을 위한 개방형 표준인 OpenXR 프레임워크를 사용한다. **OpenXR**로 인해 가상 현실 템플릿은 플랫폼별 수정 없이 여러 장치에서 작동한다.

가상 현실 템플릿은 **게임** 카테고리 있다. 다음 스크린샷은 가상 현실 템플릿을 사용한 프로젝트 생성을 보여 준다.

그림 16.1 가상 현실 템플릿 선택

다음 스크린샷은 사용자가 잡을 수 있는 공, 무기 및 큐브가 있는 가상 현실 템플릿 맵을 보여준다.

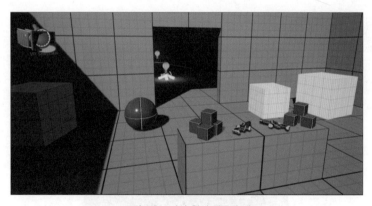

그림 16.2 가상 현실 템플릿 맵

컴퓨터에 가상 현실 디스플레이 장치가 설치돼 있고 개발용으로 세팅된 경우 **플레이** 버튼의 드롭다운을 클릭하고 **VR 프리뷰**를 선택해서 가상 현실에서 레벨을 시작할 수 있다. 가상 현실 디스플레이 장치가 없는 경우도 레벨을 시작할 수 있다.

플레이 버튼의 **새 에디터 창** 옵션을 사용하고 Tab키를 눌러 관중 모드를 전환한다. W, A, S, D키와 마우스를 사용해서 레벨을 이동할 수 있다.

가상 현실 모드에서는 오른쪽 모션 컨트롤러의 썸스틱을 위로 눌러 위치를 표시하고 썸스틱에서 손을 떼면 텔레포트를 실행해서 레벨의 다른 위치로 텔레포트할 수 있다 레벨의 일부 개체를 잡을 수 있다 물체를 잡으려면 모션 컨트롤러를 물체에 더 가까이 가져오고 그립 버튼을 누르고 있다 물체를 떨어뜨리려면 그립 버튼을 놓는다.

템플릿에 사용된 블루프린트는 콘텐츠 〉 VRTemplate 〉 Blueprints 폴더에 있다. 우리 프로젝트에 더 쉽게 적용할 수 있도록 작동 방식에 대해 알아본다. 또한 블루프린트의 실제 사례를 볼 수 있는 좋은 기회가 될 것이다.

⠿ VRPawn 블루프린트

VRPawn 블루프린트는 레벨의 사용자를 나타낸다. 이 블루프린트에는 사용자가 가상 현실에서 상호작용하기 위해 들고 있는 물리적 장치인 모션 컨트롤러의 입력 이벤트에 대한 로직이 포함돼 있다.

다음 스크린샷은 **VRPawn** 블루프린트의 **컴포넌트** 패널을 보여준다.

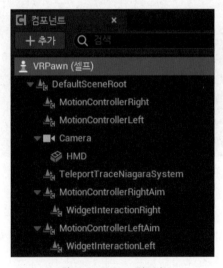

그림 16.3 VRPawn 컴포넌트

MotionControllerRight 및 **MotionControllerLeft**는 모션 컨트롤러 장치를 추적하는 모션 컨트롤러 컴포넌트이다. 모션 컨트롤러 장치를 이동하면 이 움직임의 데이터가 모션 컨트롤러 컴포넌트로 전송된다.

카메라 컴포넌트는 사용자 뷰이다. **HMD**라는 스태틱 메시 컴포넌트가 있어 레벨에 머리에 장착된 디스플레이를 시각적으로 표현한다. 관전 카메라를 사용할 때 **HMD** 및 모션 컨트롤러 컴포넌트로 인해 사용자의 표현을 볼 수 있다.

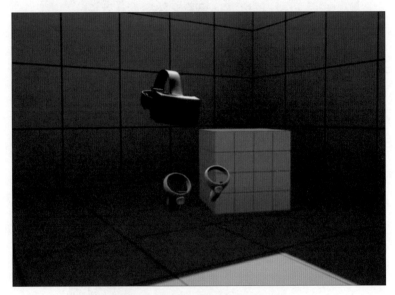

그림 16.4 가상 현실 템플릿의 사용자 표현

VRPawn의 또 다른 컴포넌트는 **TeleportTraceNiagaraSystem**이며, 이는 텔레포트 추적을 나타내는 데 사용되는 나이아가라 파티클 시스템 컴포넌트이다.

그러면 모션 컨트롤러 컴포넌트의 또 다른 쌍이 있다 가상 현실 템플릿은 이러한 추가 컴포넌트를 조준 위치를 얻는 간단한 방법으로 사용한다. 기본적으로, 모션 컨트롤러 컴포넌트는 그립 위치를 사용하지만 **디테일** 패널에서 **모션 소스**를 변경할 수 있다. 다음 스크린샷은 **MotionControllerRightAim**의 속성을 보여준다. 이 모션 컨트롤러 컴포넌트가 레벨에 표시되지 않도록 **디스플레이 디바이스 모델** 속성이 선택 취소 됐다.

그림 16.5 MotionControllerRightAim의 속성

마지막으로 언급할 컴포넌트는 Widget Interaction 컴포넌트다. 레이저 포인터처럼 작동하며 모션 컨트롤러의 **메뉴** 버튼을 눌러 활성화되는 위젯 메뉴와 상호 작용하는 데 사용된다.

그림 16.6 위젯 메뉴와 인터렉션

VRPawn의 이벤트그래프에는 모션 컨트롤러의 여러 입력 이벤트가 있으며, 이는 '순간 이동, 오브젝트 잡기' 절에서 자세히 볼 것이다.

⟫ 순간 이동

이 장에서는 순간 이동에 사용되는 이벤트와 함수를 살펴본다. 텔레포트를 시작하려면 오른쪽 모션 컨트롤러의 썸스틱을 위로 눌러 위치를 표시한다. 썸스틱을 떼면 표시된 위치로 순간이동한다. 텔레포트 목적지는 **VRTeleportVisualizer** 블루프린트로 표현된다.

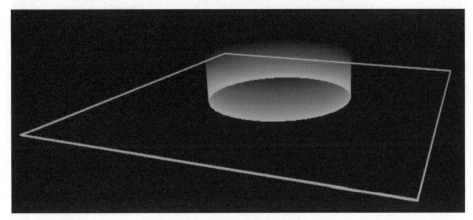

그림 16.7 VRTeleportVisualizer 블루프린트

텔레포트에 사용되는 입력 이벤트는 **InputAxis MovementAxisRight_Y**이다. 이벤트의 첫 번째 노드는 **Axis Value**가 양수인지 확인한다. 즉, 썸스틱이 눌려져 있음을 의미하고 **Axis Value**가 데드존보다 큰지 확인한다. 이는 텔레포트를 시작하기 위한 최소 **Axis Value**이다.

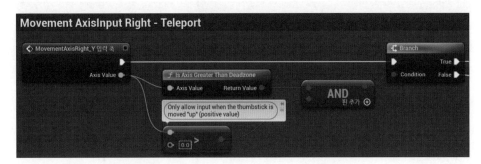

그림 16.8 InputAxis MovementAxisRight_Y의 첫 번째 노드

다음 스크린샷은 그림 16.8의 **Branch** 노드의 **True** 출력에 연결된 노드를 보여준다. **Do Once** 노드는 텔레포트 추적이 활성화된 동안 **텔레포트 추적 시작** 함수가 다시 실행되지 않도록 하는 데 사용된다. **Teleport Trace** 함수는 사용자가 썸스틱을 누르는 동안 목적지를 계속 업데이트한다.

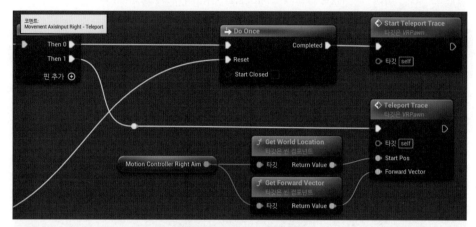

그림 16.9 텔레포트 추적 활성화

다음 그림 16.9는 그림 16.8의 **Branch** 노드의 **False** 출력에 연결된 노드를 보여준다. 이는 사용자가 오른쪽 모션 컨트롤러의 썸스틱을 누르지 않는다는 것을 의미한다. 순간 이동 추적이 활성화된 경우 이벤트는 순간 이동 추적을 종료하고 대상으로 순간 이동을 시도한다. **Try Teleport** 노드는 **Do Once** 노드의 **Reset** 핀에 연결된다.

그림 16.10 텔레포트 추적 및 텔레포트 종료

텔레포트에 사용되는 **Start Teleport Trace**, **TeleportTrace**, **End Teleport Trace**, **Try Teleport** 함수를 분석해본다.

Start Teleport Trace 함수는 Teleport Trace Active 블리언 변수에 True를 세팅하고, Teleport Trace Niagara System 컴포넌트에서 가시성을 True로 세팅하고, VRTeleport Visualizer 인스턴스를 생성한다.

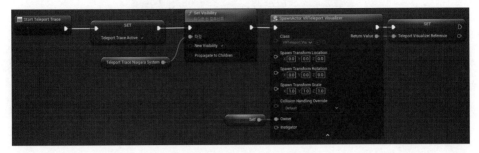

그림 16.11 텔레포트 추적 시작 함수

TeleportTrace 함수는 투영된 텔레포트 위치 및 **텔레포트 추적 경로 위치**를 계산하기 위해 **Predict Projectile Path By Object Type**이라는 함수를 사용한다. 다음 스크린샷은 TeleportTrace 함수의 마지막 노드를 보여준다. 이 노드는 TeleportVisualizer 위치를 업데이트하고 텔레포트 추적 시각 효과를 위해 나이아가라 파티클 시스템 컴포넌트에서 사용하는 벡터 배열을 세팅한다.

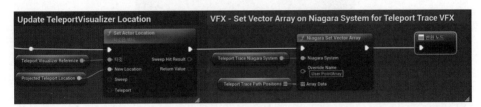

그림 16.12 Teleport Trace 함수의 마지막 노드

End Teleport Trace 함수는 Start Teleport Trace 함수의 반대이다. Teleport Trace Active 불리안 변수를 False로 세팅하고 **Teleport Visualizer** 인스턴스를 파괴하고 Teleport Trace Niagara System 컴포넌트를 숨긴다.

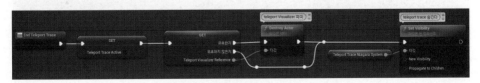

그림 16.13 End Teleport Trace 함수

End Teleport Trace 함수는 검증된 Get 노드를 사용한다. **오브젝트 레퍼런스 Get 노드** 가 있는 경우 해당 노드를 우클릭하고 **검증된 Get으로 변환**을 선택할 수 있다.

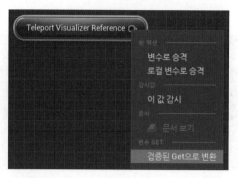

그림 16.14 Get 노드를 Validated Get 노드로 변환

원래 노드는 오브젝트 레퍼런스가 유효한지 확인하는 데 사용할 수 있는 실행 핀이 있는 **GET** 노드로 변환된다.

그림 16.15 분기 실행 핀이 있는 GET 노드

Try Teleport 함수는 **유효한 텔레포트 위치**가 **True**인지 확인한 다음 **텔레포트** 함수를 사용해서 사용자를 대상 위치로 텔레포트한다.

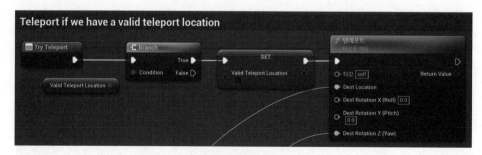

그림 16.16 텔레포트 시도 함수

Snap Turn이라는 가상 현실 템플릿에는 또 다른 타입의 움직임이 있다. 이 동작에서 왼쪽 모션 컨트롤러의 썸스틱을 왼쪽이나 오른쪽으로 눌러 가상 캐릭터를 회전할 수 있다. Snap Turn에 사용되는 입력 이벤트는 **InputAxis MovementAxisLeft_X**이다.

우리는 순간이동에 사용되는 이벤트와 함수를 봤다. 다음 절에서는 가상 현실 템플릿에서 객체 잡기가 어떻게 작동하는지 살펴본다.

⁙ 오브젝트 잡기

오브젝트 잡기 시스템은 가상 현실 템플릿용으로 생성된 **GrabComponent** 블루프린트를 기반으로 하며, 콘텐츠 〉 VRTemplate 〉 Blueprints 폴더에서 찾을 수 있다.

GrabComponent는 **SceneComponent**의 자식 클래스이다. 블루프린트 컴포넌트에 대한 자세한 내용은 18장을 참조하길 바란다.

레벨의 잡을 수 있는 액터를 만들려면, **GrabComponent**를 액터에 추가하고, **모빌리티**를 **무버블**로 세팅한다.

그림 16.17 액터를 잡을 수 있도록 만들기

개체가 모션 컨트롤러에 연결되는 방식을 정의하는 **Grab Type**이라는 열거형이 있다. 열거에 대한 자세한 내용은 13장을 참조하자.

GrabComponent의 **디테일** 패널에서 **Grab Type**을 세팅할 수 있다.

그림 16.18 Grab 타입 열거

사용 가능한 그랩 타입은 다음과 같다.

- **None**: 제거하지 않고 잡기를 비활성화하려면 이 옵션을 사용한다.

- **Free**: 오브젝트가 상대적 위치와 방향을 유지하면서 모션 컨트롤러에 부착된다. 이 타입은 가상 현실 템플릿의 큐브와 같이 특정 방식으로 고정할 필요가 없는 오브젝트에 가장 적합하다.

- **Snap**: 집어들면 객체가 미리 정의된 특정 위치에 스냅되고 객체를 잡은 모션 컨트롤러를 기준으로 회전한다. 이 잡기 타입은 일반적으로 가상 현실 템플릿의 무기와 같이 잡기 위치가 명확한 개체에 사용된다.

- **Custom**: 이 옵션을 사용하면 개발자가 고유한 잡기 타입을 만들 수 있다 Grab 컴포넌트에는 커스텀 로직을 만드는 데 사용할 수 있는 bIsHeld 부울 변수와 OnGrabbed 및 OnDropped 이벤트 디스패처가 있다

잡기를 처리하는 **VRPawn**의 이벤트는 모션 컨트롤러의 그립 버튼에 의해 트리거되는 **InputAction GrabLeft** 및 **InputAction GrabRight**이다. 레벨에서 액터를 잡으려면 모션 컨트롤러를 액터에 더 가까이 가져오고 그립 버튼을 누르고 있다 액터를 떨어뜨리려면 그립 버튼을 놓는다.

InputAction GrabLeft 이벤트를 분석해 본다. 다음 스크린샷은 이벤트의 첫 번째 노드를 보여준다.

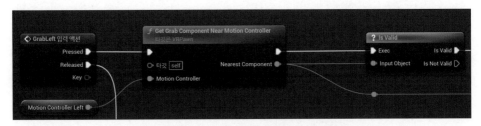

그림 16.19 InputAction GrabLeft의 첫 번째 노드

Get Grab Component Near Motion Controller 함수는 구 트레이스를 사용해서 가까운 액터를 검색한다. 액터가 발견되면 **GrabComponent**가 있는지 확인한다. 유효하다면 **GrabComponent**에 대한 참조가 반환된다.

추적에 대한 자세한 내용은 14장을 참조하자.

액터를 찾지 못하거나 찾은 액터에 **GrabComponent** 타입의 컴포넌트가 없는 경우 **Nearest Component** 출력 핀은 잘못된 컴포넌트를 반환한다(아무것도 없었기 때문에). 따라서 **Is Valid** 노드로 출력의 유효성을 확인한다. 출력이 유효하면 **GrabComponent**의 **Try Grab** 함수가 실행된다. 이 함수는 활성화된 경우 액터 물리를 비활성화하고 액터를 모션 컨트롤러에 연결한다. **GrabComponent** 참조는 **Held Component Left** 변수에 저장된다.

그림 16.20 GrabComponent의 Try Grab 함수 실행

잡은 물건을 다른 손으로 잡고 있었다면 다른 손은 물건을 놓아야 한다. 이것은 다른 한 편으로 **Held Component** 변수의 참조를 지워서 수행된다.

그림 16.21 Held ComponentRight 변수 지우기

다음 스크린샷은 **InputAction GrabLeft** 이벤트의 **Release** 핀에 연결된 노드를 보여준다. **Try Release** 함수는 모션 컨트롤러에서 액터를 분리한다. 그 후, **Held Component Left** 변수가 지워진다.

그림 16.22 사용자가 액터를 놓을 때 실행되는 노드

사용자는 블루프린트 인터페이스를 통해 권총과 같은 일부 움켜진 액터와 상호작용할 수 있다

⋙ 인터페이스를 사용하는 블루프린트 통신

블루프린트 인터페이스는 함수 이름과 파라미터만 포함하는 특수한 타입의 블루프린트 이다. 서로 다른 타입의 블루프린트 간의 통신을 허용하는 데 사용된다.

블루프린트 인터페이스를 생성하려면 다음 단계를 따르자.

1. 콘텐츠 브라우저에서 **추가** 버튼을 클릭하고 **블루프린트** 하위 메뉴에서 **블루프린트 인터페이스**를 선택한다.

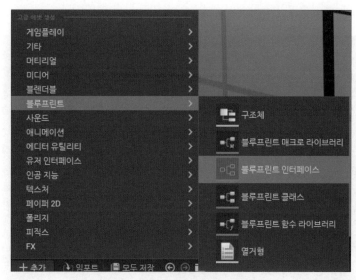

그림 16.23 블루프린트 인터페이스 생성

2. 가상 현실 템플릿에는 콘텐츠 〉 VRTemplate 〉 Blueprints 폴더에 **VRInteraction BPI**라는 블루프린트 인터페이스가 있다. 더블클릭해서 블루프린트 인터페이스 에 디터를 연다. 다음 스크린샷은 **VRInteraction BPI** 인터페이스의 함수를 보여준다.

그림 16.24 VRInteraction 인터페이스 함수

3. 구현의 예를 보려면 Pistol 블루프린트를 연다. 블루프린트 에디터의 **클래스 세팅** 버튼을 클릭한다. **디테일** 패널에서 Interfaces 카테고리로 이동해서 **VRInteraction BPI** 인터페이스 가 Pistol 블루프린트에 추가됐는지 확인한다.

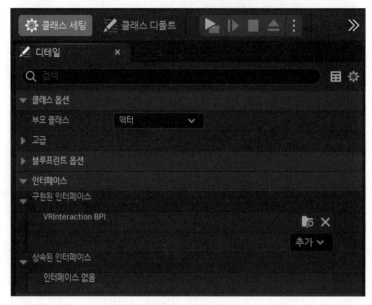

그림 16.25 인터페이스 추가

Pistol 블루프린트는 **VRInteraction BPI** 인터페이스의 Trigger Pressed 함수를 구현했다. **Trigger Pressed** 함수 에는 출력 파라미터가 없으므로 이벤트로 구현된다.

그림 16.26 인터페이스의 함수 구현

4. 이 이벤트에서 **Pistol** 블루프린트는 **Projectile** 블루프린트의 인스턴스를 생성한다.
Trigger Pressed 함수는 **InputAction TriggerLeft** 및 **InputAction TriggerRight** 이벤트에서 **VRPawn** 블루프린트에 의해 호출된다.

그림 16.27 VRPawn 블루프린트는 인터페이스의 Trigger Pressed 함수를 호출한다.

VRPawn 블루프린트는 **GrabComponent**의 액터 소유자를 가져오고 액터 소유자 레퍼런스를 사용해서 **Trigger Pressed** 함수를 호출한다. 액터에 구현된 **VRInteraction BPI** 인터페이스가 있으면 **Trigger Pressed**가 실행된다. 액터가 **VRInteraction BPI** 인터페이스를 구현하지 않으면 아무 일도 일어나지 않는다.

메뉴와 상호 작용

가상 현실 템플릿에는 모션 컨트롤러의 **메뉴** 버튼을 눌러 활성화되는 메뉴 시스템이 있다. 메뉴 시스템은 **Menu** 블루프린트와 **WidgetMenu** 블루프린트로 구현된다. 두 블루프린트는 모두 콘텐츠 〉 VRTemplate 〉 Blueprints 폴더에 있다.

메뉴를 처리하는 **VRPawn**의 이벤트는 **InputAction MenuToggleLeft** 및 **InputAction MenuToggleRight**이며, 이는 모션 컨트롤러의 **메뉴** 버튼에 의해 트리거된다. 메뉴 버튼은 **메뉴**를 표시하거나 숨길 때 사용한다.

다음 스크린샷은 VRPawn의 **Toggle Menu** 함수를 실행하는 **Input Action Menu ToggleRight** 이벤트를 보여준다.

그림 16.28 InputAction MenuToggleRight 이벤트

Toggle Menu 함수는 메뉴가 활성화돼 있는지 확인한다. 이 경우 메뉴 블루프린트의 **Close Menu** 함수를 호출한다. **메뉴**가 활성화돼 있지 않으면 **메뉴** 블루프린트 인스턴스를 생성한다.

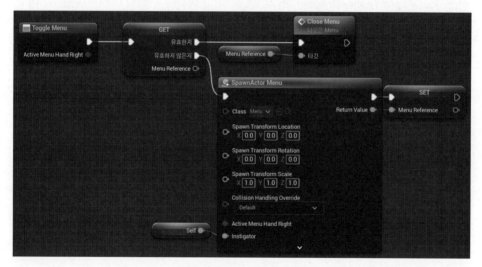

그림 16.29 Toggle Menu 함수

메뉴 블루프린트는 모션 컨트롤러에 연결된 **WidgetMenu**를 표시 하고 이들 간의 상호작용을 정의하는 역할을 한다.

WidgetMenu를 두 번 클릭해서 UMG 에디터를 연다.

그림 16.30 UMG 에디터의 WidgetMenu

UMG 에디터의 **그래프** 탭에서 버튼의 **On Clicked** 이벤트를 볼 수 있다. **On Clicked** (RestartButton) 이벤트는 **레벨 열기** 함수를 사용해서 레벨을 다시 로드한다.

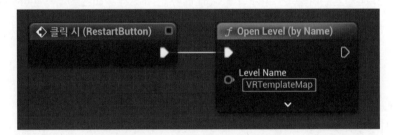

그림 16.31 On Clicked(RestartButton) 이벤트

ExitButton 버튼에는 **Real Life** 레이블이 있다 **On Clicked(ExitButton)** 이벤트는 Quit Game 함수를 사용해서 애플리케이션을 종료한다.

그림 16.32 On Clicked(ExitButton) 이벤트

메뉴에 명령 버튼을 추가하려면 **WidgetMenu** 블루프린트만 수정하면 된다. UMG에 대한 자세한 내용은 7장을 참조하자.

가상 현실 템플릿에 사용된 주요 요소를 분석하였으므로 이제 가상 현실 템플릿의 보다 복잡한 부분을 더 쉽게 이해할 수 있을 것이다.

⁝⊱ 요약

이 장에서는 가상 현실 개발 연구를 시작하는 간단한 방법인 가상 현실 템플릿을 살펴봤다. 가상 현실 템플릿의 주요 기능은 **VRPawn** 블루프린트에 있다

우리는 **블루프린트 인터페이스**의 개념에 대해 배웠고 사용자가 **피스톨** 블루프린트를 사용해서 촬영할 수 있도록 하는 데 어떻게 사용할 수 있는지 봤다. 가상 현실 템플릿에서 사용하는 UMG 메뉴를 수정하는 방법도 살펴봤다.

5부, 추가 도구에서는 언리얼 엔진에서 사용할 수 있는 몇 가지 추가 도구를 다룬다. 다음 장에서는 애니메이션 블루프린트에 대해 알아볼 것이다.

⁝⊱ 퀴즈

1. 가상 현실 템플릿은 OpenXR 프레임워크를 사용하지 않습니다.

    a. True

    b. False

2. **VRPawn** 블루프린트에는 모션 컨트롤러 장치를 추적하는 모션 컨트롤러 컴포넌트가 있다.

    a. True

    b. False

3. **오브젝트 레퍼런스 Get** 노드를 우클릭으로 클릭하고 참조가 유효한지 확인하는 데 사용할 수 있는 실행 핀이 있는 **검증된 Get** 노드로 변환할 수 있다.

    a. True

    b. False

4. 잡을 수 있는 액터를 만들려면 **GrabComponent** 블루프린트 클래스 자식으로 만들어야 한다.

    a. True

    b. False

5. 인터페이스 함수에 출력 파라미터가 없는 경우 이벤트로 구현된다.

    a. True

    b. False

5부

추가 도구

5부에서는 특정 문제를 해결하는 데 매우 유용한 몇 가지 도구에 대해 설명한다.

애니메이션 블루프린트를 스크립팅하는 방법과 블루프린트 매크로/함수 라이브러리 및 컴포넌트를 만드는 방법에 대해 알아본다. 또한 절차적 생성과 베리언트 매니저를 사용해서 제품 컨피규레이터를 생성하는 방법에 대해서도 살펴본다.

5부 다음 장으로 구성된다.

- 17장, 애니메이션 블루프린트

- 18장, 블루프린트 라이브러리 및 컴포넌트 생성

- 19장, 절차적 생성

- 20장, 베리언트 매니저를 사용한 제품 컨피규레이터 생성

17

애니메이션 블루프린트

4부에서는 데이터 구조, 흐름 제어, 수학 노드, 블루프린트 팁, 가상 현실 개발 개론을 설명했다.

5부에서는 애니메이션 블루프린트, 블루프린트 라이브러리 및 컴포넌트, 절차적 생성, 제품 컨피규레이터 템플릿에 대해 살펴본다.

이 장에서는 스켈레톤, 스켈레탈 메시, 애니메이션 시퀀스, 블렌드 스페이스 등 언리얼 엔진 애니메이션 시스템의 주요 요소들을 소개한다. **이벤트그래프** 및 **AnimGraph**를 사용해서 애니메이션 블루프린트를 스크립팅하는 방법을 보여준다. 또한 스테이트 머신이 애니메이션에서 사용되는 방법과 애니메이션에 대한 새 스테이트를 만드는 방법에 대해서도 설명한다.

이 장에서 다루는 주제는 다음과 같다.

- 애니메이션 개요

- 애니메이션 블루프린트 만들기

- 스테이트 머신 살펴보기

- 애니메이션 스타터 팩 가져오기

- 애니메이션 스테이트 추가

이 장이 끝나면 애니메이션 블루프린트를 사용하는 방법과 애니메이션 스테이트를 추가하는 방법을 알게 될 것이다.

애니메이션 개요

언리얼 엔진의 애니메이션 시스템은 매우 유연하고 강력하다. 애니메이션 시스템은 함께 작동하는 수많은 도구와 에디터로 구성된다. 이 장에서는 애니메이션 블루프린트에 초점을 맞춘 언리얼 엔진 애니메이션의 주요 개념을 살펴본다.

삼인칭 템플릿을 사용해서 애니메이션 개념을 보고 애니메이션 에디터를 살펴보는 프로젝트부터 시작한다.

다음 단계에 따라 프로젝트를 만든다.

1. 시작 콘텐츠가 있는 **삼인칭** 템플릿을 사용해서 프로젝트를 만든다.

그림 17.1 삼인칭 템플릿을 사용해서 프로젝트 만들기

2. **플레이** 버튼을 눌러 삼인칭 템플릿에 내장된 기본 게임플레이를 시도한다. WASD 키를 사용해서 플레이어 캐릭터를 이동하고 마우스를 움직여 주변을 둘러볼 수 있다. 스페이스바를 눌러 캐릭터가 점프하도록 한다.

이제 예제 프로젝트가 있으므로 애니메이션 에디터를 살펴본다.

애니메이션 에디터

스켈레톤 애니메이션 작업을 위한 다섯 가지 애니메이션 도구가 있다. 이러한 도구는 연결된 에셋을 열어 접근할 수 있다. 다음 스크린샷과 같이 각 애니메이션 도구의 오른쪽 상단에는 다섯 개의 버튼이 있으며, 이 버튼은 서로 다른 도구 간에 전환하는 데 사용된다.

그림 17.2 버튼을 사용해서 애니메이션 도구 간 전환

버튼으로 접근되는 애니메이션 도구는 왼쪽에서 오른쪽으로 표시된다.

- **스켈레톤 에디터**: 스켈레톤 본을 관리하는 데 사용된다.
- **스켈레탈 메시 에디터**: 스켈레톤에 연결돼 있고 캐릭터를 시각적으로 나타내는 스켈레탈 메시를 수정하는 데 사용된다.
- **애니메이션 에디터**: 애니메이션 에셋의 생성 및 수정을 허용한다.
- **애니메이션 블루프린트 에디터**: 스크립트와 스테이트 머신을 생성해서 캐릭터가 현재 스테이트에 따라 사용해야 하는 애니메이션을 제어할 수 있다.
- **피직스 에셋 에디터**: 시뮬레이션에 사용될 물리 바디를 만드는 데 사용된다.

스켈레톤과 스켈레탈 메시의 관계를 살펴보자.

스켈레톤 및 스켈레탈 메시

스켈레탈 메시는 스켈레톤에 연결된다. 스켈레톤은 스켈레탈 메시의 폴리곤 버텍스에 애니메이션을 적용하는 데 사용되는 상호 연결된 본의 계층 구조다.

언리얼 엔진에서 스켈레톤은 스켈레탈 메시와는 별개의 에셋이다. 애니메이션이 스켈 레톤에서 수행되기 때문에 애니메이션은 동일한 스켈레톤을 사용하는 다른 여러 스켈 레탈 메시에서 공유할 수 있다.

삼인칭 템플릿에서 사용하는 스켈레톤을 시각화해 본다. 콘텐츠 〉 Mannequin 〉 Character 〉 Mesh 폴더에 접근하고 다음 스크린샷과 같이 **UE4_Mannequin_ Skeleton** 에셋을 두 번 클릭해 스켈레톤 에디터를 연다.

그림 17.3 스켈레톤 에디터

왼쪽 패널에는 이 스켈레톤의 일부인 본의 계층 구조를 가진 스켈레톤 트리가 있다. 본 을 선택하고 스켈레톤을 기준으로 본의 위치와 회전을 조정할 수 있다.

애니메이션 시퀀스

애니메이션 시퀀스 에셋에는 특정 시간에 본 변형을 지정하는 키프레임이 포함돼 있다. 스켈레탈 메시에서 단일 애니메이션을 재생하는 데 사용된다.

스켈레톤에서 사용할 수 있는 애니메이션 시퀀스는 애니메이션 에디터의 **에셋 브라우저**에서 볼 수 있다. 다음 스크린샷은 삼인칭 템플릿의 애니메이션 시퀀스를 보여 준다.

그림 17.4 애니메이션 시퀀스

애니메이션 시퀀스를 더블클릭해 뷰포트에서 재생한다. 다음 스크린샷에서 **Third PersonRun** 애니메이션이 재생되고 있다.

그림 17.5 ThirdPersonRun 애니메이션 시퀀스 미리보기

애니메이션 에디터의 **에셋 브라우저**에는 애니메이션 시퀀스 외에 다른 타입의 애니메이션 에셋이 나열된다. 예를 들어, 그림 17.4에서 ThirdPerson_IdleRun_2D 에셋은 **블렌드 스페이스**이기 때문에 다른 색상의 아이콘을 가지고 있다.

블렌드 스페이스

Blend Space는 하나 또는 두 개의 파라미터 값을 기반으로 애니메이션을 혼합할 수 있는 에셋 타입이다. 이해를 돕기 위해 하나의 파라미터를 기반으로 한 블렌드 스페이스인 ThirdPerson_IdleRun_2D 에셋을 분석해 본다.

에셋 브라우저에서 ThirdPerson_IdleRun_2D 에셋을 두 번 클릭해 뷰포트에서 연다. 이 블렌드 스페이스에는 Speed라는 파라미터가 있으며 ThirdPersonIdle, ThirdPerson Walk 및 ThirdPersonRun인 세 개의 애니메이션 시퀀스를 사용한다. Ctrl키를 누른 채 녹색 더하기 아이콘으로 표시되는 Speed 파라미터의 미리 보기 값을 이동한다.

그림 17.6 걷기와 달리기 애니메이션 시퀀스 혼합

블렌드 스페이스 **ThirdPerson_IdleRun_2D**은 각 애니메이션 시퀀스에 대해 다음 **속도** 값을 매핑했습니다.

- **ThirdPersonIdle**: 0.0

- **ThirdPersonWalk**: 93.75

- **ThirdPersonRun**: 375.0

그림 17.6의 예에서 **Speed**에 사용된 값은 약 234.3이며, 결과 애니메이션은 **Third PersonWalk**의 50%와 **ThirdPersonRun**의 50%를 사용한다.

언리얼 엔진의 애니메이션은 애니메이터를 대상으로 하는 특정 문서를 학습해야 하는 광범위한 주제다. 이 애니메이션 개요 절의 목적은 다음 절에서 소개할 **애니메이션 블루 프린트**로 작업할 수 있도록 주요 애니메이션 개념을 소개하는 것이다.

⁖ 애니메이션 블루프린트 만들기

애니메이션 블루프린트는 캐릭터 애니메이션 스크립팅을 위한 툴을 갖춘 특수 블루프 린트다. 애니메이션 블루프린트 에디터는 블루프린트 에디터와 비슷하지만 애니메이션 을 위한 특정 패널이 있다.

다음 단계에 따라 애니메이션 블루프린트를 생성한다.

1. **콘텐츠 브라우저**에서 **추가** 버튼을 클릭하고 **애니메이션** 하위 메뉴에서 다음 스크린
   샷과 같이 **애니메이션 블루프린트**를 선택한다.

그림 17.7 애니메이션 블루프린트 만들기

2. 다음 창에서 대상 스켈레톤을 선택해야 한다. 애니메이션 에셋과 애니메이션 블루
   프린트는 특정 스켈레톤에 연결된다. 선택적으로 기본 클래스 대신 다른 부모 클
   래스를 선택할 수 있다. 이 예제에서는 부모 클래스를 선택하지 말고 Game 〉
   Mannequin 〉 Character 경로에 있는 **UE4_Mannequin_Skeleton**를 선택한다.

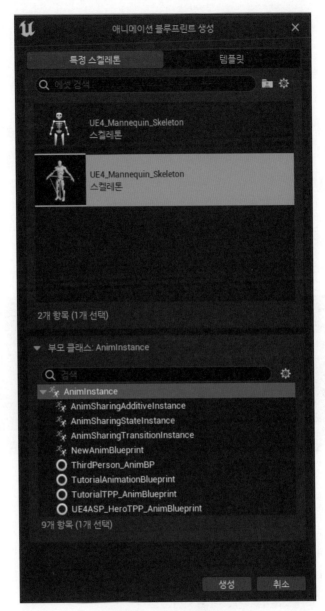

그림 17.8 대상 스켈레탈 선택

3. **콘텐츠 브라우저**에서 생성된 애니메이션 블루프린트에 이름을 지정하고 두 번 클릭
   해 애니메이션 블루프린트 에디터를 연다.

애니메이션 블루프린트 에디터에는 애니메이션을 만들기 위해 함께 작동하는 두 가지 타입의 그래프가 있다. **이벤트그래프**는 블루프린트 에디터의 것과 동일하지만 애니메이션을 위한 특정 노드가 있다. **애니메이션그래프**에서는 스테이트 머신을 만들고 노드를 사용해서 애니메이션 시퀀스 및 블렌드 스페이스를 재생할 수 있다.

먼저 **이벤트그래프**를 분석해 본다.

이벤트그래프

애니메이션 블루프린트의 **이벤트그래프**를 사용해서 애니메이션 블루프린트 인스턴스를 사용하는 폰/캐릭터에서 데이터를 가져오고 애니메이션 블루프린트의 변수를 업데이트한다. **이벤트그래프**에는 그래프에 이미 추가된 두 개의 노드가 있다.

그림 17.9 애니메이션 블루프린트 에디터 이벤트그래프

다음은 노드에 대한 설명이다.

- **Blueprint Update Animation 이벤트**: 이 이벤트는 모든 프레임에서 실행되므로 애니메이션에 사용되는 변수를 업데이트할 수 있다. **Delta Time X** 파라미터는 마지막 프레임 이후 경과된 시간의 양이다.

- **Try Get Pawn Owner**: 이 함수는 애니메이션 블루프린트 인스턴스를 사용하는 Pawn 또는 Character 레퍼런스를 가져오려고 시도한다. 애니메이션에 사용할 캐릭터 데이터를 가져올 수 있도록 이 함수가 필요하다.

애니메이션에서 초기화를 수행해야 하는 경우 **Blueprint Initialize Animation** 이벤트를
사용할 수 있다.

그림 17.10 애니메이션을 초기화하는 데 사용되는 이벤트

이벤트그래프를 사용하는 예제로, Speed 변수를 만들고 애니메이션 블루프린트 인스턴
스를 사용하는 폰/캐릭터의 데이터를 사용해서 값을 업데이트해본다.

다음은 예제를 만드는 단계다.

1. 애니메이션 블루프린트 에디터의 **내 블루프린트** 패널에서 Speed라는 변수를 만들
   고 **변수 타입**을 **플로트**로 세팅한다.

그림 17.11 속도 변수 만들기

2. **이벤트그래프**에서는 다음 스크린샷에 표시된 노드를 추가한다. **Pawn Owner** 레퍼
   런스가 유효하면 폰의 **속도** 벡터를 가져와서 길이를 계산해서 속도의 스칼라 값을
   찾는다.

그림 17.12 속도 변수 업데이트

3. Blueprint Update Animation 이벤트의 흰색 출력 핀에서 와이어를 끌어 Is Valid 매크로 노드를 추가한다. Input Object 핀을 Try Get Pawn Owner 노드의 Return Value 핀에 연결한다.

4. Is Valid 출력 핀에서 와이어를 끌어 SET 속도 노드를 추가한다.

5. Try Get Pawn Owner 노드의 Return Value 핀에서 와이어를 끌어 Get Velocity 노드를 추가한다.

6. Get Velocity 노드의 Return Value 핀에서 와이어를 끌어 VectorLength 노드를 추가한다.

7. VectorLength 노드의 Return Value 핀을 Speed 입력 핀에 연결한다.

8. 애니메이션 블루프린트를 컴파일하고 저장한다.

이제 Speed 변수가 업데이트됐으므로 AnimGraph에서 사용할 수 있다.

애님그래프

AnimGraph에서는 노드를 사용해서 애니메이션 시퀀스 및 블렌드 스페이스를 재생한다. 스테이트 머신을 만들어 애니메이션을 스테이트로 구성할 수도 있다.

AnimGraph는 애니메이션 블루프린트의 변수에만 접근할 수 있으므로 **이벤트그래프**를 사용해서 폰에서 업데이트된 값을 가져온다.

애니메이션 그래프의 마지막 노드는 **최종 애니메이션 포즈**이며, 애니메이션 그래프에서 노드를 사용해서 애니메이션 시퀀스 및 블랜드스페이스를 재생한다.

그림 17.13 최종 애니메이션 포즈가 있는 AnimGraph

애니메이션 블루프린트 에디터의 오른쪽 하단에 **에셋 브라우저**가 있다.

그림 17.14 애니메이션 블루프린트 에디터의 에셋 브라우저

에셋 브라우저에서 애니메이션 에셋을 끌어서 AnimGraph에 놓으면 같은 노드를 생성할수 있다. 다음 스크린샷에 표시된 예제에서 ThirdPersonRun 애니메이션 시퀀스는 AnimGraph에 삭제돼 ThirdPersonRun 재생 노드를 만들었다. ThirdPersonRun 재생 노드의 흰색 문자 아이콘을 **최종 애니메이션 포즈 노드**의 흰색 문자 아이콘에 연결하고 애니메이션 블루프린트를 컴파일해서 뷰포트에서 애니메이션을 미리보아야 한다.

그림 17.15 애니메이션 블루프린트 에디터에서 ThirdPersonRun 애니메이션 재생

블렌드 스페이스 플레이어 노드를 만들려면 ThirdPerson_IdleRun_2D와 같은 블렌드 스페이스 에셋을 끌어서 AnimGraph에 놓기만 하면 된다. 다음 스크린샷에서 Speed 변수의 값이 블렌드 스페이스의 파라미터로 사용되고 있다.

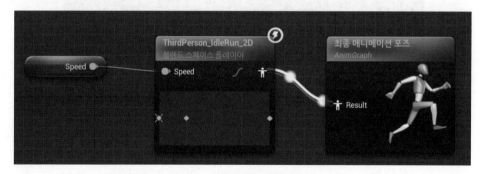

그림 17.16 애니메이션 블루프린트 에디터에서 블렌드 스페이스 재생

애니메이션 블루프린트를 컴파일한 후 애니메이션 블루프린트 에디터의 오른쪽 하단에 있는 **애님 프리뷰 에디터**에서 Speed 변수의 값을 수정할 수 있다.

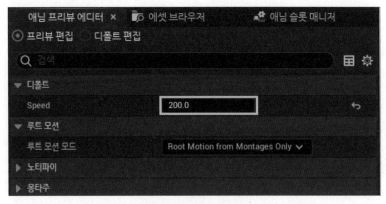

그림 17.17 애님 프리뷰 에디터

0에서 375 사이의 **Speed** 변수에 다른 값을 할당하고 뷰포트에서 결과 애니메이션을 확인한다.

애니메이션 노드를 **최종 애니메이션 포즈 노드**에 직접 연결하는 방법을 보았지만 **Anim Graph**는 스테이트 머신을 염두에 두고 만들어졌다. 다음 절에서 스테이트 머신에 대해 논의할 것이다.

⋙ 스테이트 머신 살펴보기

AnimGraph의 스테이트 머신을 사용하면 애니메이션을 일련의 스테이트로 구성할 수 있다. 이를 설명하기 위해 유휴Idle 스테이트와 이동Moving의 두 가지 스테이트를 가진 스테이트 머신을 만든다.

한 스테이트에서 다른 스테이트로의 트랜지션을 제어하기 위해 **트랜지션 룰**을 정의해야 한다. 다음 단계에 따라 스테이트 머신를 만든다.

1. 다른 애니메이션 노드를 제거하고 **최종 애니메이션 포즈** 노드만 **AnimGraph**에 남겨 둔다.

2. **AnimGraph**를 우클릭하고 state machine을 검색한 다음 **새 스테이트 머신 추가...**를 선택한다.

그림 17.18 스테이트 머신 추가

3. 스테이트 머신의 이름을 Char States로 바꾼다. **디테일** 패널에서 이름을 바꿀 수 있다. 스테이트 머신의 흰색 아이콘을 **최종 애니메이션 포즈** 노드의 흰색 아이콘에 연결한다.

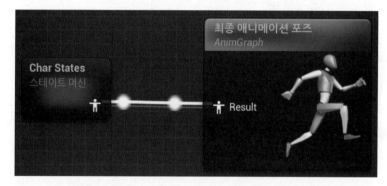

그림 17.19 스테이트 머신을 최종 애니메이션 포즈 노드에 연결

4. **Char States** 노드를 두 번 클릭해 스테이트 머신을 편집한다. 그런 다음 그래프를 우클릭하고 **스테이트 추가...**를 선택한다. 스테이트를 Idle 스테이트로 바꾸고 **항목**을 **IDLE** 스테이트 노드로 와이어를 끌어온다.

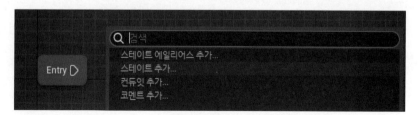

그림 17.20 스테이트 추가

5. 다른 스테이트를 추가하고 이름을 Moving로 바꾼다. **Idle** 스테이트 노드의 외부 경계에서 와이어를 끌어서 **Moving** 스테이트 노드의 외부 경계에 연결한다. 다른 와이어를 **Moving** 스테이트 노드에서 **Idle** 스테이트 노드로 끌어온다. 화살표는 스테이트 간에 트랜지션이 가능하다는 것을 나타낸다.

그림 17.21 스테이트 및 트랜지션

6. **Idle** 스테이트 노드를 두 번 클릭해 스테이트를 편집한다. **에셋 브라우저**에서 **ThirdPersonIdle** 애니메이션 시퀀스를 끌어서 **AnimGraph**에 놓는다. **ThirdPersonIdle 재생** 및 **Output Animation Pose** 노드의 흰색 아이콘을 연결한다.

그림 17.22 Idle 스테이트

7. 그래프 상단에 있는 경로에서 화면 이름을 클릭해 **AnimGraph** 스테이트 화면을 번갈아 가며 사용할 수 있다. 이 경로는 **빵부스러기**(이제부터는 이동 경로 기록이라고 부른다)로 알려져 있다. 이동 경로 기록에서 **Char 스테이트**를 클릭하고 **Moving** 스테이트를 더블 클릭한다.

8. **에셋 브라우저**에서 블렌드 스페이스 **ThirdPerson_IdleRun_2D**을 끌어서 **Anim Graph**에 놓는다. **Speed** 입력 핀에서 와이어를 끌어 **Get**을 추가한다

ThirdPerson_IdleRun_2D 및 **애니메이션 포즈 출력** 노드의 흰색 아이콘을 연결한다.

그림 17.23 Moving 스테이트

9. 다음 단계는 트랜지션 룰을 지정하는 것이다. **Char States** 그래프로 돌아간다. 트랜지션 룰 아이콘은 트랜지션 화살표와 함께 만든다.

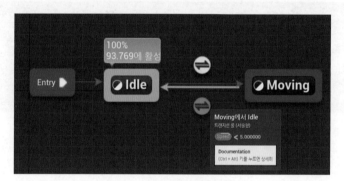

그림 17.24 트랜지션 룰 아이콘

10. 맨 위에 있는 유휴 스테이트-이동 트랜지션 룰을 두 번 클릭한다. 트랜지션은 **결과** 노드가 **True** 값을 받을 때 발생한다. 이 예제에서 **Speed**가 5.0보다 크면 애니메이션이 **유휴** 스테이트에서 **이동** 스테이트로 변경된다. 다음 노드를 그래프에 추가한다.

그림 17.25 Idle -> Moving 룰

11. **Char 스테이트** 그래프로 돌아가서 **Moving -> Idle** 트랜지션 룰을 두 번 클릭한다. 노드를 추가해서 **속도**가 5.0보다 작은 지 확인한다. **True**면 애니메이션이 **이동**에서 **유휴** 스테이트로 변경된다.

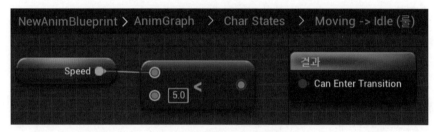

그림 17.26 Moving > Idle 룰

12. 애니메이션 블루프린트를 컴파일하고 **Char 스테이트** 그래프로 돌아간다. **Anim Preview 에디터**에서 **Speed** 변수 값을 수정해서 스테이트 간의 트랜지션을 볼 수 있다.

13. 애니메이션 블루프린트 에디터를 저장하고 닫는다.

스테이트 머신에 대한 이 소개 이후, 우리는 이제 더 복잡한 스테이트 머신으로 작업할 수 있다.

⫸ 애니메이션 스타터 팩 가져오기

다음 절에서는, 사용할 수 있는 애니메이션이 더 많기 때문에 애니메이션 스타터 팩을 사용한다.

다음 단계에 따라 애니메이션 스타터 팩을 가져온다.

1. 에픽게임즈 런처에 접속해서 **언리얼 엔진 ❯ 라이브러리 ❯ 보관함**으로 이동한다. **애니메이션 스타터 팩**을 검색하고 **프로젝트에 추가** 버튼을 클릭한다.

그림 17.27 프로젝트에 애니메이션 스타터 팩 추가

NOTE

> 애니메이션 스타터 팩이 인스톨되있지 않다면, 9장, 인공지능으로 스마트한 적 만들기를 따라서 설치하자.

2. 이 장에서 만든 프로젝트를 선택한다. AnimStarterPack이라는 폴더가 프로젝트의 콘텐츠 폴더에 추가된다.

3. 레벨 에디터의 뷰포트를보고 레벨에 있는 **ThirdPersonCharacter** 인스턴스를 삭제한다. 애니메이션 스타터 팩의 캐릭터를 사용한다.

4. 콘텐츠 ❯ ThirdPersonBP ❯ Blueprints 폴더에 있는 ThirdPersonGameMode 블루프린트를 연다. 블루프린트는 데이터 전용 블루프린트로 열린다.

5. **클래스** 카테고리에서 **디폴트 폰 클래스**를 애니메이션 스타터 팩의 캐릭터 블루프린트인 Ue4ASP_Character로 변경한다.

그림 17.28 게임모드 블루프린트에서 디폴트 폰 클래스 변경

6. ThirdPersonGameMode 블루프린트를 컴파일, 저장 및 닫는다.

7. 콘텐츠 〉 AnimStarterPack 폴더에 있는 Ue4ASP_Character 블루프린트를 연다.

8. 게임에서 캡슐 컴포넌트를 숨겨야한다. **컴포넌트** 패널에서 **CapsuleComponent (CollisionCylinder)**를 클릭한다. **디테일** 패널의 **렌더링** 카테고리에서 **게임에서 숨김** 속성을 확인한다.

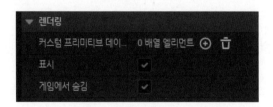

그림 17.29 캡슐 컴포넌트 숨기기

9. Ue4ASP_Character 블루프린트를 컴파일, 저장 및 닫는다.

이제 우리 프로젝트는 애니메이션 스타터 팩의 캐릭터를 사용하고 있으며 사용하는 애니메이션을 수정할 것이다.

⁂ 애니메이션 스테이트 추가

이 절에서는 애니메이션 스타터 팩에 포함된 캐릭터 블루프린트 및 애니메이션 블루프린트를 수정한다. 스테이트 머신에 다음 스테이트를 추가한다.

- Prone(엎드리기)

- ProneToStand(엎드린 상태에서 일어나기)

- StandToProne(일어나 있다가 엎드리기)

애니메이션 스타터 팩의 캐릭터를 사용하는 장의 시작 부분에서 생성한 프로젝트를 사용한다.

먼저 예제에서 사용할 입력 매핑을 만들어 본다. 두 가지 입력 동작을 만들 것이다. **Crouch**(웅크리기)**와 Prone**(엎드리기)

NOTE

Crouch 입력 액션에 대한 액션 및 스테이트는 이미 애니메이션 스타터 팩에 있다. **Crouch**를 작동시키려면 **프로젝트 세팅**에서 Crouch라는 액션 매핑을 추가하기만 하면 된다.

다음 단계에 따라 입력 매핑을 만든다.

1. 툴바의 맨 오른쪽에 있는 **세팅** 버튼을 클릭한 다음 **프로젝트 세팅...** 선택한다.

그림 17.30 프로젝트 세팅 접근

2. 나타나는 창의 왼쪽에서 **엔진** 카테고리를 찾아 **입력** 옵션을 선택한다.

3. 엔진 카테고리 내부의 **입력 세팅** 메뉴에는 **바인딩** 카테고리 아래에 **액션 매핑** 및 **축 매핑**이라는 두 개의 섹션이 표시된다. **액션 매핑** 섹션에서 ▶ 버튼을 클릭해 기존 매핑을 표시한다.

4. 액션 매핑 옆에 있는 ⊕ 버튼을 두 번 클릭해 두 개의 **액션 매핑**을 추가한다.

그림 17.31 액션 매핑 추가

5. 첫 번째 액션의 이름을 Crouch로 지정한다. 키보드 아이콘을 클릭하고 C키를 눌러 해당 키를 **Crouch** 이벤트에 매핑한다.

6. 두 번째 액션의 이름을 Prone으로 지정한다. 키보드 아이콘을 클릭하고 X키를 눌러 해당 키를 **Prone** 이벤트에 매핑한다.

변경 사항은 창을 닫을 때 저장된다. 이제 캐릭터 블루프린트의 **Prone** 이벤트를 구현할 수 있다.

캐릭터 블루프린트 수정

애니메이션 스타터 팩의 캐릭터 블루프린트에 **Proning**이라는 부울 변수를 추가한다. 이 변수는 캐릭터가 엎드려 있는지 여부를 나타낸다. **Prone** 이벤트는 **Proning** 변수의 값을 토글한다.

또한 캐릭터가 엎드려 있을 때 캐릭터의 움직임을 비활성화할 것이다. 다음 단계에 따라 캐릭터 블루프린트를 수정한다.

1. 콘텐츠 > AnimStarterPack 폴더에 위치한 Ue4ASP_Character 블루프린트를 연다.

2. **내 블루프린트** 패널에서 **부울** 타입의 Proning이라는 변수를 만든다.

그림 17.32 Proning 부울 변수 만들기

3. **이벤트그래프**의 빈 공간을 우클릭하고 클릭하고 Prone을 검색한다. **Prone** 이벤트를 선택해서 노드를 배치한다.

그림 17.33 입력 동작 Prone 이벤트 추가

4. **Prone** 이벤트 근처에 **Set Proning** 노드와 **Get Proning** 노드를 추가한다. 또한 **Not** 불리안 노드를 추가하고 다음 스크린샷과 같이 연결한다. **Not** 불리안 노드는 **Prone** 이벤트가 실행될 때마다 **Proning** 변수의 부울 값(true/false)을 토글한다.

그림 17.34 입력 동작 Prone 이벤트의 노드

5. 이제 캐릭터 이동이 진행되기 쉬울 때 캐릭터 이동을 비활성화한다. **이벤트그래프**에서 MoveForward 입력 축 이벤트를 찾는다. Alt키를 누른 채 **InputAxis Move Forward**의 흰색 실행 핀을 클릭해 연결을 끊는다.

6. 다음 스크린샷과 같이 **Branch** 노드와 **Get Proning** 노드를 추가하고 연결한다. **Add Movement Input** 노드는 **Proning** 변수의 값이 **False**인 경우에만 실행된다.

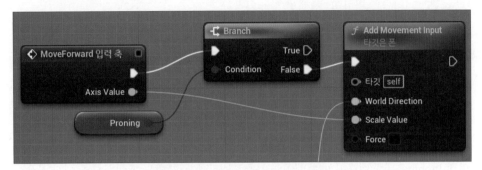

그림 17.35 엎드렸을 때 앞뒤 움직임 비활성화

7. **MoveRight 입력 축** 이벤트의 5단계와 6단계를 반복한다.

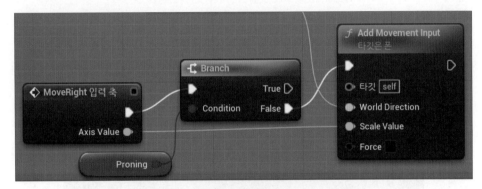

그림 17.36 엎드렸을 때 왼쪽/오른쪽 움직임 비활성화

8. 블루프린트를 닫기 전에, 캐릭터 블루프린트와 애니메이션 블루프린트를 연관시키는 부분을 살펴본다. **[컴포넌트]** 패널에서 **메시(CharacterMesh0)**를 선택한다. 디테일 패널의 **애니메이션** 카테고리에서 **애니메이션 모드**는 Use Animation Blueprint 으로 세팅돼야 하며 **애님 클래스**는 사용 중인 애니메이션 블루프린트를 지정해야 한다.

그림 17.37 캐릭터가 사용하는 애니메이션 블루프린트 지정

9. 블루프린트를 컴파일, 저장 후 닫는다.

캐릭터 블루프린트 조정을 끝마쳤다. 이제 prone^(엎드리기) 애니메이션 스테이트를 애니메이션 블루프린트에 추가할 수 있다.

애니메이션 블루프린트 수정

또한 Proning 부울 변수를 애니메이션 블루프린트에 추가해서 트랜지션 룰에서 사용할 수 있도록 할 것이다. 그런 다음 스테이트 머신에 세 개의 스테이트를 추가한다.

애니메이션 블루프린트를 수정하려면 다음 단계를 따라한다.

1. 다음 위치에 있는 **UE4ASP_HeroTPP_AnimBlueprint** 에셋을 두 번 클릭한다. 콘텐츠 〉 AnimStarterPack 폴더 – 애니메이션 블루프린트 에디터를 연다.

2. **내 블루프린트** 패널에서 **부울** 타입의 Proning이라는 변수를 생성한다. 이 변수는 애니메이션 블루프린트에서 사용되므로 생성해야 한다.

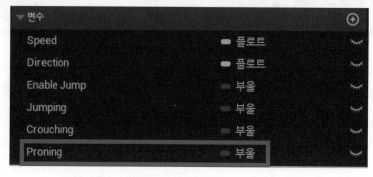

그림 17.38 애니메이션 블루프린트에서 Proning 변수 만들기

3. **이벤트그래프**에서 **Blueprint Update Animation** 이벤트를 찾는다. 이벤트가 끝나면 **SET Crouching** 노드의 흰색 출력 핀에서 와이어를 끌어 **SET Proning** 노드를 추가한다.

4. **Cast To Ue4**의 파란색 출력 핀에서 와이어를 끌어 **ASP_Character** 노드를 추가하고 **Get Proning** 노드를 추가한다. **Get Proning**의 출력 핀을 **SET Proning**의 입력 핀에 연결한다.

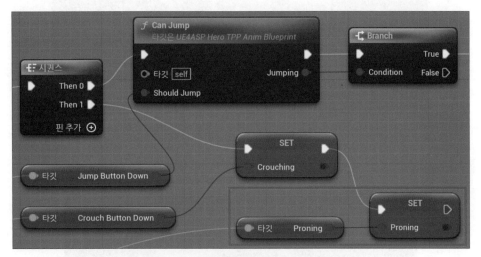

그림 17.39 애니메이션 블루프린트의 프로닝 변수 업데이트

5. **내 블루프린트** 패널에서 **Locomotion**을 두 번 클릭해 스테이트 머신을 연다.

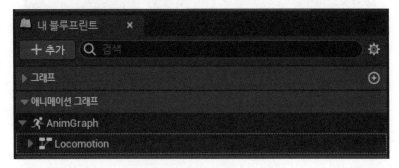

그림 17.40 로코모션 스테이트 머신 열기

6. 다음 스크린샷은 현재 **Locomotion** 스테이트를 보여 준다.

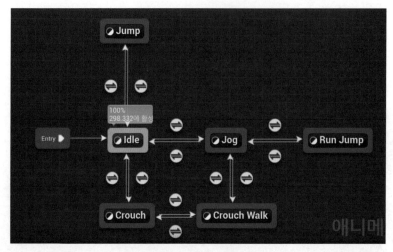

그림 17.41 운동 스테이트

7. 엎드리기(prone) 액션과 관련된 3가지 스테이트를 추가할 것이다.

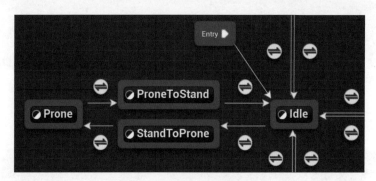

그림 17.42 새로운 스테이트

8. 세 가지 스테이트를 만들 것이다. 그래프를 우클릭하고 **스테이트 추가**를 선택한다. 스테이트의 이름을 StandToProne으로 바꾼다. Prone과 ProneToStand라는 두 개의 스테이트를 더 만든다.

9. **Idle** 스테이트 노드의 외부 경계에서 와이어를 끌어서 **StandToProne** 스테이트 노드의 외부 경계에 연결한다. **StandToProne**의 외부 경계에서 다른 와이어를 끌어서 **Prone** 스테이트 노드의 외부 경계에 연결한다.

10. **Prone** 스테이트 노드의 외부 경계에서 와이어를 끌어서 **ProneToStand** 스테이트 노드의 외부 경계에 연결한다. **ProneToStand**의 외부 경계에서 다른 와이어를 끌어서 **Idle** 스테이트 노드의 외부 경계에 연결한다.

11. **Prone** 스테이트 노드를 두 번 클릭해 스테이트를 편집한다. **Prone_Idle**를 끌어 에셋 브라우저의 애니메이션 시퀀스를 **AnimGraph**에 놓는다.

그림 17.43 Prone_Idle 애니메이션 시퀀스 사용

12. 재생 **Prone_Idle** 및 **애니메이션 포즈 출력** 노드의 흰색 아이콘을 연결한다.

그림 17.44 Prone 스테이트

13. 이동 경로 기록에서 **Locomotion**을 클릭해 이전 그래프로 돌아가서 **ProneToStand** 스테이트를 두 번 클릭한다.

14. 에셋 브라우저에서 Prone_To_Stand 애니메이션 시퀀스를 끌어서 AnimGraph에 놓습니다. Prone_To_Stand 및 애니메이션 포즈 출력 노드의 흰색 아이콘을 연결한다.

그림 17.45 ProneToStand (스테이트)

15. 재생 Prone_To_Stand 노드를 선택한다. 디테일 패널에서 애니메이션 루프 속성의 선택을 취소한다. 이 애니메이션은 한 번만 실행돼야 한다.

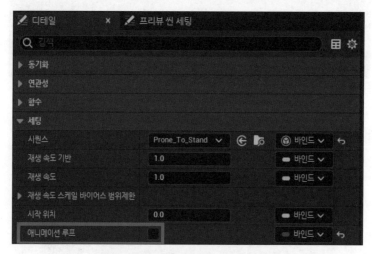

그림 17.46 애니메이션 루프 속성 선택 해제

16. 이동 경로 기록에서 Locomotion을 클릭해 이전 그래프로 돌아가서 StandToProne 스테이트를 두 번 클릭한다.

17. 에셋 브라우저에서 Stand_To_Prone 애니메이션 시퀀스를 끌어서 AnimGraph에 놓는다. Stand_To_Prone 및 애니메이션 포즈 출력 노드의 흰색 아이콘을 연결한다.

그림 17.47 StandToProne 스테이트

18. **Stand_To_Prone** 시퀀스 노드를 선택한다. **디테일** 패널에서 **루프 애니메이션** 속성의 선택을 취소한다.

19. 이동 경로 기록에서 **Locomotion**을 클릭해 Locomotion 그래프로 돌아간다.

각 스테이트의 내용을 정의하는 것을 마쳤다. 이제 스테이트의 트랜지션 룰을 정의하면된다.

트랜지션 룰 정의

새로운 스테이트에서는 두 가지 타입의 트랜지션 룰을 사용한다. **Idle** 및 **Prone** 스테이트의 트랜지션 룰에서 **Proning** 변수의 값을 확인한다. **StandToProne** 및 **ProneToStand**의 트랜지션 룰에서 트랜지션은 애니메이션이 끝날 때 발생한다.

다음은 트랜지션 룰을 정의하는 단계다.

1. **Idle**에서 **StandToProne**으로 향하는 트랜지션 룰 아이콘을 두 번 클릭한다. **Get Proning** 추가하고 **결과**노드에 연결한다.

그림 17.48 Idle에서 StandToProne으로 향하는 룰

2. Locomotion 그래프로 돌아가서 StandToProne에서 Prone으로 향하는 트랜지션 룰 아이콘을 두 번 클릭한다. 그래프를 우클릭하고 **남은 시간(비율)(Stand_To_Prone)** 노드를 추가한다.

3. **Return Value**에서 와이어를 끌어 **작음** 노드를 추가한다. **작음** 노드의 아래쪽 파라미터에 0.1을 입력한다. **작음** 노드의 출력을 **결과** 노드에 연결한다.

그림 17.49 StandToProne에서 Prone으로 향하는 룰

4. **Locomotion** 그래프로 돌아가서 **ProneToStand**로 ProneToStand 트랜지션 룰 아이콘을 두 번 클릭한다. **프로닝 가져오기** 노드와 **NOT 부울** 노드를 추가한다. 다음 스크린샷과 같이 노드를 연결한다.

그림 17.50 ProneToStand 룰에 대한 경향

5. **Locomotion** 그래프로 돌아가서 **ProneToStand to Idle** 트랜지션 룰 아이콘을 두 번 클릭한다. 그래프를 우클릭하고 **남은 시간(비율)(Prone_To_Stand)** 노드를 추가한다.

6. **Return Value**에서 와이어를 끌어 **Less** 노드를 추가한다. **Less** 노드의 아래쪽 파라미터에 0.1을 입력한다. **Less** 노드의 출력을 **결과** 노드에 연결한다.

그림 17.51 ProneToStand to Idle 룰

7. 애니메이션 블루프린트를 컴파일, 저장 후 닫는다.

8. 레벨 에디터의 **플레이** 버튼을 클릭한다. C키로 웅크리고 X키를 엎드리기 위해 사용한다.

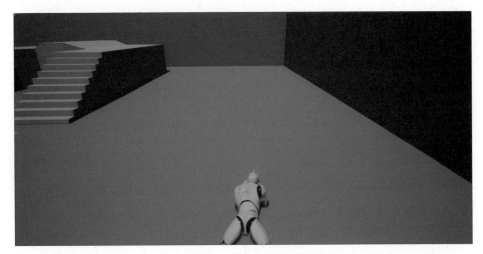

그림 17.52 X키를 눌러 엎드린다.

애니메이션 블루프린트에는 복잡한 애니메이션을 스테이트로 분할해서 제어할 수 있는 특별한 도구가 있다. 애니메이션 블루프린트의 가장 큰 장점은 프로젝트에서 애니메이션 로직과 게임 로직을 분리한다는 것이다.

이 장에서는 애니메이션 블루프린트에 초점을 맞춘 몇 가지 애니메이션 개념에 집중해서 보여줬다. 애니메이션 에디터, 스켈레탈 메시, 애니메이션 시퀀스 및 블렌드 스페이스를 살펴봤다.

이 장에서는 애니메이션 블루프린트의 **이벤트그래프** 및 **AnimGraph**를 사용하는 방법을 봤다. 그리고 **AnimGraph**에서 스테이트 머신을 만드는 방법을 배웠다. 또한 애니메이션 스타터 팩의 캐릭터에 스테이트를 추가하는 방법에 대한 실용적인 예를 봤다.

다음 장에서는 프로젝트 전체에서 사용할 수 있는 블루프린트 라이브러리와 컴포넌트를 만드는 방법을 배운다.

⠿ 퀴즈

1. 블렌드 스페이스를 사용하면 파라미터를 기반으로 애니메이션을 혼합할 수 있다.

   a. True

   b. False

2. 애니메이션 블루프린트에는 **AnimGraph**가 있지만 **이벤트그래프**는 없다.

   a. True

   b. False

3. **포즈 출력** 노드는 애니메이션 그래프의 최종 노드여야 한다.

   a. True

   b. False

4. 스테이트 머신은 명명된 상수의 고정된 집합을 포함하는 독립적인 보조 에셋이다.

    a. True

    b. False

5. 한 스테이트에서 다른 스테이트로의 트랜지션은 트랜지션 룰에 의해 제어된다.

    a. True

    b. False

18

블루프린트 라이브러리 및
컴포넌트 생성

이 장에서는 프로젝트 전체에서 사용할 수 있는 공통 기능으로 블루프린트 매크로 및 함수 라이브러리를 만드는 방법을 배운다. 컴포넌트의 개념을 좀 더 자세히 설명하겠다. 또한 캡슐화된 동작으로 액터의 컴포넌트를 만들고 위치 기반 동작으로 씬 컴포넌트를 만드는 방법을 배운다.

이 장에서 다루는 주제는 다음과 같다.

- 블루프린트 매크로 및 함수 라이브러리
- 액터 컴포넌트 생성
- 씬 컴포넌트 생성

이 장이 끝나면 주사위 굴림을 시뮬레이션 하는 블루프린트 함수 라이브러리, 경험치 및 레벨업을 관리하는 액터 컴포넌트, 액터를 중심으로 회전하는 씬 컴포넌트를 생성하게 될 것이다.

블루프린트 매크로 및 함수 라이브러리

때때로 프로젝트에서 여러 블루프린트에 사용할 수 있는 매크로나 함수를 발견한다. 언리얼 에디터를 사용하면 블루프린트 매크로 라이브러리를 생성해 모든 블루프린트 간에 공유할 매크로들을 모을 수 있다. 같은 방식으로 블루프린트 함수 라이브러리를 생성해 모든 블루프린트에 유틸리티 함수를 공유할 수 있다.

블루프린트 함수 라이브러리 및 **블루프린트 매크로 라이브러리**를 생성하는 메뉴 옵션은 에셋 생성 시 나타나는 **블루프린트** 하위 메뉴에 있다.

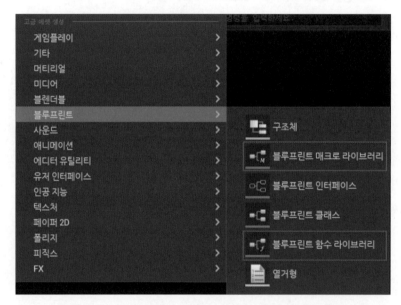

그림 18.1 블루프린트 매크로 및 함수 라이브러리를 만드는 메뉴 옵션

블루프린트 매크로 라이브러리를 생성할 때 부모 클래스를 선택해야 한다. 라이브러리의 매크로는 선택한 부모 클래스의 변수 및 함수에 접근할 수 있지만 매크로 라이브러리는 선택한 부모 클래스의 자식 클래스에서만 사용할 수 있다. 대부분의 경우 액터 클래스를 선택하는 것이 가장 좋다.

모든 블루프린트 간에 함수를 공유하는 방법을 실제로 보기 위해 블루프린트 함수 라이브러리를 생성한다.

블루프린트 함수 라이브러리 예제

RollOneDie, RollTwoDice, RollThreeDice의 세 가지 함수가 있는 BP_DiceLibrary 라는 주사위 굴림에 대한 블루프린트 함수 라이브러리를 만들 것이다. 모든 함수에는 NumberOfFaces라는 동일한 입력 파라미터가 있으며 각 주사위의 결과와 합을 반환한다.

이 블루프린트 함수 라이브러리는 디지털 보드 게임을 만들 때나 주사위를 기반으로 하는 RPG^{Role-Playing Games}에서 사용할 수 있다.

블루프린트 함수 라이브러리를 생성하려면 다음 단계를 따른다.

1. 시작용 콘텐츠가 포함된 **삼인칭** 템플릿을 기반으로 프로젝트를 생성한다.

2. 콘텐츠 브라우저에서 콘텐츠 폴더에 접근한다. 폴더 목록 옆의 빈 공간을 우클릭하고 **새 폴더** 옵션을 선택한다. 폴더 이름을 Chapter18로 지정한다. 이 폴더를 사용해 이 장의 에셋을 저장한다.

3. 방금 만든 **Chapter18** 폴더를 연 다음 콘텐츠 브라우저에서 **추가** 버튼을 클릭하고 **블루프린트** 위로 마우스를 가져간 다음 **블루프린트 함수 라이브러리** 옵션을 선택한다.

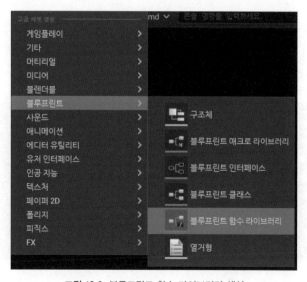

그림 18.2 블루프린트 함수 라이브러리 생성

4. 블루프린트의 이름을 BP_DiceLibrary로 지정하고 더블클릭해 블루프린트 에디터를 연다.

5. 기본 함수와 함께 블루프린트 에디터가 열린다. 함수 이름을 Roll One Die로 바꾼다.

6. **디테일** 패널에서 **인티저** 타입의 Number Of Faces라는 입력 파라미터를 추가한다. ▶버튼을 클릭해 옵션을 확장하고 **디폴트 값**을 6으로 세팅한다.

그림 18.3 입력 파라미터 생성 및 디폴트 값 세팅

7. **디테일** 패널에서 **인티저** 타입의 Result라는 출력 파라미터를 추가한다.

그림 18.4 출력 파라미터 생성

8. 이벤트그래프에서 다음 스크린샷의 노드들을 추가한다. 이 노드들은 **Number Of Faces**가 1보다 큰지 확인한다. 예기지 않고 찾기 어려운 오류를 피하기 위해 입력 파라미터의 유효성을 검사하는 것이 좋다.

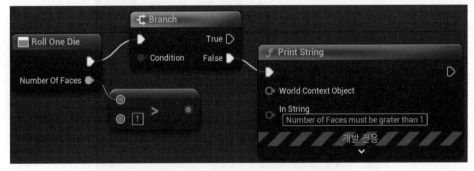

그림 18.5 Number Of Faces가 1보다 큰지 확인하기

Number Of Faces를 2로 사용해 동전 던지기를 시뮬레이션할 수 있다.

9. 이벤트그래프를 우클릭해 **Random Integer in Range** 노드를 추가한다. 이 노드는 **Min** 보다 크거나 같고 **Max** 보다 작거나 같은 임의의 인티저 값을 반환한다. **Min** 입력 파라미터에 1을 입력한다.

그림 18.6 Random Integer in Range 노드 사용

10. **Number Of Face** 파라미터에서 와이어를 끌어 **Max** 입력 핀에 연결한다. **Return Value** 출력 핀을 **Result** 핀에 연결한다. **Branch** 노드의 **True** 핀을 **반환 노드**의 흰색 핀에 연결한다.

11. 블루프린트 함수 라이브러리의 두 번째 함수를 생성하겠다. **내 블루프린트** 패널에서 **함수** 오른쪽에 있는 ⊕ 버튼을 클릭한다.

그림 18.7 다른 함수 생성

12. 함수 이름을 RollTwoDice로 지정한다. **인티저** 타입의 NumberOfFaces라는 입력 파라미터를 생성한다. ▶ 버튼을 클릭해 옵션을 확장하고 **디폴트 값**을 6으로 세팅한다.

13. **인티저** 타입의 Sum, Die1, Die2라는 출력 파라미터를 생성한다.

그림 18.8 출력 파라미터 생성

14. 이벤트그래프에서 **Number Of Faces**가 1보다 큰지 확인하기 위해 **RollOneDie** 함수와 동일한 유효성 검사를 수행한다. 그림 18.5의 노드를 추가한다. **RollOneDie** 함수에 접근하고 유효성 검사 노드들을 선택하고 복사해 **RollTwoDice** 함수에 붙여넣을 수도 있다.

15. 이벤트그래프에 두 개의 **Random Integer in Range** 노드를 추가한다. 두 노드의 **Min** 입력 파라미터에 1을 입력한다.

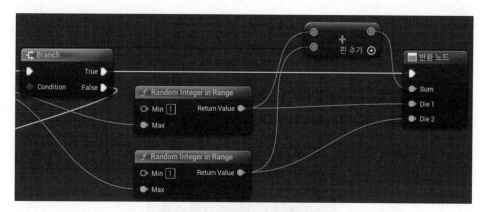

그림 18.9 두 개의 임의의 인티저 생성

16. **Number Of Faces** 파라미터에서 와이어를 끌어 두 노드의 **Max** 입력 핀에 연결한다.

17. 첫 번째 **Random Integer in Range** 노드의 **Return Value** 출력 핀을 **Die 1** 핀에 연결한다. 두 번째 **Random Integer in Range** 노드의 **Return Value** 출력 핀을 **Die 2** 핀에 연결한다.

18. 이벤트그래프를 우클릭하고 **Add** 노드를 생성한다. 첫 번째 **Random Integer in Range** 노드의 **Return Value** 출력 핀을 **Add** 노드의 상단 입력 핀에 연결한다. 두 번째 **Random Integer in Range** 노드의 **Return Value** 출력 핀을 **Add** 노드의 맨 아래 입력 핀에 연결한다.

19. **Add** 노드의 출력 핀을 **Return** 노드의 **Sum** 핀에 연결한다. **Branch** 노드의 **True** 핀을 **반환 노드**의 흰색 핀에 연결한다.

20. 블루프린트를 컴파일하고 저장한다.

이러한 단계를 통해 라이브러리의 두 번째 함수를 생성하는 작업을 완료했다. 다음 절에서는 두 번째 함수와 다르게 수행되는 세 번째 함수를 만들어 기존과 다른 예를 보여준다. 그런 다음 블루프린트 함수 라이브러리를 테스트한다.

세 번째 함수 생성 및 테스트

세 번째 함수에서는 지역 변수를 사용해 임시 값을 저장한다. **지역 변수**는 정의된 함수 내에서만 볼 수 있다. 지역 변수의 값은 함수 실행이 끝나면 폐기된다.

주목해야 할 또 다른 중요한 점은 3개의 주사위 값을 생성하기 위해 **Random Integer in Range** 노드를 하나만 사용한다는 것이다.

다음은 세 번째 함수를 만들고 테스트하는 단계다.

1. **내 블루프린트** 패널에서 **함수** 오른쪽에 있는 ⊕ 버튼을 클릭한다. 함수 이름을 Roll ThreeDice로 지정한다.

그림 18.10 라이브러리의 세 번째 함수 생성

2. **인티저** 타입의 NumberOfFaces 라는 입력 파라미터를 생성한다. ⊕ 버튼을 클릭해 옵션을 확장하고 **디폴트 값**을 6으로 세팅한다.

3. **인티저** 타입의 Sum, Die1, Die2 및 Die3이라는 출력 파라미터를 생성한다.

그림 18.11 출력 파라미터 생성

4. **내 블루프린트** 패널에 편집 중인 함수의 **로컬 변수**가 표시된다. 로컬 변수 오른쪽에 있는 ⊕ 버튼을 클릭해 **인티저** 타입의 Die1Var, Die2Var, Die3Var 로컬 변수를 생성한다. 로컬 변수의 이름은 함수의 입력 및 출력 파라미터의 이름과 달라야 한다.

그림 18.12 로컬 변수 생성

5. 이벤트그래프에서 **Number Of Faces**가 1보다 큰지 확인하기 위해 **RollOneDie** 함수와 동일한 유효성 검사를 수행한다. 그림 18.5의 노드를 추가한다.

6. 이벤트그래프에 하나의 **Random Integer in Range** 노드를 추가한다. **Min** 입력 파라미터에 1을 입력한다. **SET Die1Var**, **Set Die2Var** 및 **Set Die3Var** 노드를 추가하고 다음 스크린샷과 같이 연결한다.

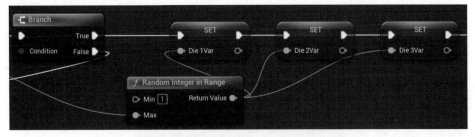

그림 18.13 세 개의 임의의 인티저 생성

NOTE

각 SET 노드가 실행될 때 Random Integer in Range 노드가 다시 실행돼 새로운 임의의 수를
생성한다.

7. **SET Die3Var** 노드의 흰색 출력 핀을 **반환 노드**의 흰색 핀에 연결한다. **GET Die1Var,
GET Die2Var, GET Die3Var** 및 **Add** 노드를 추가한다. **핀 추가 ⊕**를 클릭해 **Add** 노드
에 세 번째 핀을 추가한다. 다음 스크린샷과 같이 노드를 연결한다.

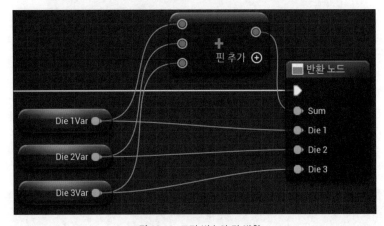

그림 18.14 로컬 변수의 값 반환

8. 블루프린트를 컴파일하고 저장한다. 블루프린트 에디터를 닫는다.

9. 레벨 블루프린트를 사용해 **BP_DiceLibrary** 함수 라이브러리를 테스트한다. 툴바
에서 **블루프린트** 버튼을 클릭하고 **레벨 블루프린트 열기**를 선택한다.

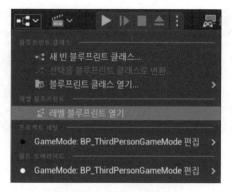

그림 18.15 레벨 블루프린트 열기

10. **BeginPlay 이벤트** 노드 근처의 이벤트그래프를 우클릭한다. roll을 검색한다. 블루
프린트 라이브러리의 기능은 **BP Dice Library** 카테고리에서 사용할 수 있다.

그림 18.16 BP Dice Library 함수는 프로젝트의 모든 블루프린트에서 사용할 수 있다.

11. **Roll Three Dice** 함수를 선택하고 **BeginPlay 이벤트**의 흰색 핀을 **Roll Three Dice** 노
드의 흰색 입력 핀에 연결한다. 이벤트그래프를 우클릭하고 **포맷 텍스트** 및 **Print
Text** 노드를 추가한다.

그림 18.17 Roll Three Dice 함수 테스트

12. **포맷 텍스트** 노드의 **Format** 파라미터에 다음 표현식을 추가한다.

```
Sum: {Sum} / Die1: {Die1} / Die2: {Die2} / Die3: {Die3}
```

13. {} 사이의 이름은 **Format Text** 노드의 입력 파라미터로 변환된다. 이 노드에 대한 자세한 내용은 15장을 참고한다.

14. **Roll Three Dice** 노드의 흰색 출력 핀을 **Print Text**의 흰색 입력 핀에 연결한다. **Roll Three Dice**의 다른 출력 핀을 **포맷 텍스트**의 동일한 입력 핀에 연결한다.

15. **포맷 텍스트**의 **Result** 핀을 **Print Text**의 **In Text** 핀에 연결한다. **Print Text** 노드의 아래쪽에 있는 작은 화살표를 클릭해 선택적 파라미터를 확장한다. **Duration**을 10.0초로 세팅한다.

16. 컴파일 및 저장을 하고 레벨 블루프린트 에디터를 닫는다.

17. 레벨 에디터의 **플레이** 버튼을 클릭한다. 세 개의 주사위를 굴린 결과가 화면에 출력된다.

그림 18.18 주사위 3개를 굴린 결과

BP_DiceLibrary의 함수는 모든 블루프린트에서 사용할 수 있다. 같은 아이디어가 블루프린트 매크로 라이브러리에도 적용되지만 함수 대신 매크로를 만든다. 매크로와 함수의 차이점에 대한 자세한 내용은 2장을 참고하길 바란다.

다음 절에서는 액터 컴포넌트를 만들어 공통 기능을 공유하는 또 다른 방법을 살펴본다.

⁜ 액터 컴포넌트 생성

액터 블루프린트를 생성할 때 발사체 이동, 스태틱 메시, 콜리전 컴포넌트와 같은 캡슐화된 기능을 사용할 수 있는 컴포넌트들을 추가하는 경우가 많다. 또한 블루프린트를 사용해 자체 액터 컴포넌트를 만들 수도 있다.

블루프린트를 만들 때 **부모 클래스 선택** 패널에서 컴포넌트를 만드는데 사용할 수 있는 두 가지 **기본** 클래스, 즉 **액터 컴포넌트**와 **씬 컴포넌트**가 있다.

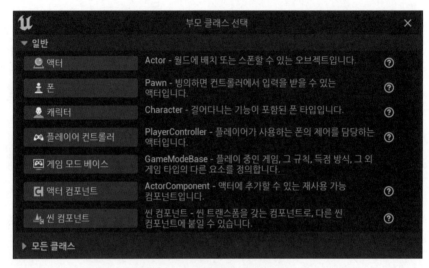

그림 18.19 액터 및 씬 컴포넌트 생성

씬 컴포넌트는 트랜스폼 구조체(위치, 회전, 스케일)을 가진 액터 컴포넌트의 자식 클래스다. 트랜스폼 덕분에 씬 컴포넌트를 다른 씬 컴포넌트에 붙일 수 있다. 다음 절에서 씬 컴포넌트를 살펴본다.

이벤트그래프에서 컴포넌트를 스크립팅할 때 **Get Owner** 노드를 통해 컴포넌트를 사용하는 액터의 레퍼런스를 얻을 수 있다.

그림 18.20 컴포넌트를 사용하는 액터의 레퍼런스 획득

레벨업에 필요한 각 레벨의 경험치를 저장하기 위한 인티저 배열이 있는 BP_ExpLevel
Comp라는 액터 컴포넌트를 생성할 것이다. 컴포넌트에는 경험치를 높이고 액터가 레
벨을 올려야 하는지 여부를 확인하기 위한 IncludeExperience라는 함수가 있다.

액터에 레벨업 매니저를 추가하고 싶다면 액터에 BP_ExpLevelComp 컴포넌트를 추
가하고 레벨업에 필요한 경험치로 배열을 조정하고 컴포넌트의 기능을 사용하면 된다.

액터 컴포넌트를 만드는 단계는 다음과 같다.

1. 콘텐츠 브라우저에서 **추가** 버튼을 클릭하고 **블루프린트 클래스** 옵션을 선택한다.

2. 다음 화면에서 **액터 컴포넌트**를 부모 클래스로 선택한다. 블루프린트 이름을 BP_
   ExpLevelComp로 지정하고 더블클릭해 블루프린트 에디터를 연다. 다른 컴포넌
   트 내부에 컴포넌트를 추가할 수 없기 때문에 **컴포넌트** 탭이 표시되지 않는다.

3. **내 블루프린트** 패널에서 **인티저** 타입의 **CurrentLevel** 및 **CurrentXP** 변수를 생성
   한다.

그림 18.21 컴포넌트의 변수 생성

4. ExpLevel이라는 **인티저** 타입의 다른 변수를 만든다. **디테일** 패널에서 **변수 타입** 오
   른쪽에 있는 아이콘을 클릭하고 **배열**을 선택한다.

그림 18.22 각 레벨에 필요한 경험치를 저장할 배열 생성

5. 블루프린트를 컴파일한다. **기본값**에서 **ExpLevel** 배열에 10개의 요소를 추가한다. BP_ExpLevelComp에서 **CurrentLevel** 변수는 **ExpLevel** 배열의 인덱스로 사용된다. 각 요소에 대해 다음 스크린샷의 값을 입력한다.

그림 18.23 각 레벨에 필요한 경험치

6. 경험치를 높이고 레벨을 올리기 위해 **IncreaseExperience**라는 함수를 생성한다. 그러나 먼저 함수 그래프를 단순화하기 위해 두 개의 매크로를 만들어야 한다.

7. **내 블루프린트** 패널에서 CanLevelUp이라는 매크로를 생성한다.

그림 18.24 CanLevelUp 매크로 생성

8. **디테일** 패널에서 매크로의 입력 및 출력 파라미터를 생성한다.

그림 18.25 CanLevelUp 매크로의 입출력 파라미터 생성

9. **CanLevelUp** 매크로에 다음 스크린샷의 노드들을 추가한다. 이 매크로는 **Current Level** 변수를 Exp Level 배열의 **LAST INDEX**와 비교해서 액터가 최대 레벨에 있는지 확인한다.

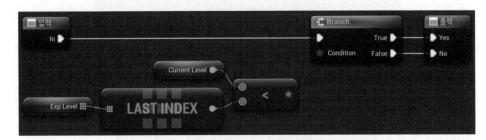

그림 18.26 CanLevelUp 매크로의 노드들

10. **내 블루프린트** 패널에서 **XpReachsNewLevel**이라는 매크로를 하나 더 만든다. 디테일 패널에서 그림 18.25에 표시된 **CanLevelUp** 매크로의 동일한 입력 및 출력 파라미터를 만든다.

11. 다음 스크린샷의 노드들을 **XpReachesNewLevel** 매크로에 추가한다. 배열에 저장된 값을 읽기만 하면 되므로 **Exp Level** 배열의 **Get**^{사본} 노드를 사용해야 한다. 이 매크로는 **현재 XP**가 **경험치 레벨** 배열의 다음 인덱스에 저장된 경험치보다 크거나 같은지 확인한다.

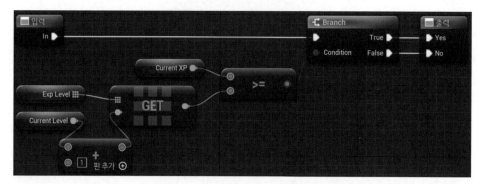

그림 18.27 XpReachesNewLevel 매크로의 노드들

12. 블루프린트를 컴파일한다. **내 블루프린트** 패널에서 IncreaseExperience라는 함수를 만든다.

그림 18.28 IncreaseExperience 함수 생성

13. **디테일** 패널에서 함수의 입력 및 출력 파라미터를 생성한다.

그림 18.29 입출력 파라미터 생성

14. **내 블루프린트** 패널에서 **부울** 타입의 LevelUpVar라는 로컬 변수를 만든다. 이 로컬 변수는 액터가 레벨 업 됐는지 여부를 나타내는 함수에서 반환될 값을 저장한다. 부울 변수의 기본값은 False다.

그림 18.30 로컬 변수 생성

15. 다음 스크린샷은 경험치 **Increase Experience**의 첫 번째 부분을 보여준다. 함수는 우리가 만든 두 개의 매크로를 사용하고 있다. 스크린샷의 노드들을 추가하고 **Can Level Up**의 **No** output **핀**을 **반환** 노드의 흰색 입력 핀에 연결한다.

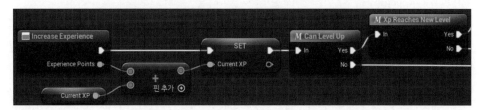

그림 18.31 Increase Experience 함수의 첫 번째 부분

16. 다음 스크린샷은 **Increase Experience** 함수의 두 번째 부분을 보여준다. **XP Reaches New Level** 매크로의 **Yes** 핀이 실행되면 **Current Level** 변수를 1씩 증가시키고 **Level Up Var** 변수를 True로 세팅한다. 스크린샷의 노드들을 추가하고 블루프린트를 컴파일한다.

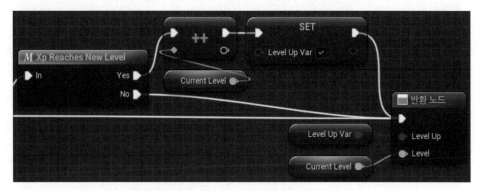

그림 18.32 IncreaseExperience 함수의 두 번째 부분

17. 블루프린트를 컴파일하고 블루프린트 에디터를 닫는다.

BP_ExpLevelComp 컴포넌트를 완료했다. 테스트하려면 액터에 컴포넌트를 추가해야
한다.

액터 컴포넌트 테스트

BP_ExpLevelComp 컴포넌트를 BP_ThirdPersonCharacter에 추가하고 타이머를 사
용해 매초 경험치를 높인다. BP_ThirdPersonCharacter의 레벨이 올라갈 때 마다 화면
에 메시지를 출력한다.

BP_ExpLevelComp 컴포넌트를 테스트하려면 다음 단계를 따른다.

1. 콘텐츠 〉 ThirdPerson 〉 Blueprints 폴더에 있는 BP_ThirdPersonCharacter 블
   루프린트를 연다.

2. **컴포넌트** 패널에서 **추가** 버튼을 클릭하고 level을 검색한다. **BP Exp Level Comp**를
   선택한다.

그림 18.33 BP Exp Level Comp 추가

3. **디테일** 패널에서 **Exp Level** 배열의 기본값을 수정하거나 배열 엘리먼트를 더 추가
   할 수 있다.

그림 18.34 Exp Level 배열은 편집 가능하다

4. 이벤트그래프에서 **BeginPlay 이벤트** 노드와 **Set Timer by Event** 노드를 추가한다. 타이머를 사용해 1초에 한 번 이벤트를 호출하면 경험치가 증가한다. **Time** 파라미터 변수를 1.0으로 세팅하고 **Looping** 파라미터를 체크한다.

그림 18.35 초당 한 번씩 이벤트를 실행하는 타이머 생성

5. **Set Timer by Event** 노드의 **Event** 핀에서 와이어를 끌어 컨텍스트 메뉴에서 **커스 텀 이벤트 추가**를 선택한다. 커스텀 이벤트의 이름을 GainXP로 바꾼다. 이 이벤트 는 입력 파라미터로 값 100을 전달해 **BP Exp Level Comp** 컴포넌트의 **Increase Experience** 함수를 실행한다. **GainXP** 이벤트에 추가할 노드들은 다음과 같다.

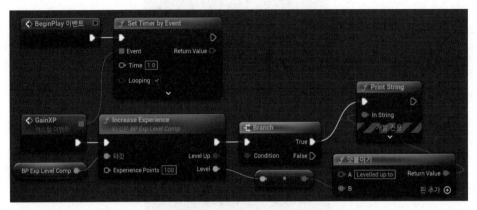

그림 18.36 GainXP 커스텀 이벤트의 노드들

6. **컴포넌트** 패널에서 **BP Exp Level Comp**를 끌어 이벤트그래프에 놓아 **Get** 노드를 생성한다.

7. **Get BP Exp Level Comp** 노드에서 와이어를 끌어서 **Increase Experience** 함수 노 드를 추가한다. Experience Points 파라미터에 100을 입력한다.

8. 액터가 레벨 업 됐는지 확인하기 위해 **Branch** 노드를 추가한다. **Print String** 및 **Append** 노드를 이벤트그래프에 추가하고 그림 18.36과 같이 연결한다. 다른 타입 의 핀을 연결하면 변환 노드가 자동으로 생성된다.

9. **Append** 노드의 **A** 핀에 Levelled up to를 입력하고 끝에 공백을 둔다. 이 노드는 **A** 및 **B** 핀의 값을 사용해 문자열을 생성한다.

10. 블루프린트를 컴파일하고 레벨 에디터의 **플레이** 버튼을 클릭한다. BP_Third PersonCharacter의 레벨이 올라갈 때 마다 메시지가 화면에 출력된다.

Levelled up to 5

그림 18.37 캐릭터 레벨업 시 화면에 메시지 출력

경험치와 캐릭터의 레벨을 화면에 표시해야 하는 경우 **BP Exp Level Comp** 컴포넌트의 **Get Current XP** 및 **Get Current Level** 노드를 사용해 값을 얻을 수 있다.

그림 18.38 Current XP 및 Current Level 변수 획득

액터 컴포넌트를 만드는 방법을 배웠다. 다음 단계는 다른 컴포넌트를 붙일 씬 컴포넌트를 만드는 것이다.

⁝⁝ 씬 컴포넌트 생성

액터를 중심으로 회전하는 BP_CircularMovComp라는 씬 컴포넌트를 생성한다. 그런 다음 회전하는 방패를 시뮬레이션 하기 위해 BP_CircularMovComp 컴포넌트에 스태틱 메시 컴포넌트를 붙인다.

다음 단계에 따라 씬 컴포넌트를 생성한다.

1. 이 장의 첫 번째 예제에서 만든 Chapter18 폴더에 접근한다.

2. 콘텐츠 브라우저에서 **추가** 버튼을 클릭하고 **블루프린트 클래스** 옵션을 선택한다.

3. 다음 화면에서 부모 클래스로 **씬 컴포넌트**를 선택한다. 블루프린트 이름을 BP_
   CircularMovComp로 지정하고 더블클릭해 블루프린트 에디터를 연다.

4. **내 블루프린트** 패널에서 **플로트** 타입의 RotationPerSecond 및 DeltaAngle 변수를
   생성한다.

그림 18.39 컴포넌트의 변수 생성

5. 블루프린트를 컴파일하고 **Rotation Per Second** 변수를 선택한다. **디테일** 패널에서
   기본값을 180.0으로 세팅한다. 이 값은 도 단위이므로 컴포넌트는 2초 안에 액터
   를 중심으로 회전을 완료한다.

그림 18.40 Rotation Per Second 변수의 기본값 세팅

6. **틱 이벤트**를 사용해 컴포넌트의 부드러운 움직임을 만든다. **틱 이벤트**는 매 프레임
   마다 실행된다. **틱 이벤트**의 마지막 실행 이후 경과된 시간을 저장하는 **Delta
   Seconds** 파라미터가 있다. **Delta Seconds**에 **Rotation Per Second**를 곱해 현재 프
   레임에서 회전할 각도 값인 **Delta Angle**을 찾는다. 이벤트그래프에 스크린샷의 노
   드들을 추가한다.

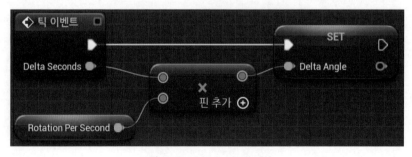

그림 18.41 Delta Angle 값 계산

7. 다음 스크린샷은 **틱 이벤트**에 추가할 나머지 노드들을 보여준다. 이 노드들은 씬 컴포넌트의 새로운 상대적 위치를 계산 및 세팅하고 씬 컴포넌트가 항상 회전 중심을 가리키도록 로컬 회전을 수정하는데 사용된다. **Add Local Rotation**의 **Delta Rotation** 파라미터를 우클릭하고 **구조체 핀 분할**을 선택해 **Delta Rotation Z(Yaw)** 핀에 접근한다.

그림 18.42 틱 이벤트의 나머지 노드들

8. 블루프린트를 컴파일한다. 이것이 BP_CircularMovcomp가 하는 전부이다. 다음 단계는 이 컴포넌트를 액터에 추가한 다음 스태틱 메시 컴포넌트를 붙이는 것이다.

9. 콘텐츠 > ThirdPerson > Blueprints 폴더에 있는 BP_ThirdPersonCharacter 블루프린트를 연다.

10. **컴포넌트** 패널에서 **캡슐 컴포넌트**를 선택해 씬 컴포넌트가 루트 컴포넌트가 되도록 한다. **추가** 버튼을 클릭하고 circular를 검색한다. **BP Circular Move Comp**를 선택한다.

그림 18.43 BP Circular Mov Comp 추가

11. **컴포넌트** 패널에서 추가된 **BP_CircularMovComp**를 선택하고 **추가** 버튼을 클릭한다. **스태틱 메시** 컴포넌트를 선택해 **BP_CircularMovComp**에 붙인다. **BP_Circular MovComp**에 적용된 이동 및 회전은 **스태틱 메시**에 영향을 미친다.

그림 18.44 스태틱 메시 컴포넌트를 씬 컴포넌트에 붙인다

12. 이제 컴포넌트를 세팅해야 한다. 다음 변경 결과를 볼 수 있도록 **뷰포트** 탭에 접근한다. **컴포넌트** 패널에서 **BP_Circular Mov Comp**를 선택한다. **디테일** 패널에서 **Location**의 x^(빨간색) 값을 70.0으로 세팅한다. **디폴트** 카테고리에서 **Rotation Per Second** 값을 수정할 수 있다.

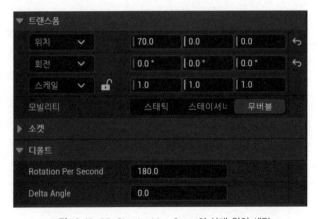

그림 18.45 BP_Circular Mov Comp의 상대 위치 세팅

13. **컴포넌트** 패널에서 **스태틱 메시** 컴포넌트를 선택한다. **디테일** 패널에서 Shape_
    Cube를 스태틱 메시로, **M_Tech_Hex_Tile_Pluse**를 머티리얼로 선택한다. **뷰포트**
    탭에서 컴포넌트를 볼 수 있다. **위치**의 z[파란색] 값을 −80.0으로 세팅하고 **스케일**을
    x = 0.1, y=1.0 및 z=1.5로 세팅한다.

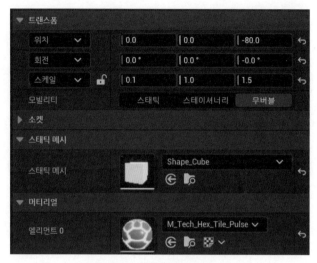

그림 18.46 스태틱 메시 컴포넌트 세팅

14. 블루프린트를 컴파일하고 레벨 에디터의 **플레이** 버튼을 클릭한다. **BP_Circular
    Mov Comp**는 방패를 캐릭터 주위로 회전시킨다.

그림 18.47 캐릭터를 회전하는 방패

씬 컴포넌트는 다른 컴포넌트의 참조 위치로 사용된다. 씬 컴포넌트 요소를 서로 연결해서 계층 구조를 만들 수 있다. 액터에는 루트 컴포넌트로 지정된 씬 컴포넌트가 있어야 한다. 액터의 트랜스폼은 **루트** 컴포넌트에서 가져온다.

⁞⁞ 요약

이 장에서는 프로젝트 전체에서 사용할 블루프린트 매크로 및 함수 라이브러리를 만드는 방법을 배웠다. 주사위 굴림을 시뮬레이션하기 위해 블루프린트 함수 라이브러리를 만들었다. 그리고 액터 컴포넌트와 씬 컴포넌트의 차이점에 대해서 설명했고, 경험치와 레벨업을 관리하기 위해 액터 컴포넌트를 만드는 방법을 배웠다. 또한 액터를 중심으로 회전하는 씬 컴포넌트를 만들고 여기에 스태틱 메시 컴포넌트를 붙여 회전하는 방패를 시뮬레이션 했다.

다음 장에서는 블루프린트 구성 스크립트를 사용해 절차적 생성을 스크립팅하는 방법을 배운다. 또한 스플라인 도구를 사용하는 방법과 에디터 유틸리티 블루프린트를 만드는 방법도 배운다.

⁞⁞ 퀴즈

1. 블루프린트 매크로 라이브러리의 매크로는 부모 클래스의 변수와 함수에 접근할 수 있다.

    a. True

    b. False

2. 블루프린트 함수 라이브러리는 함수와 매크로를 가질 수 있다.

    a. True

    b. False

3. 액터 컴포넌트는 씬 컴포넌트의 자식 클래스다.

   a. True

   b. False

4. 액터 컴포넌트에서 **Get Owner** 노드를 사용해 컴포넌트를 사용하는 액터의 레퍼런스를 가져올 수 있다.

   a. True

   b. False

5. 씬 컴포넌트는 레벨에 직접 배치할 수 있다.

   a. True

   b. False

19

절차적 생성

19장에서는 레벨 콘텐츠를 자동으로 생성하는 몇 가지 방법을 살펴본다. 블루프린트의 컨스트럭션 스크립트를 사용해 절차적 생성을 스크립팅하고 스플라인 툴을 사용해 인스턴스 위치 지정을 위한 레퍼런스로 사용할 경로를 정의할 수 있다. 또한 에디터 유틸리티 블루프린트를 생성해 편집 모드에서 에셋과 액터를 조작할 수 있다.

이 장에서는 다음 주제를 다룬다.

- 컨스트럭션 스크립트를 사용한 절차적 생성

- 블루프린트 스플라인 생성

- 에디터 유틸리티 블루프린트

이 장이 끝나면 컨스트럭션 스크립트를 사용해 레벨 콘텐츠를 생성하는 방법과 미리 정의된 경로에 액터를 배치하는 블루프린트 스플라인을 만드는 방법을 알게 된다. 에디터에서 실행되는 블루프린트 함수를 만들 수 있다.

컨스트럭션 스크립트를 사용한 절차적 생성

절차적 생성은 수동 대신 스크립트를 사용해 레벨 콘텐츠를 생성하는 방법이다. 레벨 편집에서 반복적인 작업을 피하기 위해 사용할 수 있다. 블루프린트에서 절차적 생성을 만드는 주요 도구는 **컨스트럭션 스크립트**다.

레벨 디자이너가 레벨 에디터에서 블루프린트의 스태틱 메시를 변경할 수 있도록 3장에서는 컨스트럭션 스크립트를 사용하는 방법을 봤다.

절차적 생성에 유용한 컴포넌트는 **인스턴스드 스태틱 메시** 컴포넌트다. 이 컴포넌트는 레벨에서 동일한 메시의 여러 복사본을 렌더링하도록 최적화돼 있다.

NOTE

> **인스턴스드 스태틱 메시**와 유사하지만 메시에 **LOD**가 있을 때 유용한 **계층형 인스턴스드 스태틱 메시** 컴포넌트도 있다.

컴포넌트에 스태틱 메시를 세팅하고 **Add Instance** 기능과 **Instance Transform**을 사용해 레벨에 인스턴스를 추가한다.

그림 19.1 Add Instance 함수

BP_ProceduralMeshes라는 블루프린트를 만들어 절차적 생성이 작동하는지 확인한다. 이 블루프린트는 레벨에 스태틱 메시 인스턴스 행을 추가한다. 레벨 디자이너는 사용된 스태틱 메시, 행 수, 행 당 인스턴스 수를 지정할 수 있다.

이 장의 블루프린트는 레벨 에디터에서 결과를 볼 수 있기 때문에 **기본** 프로젝트를 사용할 것이다.

절차적 생성 블루프린트를 생성하려면 다음 단계를 따른다.

1. 시작용 콘텐츠와 함께 **기본** 프로젝트를 생성한다.

그림 19.2 기본 프로젝트 생성

2. 콘텐츠 브라우저에서 콘텐츠 폴더에 접근한다. 폴더 목록 옆의 빈 공간을 우클릭하고 **새 폴더** 옵션을 선택한다. 폴더 이름을 Chapter19로 지정한다. 이 폴더를 사용해 이 장의 에셋을 저장할 것이다.

3. 방금 만든 **Chapter19** 폴더를 연 다음 콘텐츠 브라우저에서 **추가** 버튼을 클릭하고 **블루프린트 클래스** 옵션을 선택한다.

4. 다음 화면에서 **액터**를 부모 클래스로 선택한다. 블루프린트 이름을 BP_ProceduralMeshes로 지정하고 더블클릭해 블루프린트 에디터를 연다.

5. **내 블루프린트** 패널에서 StaticMeshVar라는 변수를 생성한다. **변수 타입**을 클릭하고 **스태틱 메시**를 검색한다. **스태틱 메시** 위로 마우스를 가져간 다음 **오브젝트 레퍼런스**를 선택한다.

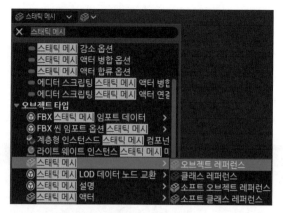
그림 19.3 스태틱 메시의 레퍼런스 변수 생성

6. **디테일** 패널에서 **인스턴스 편집가능** 속성을 체크해 레벨 에디터에서 인스턴스가 사용하는 스태틱 메시를 변경할 수 있도록 한다.

그림 19.4 StaticMeshVar 변수

7. 블루프린트를 컴파일한다. **StaticMeshVar**의 기본값에서 **SM_Chair** 스태틱 메시를 선택한다.

그림 19.5 생성에 사용할 기본 스태틱 메시 선택

8. **내 블루프린트** 패널에서 다음 스크린샷에 표시된 변수를 생성한다. 모두 **인스턴스 편집가능**으로 세팅해야 한다. 눈 아이콘을 클릭해 변수를 인스턴스 편집 가능하게 만들 수 있다.

그림 19.6 생성 스크립트에 사용된 변수들

9. 블루프린트를 컴파일하고 변수에 대해 다음 기본값을 세팅한다.

- **InstancesPerRow**: 1

- **NumberOfRows**: 1

- **SpaceBetweenInstances**: 100.0

- **SpaceBetweenRows**: 150.0

10. **컴포넌트** 패널에서 **추가** 버튼을 클릭하고 인스턴스를 검색한다. **인스턴스드 스태틱 메시**를 선택한다.

그림 19.7 인스턴스드 스태틱 메시 컴포넌트 추가

이 블루프린트에 필요한 변수와 컴포넌트가 있다. 이제 스크립트 작업을 하자.

레벨에 인스턴스를 추가하는 스크립트 생성

이 블루프린트의 스크립팅은 모두 컨스트럭션 스크립트에서 수행된다. 절차적 생성 스크립트를 생성하기 위해 다음 단계를 따른다.

1. **컨스트럭션 스크립트** 탭을 클릭한다.

그림 19.8 컨스트럭션 스크립트에 접근한다.

2. **내 블루프린트** 패널에서 **플로트** 타입의 InstanceLocationX라는 로컬 변수를 만든다.

그림 19.9 로컬 변수 생성

3. 다음 스크린샷은 **컨스트럭션 스크립트**에 추가할 노드의 첫 번째 부분을 보여준다. **Static Mesh Var** 변수에 저장된 스태틱 메시를 가져와 **인스턴스드 스태틱 메시** 컴포넌트에서 사용하도록 세팅한다. **For Loop**는 **Number Of Rows**에 따라 반복된다. **For Loop**의 현재 **인덱스**에 **Space Between Rows**를 곱해 각 Row에 대한 **Instance Location X**를 계산한다.

그림 19.10 컨스트럭션 스크립트의 첫 번째 부분

4. 컨스트럭션 스크립트 노드 근처에 **Get Instanced Static Mesh** 및 **Get Static Mesh Var** 노드를 추가한다.

5. **Get Instanced Static Mesh** 노드에서 와이어를 끌어 **Set Static Mesh** 노드를 추가한다. 그리고 **Get Statis Mesh Var** 노드에서 와이어를 끌어 **New Mesh** 파라미터에 연결한다.

6. **Set Static Mesh**의 흰색 출력 핀에서 와이어를 끌어 **For Loop** 노드를 추가한다. **First Index** 파라미터에 1을 입력한다. **Last Index** 파라미터에서 와이어를 끌어서 **Get Number Of Rows** 노드를 추가한다.

7. **Get Space Betweed Rows** 노드를 추가한다. **Index** 출력 노드에서 와이어를 끌어 **곱하기** 노드를 추가한다. **Get Space Betweed Rows**에서 와이어를 끌어 **곱하기** 노드의 맨 아래 핀에 연결한다. 핀은 인티저에서 플로트로 변환된다.

8. **Loop Body** 출력 핀에서 와이어를 끌어 **Set Instance Location X** 노드를 추가한다. **Multiply** 노드의 출력 핀을 인스턴스 **위치 X**의 입력 핀에 연결한다.

9. 다음 스크린샷은 **컨스트럭션 스크립트**에 추가할 노드의 두 번째 부분을 보여준다. 두 번째 **For Loop** 노드는 **Instances Per Row**에 따라 반복된다. **Add Instance** 노드는 레벨에 스태틱 메시 인스턴스를 추가한다. 상대 **위치 X**는 현재 행의 모든 인스턴스에 대해 동일하다. 상대 **위치 Y**는 두 번째 **For Loop** 노드의 현재 인덱스에 **Space Between Instances**를 곱해서 계산된다.

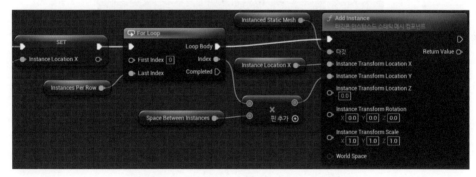

그림 19.11 컨스트럭션 스크립트의 두 번째 부분

10. **Set Instance Location X**의 흰색 출력 핀에서 와이어를 끌어 **For Loop** 노드를 추가한다. **First Index** 파라미터에 1을 입력한다. **Last Index** 파라미터에서 와이어를 끌어 **Get Instances Per Row** 노드를 추가한다.

11. **Get Space Between Instances** 노드를 추가한다. **Index** 출력 노드에서 와이어를 끌어 **곱하기** 노드를 추가한다. **Get Space Between Instances**에서 와이어를 끌어 **곱하기** 노드의 맨 아래 핀에 연결한다. 핀은 인티저에서 플로트로 변환된다.

12. **Get Instanced Static Mesh** 노드를 추가한다. 출력 핀에서 와이어를 끌어 **Add Instance** 노드를 추가한다. **Loop Body** 출력 핀을 **Add Instance** 노드의 흰색 입력 핀에 연결한다.

13. **Instance Transform** 파라미터를 우클릭하고 **구조체 핀 분할**을 선택한다. 그리고 **Instance Transform Location** 파라미터를 우클릭해 **구조체 핀 분할**을 다시 선택한다.

14. **Instance Transform Location X**에서 와이어를 끌어 **Get Instance Loction X**를 추가한다.

15. **곱하기** 노드의 출력 핀을 **Instance Transform Location Y**의 입력 핀에 연결한다.

16. 블루프린트를 컴파일하고 블루프린트 에디터를 닫는다. 콘텐츠 브라우저에서 **BP_ProceduralMeshes**를 끌어 레벨에 놓는다.

17. 레벨 에디터의 **디테일** 패널에서 **Instances Per Row**를 10으로 **Number Of Rows**를 10으로 세팅한다.

그림 19.12 레벨에서 BP_ProceduralMeshes 속성 세팅하기

18. 절차적 생성의 결과는 다음 스크린샷에서 볼 수 있다.

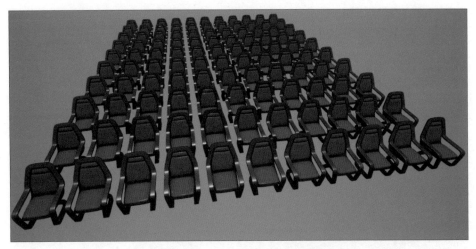

그림 19.13 10개의 의자로 구성된 10개의 행 생성

19. 동일한 **BP_ProceduralMeshes** 인스턴스를 사용해 플랜테이션을 생성할 수 있다. 레벨 에디터의 **디테일** 패널에서 **Static Mesh Var**를 SM_Bush로 변경하고 **Space Between Instances**를 300.0으로, **Space Between Rows**를 300.0으로 세팅한다.

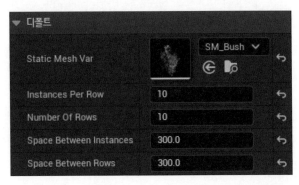

그림 19.14 레벨에서 BP_ProceduralMeshes의 속성 수정

20. 다음은 새 파라미터를 사용한 절차적 생성의 결과이다.

그림 19.15 플렌테이션 생성

보다시피 파라미터의 작은 변경은 매우 다른 결과를 생성한다. 이 예는 절차적 생성으로 수행할 수 있는 작업의 빙산의 일각에 불과하다.

다음 절에서는 경로를 따라 인스턴스를 생성하는 방법을 배운다.

∷ 블루프린트 스플라인 생성

스플라인은 곡선을 정의하는 데 사용되는 특수 수학 함수이다. 블루프린트 **스플라인** 컴포넌트는 레벨에서 액터가 이동하는 경로를 정의하는 데 사용할 수 있다. 또한 인스턴스를 배치하기 위해 경로를 따라 위치를 얻을 수 있다. 스플라인 포인트를 추가, 변환 및 회전해서 레벨 에디터에서 스플라인을 편집할 수 있다.

다음 스크린샷은 **스플라인** 컴포넌트의 세 가지 일반적인 기능을 보여준다.

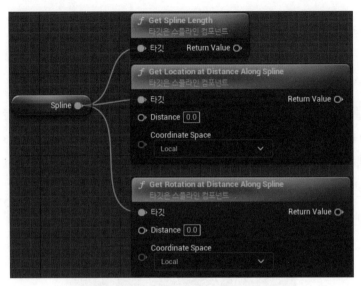

그림 19.16 스플라인 컴포넌트의 일부 기능들

다음은 기능에 대한 설명이다.

- **Get Spline Length**: 이 함수는 **스플라인**의 길이와 함께 **플로트** 값을 반환한다.

- **Get Location at Distance Along Spline**: 이 함수는 거리를 입력 파라미터로 받아 **스플라인**에서 찾은 위치를 반환한다. **좌표 공간**은 **로컬**[상대] 또는 **월드**일 수 있다.

- **Get Rotation at Distance Along Spline**: 이전 함수와 같은 아이디어지만 회전을 반환한다.

스플라인을 따라 스태틱 메시 인스턴스를 추가하는 BP_SplinePlacement 블루프린트를 만들 것이다. 레벨 디자이너는 레벨 에디터에서 스플라인을 편집하고 인스턴스 사이의 공간을 지정할 수 있다.

블루프린트를 만드는 단계는 다음과 같다.

1. **콘텐츠 브라우저**에서 **추가** 버튼을 클릭하고 **블루프린트 클래스** 옵션을 선택한다. 다음 화면에서 **액터**를 부모 클래스로 선택한다. 블루프린트 이름을 BP_Spline Placement로 지정하고 더블클릭해 블루프린트 에디터를 연다.

2. **내 블루프린트** 패널에서 StaticMeshVar 변수를 생성한다. **변수 타입**을 클릭하고 **스태틱 메시**를 검색한다. 스태틱 메시 위로 마우스를 가져간 다음 **오브젝트 레퍼런스**를 선택한다. **변수 인스턴스를 편집 가능**하게 하기 위해 눈 아이콘을 클릭한다.

3. 블루프린트를 컴파일한다. **StaticMeshVar**의 기본값에서 **SM_FieldArrow** 스태틱 메시를 선택한다.

그림 19.17 생성에 사용될 기본 스태틱 메시 선택

> NOTE
>
> SM_FieldArrow 스태틱 메시가 나타나지 않으면 콘텐츠 브라우저의 세팅 아이콘을 클릭하고 **엔진 콘텐츠 표시**를 선택한다.

4. **내 블루프린트** 패널에서 **플로트** 타입의 SpaceBetweenInstances라는 변수를 만든다. 눈 아이콘을 클릭해 **인스턴스 편집가능** 변수로 만든다.

5. 블루프린트를 컴파일하고 SpaceBetweenInstances의 **기본값**을 100.0으로 세팅한다.

6. **컴포넌트** 패널에서 **추가** 버튼을 클릭하고 스플라인을 검색한다. **스플라인 컴포넌트**를 선택한다.

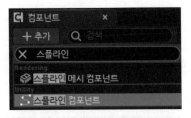

그림 19.18 스플라인 컴포넌트 추가

7. **컴포넌트** 패널에서 **DefaultSceneRoot**를 선택하고 **인스턴스드 스태틱 메시** 컴포넌트를 추가한다.

그림 19.19 BP_SplinePlacement에서 사용하는 컴포넌트들

8. 컨스트럭션 스크립트 그래프를 단순화하는 매크로를 생성한다. **내 블루프린트** 패널에서 CalculateNumberOfInstances라는 매크로를 생성한다.

그림 19.20 매크로 생성

9. **디테일** 패널에서 NumberOfInstances라는 **인티저** 타입의 **출력** 파라미터를 생성한다.

그림 19.21 출력 파라미터 생성

10. 다음 스크린샷에 표시된 노드들을 **CalculateNumberOfInstances** 매크로에 추가한다. 이 매크로는 스플라인 길이를 가져오고 이를 **인스턴스 사이의 공간**으로 나누어 스플라인을 따라 생성될 인스턴스 수를 찾는다. **바닥** 노드는 나누기 결과를 내림하는 데 사용된다.

그림 19.22 CalculateNumberOfInstances 매크로의 노드들

NOTE

나눗셈의 분모가 0이면 0으로 나누기 런타임 오류가 생성된다. 블루프린트에는 분모가 0이면 0을 반환하고 오류를 생성하지 않는 **Safe divide**라는 노드가 있다.

11. **컨스트럭션 스크립트** 탭을 클릭한다. 다음 스크린샷은 **컨스트럭션 스크립트**에 추가할 노드의 첫 번째 부분을 보여준다. **Static Mesh Var** 변수에 저장된 스태틱 메시를 가져와서 **인스턴스드 스태틱 메시 컴포넌트**에서 사용할 **스태틱 메시**로 세팅한다. **For Loop**는 **인스턴스 수**에 따라 반복된다. 현재 **For Loop**의 Index에 **Space Between Instances**를 곱해 스플라인을 따라 거리를 계산한다.

그림 19.23 컨스트럭션 스크립트의 첫 번째 부분

12. 다음 스크린샷은 **컨스트럭션 스크립트**에 추가할 노드의 두 번째 부분을 보여준다. **Add Instance** 노드는 스플라인에서 받은 위치와 회전을 사용해 레벨에 스태틱 메시 인스턴스를 추가한다. **좌표 공간**은 **로컬**이어야 하며 **Instance Transform** 파라미터를 우클릭하고 **구조체 핀 분할**을 선택한다.

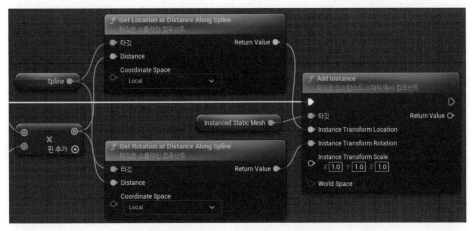

그림 19.24 컨스트럭션 스크립트의 두 번째 부분

13. 블루프린트를 컴파일하고 블루프린트 에디터를 닫는다. 콘텐츠 브라우저에서 **BP_SplinePlcaement**를 끌어 레벨에 놓는다.

14. 스플라인에는 레벨 에디터에서 흰색 점으로 표시되는 스플라인 포인트가 있다. 하나의 스플라인 포인트를 선택해 변환하고 회전할 수 있다. 스플라인 포인트를 추가하려면 스플라인을 우클릭하고 여기에 **스플라인 포인트 추가**를 선택한다.

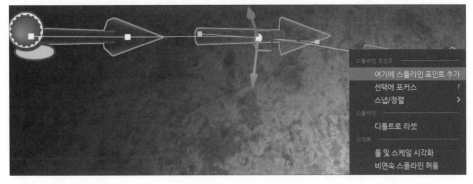

그림 19.25 스플라인 포인트 추가

스플라인 프인트를 추가, 변환 및 회전해서 경로를 만들 수 있다. 스플라인을 따라 스태틱 메시 인스턴스가 추가된다.

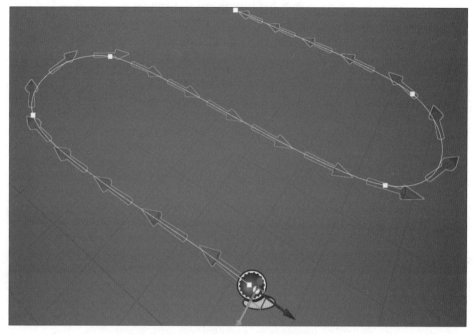

그림 19.26 스플라인을 따르는 스태틱 메시 인스턴스들

레벨 디자이너는 레벨 콘텐츠 주변의 스플라인 경로를 유연하게 정의할 수 있다.

스플라인은 다음 절에서 볼 수 있듯이 스태틱 메시를 변형하는 데 사용할 수도 있다.

스플라인 메시 컴포넌트

스플라인 메시 컴포넌트라는 스플라인을 사용하는 컴포넌트가 또 있다. 이 컴포넌트는 2점 스플라인을 따라 스태틱 메시를 변형하는 데 사용된다. 레벨 에디터에서 스플라인 포인트를 편집하거나 블루프린트 함수를 사용해 세팅할 수 있다.

Set Start and End 함수는 컨스트럭션 스크립트에서 스플라인을 정의하는 데 사용할 수 있다.

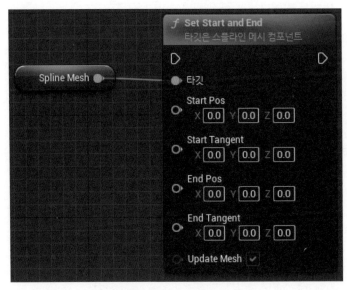

그림 19.27 스플라인 메시를 정의하는 함수

다음 스크린샷은 스플라인에 의해 변형된 스태틱 메시의 예를 보여준다.

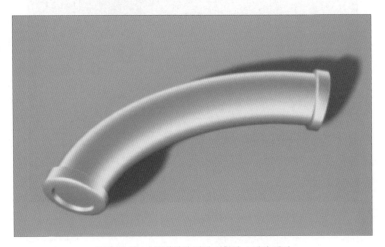

그림 19.28 스플라인에 의해 변형된 스태틱 메시

이전 절의 예를 수정해 스태틱 메시 인스턴스 대신 스플라인 메시 컴포넌트를 추가해 레벨에 곡선 파이프를 만들 수 있다. 불행히도 스플라인 인스턴스의 접선을 계산하는 것은 이 책의 범위를 벗어나는 수학적 개념이 필요하다.

다음 절에서는 언리얼 에디터를 확장하는 몇 가지 방법을 배운다.

⋙ 에디터 유틸리티 블루프린트

에디터 유틸리티 블루프린트는 언리얼 에디터에서만 실행되는 블루프린트 타입이다. 이를 사용해 콘텐츠 브라우저의 에셋과 레벨의 액터를 조작할 수 있다.

또한 새로운 기능이 포함된 언리얼 에디터용 패널을 만드는 데 사용할 수 있는 UMG 위젯인 **에디터 유틸리티 위젯**이 있다.

에셋 생성 메뉴의 **에디터 유틸리티** 하위 메뉴에 접근해서 **에디터 유틸리티 블루프린트**와 **에디터 유틸리티 위젯**을 만들 수 있다.

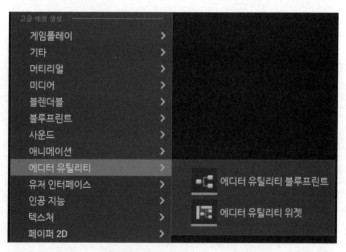

그림 19.29 에디터 유틸리티 블루프린트를 생성하기 위한 메뉴 옵션

에디터 유틸리티 블루프린트의 이벤트그래프를 우클릭하고 **에디터 스크립팅** 카테고리에서 에디터 스크립팅에 사용할 수 있는 함수에 대한 아이디어를 얻는다.

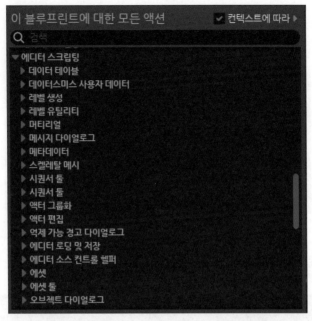

그림 19.30 에디터 스크립팅 카테고리 및 하위 카테고리

에디터 유틸리티 블루프린트에서 생성된 함수는 레벨의 에셋이나 액터에 우클릭하면 **스크립트 액션** 하위 메뉴에 나타난다. 콘텐츠 브라우저에서 에셋을 조작할 함수를 생성하려면 **AssetActionUtility**를 부모 클래스로 선택해야 한다. 레벨에서 액터를 조작하려면 **ActorActionUtility**를 부모 클래스로 사용한다.

액터 액션 유틸리티 생성

액터 액션 유틸리티를 부모 클래스로 사용해 BPU_ActorActgion이라는 에디터 유틸리티 블루프린트를 만들 것이다. 이 블루프린트에서는 첫 번째 액터의 위치 X를 선택하고 선택한 다른 액터에 같은 값을 세팅하는 AlignOnXAxis라는 함수가 있다.

블루프린트를 생성하기 위해 다음의 단계를 따른다.

1. 콘텐츠 브라우저에서 **추가** 버튼을 클릭하고 **에디터 유틸리티** 위로 마우스를 가져간 다음 **에디터 유틸리티 블루프린트** 옵션을 선택한다.

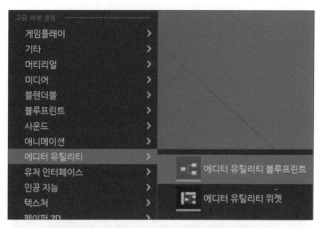

그림 19.31 에디터 유틸리티 블루프린트 생성

2. 다음 화면에서 **액터 액션 유틸리티**를 부모 클래스로 선택한다.

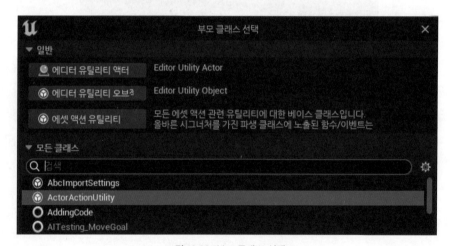

그림 19.32 부모 클래스 선택

3. 블루프린트 이름을 BPU_ActorAction으로 지정하고 더블클릭해 블루프린트 에디터를 연다.

4. **내 블루프린트** 패널에서 AlignOnXAxis라는 함수를 생성한다.

그림 19.33 에디터에서 호출될 함수 생성

5. **내 블루프린트** 패널의 **지역 변수** 카테고리에서 **플로트** 타입의 LocationX라는 로컬
변수를 만든다. 이 변수는 선택한 다른 액터에 세팅할 첫 번째 액터의 **위치 X**를 저
장한다.

그림 19.34 지역 변수 생성

6. **Align on XAxis** 함수의 첫 번째 부분을 보여주는 다음 스크린샷에 표시된 노드들을
추가한다. **Get Selection Set** 노드는 레벨 에디터에서 선택된 액터 배열을 반환한
다. 배열의 첫 번째 액터(인덱스 0)를 얻고 **위치 X**를 저장한다.

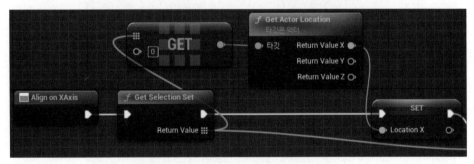

그림 19.35 Align on XAxis 함수의 첫 번째 부분

7. **Align on XAxis** 함수의 두 번째 부분의 노드들을 추가한다. **For Each Loop**는 **Get
Selection Set**에서 반환된 배열을 반복한다. 각 액터에 대해 **Location X**를 업데이
트한다. **Location** 파라미터를 우클릭하고 **구조체 핀 분할**을 사용해 X, Y 및 Z 핀을
확인한다.

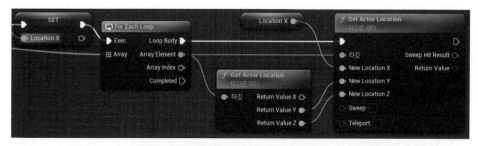

그림 19.36 Align on XAxis 함수의 두 번째 부분

8. 블루프린트를 컴파일하고 블루프린트 에디터를 닫는다. 콘텐츠 〉 StarterContent 〉 Props 폴더에 있는 **SM_TableRound** 에셋을 세 번 레벨에 끌어다 놓는다.

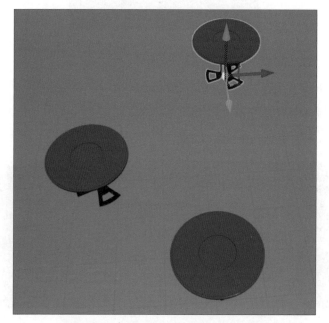

그림 19.37 SM_TableRound의 인스턴스 세 개 추가

9. Ctrl키를 누른 상태에서 **SM_TableRound** 인스턴스를 클릭해 선택 항목에 추가한 다. 세 개의 인스턴스를 선택한 후, 그 중 하나를 우클릭하고 **스크립트된 액터 액션** 위로 마우스를 가져간 다음 **Align on XAxis** 함수를 선택한다.

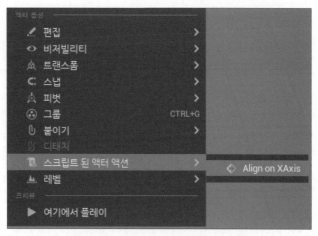

그림 19.38 에디터에서 유틸리티 기능 실행

10. 함수 실행 후 선택된 모든 인스턴스는 동일한 **위치 X**를 갖게 된다.

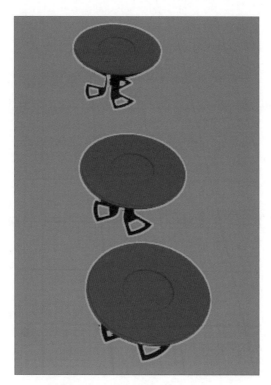

그림 19.39 동일한 위치 X를 가진 모든 인스턴스

에디터 유틸리티 블루프린트와 에디터 유틸리티 위젯을 사용해 특정 특성을 가진 프로 젝트 개발 속도를 높일 수 있는 새로운 기능으로 언리얼 에디터를 확장할 수 있다.

⁞⁞ 요약

이 장에서는 컨스트럭션 스크립트를 사용해 절차적 생성을 수행하는 방법을 보여주었 다. 레벨에 스태틱 메시 인스턴스 행을 추가하는 블루프린트를 만들었다. 스태틱 메시, 행 수, 행당 인스턴스 수를 레벨에서 변경할 수 있다.

또한 경로를 따라 인스턴스를 스폰하는 블루프린트 스플라인을 만드는 방법을 배웠고 스 태틱 메시를 변형하는 데 사용할 수 있는 스플라인 메시 컴포넌트가 있음을 확인했다.

에디터에서 실행되고 편집 모드에서 에셋과 액터를 조작할 수 있는 함수를 만드는 데 유용한 에디터 유틸리티 블루프린트도 살펴봤다. 선택한 액터를 정렬하는 함수를 에디 터 유틸리티 블루프린트로 만들었다.

다음 장에서는 제품 컨피규레이터가 무엇인지 설명한다. 베리언트 매니저 패널과 레벨 베리언트 셋을 사용해서 제품 컨피규레이터를 정의하는 방법을 배운다.

⁞⁞ 퀴즈

1. 절차적 생성 스크립트를 작성하기에 가장 좋은 곳은 **Begin Play 이벤트**다.

    a. True

    b. False

2. 블루프린트 에디터의 뷰포트에서만 스플라인을 편집할 수 있다.

    a. True

    b. False

3. **스플라인 메시** 컴포넌트를 사용해 스태틱 메시를 변형할 수 있다.

    a. True

    b. False

4. 에디터 유틸리티 블루프린트의 함수는 콘텐츠 브라우저에서만 에셋을 조작할 수 있다.

    a. True

    b. False

5. 에디터 유틸리티 위젯을 사용해 언리얼 에디터용 패널을 만들 수 있다.

    a. True

    b. False

20

베리언트 매니저를 사용한
제품 컨피규레이터 생성

이 장에서는 특정 제품에 대해 소비자의 관심을 끌기 위해 업계에서 사용하는 애플리케이션 타입인 제품 컨피규레이터를 만드는 방법에 대해 설명한다. 그리고 베리언트 매니저 패널과 베리언트 세트를 사용해 제품 컨피규레이터를 정의하는 방법을 배운다. 제품 컨피규레이터 템플릿은 다양한 블루프린트 개념을 실제로 공부할 수 있는 훌륭한 리소스이다. 베리언트 세트와 함께 UMG 위젯 블루프린트를 사용해 사용자 인터페이스를 동적으로 생성하는 BP_Configurator 블루프린트를 분석하겠다.

이 장에서 다루는 주제는 다음과 같다.

- 제품 컨피규레이터 템플릿

- 베리언트 매니저 패널 및 베리언트 세트

- BP_Configurator 블루프린트

- UMG 위젯 블루프린트

이 장이 끝나면 제품 컨피규레이터 템플릿, 베리언트 매니저 패널 그리고 베리언트 세트를 사용해 제품 컨피규레이터를 만드는 방법을 알게 될 것이다. BP_Configurator 블루프린트와 UMG 위젯 블루프린트가 어떻게 작동해 애플리케이션에 적용할 수 있는지 알게 될 것이다.

⠿ 제품 컨피규레이터 템플릿

제품 컨피규레이터 애플리케이션의 기본 아이디어는 사용자가 제품에 대한 다양한 옵션들을 교체하고 실시간 3D 경험을 시각화할 수 있도록 하는 것이다. 이러한 타입의 애플리케이션은 업계에서 보편화되고 있다.

언리얼 엔진에는 나만의 제품 컨피규레이터를 만들기 위한 시작점으로 사용할 수 있는 제품 컨피규레이터 템플릿이 있다. 제품 컨피규레이터 템플릿을 사용하기 위해 다음 단계를 따른다.

1. **언리얼 프로젝트 브라우저** 패널에서 **자동차, 제품 디자인 및 제조** 카테고리를 선택한 다음 **제품 컨피규레이터** 템플릿을 선택한다.

그림 20.1 제품 컨피규레이터 템플릿 선택

2. 프로젝트 폴더와 이름을 선택한 다음 **생성** 버튼을 클릭한다.

3. 언리얼 에디터가 프로젝트를 로드한 후 **플레이** 버튼을 클릭해 템플릿을 실행한다. 다음 스크린샷은 제품 컨피규레이터 템플릿과 함께 제공되는 기타 예제의 기본 인 터페이스를 보여준다.

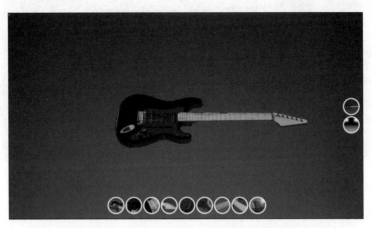

그림 20.2 제품 컨피규레이터 템플릿의 기타 예제

4. 오른쪽에 있는 두 개의 버튼으로 카메라와 환경 조명을 변경할 수 있다. 버튼을 클 릭하면 그룹의 현재 옵션을 선택할 수 있는 다른 버튼이 표시된다. **카메라** 버튼을 클릭하고 다른 카메라를 선택한다.

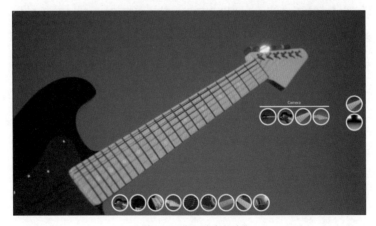

그림 20.3 다른 카메라 선택

5. 하단의 버튼으로 기타의 다양한 부분을 변경할 수 있다. 제품 컨피규레이터의 잠 재력을 확인하려면 각각을 시도한다.

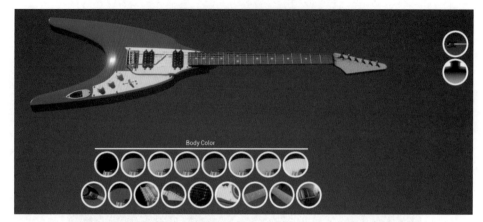

그림 20.4 body color 선택

이제 제품 컨피규레이터 템플릿을 사용하는 방법을 보았으므로 제품 컨피규레이터에서 사용되는 도구를 분석할 수 있다.

⠿ 베리언트 매니저 패널 및 베리언트 세트

제품 컨피규레이터의 기본 도구는 **베리언트 매니저**다. 베리언트 매니저 패널을 사용해 **레 벨 베리언트 세트** 에셋을 편집해 레벨의 액터 속성을 수정할 수 있다. 제품 부품의 각 구 성은 **베리언트**이며 **배리어트 세트**로 그룹화할 수 있다.

제품 컨피규레이터 템플릿에서 애플리케이션을 시작할 때 화면에 나타나는 각 버튼은 베리언트 세트를 나타낸다. 이러한 베리언트 세트 버튼 중 하나를 클릭하면 현재 베리 언트 세트에 속하는 **베리언트**를 나타내는 다른 버튼들이 표시된다.

베리언트 매니저 패널을 사용하는 단계는 다음과 같다.

1. 콘텐츠 〉 ProductAssets 폴더에 있는 VariantSet 에셋을 더블클릭해 베리언트 매니저 패널을 연다.

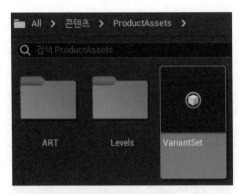

그림 20.5 템플릿의 레벨 베리언트 세트

2. 베리언트 세트 및 베리언트가 왼쪽에 나열된다. 다음 스크린샷에서 **Body Shape**는 **Start Type, I Type** 및 **V Type**의 세 가지 베리언트가 있는 베리언트 세트임을 알수 있다. 속성을 보려면 **I Type**을 클릭한다.

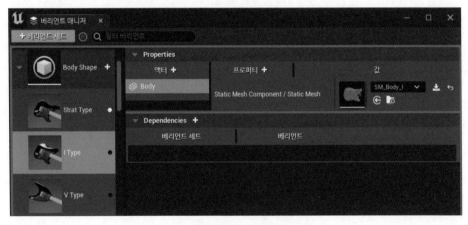

그림 20.6 베리언트 매니저 패널

3. 각 베리언트에 대해 베리언트에 의해 수정될 레벨의 액터를 추가할 수 있다. 이전 스크린샷의 **Body**는 베리언트에 의해 수정된 스태틱 메시가 있는 스태틱 메시 액터다.

4. **+ 베리언트 세트** 버튼을 사용해 베리언트 세트를 추가하고 베리언트 세트 이름 오른쪽에 있는 **+** 버튼을 사용해 베리언트 세트에 베리언트를 추가한다.

5. 베리언트를 더블클릭해 활성화한다. 변경 사항은 레벨에 즉시 적용된다.

6. 기타 부품을 나타내는 스태틱 메시 액터는 레벨에서 **GuitarRoot**라는 액터로 그룹화되므로 함께 이동할 수 있다. 다음 스크린샷은 레벨 에디터의 **아웃라이너** 패널에서 가져온 것이다.

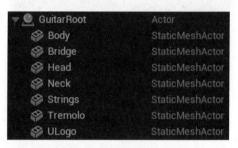

그림 20.7 기타의 스태틱 메시 액터들

런타임 중에 베리언트를 변경할 수 있도록 베리언트 세트 에셋을 레벨에 놓아서 레벨 베리언트 세트 액터를 생성한다.

제품 컨피규레이터 템플릿은 매우 유연하다. 베리언트 매니저 패널을 사용하고 스태틱 메시를 가져와서 고유한 제품 컨피규레이터를 만드는 방법을 배우기만 하면 된다.

다음 절에서는 BP_Configurator 블루프린트를 분석할 것이다. 제품 컨피규레이터를 사용하기 위해 어떻게 작동하는지 알 필요는 없지만 실제로 고급 블루프린트 기술을 볼 수 있는 좋은 기회다.

BP_Configurator 블루프린트

제품 컨피규레이터 템플릿에는 UMG 위젯 블루프린트를 사용하는 인터페이스를 생성하기 위해 레벨 베리언트 세트의 데이터를 사용하는 BP_Configurator라는 블루프린트가 있다. 이것은 여러 블루프린트 개념이 함께 사용되는 것을 볼 수 있기 때문에 연구하기에 매우 흥미로운 블루프린트이다.

아웃라이너 패널에서 선택할 수 있는 레벨에 BP_Configurator 인스턴스가 있다. **디테일** 패널의 **디폴트** 카테고리 아래에는 인스턴스 편집 가능 변수가 두 개 있다. **LVSActor** 변수는 **레벨 베리언트 세트 액터**에 대한 레퍼런스이고 **CameraActor**는 제품을 시각화하는 데 사용되는 카메라에 대한 레퍼런스이다.

그림 20.8 BP_Configurator의 인스턴스 편집 가능 변수

BP_Configurator 블루프린트를 열기 전에 콘텐츠 〉 ProductConfig 〉 Blueprints 폴더에 있는 **STRUCT_VarSet**을 살펴본다.

그림 20.9 STRUCT_VarSet의 변수들

구조체에는 두 개의 변수가 있다. **VariantSet**은 **베리언트 세트**에 대한 레퍼런스이고 **currentIndex**는 베리언트 세트에 선택된 베리언트의 인덱스를 저장하는데 사용되는 인 티저 변수다.

콘텐츠 〉 ProductConfig 〉 Blueprints 폴더에 있는 BP_Configurator 블루프린트를 연다. **내 블루프린트** 패널의 변수부터 살펴보겠다.

그림 20.10 BP_Configurator의 변수들

이것은 각 변수가 하는 일이다.

- **ObjectVariantSets**: 제품의 모든 베리언트 세트를 저장하는 **STRUCT Var Set**의 배열

- **EnviroVarSet**: 환경 라이팅의 베리언트 세트를 저장하는 **STRUCT Var Set** 타입의 변수

- **CameraVarSet**: 카메라 베리언트 세트를 저장하는 **STRUCT Var Set** 타입의 변수

- **LVSActor**: 레벨 베리언트 세트 액터에 대한 레퍼런스

- **CameraActor**: 제품을 시각화하는 데 사용되는 카메라에 대한 레퍼런스

- **GUI**: 메인 UMG 위젯 블루프린트에 대한 레퍼런스

이제 함수들을 살펴본다.

그림 20.11 BP_Configurator의 함수들

이것은 각 함수가 하는 일이다.

- **initConfigVarSets**: 레벨 베리언트 세트 액터의 베리언트 세트를 가져와 Object VariantSets 배열, EnviroVarSet 변수, CameraVarSet 변수에 저장한다.

- **resetAllVariants**: EnviroVarSet, CameraVarSet 및 ObjectVariantSeets 배열의 각 요소에 대해 **resetVariant** 함수를 호출한다.

- **resetVariant**: 베리언트 세트의 첫 번째 요소를 활성화해 베리언트 세트를 재세팅한다.

- **callVariantActorAction**: BPI_RuntimeAction 인터페이스를 구현하는 현재 베리언트가 사용하는 모든 액터 및 컴포넌트에 대해 Variant Switched On 함수를 호출한다. 이를 통해 액터는 배리언트가 활성화될 때 스크립트를 실행할 수 있다.

- **callVariantActorInit**: BPI_RuntimeAction 인터페이스를 구현하는 현재 베리언트에서 사용하는 모든 액터 및 컴포넌트에 대해 Variant Initialize 함수를 호출한다.

- **activateVariant**: 주어진 베리언트 세트의 베리언트를 활성화한다.

- **initCamera**: 카메라를 초기화한다.

BeginPlay 이벤트에는 3개의 출력이 있는 **시퀀스** 노드가 있다. 첫 번째 출력 와이어는 다른 블루프린트가 **BP_Configurator** 레퍼런스를 얻을 수 있도록 게임모드에 접근해 **BP_ConfigGameMode**가 **BP_Configurator** 레퍼런스를 저장하는 노드에 연결한다.

그림 20.12 게임모드에 BP_Configurator 레퍼런스 저장

두 번째 출력 와이어는 베리언트 세트를 저장하고, 카메라를 초기화하고, 모든 베리언트 세트를 첫 번째(기본값) 베리언트로 재세팅하는 초기화 함수들에 연결된다.

그림 20.13 초기화 함수들

두 번째 출력 와이어에는 **WBP Main GUI** 위젯의 인스턴스를 만들고 **GUI** 변수에 레퍼런스를 저장하는 노드들도 있다. 위젯이 뷰포트에 추가되고 입력 모드가 **게임 및 UI**로 세팅된다.

그림 20.14 사용자 인터페이스 구성

세 번째 출력 와이어는 GUI 이벤트 바인딩을 수행하는 노드에 연결된다. 마법이 일어나는 곳이다. 다음 절에서 **WBP Main GUI** 위젯 블루프린트에 **Variant Selected**라는 이벤트 디스패처가 있는 것을 볼 것이다. 다음 스크린샷의 노드들은 **GUIVariantSelected**라는 커스텀 이벤트를 **Variant Selected** 이벤트 디스패처에 바인딩한다.

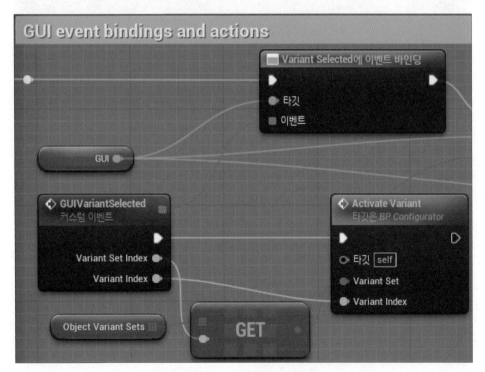

그림 20.15 GUI 이벤트 바인딩

사용자가 베리언트를 활성화하기 위해 버튼을 클릭하면 **WBP Main GUI**는 Variant Selected 이벤트 디스패처를 호출한다. **GUIVariantSelected** 커스텀 이벤트는 **Variant Selected** 이벤트 디스패처에 바인딩돼 있기 때문에 실행된다.

이벤트 디스패처 및 바인딩에 대한 자세한 내용은 4장을 참조하길 바란다.

GUIVariantSelected 커스텀 이벤트는 선택한 **Variant Set** 및 **Variant Index** 파라미터를 사용해 **Activate Variant** 함수를 호출한다. 베리언트의 **Switch On** 함수는 베리언트를 활성화하는데 사용된다.

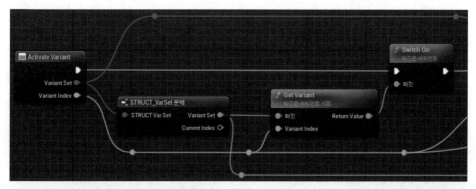

그림 20.16 Activate Variant 함수

동적 인터페이스는 **BP_Configurator**의 변수를 사용하고 함께 동작하는 몇몇 UMG 위젯 블루프린트에 의해 생성된다.

⁂ UMG 위젯 블루프린트

제품 컨피규레이터 인터페이스에는 다섯개의 UMG 위젯 블루프린트가 사용된다. UMG에 대한 자세한 내용은 7장을 참고한다.

UMG 위젯 블루프린트는 다음과 같다.

- **WBP_MainGUI**: 다른 위젯을 포함하는 메인 위젯 블루프린트다.

- **WBP_MainSelector**: 레벨 베리언트 세트를 읽고 해당 버튼을 생성하는 위젯이다.

- **WBP_VariantRibbonSelector**: 이 위젯은 선택한 베리언트 세트의 베리언트 옵션을 표시하는 데 사용된다.

- **WBP_PopupSelector**: 이 위젯은 **WBP_VariantRibbonSelector**와 유사하지만 카메라 및 환경 조명에 사용된다.

- **WBP_Button**: 이 위젯은 베리언트 또는 베리언트 세트를 선택하는 데 사용되는 버튼을 나타낸다.

다음 스크린샷은 일부 위젯 간의 관계를 보여준다.

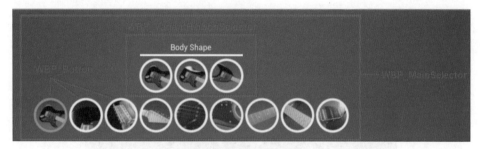

그림 20.17 위젯들의 관계

위젯 블루프린트는 콘텐츠 > ProductConfig > UMG 폴더에 있다. **WBP_MainGUI**부터 살펴보겠다. 다음 스크린샷은 **계층구조** 패널에서 가져온 것이다.

그림 20.18 WBP_MainGUI 계층구조 패널

WBP_MainGUI는 두 개의 **WBP_Button** 위젯과 두 개의 **WBP_PopupSelector** 위젯을 사용해 카메라 및 환경 라이팅 옵션을 관리한다. **MainPartVarSelector**는 제품의 베리언트를 관리하는 **WBP_MainSelector** 위젯이다.

베리언트 세트의 버튼과 각 베리언트는 **WBP_MainSelector** 위젯의 **Construct 이벤트**에서 생성된다. **Populate Options** 함수는 레벨 베리언트 세트의 썸네일을 사용해 버튼을 생성한다.

그림 20.19 WBP_MainSelector의 Construct 이벤트

다섯 개의 위젯 블루프린트 모두 이벤트 디스패처가 있다. 첫 번째 이벤트 디스패처는 사용자가 **WBP_Button**을 클릭할 때 트리거된다.

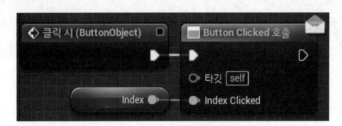

그림 20.20 WBP_Button의 클릭 시 이벤트

WBP_VariantRibbonSelector는 WBP_Button의 Button Clicked 이벤트 디스패처에 이벤트를 바인딩한다. 새 이벤트는 Ribbon Option Selected 이벤트 디스패처를 트리거한다.

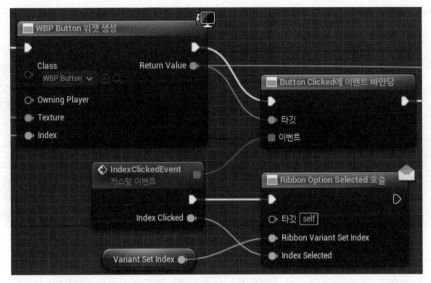

그림 20.21 Button Clicked 이벤트에 바인딩하는 WBP_VariantRibbonSelector

WBP_MainSelector에는 Part Selected 이벤트 디스패처를 트리거하는 PartSelected 커스텀 이벤트가 있다.

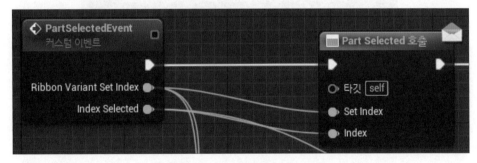

그림 20.22 Part Selected 커스텀 이벤트

Ribbon Option Selected 이벤트 디스패처에 대한 PartSelectedEvent 바인딩은 이벤트 생성 노드를 사용해 Create Event Bindings 함수에서 수행된다.

그림 20.23 이벤트 생성 노드를 사용한 이벤트 바인드

이벤트 생성 노드를 사용하려면 **이벤트 바인딩** 노드의 **이벤트** 입력 핀에서 와이어를 끌어 **이벤트 생성**을 선택한다.

그림 20.24 이벤트 생성 노드 검색

이벤트 생성 노드에서 이벤트 디스패처와 동일한 타입의 입력 파라미터가 있는 이벤트를 선택할 수 있다.

마지막 이벤트 디스패처는 **WBP_MainGUI**에서 가져온 것으로, 커스텀 이벤트를 **WBP_MainSelector**의 **Part Selected** 이벤트 디스패처에 바인딩한다.

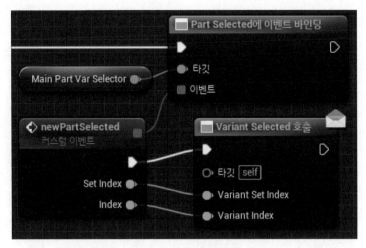

그림 20.25 Part Selected 이벤트에 바인딩하는 WBP_MainGUI

Variant Selected 이벤트 디스패처는 **BP_Configurator** 블루프린트에 바인딩된 것이다.

이 절에서는 UMG 위젯 블루프린트를 사용해 동적이고 변경 가능한 인터페이스를 만드는 방법을 살펴봤다.

⋮⋮ 요약

이 장에서는 제품 컨피규레이터가 무엇인지 설명하고 제품 컨피규레이터 템플릿을 사용하는 방법을 보여 주었다. 베리언트 매니저 패널을 사용해 베리언트 및 베리언트 세트를 만드는 방법을 배웠다.

또한 **BP_Configurator** 블루프린트가 동적 인터페이스 생성에 필요한 레벨 베리언트 세트 액터에 모든 정보를 저장하는 방법도 배웠다. **BP_Configurator** 함수에 대한 개요와 블루프린트에서 베리언트를 활성화하는 방법을 살펴봤다. 그런 다음 **WBP_MainGUI** 위젯이 다른 WMG 위젯 블루프린트를 사용해 사용자 인터페이스를 생성하는 방법과 버튼을 클릭했을 때 **BP_Configurator**가 작동하도록 여러 이벤트 디스패처를 사용하는 방법을 살펴봤다.

⋙ 끝맺으며

믿기 힘들지만 책의 끝에 도달했다. 이것은 광범위한 프로젝트였으며 나는 이 책을 블루프린트에 대한 나의 결정적인 작업이라고 생각한다. 14살 때인 1993년에 C 언어로 게임 프로그래밍을 시작한 이후로 긴 여정이었다. 내 첫 번째 게임은 텍스트 모드였으며 에픽게임즈의 설립자인 팀 스위니의 ZZT 게임처럼 보였다.[1]

1999년에 나는 브라질 북부의 파라주에서 최초의 게임 개발 회사를 시작했다. 회사명은 RH 게임즈였다. 2001년에는 C/C++ 언어를 사용하는 2D 게임 프로그래밍을 위한 프레임워크인 MRDX를 개발했다. 2003년에는 브라질 북부 지역의 게임 개발을 장려하기 위해 Beljogos라는 지역 그룹을 설립했다.

2011년에는 언리얼 스크립트로 게임 프로그래밍을 가르치는 것을 목표로 로메로 언리얼 스크립트 블로그를 시작했다. 이 블로그 덕분에 2013년 6월에 에픽게임즈는 언리얼 엔진 4 클로즈 베타 프로그램에 나를 초대해 언리얼 엔진 4를 조기에 접할 수 있었다. 나는 언리얼 엔진 4가 출시된 2014년 3월에 로메로 블루프린트 블로그를 시작했다.

2015년 8월, 사람들이 언리얼 엔진 4 스크립팅을 배우도록 돕기 위해 로베로 블루프린트 블로그에서 수행한 작업에 대해 에픽게임즈에서 언리얼 교육 데브 그랜트를 수여했다. 2016년에는 **Game Developer Conference(GDC)**에서 대중에게 배포된 에픽게임즈용 블루프린트 개요서를 작성했다. 2017년 6월에 블루프린트 개요서의 세 번째 볼륨 작성을 마쳤다.

2018년에 에픽게임즈는 공식 블루프린트 교육 지침서를 작성하도록 나를 고용했다. 2019년에는 Packt에서 출판한 Blueprints Visual Scripting for Unreal Engine - Second Edition이라는 책을 썼다. 2020년에 언리얼 엔진에서 C++ 프로그래밍을 가르치는 프로젝트가 에픽 메가그랜트 프로그램에 선정됐다. 2020년 8월, 에픽게임즈는 언리얼 엔진의 유튜브 채널에서 제공되는 Teaching & Learning Blueprints with Marcos Romero라는 라이브 스트림에 나를 초대했다.

---

1   ZZT는 1991년 팀 스위니가 개발한 액션 어드벤처 퍼즐 비디오 게임이다. – 옮긴이

이 책을 쓸 수 있는 기회에 감사하며 차세대 언리얼 엔진 개발자의 여정에 도움이 되기를 바란다.

⠿ 퀴즈

1. 제품 컨피규레이터 템플릿을 사용하면 사용자가 제품, 카메라 및 환경 라이팅의 일부를 수정할 수 있다.

   a. True

   b. False

2. **베리언트 매니저** 패널에서 변경한 사항은 런타임 시 레벨에서만 볼 수 있다.

   a. True

   b. False

3. 베리언트는 베리언트 세트로 조직화되며 각 세트에는 하나의 활성 베리언트만 있을 수 있다.

   a. True

   b. False

4. BP_Configurator는 제품 베리언트 세트를 배열에 저장한다.

   a. True

   b. False

5. 제품 컨피규레이터 템플릿의 사용자 인터페이스는 하나의 UMG 위젯 블루프린트에만 정의된다.

   a. True

   b. False

찾아보기

ㄱ

가상함수 070
가상 현실 034, 480
가시성 106
개발 383
객체 078
객체 지향 프로그래밍 077
거리 323
게임모드 101
게임모드 베이스 101, 113
게임모드 오버라이드 116
게임에서 숨김 085
게임 인스턴스 102
게임 일시 중지 364
게임플레이 목표 223
게임플레이 프레임워크 152
경유 노드 118
계층 구조 202
계층구조 201
계층구조 패널 200, 206
공격 태스크 310
관계 연산자 063
관찰자 중단 318
구조체 406, 409, 410, 411, 412, 415
구조체의 만들기 412

ㄴ

난이도 309
내려보기 034
내 블루프린트 041, 044
내 블루프린트 패널 038, 068
내비게이션 메시 274
내비게이션(탐색) 281
내적 438
노드 정렬 457
노이즈 322

노이즈 청취 323
논리 연산자 064

ㄷ

단위 벡터 437
단축키 453
데드존 485
데이터 구조 389, 390
데이터를 저장 350
데이터 테이블 406, 413, 414, 416, 417
데이터 핀 061
데코레이터 302
델타 시간 159, 162
디버그 정보 383
디테일 037
디테일 패널 038, 044
딜레이 259
딜레이 노드 459

ㄹ

라운드 시스템 345, 371
라이브러리 탭 032
라인 트레이스 447, 448
러프니스 145, 146, 147
런스 309
레벨 블루프린트 037, 040, 050, 119, 121, 462
레벨 블루프린트 에디터 038
레벨 블루프린트 통신 105, 123
레벨 에디터 036, 049
레벨에 인스턴스를 추가 571
레이 트레이싱 035
레퍼런스 생성 122
로딩 345
로컬 581
로테이터 056

ㅁ

매시 140
매크로 066, 074, 229, 233, 539
맵 403, 404, 405, 406
맵 & 모드 379
머티리얼 135, 136, 140, 141, 144, 242, 563
머티리얼 에디터 142
메시 098
메탈릭 145, 147
모빌리티 110, 154, 155
모션 컨트롤러 482
무버블 154
무브먼트 컨트롤러 193
물체 잡기 480

ㅂ

바인딩 212, 214, 215, 216, 217, 250
발사체 137, 138, 152, 153, 184, 185, 186
발사체 바운스 185
발사체 이동 컴포넌트 184
배리어트 세트 596
배송 383
배열 390, 391
배열 만들기 노드 393
배회 309, 336
버튼 개체 253, 254
베리언트 596
베리언트 매니저 패널 593, 594
베리언트 세트 593, 594
베이스 컬러 143, 144, 147
벡터 056, 427, 431, 432, 433, 434, 435, 436, 437, 438, 439, 450
변수로 승격 088, 456
변환기 115
변환 노드 216
부모 클래스 040, 079
북마크 465
분기 170, 186
분해 노드 412
뷰 디스턴스 376
뷰포트 036
뷰포트 패널 045
블랙보드 276, 282
블렌드 스페이스 508, 512
블루프린트 031, 037, 048

블루프린트 매크 539
블루프린트 매크로 라이브러리 540, 549
블루프린트 복잡성 463
블루프린트 비주얼 스크립팅 031
블루프린트 에디터 031, 050
블루프린트 에디터 패널 047
블루프린트 인터페이스 492
블루프린트 읽기 전용 057
블루프린트 책임 460
블루프린트 클래스 039, 040, 050
블루프린트 클래스 에디터 040
블루프린트 통신 105
블루프린트 함수 라이브러리 540, 541, 543, 545, 564
비헤이비어 트리 276
빌드 373

ㅅ

사운드 170, 186, 189
산술식 063
삼인칭 034
상대 변환 427, 430
상속 079
색상 선택 툴 144
섀도 377
서브스턴스 145
서브 클래스 079, 113
선택 노드 469
선택에서 블루프린트 생성 147
세션 260
세이브 시스템 350, 371
세트 400, 401, 402
셀렉터 291, 302
셀프 레퍼런스 가져오기 125
셰이딩 377
셰이프 138, 140
셰이프 트레이스 444
소리 316
수학 노드 389
순간이동 480
순찰 281
슈퍼 클래스 079
스위치 노드 418
스칼라 437
스케일 430
스켈레탈 메시 506

스켈레탈 메시 에디터 505
스켈레탈 메시 컴포넌트 045
스켈레톤 506
스켈레톤 에디터 505
스태틱 154
스태틱 메시 048, 049
스태틱 메시 컴포넌트 148
스테이징 383
스테이트 530
스테이트 머신 503, 517, 518
스트링에 따른 스위치 418
스폰 310
스폰시 노출 057
스플라인 567
스플라인 메시 컴포넌트라 582
스플라인 컴포넌트 576
스플라인 포인트 추가 581
승리 조건 224
시각적 품질 374
시야 297
시작용 콘텐츠 035
시퀀스 291, 302, 419
시퀀스 노드 458
시퀀서 181
실린더 138, 139
실행 핀 061, 070
썸스틱 482
씬 컴포넌트 539, 550, 559, 561, 564

ㅇ

아웃라이너 037
안티 에일리어싱 376
애니메이션 블루프린트 503, 510
애니메이션 블루프린트 에디터 505
애니메이션 스테이트 504
애니메이션 시퀀스 507, 512
애니메이션 에디터 505
애니메이션 에셋 510
애니메이션 포즈 514
애님그래프 514
액션 046, 058
액션 매핑 175
액터 배치 패널 397, 398
액터 컴포넌트 550, 551, 556, 559, 564
앵커 204, 208, 252, 253

언리얼 엔진 탭 032
언리얼 프로젝트 브라우저 033
에디터 유틸리티 블루프린트 584
에셋 브라우저 515
에셋 탐색기 150
에픽게임즈 런처 032
엔진 퀄리티 세팅 375
열거형 406, 407, 408, 409
오버랩(겹침) 이벤트 281
오브젝트 레퍼런스 081, 082, 106, 108, 111, 113
와일드카드 437
원시 타입 081
월드 변환 427
월드 세팅 115
월드 아웃라이너 139
월드 좌표 429
위젯 블루프린트 198, 251
위젯 생성 211
위치 429
이너머레이터 추가 407
이벤트 046, 058, 254
이벤트 BeginPlay 059
이벤트그래프 038, 041, 047, 088
이벤트그래프를 축소 464
이벤트그래프 패널 046
이벤트 디스패처 123, 124, 127, 128, 130, 131
이벤트 바인드 127
이벤트 틱 059
이벤트 플레이 종료 059
인공지능 265
인덱스 접근 391
인스턴스 079
인스턴스드 스태틱 메시 컴포넌트 568
인스턴스 에디터능 057
인스턴스 편집 가능 284
인스턴스 편집가능 091, 111
일인칭 034
일인칭 템플릿 136
입력 및 출력 파라미터 067
입력 옵션 175
입력 이벤트 059
입력 파라미터 067, 124

ㅈ

자동 활성화 128

자식 클래스 079
재정의 080
저장 345
저장 파일 재설정 364
적 공격 310
절차적 생성 567
정규화 158, 162, 437
제약 조건 223, 225, 240
제품 컨피규레이터 593
제품 컨피규레이터 템플릿 594
좌표 공간 581
직접 블루프린트 통신 105, 106, 111, 131

ㅊ

참조 081
청각 감지 322
최대 걷기 속도 177, 178
최적화 373
추격 304
추적 296
축 매핑 175
축 입력 173
축 트리거 171
충돌 이벤트 059

ㅋ

카메라 컴포넌트 045
카테고리 속성 467
캐릭터 무브먼트 098, 177, 178
캐릭터 무브먼트 컴포넌트 099, 170, 230, 232
캔버스 201
캔버스 패널 200
캡슐 컴포넌트 044, 045, 098
캡슐화 078
커스텀 이벤트 225, 239, 348
커스텀 이벤트 추가 129, 163
컨스트럭션 스크립트 089, 567, 568
컨테이너 199, 212, 389, 390
컨텍스트 메뉴 071
컨텍스트에 따라 150
컨트롤러 클래스 096
컬러 및 오파시티 채우기 203
컴파일 042
컴포넌트 041, 043, 048, 050, 539
컴포넌트 패널 043

코멘트 159
코멘트 상자 459
콘텐츠 드로어 039, 071
콘텐츠 브라우저 036, 039
콘텐츠 크기에 맞춤 208
콜리전 154, 155
콜리전 반응 440
콜리전 프리셋 116, 124
퀄리티 세팅 374
퀄리티 프리셋 035
클래스 078
클래스 디폴트 042, 279
클래스 레퍼런스 395
클래스 세팅 042
클릭 시(Btnquit) 이벤트 360
클릭 시 (Btnresume) 이벤트 366
키 282
키 입력 이벤트 088

ㅌ

타깃 포인트 395, 397, 398, 399
타이머 164, 232, 261
타임라인 170, 180, 181, 182, 193
타임라인 에디터 181
탐색 265, 281
텍스트 개체 207, 209
텍스트 박스 201
텔레포트 480
텔레포트 노드 470
템플릿 033
툴바 036, 042
트랜스폼 056
트랜스폼 구조체 428, 429, 430
트랜지션 517, 521
트랜지션 룰 533
트레이스 427, 439, 443, 444, 445, 450
트레이스 반응 440
트리거 060
트리거 박스 120, 121
틱 이벤트 161, 560

ㅍ

파라미터 072
파티클 이팩트 170
파티클 이펙트 186

팔레트 패널 200, 201, 206, 249
패키징 373, 380, 381
패키징 옵션 384
패트롤 281
퍼포먼스 377
포맷 텍스트 노드 471
포스트 프로세싱 377
폰 감지 297
폰 감지 컴포넌트 322
폰 노이즈 이미터 324
폰 클래스 096
퓨어 070
프로그레스 바 196, 200, 201, 202, 203, 205
프로젝트 디폴트 034, 136
프로젝트 세팅 378
프로토타이핑 033, 243
프로토타입 135, 166
플레이어 캐릭터 169
플레이어 컨트롤 193
피직스 에셋 에디터 505
핀 변환... 160

ㅎ

함수 068, 074
함수 라이브러리 539
해상도 스케일 376
행동 305
현재 순찰 지점 286
형변환 112, 113, 117, 118, 131, 152
활성화 122
회전 429
회전 이동 컴포넌트 049
흐름 제어 389, 390, 425
흐름 제어 노드 417
흐름제어 노드 291
히트 감지 148
히트 이벤트 084, 190, 192, 461
히트 이벤트 노드 149, 152, 153

A

Actor Begin Overlap 이벤트 288
Add Instance 568
Add to Viewport 211, 348
ADD 노드 392
AI 266

AIController 100, 290
AI 컨트롤러 276
AI 컨트롤러 클래스 280
AND 064
AnimGraph 514, 516
AnyDamage 348
AnyDamage 이벤트 316
Apply Damage 312
AssetActionUtility 585
AttachActorToComponent 노드 473

B

BeginPlay 이벤트 288
Behavior Tree 에디터 292
Blend Space 508
BlockAllDynamic 155
Blueprint Initialize Animation 이벤트 513
Blueprint Update Animation 이벤트 512
BP_Configurator 598
Branch 노드 061, 064, 349

C

CameraVarSet 600
Clear Blackboard Value 301
Create Save Game Object 354
Crouch 524
CSV 415
Custom 490

D

Death 애니메이션 461
Decorator 303
Decrement Int 218
Delete File 368
Destroy Actor 246
DestroyActor 087, 219, 220
Development 383
Disable Input 노드 474
Does Save Game Exist 356
Does Save Game Exist 노드 355
Do N 421
Do Once 421
Dos Save Game Exist 368

E

Enable Input 474
End Teleport Trace 486
Enum에 따른 스위치 418
EnviroVarSet 600
Error Tolerance 236

F

Finish Execute 301, 313
Flip Flop 419
For Each Loop 420
For Loop 573
FOV 170, 179, 182, 183
Free 490

G

Game Mode 462
Gate 422, 423
Get Actor Location 324
Get All Actors Of Class 335
Get Blackboard 287
Get Blackboard Value as Actor 313
Get Game Mode 118
Get Instanced Static Mesh 572, 573
GetRandomPointIn NavigableRadius 334
Get Save Slot Name 368
Get Save Slot Name 노드 354
Get Velocity 234
Get Velocity 노드 514
GET 노드 454
GrabComponent 480, 489, 491
GUI 195, 198

H

Hit Result 441
HMD 483
HUD 196, 199, 210, 211, 212, 213, 220, 221, 247, 248

I

Increment Int 218, 220, 363
InputAction GrabLeft 491
InputAction MenuToggleLeft 495
InputAction MenuToggleRight 495
InputAxis MovementAxisLeft_X 489
INSERT 노드 392

Is Valid Class 노드 396
Is Valid 매크로 109, 128
Is Valid 매크로 노드 354

K

Key 변수 301

L

LAST INDEX 노드 393
LENGTH 노드 393
Lightmass Importance Volume 268
Load Game from Slot 356
Locomotion 532
Locomotion 그래프 533
Looping 164
LossMenu 346
Loudness 326
Lower Priority 303, 318

M

MacNoEditor 382
Make Noise 325
Math 표현식 472
Menu ToggleRight 496
MotionControllerLeft 483
MotionControllerRight 483
Move to Patrol 293
MoveTo 태스크 295
MultiGate 423, 424

N

NAND 065
NavMesh 274
NavMeshBoundsVolume 274
Nearly Equal (Float) 236
Nearly Equal (Float) 노드 349
NOR 064
NOT 064
NOT 부울 노드 534

O

Object 096

ObjectVariantSets 600
OOP 077
Open Level 255
OpenXR 480
OR 064
Output Animation Pose 노드 519

P

Pause 이벤트 369
Pawn 096
PlayerController 100
Play Sound at Location 190, 218, 245, 246
PostProcess Volume 268
Predict Projectile Path By Object Type 487
Print String 115
Prone 524

R

Random Integer in Range 543, 544, 545, 547
Receive Execute 312
Receive Execute 이벤트 338
Remove from Parent 255
Ribbon Option Selected 608
RoundTransition 화면 362
Run Behavior Tree 290

S

SaveGame 350
Selector 291
Sequence 291
Set Array Elem 392
Set Field Of View 179, 180, 183
Set Input Mode Game and UI 475
Set Input Mode Game Only 475
Set Input Mode UI Only 475
Set Material 149
SET Max Walk Speed 231, 232
SET Show Mouse Cursor 257, 367
Set Start and End 583
Set Static Mesh 573
Set Timer by Event 557
Set Value as Object 287
Set View Target with Blend 노드 473
SET 노드 454

Shipping 383
Show Mouse Cursor(마우스 커서 표시) 367
Snap 490
Spawn Actor from Class 087, 126
Spawn Actor From Class 397
Spawn Emitter at Location 191, 192
Start Teleport Trace 486
StaticMeshComp 091
Switch on Int 418

T

Teleport Trace 486
TeleportTrace 486
TeleportTraceNiagaraSystem 483
TraceForObjects 442
Try Get Pawn Owner 512
Try Teleport 486
Try Teleport 노드 486

U

UI 미터 198
UMG 195
UMG 에디터 196, 198, 199, 249, 256

V

VRPawn 479, 480
VRTeleportVisualizer 485
VR 템플릿 479

W

Wait 294
Wait 태스크 295
Wandering 336
Widget Interaction 컴포넌트 484
Windows No Editor 382
WinMenu 346

X

XOR 065

618

아래에서 장별 퀴즈에 대한 답변을 확인할 수 있다.

- 1장, 블루프린트 에디터 탐색: 1-a, 2-b, 3-b, 4-b, 5-c.

- 2장, 블루프린트 프로그래밍: 1-c, 2-b, 3-a, 4-c, 5-a.

- 3장, 객체지향 프로그래밍과 게임플레이 프레임워크 1-b, 2-b, 3-a, 4-b, 5-c.

- 4장, 블루프린트 통신의 이해: 1-a, 2-b, 3-a, 4-b, 5-a.

- 5장, 블루프린트를 사용한 오브젝트 인터렉션: 1-b, 2-a, 3-a, 4-b, 5-a.

- 6장, 플레이어 어빌리티 강화: 1-a, 2-b, 3-a, 4-a, 5-b.

- 7장, 화면 UI 요소 생성: 1-b, 2-a, 3-b, 4-a, 5-a.

- 8장, 제약 조건 및 게임플레이 목표 생성: 1-b, 2-a, 3-a, 4-b, 5-a.

- 9장, 인공지능으로 똑똑한 적 만들기: 1-c, 2-b, 3-a, 4-a, 5-b.

- 10장, AI 적 업그레이드: 1-b, 2-a, 3-a, 4-b, 5-a.

- 11장, 게임 스테이트와 마무리 손질 적용: 1-a, 2-c, 3-b, 4-a, 5-a.

- 12장, 빌드 및 배포: 1-a, 2-b, 3-a, 4-c, 5-a.

- 13장, 데이터 구조 및 흐름 제어: 1-b, 2-a, 3-b, 4-a, 5-b.

- 14장, 수학 및 트레이스 노드: 1-a, 2-a, 3-b, 4-b, 5-a.

- 15장, 수학 및 트레이스 노드: 1-b, 2-a, 3-a, 4-b, 5-a.

- 16장, VR 개발 소개: 1-b, 2-a, 3-a, 4-b, 5-a.

- 17장, 애니메이션 블루프린트: 1-a, 2-b, 3-a, 4-b, 5-a.

- 18장, 블루프린트 라이브러리 및 컴포넌트 생성: 1-a, 2-b, 3-b, 4-a, 5-b.

- 19장, 절차적 생성: 1-b, 2-b, 3-a, 4-b, 5-a.

- 20장, 베리언트 매니저를 사용한 제품 컨피규레이터 생성: 1-a, 2-b, 3-a, 4-a, 5-b.

언리얼 엔진 5 블루프린트 비주얼 스크립팅 3/e
블루프린트의 막강한 힘

발 행 | 2023년 3월 15일

옮긴이 | 김 제 룡 · 김 승 기
지은이 | 마르코스 로메로 · 브렌든 스웰

펴낸이 | 권 성 준
편집장 | 황 영 주
편 집 | 김 진 아
　　　　임 지 원
　　　　김 은 비
디자인 | 윤 서 빈

에이콘출판주식회사
서울특별시 양천구 국회대로 287 (목동)
전화 02-2653-7600, 팩스 02-2653-0433
www.acornpub.co.kr / editor@acornpub.co.kr

한국어판 © 에이콘출판주식회사, 2023, Printed in Korea.
ISBN 979-11-6175-728-5
http://www.acornpub.co.kr/book/blueprints-ue5

책값은 뒤표지에 있습니다.